Controlling im E-Business

Beiträge zum Controlling

Herausgegeben von Wolfgang Berens

Band 6

PETER LANG

Frankfurt am Main · Berlin · Bern · Bruxelles · New York · Oxford · Wien

Wolfgang Berens/Walter Schmitting (Hrsg.)

Controlling im E-Business

Rückkehr zur Rationalität

PETER LANG
Europäischer Verlag der Wissenschaften

Bibliografische Information Der Deutschen Bibliothek
Die Deutsche Bibliothek verzeichnet diese Publikation in der
Deutschen Nationalbibliografie; detaillierte bibliografische
Daten sind im Internet über <http://dnb.ddb.de> abrufbar.

Gedruckt auf alterungsbeständigem,
säurefreiem Papier.

ISSN 1618-825X
ISBN 3-631-52482-X
© Peter Lang GmbH
Europäischer Verlag der Wissenschaften
Frankfurt am Main 2004
Alle Rechte vorbehalten.

Das Werk einschließlich aller seiner Teile ist urheberrechtlich
geschützt. Jede Verwertung außerhalb der engen Grenzen des
Urheberrechtsgesetzes ist ohne Zustimmung des Verlages
unzulässig und strafbar. Das gilt insbesondere für
Vervielfältigungen, Übersetzungen, Mikroverfilmungen und die
Einspeicherung und Verarbeitung in elektronischen Systemen.

Printed in Germany 1 2 4 5 6 7

www.peterlang.de

Vorwort

„Habent sua fata libelli", auch Bücher haben ihre Schicksale. Dieses Wort aus einem spätantiken Lehrgedicht kann nicht nur auf die Rezeption von Büchern durch den Leser oder ihren Weg durch die Zeit bezogen werden, sondern auch auf ihre Entstehung.[1] In diesem Sinne gibt es Bücher, deren Genesis glatt und ohne erwähnenswerte Brüche verläuft. Andere hingegen fordern den Herausgebern wie auch den beitragenden Autoren und allen anderen Beteiligten viel Kraft wie Geduld ab, bevor die gesteckten Ziele erreicht werden. Letzteres galt nun auch für diesen Band der „Beiträge zum Controlling". In diesem Sinne freuen wir uns um so mehr, ihn jetzt den Lesern vorlegen zu können. Unser Dank gilt dabei insbesondere unseren Autoren, die einen langen Weg mit uns zurückgelegt haben.

In ihrem Ursprung geht die Idee für dieses Werk auf eine Vorlesung an der Wirtschaftswissenschaftlichen Fakultät der Westfälischen Wilhelms-Universität Münster im Sommersemester 2001 zurück. Unter dem Titel „Controlling im E-Business" berichtete damals eine Reihe von hochkarätigen Praktikern von ihren Erfahrungen in diesem sich rasch entwickelnden Geschäftsfeld. Der rote Faden, der sich dabei implizit durch sämtliche Vorträge zog, war die Frage, inwiefern auch im E-Business ein Controlling im Sinne der Beschaffung, Aufbereitung und Analyse von Daten zur Vorbereitung zielsetzungsgerechter Entscheidungen notwendig ist - und wie ein solches auszugestalten sei. Diese Frage motivierte auch den vorliegenden Band.

Das schon vorher vielbeschworene „Ende der Hype" im E-Business war im Sommersemester 2001 bereits klar vollzogen - wenngleich viele auch nur von einem temporären Einbruch ausgehen wollten, der bald überwunden sei. Als diese Illusion sich als solche entlarvte, verlor das E-Business viel von der Aufmerksamkeit, die ihm vorher zuteil wurde. Nicht nur für die Börse oder die Medien, sondern auch für viele zuvor eifrig Engagierte aus der Wissenschaft büßte das Thema plötzlich rapide an Reiz ein. Mit der „Rückkehr zur Rationalität" in

---

[1] Vollständig lautet das Zitat „pro captu lectoris habent sua fata libelli", d.h. „wie der Leser sie auffaßt, so haben ihr Schicksal die Büchlein". In seinem Lehrgedicht stellte der Grammatiker Terentianus Maurus (2. Jh. n. Chr.) folglich originär auf die Rezeption durch die Leser ab. Oft wird dieses Zitat jedoch (in der verkürzten Form) auch auf die Geschichte eines Buches oder gar einer Büchersammlung bezogen.

diesem Feld jedoch sehen wir das Controlling mehr denn je in der Pflicht: Das E-Business wird im nächsten Jahrzehnt sicherlich Teile seiner hoch bevorschußten Versprechen einlösen – aber welche? Hier sind Auswahl- und Ausgestaltungsempfehlungen auf der Basis ökonomischer Kalküle zu treffen, deren Unterstützung auch mit dem Controlling obliegt. Wir hoffen, daß die Ausführungen in diesem Werk dazu mit nützlichen Anregungen und Erkenntnissen beitragen.

Münster, im Januar 2004   Die Herausgeber

Wolfgang Berens
Walter Schmitting

Inhaltsverzeichnis

Wolfgang Berens, Walter Schmitting
Eine Einführung: Jensseits der Hype – Rückkehr zur Rationalität 9

Andreas Abel
Technische Grundlagen des E-Business 19

Jens Dertmann
Grundlagen der Netzwerkökonomie –
Von Motiven, Regeln und Empfehlungen 63

Hans-H. Bleuel
Investitionsplanung für neue Unternehmen und Geschäftszweige -
eine umsetzungsorientierte Übersicht 93

Ulrich Geistkämper, Frank Weiß
Einstieg in das E-Business als Projekt 125

Wolfgang Berens, Walter Schmitting
Controlling im E-Business – Notwendigkeit eines „E-Controlling?" 155

Pascal Nevries, Klaus Segbers
Ganzheitliche Controlling-Konzeption im E-Business 199

Michael Holtrup, Alexander Prangenberg
E-Procurement – neue Herausforderungen
für das Beschaffungscontrolling 243

Wolfgang Berens und Walter Schmitting [*]

Eine Einführung:
Jenseits der Hype – Rückkehr zur Rationalität

1 Vom Nutzen einer Hype

Der Begriff der „Hype" ist keiner, der sich sonderlich leicht klären läßt – obgleich wohl ein jeder, der das Geschehen um die Jahrtausendwende bewußt wahrgenommen hat, eine feste Vorstellung davon haben wird, worum es sich handelt. Ethymologisch leitet sich „Hype" vermutlich aus dem englischen „hyperbolical" (= übertrieben) oder aus „Hyperbole" (= Übertreibung), mithin eigentlich aus der griechischen Vorsilbe „hyper" (= über) ab. Die „Hype" war im Musik- oder Filmgeschäft im letzten Viertel des 20. Jahrhunderts bereits ein stehender Begriff – und oft genug ein Marketinginstrument. Folglich finden sich als Übersetzungen für „Hype" in englischen Wörterbüchern Begriffe wie „Medienrummel", „Publicity" – aber auch „Schwindel" und „Betrug"; das Verb „hyped" wird mit „hochgespielt" übersetzt.[1]

Eine Hype wird stets von den Erwartungen der beteiligten Menschen hinsichtlich zukünftiger Entwicklungen getragen. Diese Erwartungen sind wiederum immer gebunden an bzw. fokussiert auf den Gegenstand der Hype. Ein solcher Gegenstand kann ein konkretes materielles Gut sein (wie z.B. Tulpenzwiebeln), aber zum Beispiel auch ein bestimmter geographischer Raum (wie z.B. die Südsee) oder eine (neue) Technologie (wie z.B. die Eisenbahn oder das Internet). Die Erwartungen betreffen stets den Nutzen, den man zukünftig aus dem Gegenstand zu ziehen hofft. Dieser Nutzen wiederum kann verschiedenste Formen annehmen – er kann pekuniär faßbar sein, aber z.B. auch nur aus Statusverbesserungen oder ideellen Zugewinnen bestehen. Typisch für eine Hype ist nun zum ersten, daß der zukünftige Nutzen des Gegenstandes überschätzt wird. Zum zweiten steigert sich diese Überschätzung im Verlaufe der Hype überproportional zum Zeitablauf - insbesondere dann, wenn ein pekuniärer Nutzen erhofft

---

[*] *Prof. Dr. Wolfgang Berens*, Inhaber des Lehrstuhls für Betriebswirtschaftslehre, insb. Controlling an der Westfälischen Wilhelms-Universität Münster. *Dr. Walter Schmitting* ist als Akademischer Oberrat am gleichen Lehrstuhl tätig.

[1] Vgl. Leo (2003), Suche nach dem Begriff „hype". Es sei angemerkt, daß der Begriff in der aktuellen Auflage des Duden nicht aufzufinden ist.

wird. Die schon in die Hype involvierten Personen bestärken einander zum ersten gegenseitig hinsichtlich der Werthaltigkeit ihrer Erwartungen und weiten ihr Engagement aus („sich selbst erfüllende Prophezeiungen"). Zum zweiten zieht ein eventueller Handel um oder in den erwartungsbehafteten Gegenständen (wie z.B. an einer Börse als einem „Markt für Erwartungen") weitere Personen an. Diese müssen nicht einmal unmittelbar in Verbindung zum Gegenstand der Hype stehen, oftmals ist ihre Motivation (als Trittbrettfahrer) rein spekulativ. Die Hype bricht keineswegs dann zusammen, wenn ein gewisses Ausmaß der Überschätzung erreicht ist – insofern ist auch die Beurteilung kritischer Außenstehender für ihre Entwicklung weitgehend irrelevant. Ihr plötzliches Ende ist vielmehr erst dann erreicht, wenn ein wesentlicher Anteil der involvierten Personen erkennt bzw. überzeugt ist oder wird, daß die aufgebauten Erwartungen überzogen sind. Nach der „Greater Fool Theory" ist es sogar erst dann soweit, wenn sich außerhalb des Kreises der bereits Engagierten kein „größerer Trottel" mehr findet, der noch mehr Anstrengungen zu unternehmen bereit ist, um an dem potentiellen zukünftigen Nutzen zu partizipieren.[2] Sofern dann Nutzenverluste (in pekuniärer Form, als Statusverluste, aber vielleicht auch nur in ideeller Hinsicht) drohen, ziehen sich die in einer Hype engagierten Personen und Institutionen zurück. Da der Umfang der Nutzenverluste oft davon abhängig ist, ob in Relation zu der Gesamtheit der involvierten Parteien ein früher oder später Austritt aus dem Engagement erfolgt, kommt es meist zu einer regelrechten Flucht und einem raschen Zusammenbruch.[3]

Damit ist die Hype – wie viele ökonomischen Erscheinungen - vorrangig ein Phänomen menschlichen Verhaltens. Da sich Hypes, wie bereits oben ausgeführt, oftmals an den Kapitalmärkten niederschlagen bzw. zuweilen sogar gänzlich an diesen abspielen, haben sie als von einer fundamentalen Kursbildung abweichende Anomalien bereits früh die Aufmerksamkeit verschiedener wirtschaftswissenschaftlicher Disziplinen gefunden.[4] Für die vorrangig als „Bubbles" (Blasen) oder „speculative bubbles" (spekulative Blasen) bezeichneten Phäno-

---

[2] Vgl. z.B. Albright (2001); Tenin/Voth (2003), S. 4ff.

[3] Dieser Verlauf einer Hype kann auch durch die sogenannte „Hype Curve" beschrieben werden, vgl. z.B. Lennstrand (1999), S. 4-5; Menzies (2003), S. 18-19; vgl. mit einer E-Business-Hype-Curve auch den Beitrag von Geistkämper/Weiß, Abschnitt 1.2, in diesem Band. Vgl. als ein Beispiel für die panische Flucht aus dem Engagement z.B. die Vorgänge an der Wallstreet im Oktober 1929, vgl. Stahl (2000), S. 3ff. – Kennzeichnend für den schlußendlichen Zusammenbruch äußert sich Stahl (2000), S. 18 bzgl. der Ereignisse des Jahres 1929: „Es ist wie bei dem Ausbruch eines kleinen Feuers. Die Mehrzahl der Betroffenen erliegen zumeist nicht den Brandverletzungen, sondern werden an versperrten Fluchtwegen von der panischen Herde zu Tode getrampelt."

[4] Vgl. mit einem Überblick zur Erwartungsbildung und Aktienkursentwicklung z.B. Hoffjan/Siemes (1999), S. 452ff., auch Tenin/Voth (2003), S. 2.

mene wurden verschiedenste (plausible) Erklärungen wie z.b. asymmetrische Informationsverteilungen, sich selbst verstärkende kybernetische Rückkopplungsmodelle oder Herdentriebeffekte vorgeschlagen.[5] Mit entsprechenden Erklärungsansätzen beschäftigt sich als verhaltensorientierter Zweig der Kapitalmarktforschung insbesondere die „Behavioral Finance" bzw. die „New Behavioral Finance".[6]

Der psychologische Aspekt des Hype-Phänomens wird auch darin deutlich, daß die wechselnden Gegenstände der Hypes über die Jahrhunderte oft der der Zeit gemäßen „frontier" entlehnt waren.[7] Es handelte sich immer um Themen, die in den jeweiligen Jahren und Jahrzehnten die Hoffnungen zu beflügeln vermochten, die die Grenzen des Bekannten absteckten und daher unbekannte Potentiale bargen – oder zu bergen schienen.[8] Im Zeitalter der Entdeckungen und Kolonialisierung waren es z.b. unerschlossene Weltgegenden (wie z.b. bei der Mississippi-Spekulation 1720 in Paris oder zeitgleich der betrügerischen South Sea Bubble in London), im Zeitalter der Industrialisierung z.b. die bestaunte neue Eisenbahntechnologie (so mit einem Spekulationsfieber in Deutschland z.b. in den Jahren von ca. 1835 bis 1845) oder im „Informationszeitalter" dann ein weltweiter Datenverbund samt den ihm zugeschriebenen Möglichkeiten.

Eine Hype zieht, wenn Sie denn vorüber ist, wenn Hoffnungen und Erwartungen sich als (zumindest partiell) substanzlos erwiesen haben, viel Enttäuschung nach sich. Eine auch ökonomisch relevante Hype (und welche wäre das letztlich nicht!) läßt zudem viele Personen wie Unternehmen zurück, die auch ökonomische Verluste hinnehmen mußten – aber natürlich auch einige (meist wenige), die bei der Hype gewonnen haben.[9] Man kann sich nun die Frage stellen, ob eine Hype über diese Umverteilungsfunktion hinaus irgendeinen Nutzen entfaltet – oder ist sie nur ein zu konstatierendes (vielleicht sogar nach Möglichkeit zu vermeidendes) „Phänomen"? –

Manipulierte Hypes – wie z.b. die ähnlich einem Kettenbrief (Pyramidensystem) angelegte South Sea Bubble im Jahre 1720 – lassen immerhin das Geld in den Taschen der Betrüger zurück, wenn sie vorbei sind (und die Betrüger da-

---

[5] Vgl. z.B. Börner (1998), S. 669; Conrad (2002), S. 519ff.

[6] Vgl. z.B. Behavioral Finance Group (2000), S. 311ff.; Schäfer/Vater (2002), S. 739ff.; zur „New Behavioral Finance" insbesondere De Bondt/Thaler (1985), S. 793ff.

[7] Vgl. folgend zu historischen Hypes bzw. Bubbles z.B. Caulkin (1999); Albright (2001); speziell zur South Sea Bubble Temin/Voth (2003).

[8] Vgl. mit ähnlichen Auffassungen vor dem Hintergrund des Börsencrashs 1929 Stahl (2000), S. 17.

[9] Vgl. z.B. mit einer Betrachtung zu Gewinnern und Verlierern der Eisenbahn-Hype im 19. Jahrhundert in den Vereinigten Staaten Rutten (2003), S. 287ff.

vonkommen).[10] Aber auf welche Weise verlieren z.B. Anleger ihr Geld bei „ehrlichen" Hypes, bei solchen, deren Gegenstand tatsächlich reale Nutzenpotentiale birgt? – Das den Eisenbahngesellschaften in England zwischen den Jahren 1825 und 1845 zufließende umfangreiche Beteiligungskapital wurde weitgehend in den Aufbau einer Infrastruktur investiert (Immobilien, Gleisanlagen, Gebäude). Das Resultat war ein Eisenbahnnetz mit zahlreichen überflüssigen Verbindungen, gut achtmal länger als der Bedarf an Schienenkilometern, den man Großbritannien zu jenem Zeitpunkt zumessen könnte. Ähnliche Feststellungen lassen sich auch für das Deutschland jener Jahre treffen.[11] Mithin sind bei Hypes wiederholt erhebliche Überinvestitionen in den deren Gegenstand zu beobachten; ihr Zusammenbruch kann auch als „Überinvestitionskrise" verstanden werden. Zum einen ist es die nun gleichfalls zu konstatierende „Übertreibung" der Enttäuschung, die für die Verluste der involvierten Parteien verantwortlich ist, zum anderen aber im dargestellten Falle auch das Überangebot hinsichtlich des Gegenstandes der Hype, dem keine entsprechende Nachfrage gegenübersteht. Ähnliches läßt sich zur Jahrtausendwende – wieder einmal am Ende einer Hype - auch für das E-Business beobachten.[12]

An genau diesem Punkt entfaltet eine Hype mit derartiger Natur aber auch einigen Nutzen: Die großzügig – und zunächst ohne Renditedruck - zufließenden finanziellen Mittel schaffen die Möglichkeit, in breitem Umfang mit dem neuen Gegenstand der Hype zu experimentieren und z.B. eine neue Technologie oder ein technisches System (wie das Internet oder die Eisenbahnen) überhaupt erst zur Serien- oder Betriebsreife in der Breite zu entwickeln.[13] Die bei einer solchen Entwicklung notwendigerweise zu beschreitenden Irrwege sind finanzierbar, da die Geldgeber – gefangen in ihren festen Überzeugungen und getragen im Aufwind der Hype – zunächst erstaunlich schmerzfrei auf Fehlschläge oder Katastrophen reagieren. So verzeichnete die englische Eisenbahnindustrie während der Boomjahrzehnte umfangreiche technische Fortschritte, die auch auf zahlreiche andere Industrien ausstrahlten.

Es mag nun mit einigem Recht eingewandt werden, daß eine solche Beurteilung sich auf jene Hypes beschränken muß, deren vorrangiger Gegenstand neue Technologien sind bzw. die eng mit neuen Technologien verknüpft sind. Der angesprochene Aspekt scheint jedoch im weiteren Sinne auch übertragbar auf andere Gegenstände – wenngleich es jenen, die z.B. in der „Tulipmania" (Nie-

---

[10] Vgl. dazu und folgend Albright (2001), Temin/Voth (2003).

[11] Vgl. dazu und folgend z.B. Kreiss (2001), S. 22; vgl. mit den Ansichten der Zeit auch Strousberg (1876).

[12] Vgl. zu Parallelen hinsichtlich der Internet- und Eisenbahntechnologie, respektive ihrer ökonomischen Rezeption, auch Rutten (2003), S. 285ff.

[13] Vgl. ähnlich Rutten (2003), S. 288f.

derlande, ca. 1633-1637) Haus und Hof im Zuge der Spekulation um vielleicht nur eine einzige Tulpenzwiebel verloren, nur als ein schwacher Trost erscheinen mag, zu den Anfängen der heutigen Gartenbaukultur in Holland mit beigetragen zu haben.[14]

2 Die „Rückkehr zur Rationalität

Nach allgemeiner Auffassung verhalten sich Personen, die in eine Hype involviert sind, mehrheitlich wenig rational. Zuweilen wird – trotz des Wunsches nach Rationalität – auch von einer „kollektiven Irrationalität" gesprochen.[15] Die Akteure verlieren den Kontakt zur Realität, sind gefangen in einer eigenen Welt – und ihre Entscheidungen können nur noch dann als „rational" bewertet werden, wenn man zuvor auch die Axiomatik dieser spezifischen Vorstellungswelt akzeptiert. So spricht beispielsweise Rutten (2003) im Kontext der amerikanischen Eisenbahnhype davon, daß viele der angestoßenen Projekte einfach verrückt oder ökonomisch sinnlos gewesen seien.[16] Aus Sicht Außenstehender kann hier also durchaus von einer „beschränkten" oder „begrenzten" Rationalität i.S. der nicht mehr intersubjektiv logisch zielgerichteten Handlungsweise im Hinblick auf ökonomische Kalküle gesprochen werden.

Wie immer bestätigen allerdings auch hier Ausnahmen die Regel. Ein Akteur kann, muß aber im Rahmen einer Hype nicht zwangsläufig einen Mangel an Rationalität aufweisen. So ist es durchaus möglich, daß er die Hype als solche durchschaut, es aber für zielführend hält, für einige Zeit aus möglichen Überbewertungen des Gegenstands der Hype Gewinn zu ziehen. Temin und Voth beschreiben beispielsweise detailliert den Fall des privaten Bankhauses Hoare in London,[17] dessen Inhaber im Falle der South Sea Bubble die Sachlage recht klar erkannten, mithin also über Informationsvorsprünge gegenüber den „Greater Fools" verfügten. Sie verfolgten eine Strategie, die von den Autoren mit dem Begriff „Riding the Bubble" beschrieben wird – und stießen noch vor dem Platzen der Blase ihre Positionen an Papieren der Gesellschaft mit großen Profiten wieder ab. In der Literatur werden sogar Blasenbildungen diskutiert, an welchen ausschließlich rational handelnde Akteure beteiligt sind.[18]

---

[14] Vgl. zur „Tulipmania" z.B. Caulkin (1999).
[15] Vgl. dazu und folgend z.B. Caulkin (1999).
[16] Vgl. Rutten (2003), S. 288.
[17] Vgl. dazu und folgend Temin/Voth (2003), S. 2ff.
[18] Vgl. z.B. Börner (1998), S. 669; zu Irrationalität und Rationalität im Falle von Blasenbildungen auch Conrad (2002), S. 519ff.

Für die Mehrzahl der Beteiligten, mithin im Rahmen der Internet-Hype der letzten Jahrtausendwende Unternehmen wie natürliche Personen, galt es auf jeden Fall, nach deren desillusionierendem Ende eine – oft schmerzliche - „Rückkehr zur Rationalität" zu vollziehen, mithin: Ökonomisch relevante Entscheidungen auch wieder an logisch intersubjektiv nachvollziehbar zielführenden Kalkülen zu orientieren, sich wieder dem Postulat der Wirtschaftlichkeit im ureigensten Sinne zu unterwerfen. Diese Rückkehr zur Rationalität ist auch das Leitmotiv des vorliegenden Herausgeberbandes. Definiert man Controlling in einer alltagstauglichen Form als „Beschaffung, Aufbereitung und Analyse von Daten zur Vorbereitung zielsetzungsgerechter Entscheidungen"[19], so lassen sich auch wesentliche Aspekte der Rückkehr zur Rationalität im E-Business mit unter das Controlling subsumieren bzw. als durch das Controlling unterstützbare Entscheidungsaufgaben auffassen.

Die Betrachtung bewegt sich dabei prinzipiell am idealisierten Lebensweg eines E-Business-Unternehmens (bzw. einer E-Business-Aktivität) entlang. In dessen Verlauf lassen sich die Entscheidungen in zwei Kategorien einteilen. Zum ersten ist die Grundfrage zu klären „ob" ein Einstieg im Sinne eines Investments ins E-Business erfolgen soll. Diesem grundsätzlichen „ob" im Sinne der Vorteilhaftigkeit einer Investition sind eine Vielzahl weiterer Aspekte beigeordnet: Bereits für die Abwägung der Vorteilhaftigkeit werden z.B. Informationen über das spezifische Themenfeld „E-Business" benötigt, faßt man den Einstieg als Projekt auf, so ist z.B. die Frage nach dessen zweckmäßiger Organisation zu stellen. – Die ersten vier Beiträge dieses Bandes widmen sich in diesem Sinne der erweiterten „ob"-Frage.

Mit dem ersten Beitrag geht *Andreas Abel* auf „Technische Grundlagen des E-Business" ein. Diesem Einstieg liegt der Gedanke zugrunde, daß jegliches ökonomische Handeln im E-Business sich innerhalb der durch die Technik gesetzten Schranken abspielen muß. Folglich ist damit quasi das „bespielbare Feld" abgesteckt bzw. der Gestaltungsraum des E-Business mit seinen Anforderungen aufgespannt. Mit dieser Orientierung hin auf den betriebswirtschaftlich motivierten Einsatz des Mediums hebt sich der Beitrag deutlich von gängigen Darstellungen der Internet-Technologie ab.

Wiederholt wurde postuliert, daß aus den neuen technischen Möglichkeiten gleichfalls neue Spielregeln für eine „Networked Economy" resultieren müßten. Diesen Sachverhalt untersucht *Jens Dertmann* mit seinem Beitrag „Grundlagen der Netzwerkökonomie - Von Motiven, Regeln und Empfehlungen" eingehender vor dem Hintergrund der neuen Institutionenökonomik.

---

[19] Vgl. Berens/Bertelsmann (2002), Sp. 280; originär Rieper/Witte/Berens (1996), S. V; ähnlich im Vorfeld Heigl (1978), S. 3.

Nachdem somit die Rahmenbedingungen einer möglichen Investition im E-Business geklärt sind, gilt es zumeist, die Vorteilhaftigkeit eines konkreten Investitionsvorhabens abzuwägen. Diesem Thema widmet sich *Hans-H. Bleuel* mit seinem Beitrag „Investitionsplanung für neue Unternehmen und Geschäftszweige - eine umsetzungsorientierte Übersicht". Er verdeutlicht nicht nur die Notwendigkeit einer detaillierten – von einem Business Plan gestützten – Investitionsplanung, sondern fängt mit der Integration der Simulation in die Investitionsrechnung auch das Unsicherheitsproblem praxisnah wie theoriesicher ab. Ein Fallbeispiel überzeugt zudem von der operativen Umsetzbarkeit der Darlegungen des Autors.

Ist schließlich die Entscheidung gefallen, ein spezifisches Investitionsvorhaben zu realisieren, so kann die Umsetzung als Projekt aufgefaßt werden. Wie sich auch in den Boomjahren des E-Business zeigte, bergen derartige Projekte zahlreiche Widrigkeiten und ihre erfolgreiche Umsetzung ist keine Trivialität – bereits an dieser Stelle scheiterten entsprechende Initiativen oft. Mit ihrem Beitrag „Einstieg in das E-Business als Projekt" schöpfen *Ulrich Geistkämper* und *Frank Weiß* in dieser Hinsicht aus einem reichen Erfahrungsschatz. Sie stellen nicht nur die grundlegenden Anforderungen an das Management entsprechender Unterfangen heraus, sondern diskutieren auch die Erfolgsfaktoren von E-Business-Projekten eingehend.

Nachdem damit vier Beiträge vorrangig dem „ob" und dem „wie" eines Einstieges in das E-Business nachgingen, fokussieren sich die drei verbleibenden Aufsätze auf ein Controlling im laufenden Betrieb eines entsprechenden (Teil-) Unternehmens bzw. Vorhabens. Dabei gehen die Herausgeber, *Wolfgang Berens* und *Walter Schmitting*, zunächst in ihrem Beitrag „Controlling im E-Business - Notwendigkeit eines ‚E-Controlling'?" auf die Frage ein, ob ein Controlling im E-Business überhaupt eine derart hohe Spezifität aufweist, daß es gerechtfertigt ist, ein eigenständiges „E-Controlling" zu postulieren. Die zur Beantwortung dieser Frage notwendige controllingorientierte Betrachtung und Differenzierung der relevanten Handlungs- und Erfolgsdeterminanten des E-Business liefert dabei zugleich interessante Ansätze für die Ableitung von Steuerungsparametern.

Der sich anschließende Beitrag von *Pascal Nevries* und *Klaus Segbers* mit dem Titel „Ganzheitliche Controlling-Konzeption im E-Business" setzt die im vorherigen Aufsatz angestellten Überlegungen fort. Diese werden vorrangig auf der strategischen und taktischen sowie nachrangig auch auf der operativen Betrachtungsebene instrumental vielfältig konkretisiert. Als „roter Faden" fungiert dabei die notwendige Kundenorientierung aller E-Business-Aktivitäten; ein Beispiel aus der Finanzdienstleistungsbranche verdeutlicht die Ausführungen.

Ist die Rede vom E-Business, so wird oft das dynamische, junge Start-Up-Unternehmen assoziiert. E-Business-Aktivitäten können sich jedoch gleichwohl auch - wie bereits der vorgenannte Aufsatz zeigte - auf ausgewählte Funktionsbereiche „klassischer" Unternehmen beziehen bzw. in solchen interessante Potentiale bieten. Ein in diesem Kontext oft genanntes Beispiel ist die Beschaffung. Mit ihrem Beitrag „E-Procurement - neue Herausforderungen für das Beschaffungscontrolling" positionieren sich *Michael Holtrup* und *Alexander Prangenberg* in genau diesem Themenfeld. Sie zeigen auf, welche Defizite die klassische Beschaffung aus Sicht des Controlling aufweist und welche Möglichkeiten das E-Procurement sowie seine Ausgestaltungen bieten, diese zu überwinden. Im Anschluß leiten sie sodann die Aufgaben eines Controlling im E-Procurement ab.

Mit diesem Beitrag schließt der Band. In der retrospektiven Gesamtsicht sind sich die Herausgeber der Tatsache bewußt, daß die sieben vorgelegten Beiträge das Themenfeld – und insbesondere die noch vor uns liegenden Entwicklungen im E-Business - nur schlaglichtartig auszuleuchten vermögen und mithin nur exemplarisch erschließen. Die „Rückkehr zur Rationalität" wird, nachdem eine Phase der Ängstlichkeit und der überkritischen Betrachtung im Anschluß an die Hype durchlebt ist, noch etliche Jahre in Anspruch nehmen. In historischer Parallele: Erst im Jahre 1872, also gut drei Dekaden nach der „Eisenbahnhype", läßt Jules Verne seinen Helden Phileas Fogg feststellen – und darum wetten! -, daß man die Welt dank Dampfschiffen und Eisenbahnen in nunmehr achtzig Tagen umrunden könne ... In diesem Sinne dürfen wir gespannt sein, in welcher Form die „E-Business"-Hype der Jahrtausendwende ihre Versprechungen (doch noch) einlösen wird.

Literaturverzeichnis

Albright (2001):
Albright, M.: Different century, different bubble, in: St. Petersburg Times Online, Rubrik „Business", Meldung vom 11.02.2001 [Internet: http://www.sptimes.com/News/021101/news_pf/Business/Different_century__di.shtml, verifiziert 01.10.2003].

Behavioral Finance Group (2000):
Behavioral Finance Group: Behavioral Finance - Idee und Überblick, in: Finanzbetrieb, 2. Jg. (2000), Heft 5, S. 311-318.

Berens/Bertelsmann (2002):
Berens, W.; Bertelsmann, R.: Stichwort „Controlling", in: Küpper, H.-U.; Wagenhofer, A. (Hrsg.): Handwörterbuch Unternehmensrechnung und Controlling, 4. Auflage, Enzyklopädie der Betriebswirtschaftslehre Band III, Stuttgart 2002, Sp. 280-288.

Börner (1998):
Börner, C.J.: Bubbles am Aktienmarkt, in: WISU, 27. Jg. (1998), Heft 6, S. 669.

Caulkin (1999):
Caulkin, S.: The Trouble with Bubbles, in: worldlink, o.Jg. (1999), March/April, S. 44 [Internet: http://backissues.worldlink.co.uk/ILink/68/21.htm, verifiziert 01.10.2003].

Conrad (2002):
Conrad, C.A.: Theorie der „speculative bubbles", in: WiSt, 31. Jg. (2002), Heft 9, S. 519-522.

De Bondt/Thaler (1985):
De Bondt, W.F.M.; Thaler, R.: Does the Stock Market Overreact?, in: Journal of Finance, Vol. XL (1985), No. 3, S. 793-808.

Heigl (1978):
Heigl, A.: Controlling - Interne Revision, Stuttgart, New York 1978.

Hoffjan/Siemes (1999):
Hoffjan, A.; Siemes, A.: Erwartungsbildung und Aktienkursentwicklung, in: WISU, 28. Jg. (1999), Heft 4, S. 452-458.

Kreiss (2001):
Kreiss, C.: New Economy - damals und heute: Lehren aus dem Eisenbahn-Boom im 19. Jahrhundert, in: Süddeutsche Zeitung am 21./22.07.2001, Nr. 166, S. 22 (Rubrik Wirtschaft).

Lennstrand (1999):
Lennstrand, B.: Diffusion Models - Tools for Forecasting or Self-fulfilling Metaphors?, Paper presented at the 19th International Symposium on Forecasting, Washington DC (USA), June 27th-30th 1999, School of Business, Stockholm University, Stockholm 1999 [Internet: http://www.hgo.se/bol/Diffusion/DiffMet.PDF, verifiziert 10.12.2003].

Leo (2003):
Leo: Leo – Link Everything Online, English – German Dictionary, Online-Service der Informatik der Technischen Universität München (http://dict.leo.org/, verifiziert 30.11.2003).

Menzies (2003):
Menzies, T.: 21st-Century AI: Proud, Not Smug, in: IEEE Intelligent Systems, Vol. 18 (2003), No. 3, S. 18-24.

Rieper/Witte/Berens (1996):
Rieper, B.; Witte, T.; Berens, W.: Vorwort, in: Rieper, B.; Witte, T.; Berens, W. (Hrsg.): Betriebswirtschaftliches Controlling: Planung - Entscheidung - Organisation, Festschrift für Univ.-Prof. Dr. Dietrich Adam zum 60. Geburtstag, Wiesbaden 1996, S. V-VI.

Rutten (2003):
Rutten, A.: The New Economy (Pre)Dux; or, What History Teaches Us About the Wired World, in: Independent Review, Vol. 8 (2003), Issue 2, S. 285-291.

Schäfer (2002):
Schäfer, S.-I.; Vater, H.: Behavioral Finance: Eine Einführung, in: Finanzbetrieb, 4. Jg. (2002), Nr. 12, S. 739-748.

Stahl (2000):
Stahl, M.: Die Lektionen des Jahres 1929, in: Conrad, A.C.; Stahl, M. (Hrsg.): Risikomanagement an internationalen Finanzmärkten: Systemrisiken – Crashpotential - Anlagemanagement - Risikosteuerung, Stuttgart 2000, S. 3-20.

Strousberg (1876):
Strousberg, B.H.: Dr. Strousberg und sein Wirken, von ihm selbst geschildert, Berlin 1876.

Temin/Voth (2003):
Temin, P.; Voth, H.-J.: Riding the South Sea Bubble, Arbeitspapier, o.O. 2003 [Internet: http://www.kings.cam.ac.uk/histecon/hjvoth/south%20sea%203.PDF, verifiziert 10.12.2003].

Andreas Abel [*]

Technische Grundlagen des E-Business

1	Einleitung	21
2	Definition E-Business	21
3	Ökonomischer Gestaltungsraum des E-Business	24
	3.1 Transaktionsphasen	24
	3.2 Art der Leistung eines E-Business-Angebotes	26
	3.3 Art der Gegenleistung vom Nachfrager	29
	3.4 Prozessbeteiligte	30
	3.4.1 Wesen der Transaktionspartner	31
	3.4.2 Repräsentanten der Prozessbeteiligten	32
	3.5 Organisation des Austausches (Marktorganisation)	35
4	Technischer Rahmen des ökonomischen Gestaltungsraumes	37
	4.1 Allgemeine Grundlagen	37
	4.2 Schichtung von Anwendungssystemen	40
	4.3 Infrastrukturtypen am Aktionspunkt	41
	4.3.1 Infrastrukturtypen für natürliche Repräsentanten	41
	4.3.2 Infrastrukturtypen für künstliche Repräsentanten	43
	4.4 Verteilung von Anwendungskomponenten	44
	4.5 Web Services als Basis für die Inter-Applikations-Kommunikation	45
	4.6 Beispiel-Architektur für ein E-Business-System und die zugehörigen Fachkomponenten	46
	4.7 Schutzziele für ein E-Business-System	50
5	Ansatzpunkte für ein Controlling im E-Business	51
6	Fazit	56
Literaturverzeichnis		58

---

[*] *Dr.-Ing. Andreas Abel,* Vorstandsmitglied Eudemonia AG.

1 Einleitung

E-Business wird in der Regel unmittelbar mit dem Internet assoziiert. Die technischen Grundlagen des E-Business sind derzeit für viele Anwendungsgebiete Internettechnologien und -standards. Während diese in einer Vielzahl von Publikationen bereits ausführlich diskutiert wurden,[1] werden in diesem Artikel die technischen Grundlagen im Hinblick auf ihre betriebswirtschaftliche Relevanz diskutiert. Auf eine Darstellung der Geschichte und Entwicklung des Internets wird aus demselben Grund ebenfalls verzichtet.[2] Der Erkenntnisgewinn aus der Darstellung logarithmischer Wachstumsfunktionen und der damit verbundenen euphorischen Erwartungshaltungen im vergangenen Internet-Hype[3] hilft heute keinem Unternehmer bei betriebswirtschaftlichen Fragestellungen mehr weiter.[4] Die Renaissance der ökonomischen Rationalität darf aber nicht bei Controlling-Themen enden, sondern muss sich auch in der Betrachtung der technischen Grundlagen des E-Business widerspiegeln.

Diese werden daher nicht aus Sicht der Technik, sondern aus der betriebswirtschaftlichen Relevanz heraus abgeleitet. Vor diesem Hintergrund werden nach der Definition des Begriffes E-Business in einem zweiten Schritt der ökonomische Gestaltungsraum des E-Business mit seinen Anforderungen aufgespannt und sodann die jeweils relevanten technischen Grundlagen abgeleitet. Letztere werden möglichst abstrakt dargestellt, um mit den Inhalten der Ausführungen nicht den üblichen kurzen Verfallszeiten von Technologiedarstellungen zu unterliegen. Dies führt auf der anderen Seite jedoch dazu, dass der Leser die Darstellungen und Erläuterungen auf die eigene individuelle Situation übertragen muss. Vorteil dieser Vorgehensweise ist jedoch, dass alle wesentlichen technischen Komponenten eines E-Business-Systems angesprochen werden können.

2 Definition E-Business

Bisher existiert keine allgemein akzeptierte Definition des Begriffes E-Business, dennoch scheint sich mittlerweile eine übergreifende Sichtweise durchzusetzen, die E-Business als „die fortwährende und überwiegende Abwicklung, Unterstützung und Kontrolle der Prozesse und Beziehungen zwischen Geschäftspartnern,

---

[1] Vgl. hierzu Winzerling (2001).
[2] Vgl. hierzu Roberts/Wolff (2000).
[3] Vgl. Fornasier (2001), S. 17ff.; Hermanns/Sauter (2001), S. 23ff.
[4] Vgl. Berens/Schmitting (2002), S. 130f.

Mitarbeitern und Kunden durch elektronische Medien"[5] versteht. Die Formulierung „elektronische Medien" gibt dabei einen Hinweis auf mögliche technische Grundlagen des E-Business. Die Versuche, den Begriff „elektronische Medien" zu konkretisieren und gegenüber elektrischen Medien in den letzten Jahrhunderten abzugrenzen, führen dann wiederum zur Einführung von Wortkombinationen wie „neue Medien" in die E-Business-Definition.[6] Auf die vielfältige Diskussion des Begriffes Medium wird hier nicht eingegangen, da vereinfachend angenommen wird, dass sich ein Medium aus der Sende-, Übertragungs- und Empfangstechnik zusammensetzt und von der konkreten Ausgestaltung der Beziehung zum Sender bzw. Empfänger als handelnde Personen sowie den Inhalten für die weitere Argumentation abgesehen werden kann.[7]

Zentral für die Diskussion der technischen Grundlagen ist vielmehr die Digitalisierung[8] von Daten und Informationen, die mit der Entwicklung der Informationstechnologie in den letzten ca. 50 Jahren einhergegangen ist.[9] Hierdurch hat sich die „Fließgeschwindigkeit" von Informationen zwischen technischen Systemen und ihren Nutzern drastisch erhöht bzw. die Informationsviskosität deutlich reduziert.[10] Diese Digitalisierung kann sich dabei in optischen, elektronischen oder auch magnetischen Systemen konkretisieren. Heutige Computer- und Kommunikationssysteme sind meist eine Kombination aller drei Techniken der digitalen Speicherung, Verarbeitung und Übertragung von Daten.

Mit der Etablierung des Internets als global verfügbarem Computernetzwerk ist ein Potential zur weiteren weltweiten Verminderung der Informationsviskosität entstanden, wie es bis Ende der 80er Jahre des letzten Jahrhunderts für die Allgemeinheit kaum vorstellbar war. Das Internet als solches ist ein Konglomerat von technischen Definitionen und Services, die neben Forschungseinrichtungen von Unternehmen der Informationstechnologie- und Telekommunikationsbranche beeinflusst wurden bzw. werden.[11] Da dieses Konglomerat einer ständigen Veränderung unterliegt, wird für die eigene E-Business-Definition der explizite

---

[5] Vgl. Berens/Schmitting (2002), S. 133.
[6] Vgl. Stähler (2001), S. 54; Schubert/Selz/Haertsch (2003), S. 15.
[7] Vgl. zur Diskussion des Medienbegriffes Haertsch (2000), S. 16f.; Stähler (2001), S. 96ff.
[8] Von der chemischen Abbildung und Verarbeitung von Daten in DNA-Computern, wie sie in den letzten Jahren erforscht wurde, wird hier noch vereinfachend abstrahiert.
[9] Vgl. Stähler (2001), S. 30.
[10] Vgl. Berens/Schmitting (2002), S. 137.
[11] Vgl. Roberts/Wolff (2000).

Verweis auf das Internet vermieden. In Anlehnung an Berens/Schmitting (2002) sieht die Definition für diesen Artikel wie folgt aus:[12]

> E-Business sind zum jeweiligen Betrachtungszeitpunkt alle unternehmerischen Aktivitäten – sowohl im Innen- als auch Außenverhältnis – in Medien, die
> - Verschiedene, möglichst vielfältige Übertragungsformen von Signalen,[13]
> - eine asynchrone und synchrone Kommunikation[14] sowie
> - eine mono-, bi-, multi- und omnidirektionale Interaktivität[15]
>
> zwischen menschlichen und/oder künstlichen Informationsverarbeitern ermöglichen.

Bei den Signalformen sind die Art und der zeitliche Aspekt der Darstellung bzw. die Artikulationsform des Senders sowie beim Empfänger die angesprochenen Sinne der Signalaufnahme zu berücksichtigen. Medien, die eine Vielzahl von Informationsformen unterstützen, sollten demnach mehr als eine Artikulationsform beim Sender und beim Empfänger eine Informationsaufnahme über mehrere Sinne ermöglichen. Bei der Artikulationsform kann es sich um relativ statische Informationen wie ein einzelnes Zeichen, eine Zeichenfolge, ein Bild oder einem Ton bzw. um relativ dynamische Formen wie Mimik, Gestik, Sprache oder Bild- und Tonfolgen handeln.[16] Theoretisch denkbar ist die Nutzung aller menschlichen Sinne für die Informationsübermittlung, in der Regel werden jedoch nur der Seh- und bzw. oder Hörsinn angesprochen. Betrachtet man die in der Definition aufgeführten Kriterien im Hinblick auf Medien wie Radio, Fernsehen, Telefon oder Internet, so stellt sich zum jetzigen Zeitpunkt heraus, dass nur das Internet alle Kriterien ohne Einschränkungen erfüllt. Es ist jedoch bereits jetzt absehbar, dass in den nächsten Jahren durch die Konvergenz von Informations- und Telekommunikationstechnologien auch Mobilfunknetze der dritten oder vierten Generation alle o.g. Kriterien erfüllen werden. Bei all diesen Überlegungen ist jedoch zu beachten, dass die Technik nur Mittel zum Zweck

---

[12] Vgl. Berens/Schmitting (2002), S. 132ff.
[13] Vgl. Stähler (2001), S. 117f.; Berens/Schmitting (2002), S. 134. Thome spricht in diesem Zusammenhang nicht von Multimedia sondern lateinisch korrekt von „multa medio", also Vieles in einem Medium, vgl. Thome (2002).
[14] Vgl. Berens/Schmitting (2002), S. 134.
[15] Vgl. Stähler (2001), S. 109f.; Berens/Schmitting (2002), S. 134.
[16] Vgl. Stähler (2001), S. 117f.

des jeweiligen Geschäftsmodells des einzelnen E-Business-Betreibers ist[17] und somit auch hier der ökonomische Erfolg[18] im Mittelpunkt stehen.

3 Ökonomischer Gestaltungsraum des E-Business

Aus dem ökonomischen Gestaltungsraum für einen E-Business-Betreiber auf der Beschaffungs- (eProcurement) oder Absatzseite (eCommerce) ergeben sich Anforderungen an die technische Infrastruktur bei den Prozessbeteiligten – insbesondere beim E-Business-Betreiber selbst und bei seinen potentiellen Transaktionspartnern. Der ökonomische Gestaltungsraum kann dabei im wesentlichen durch die Beantwortung der folgenden Fragen ermittelt werden, die sich auch im Geschäftsmodell widerspiegeln:

- Welche Leistung soll erbracht werden?
- Wem soll die Leistung erbracht bzw. welche Zielgruppe soll erreicht werden?
- Wie soll der Leistungsaustausch koordiniert werden (Marktmodell)?
- Welche Gegenleistung wird hierfür erwartet und wie soll diese erbracht werden (Preis- und Bezahlmodell)?
- Welche Transaktionsphasen können in Abhängigkeit von Leistung und Gegenleistung mit Hilfe des E-Business-Systems abgedeckt werden?
- Welche Akteure sind bei den einzelnen Transaktionsphasen, bei der Leistungserstellung oder der Nutzung an dem jeweiligen Prozessen beteiligt?
- Welche Komplementärleistungen vervollständigen die eigene Leistung?

3.1 Transaktionsphasen

Betrachtet man nun eine einzelne Austauschbeziehung zwischen zwei verschiedenen Wirtschaftssubjekten, so lassen sich für die erstmalige Durchführung einer E-Business-Transaktion folgende Phasen identifizieren, die in der Abb. 1 dargestellt werden:

- Anfrage (Phase 1): Der potentielle Transaktionspartner artikuliert eine Anfrage bzw. Angebot gegenüber dem E-Business-Betreiber.

---

[17] Vgl. Stähler (2001), S. 159ff.
[18] Erfolg wird in diesem Zusammenhang „als eine mittel- bis langfristige Steigerung des Unternehmenswertes" definiert (Berens/Schmitting (2002), S. 145).

- Information (Phase 2): Der E-Business-Betreiber informiert den potentiellen Transaktionspartner über die eigene Leistung und die erwartete Gegenleistung (Preis).
- Verhandlung (Phase 3): Beide verhandeln die konkrete Ausgestaltung der Leistung und Gegenleistung.
- Vereinbarung (Phase 4): Die ausgehandelte Ausgestaltung wird vertraglich zwischen den beiden Transaktionspartnern vereinbart.
- Leistung (Phase 5): Der E-Business-Betreiber erbringt seine Leistung, möglichst zu den vereinbarten Bedingungen.
- Gegenleistung (Phase 6): Der Transaktionspartner erbringt seine Gegenleistung, wiederum möglichst zu den vereinbarten Bedingungen.
- Nutzung (Phase 7): Sollte es sich um ein dauerhaftes Gut handeln, so nutzt der Besitzer dieses Gut während seiner ökonomischen Lebensdauer und benötigt eventuell zusätzliche Unterstützungsleistungen durch den Leistungserbringer.
- Entsorgung (Phase 8): Am Ende der ökonomischen Lebensdauer wird das Gut in mehr oder weniger geregelter Form dem Wirtschaftskreislauf entzogen und möglichst umweltgerecht entsorgt.

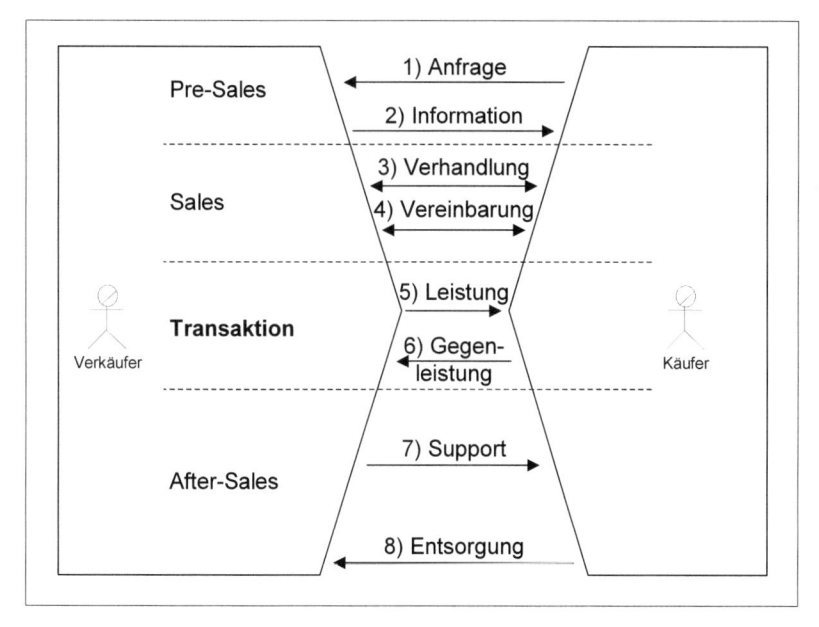

Abbildung 1: Transaktionsphasen

Bei einmaligen Austauschereignissen werden die o.a. Phasen immer komplett durchlaufen, wobei in Abhängigkeit von den Produkteigenschaften die Phasen Anfrage, Information, Verhandlung und Vereinbarung auch in sehr vereinfachter Art und Weise abgewickelt werden können. Werden die Austauschbeziehungen zwischen zwei Geschäftspartnern hingegen immer wieder regelmäßig durchgeführt, so ist zu erwarten, dass die ersten vier Phasen nur ein einziges Mal für die Schaffung einer Rahmenvereinbarung durchlaufen werden und die einzelnen Transaktionen sodann auf dieser Basis erfolgen. Bei derartig regelmäßigen Prozessen ist denkbar, dass zwischen Lieferant und Abnehmer zusätzlich eine fachliche und technische Prozessintegration erfolgt, um Rationalisierungspotentiale in der Transaktions- und After-Sales-Phase nutzen zu können. Für die technischen Grundlagen des E-Business ergeben sich aus obigen Darlegungen folgende Anforderungen bzw. Abhängigkeiten:

- Die Ausführung der Phasen Leistung und Gegenleistung kann nur ohne Medienbruch erfolgen, wenn die damit zusammenhängenden Güter im betrachteten Medium technisch auch ausgetauscht bzw. zwischen den Transaktionspartnern übertragen werden können.
- Sollen bei dauerhaften bzw. regelmäßigen Austauschbeziehungen bestimmte Prozessschritte automatisiert werden, so müssen die technischen Systeme des Anbieters und des Nachfragers über Schnittstellen miteinander verbunden werden.
- Menschliche Prozessbeteiligte benötigen Systemzugänge, welche die Übersetzung der medienabhängigen Signale in menschlich empfang- und interpretierbare Signale vornehmen. Neben den ökonomischen Parametern beeinflusst eine ansprechende und ergonomische Gestaltung dieser Systemzugänge auch den Akzeptanzgrad des Angebotes bei den potentiellen Anwendern.

3.2 Art der Leistung eines E-Business-Angebotes

Wesentlicher Sinn eines E-Business-Systems ist aus Sicht des Anbieters die Gewinnerzielung im Rahmen seines Geschäftsmodells und aus Sicht des Nachfragers die Bedürfnisbefriedigung durch Nutzung des angebotenen Gutes bzw. der angebotenen Leistung. Nach allgemeinem Begriffsverständnis der Wirtschaftswissenschaften wird das Objekt aller wirtschaftlichen Handlungen als Gut bezeichnet, das subjektiv und/oder objektiv bewertbaren Nutzen stiftet.[19] Diese abstrakte Definition muss um weitere Charakteristika ergänzt werden, um Abhängigkeiten zu den technischen Grundlagen des E-Business herleiten zu können.

---

[19] Vgl. Woll (2000), S. 48.

Als wichtige Kriterien bei der weiteren E-Business-spezifischen Klassifizierung von Gütern sind folgende Eigenschaften zu nennen:[20]
- die Art der physikalischen Ausprägung mit den Begriffspaaren „materiell" und „immateriell",[21]
- die Lagerfähigkeit des Gutes mit den Begriffspaaren „dauerhaft" und „nicht dauerhaft",[22]
- der Abnutzungsgrad mit den Begriffspaaren „Verbrauch bei Nutzung" und „kein Verbrauch bei Nutzung" sowie
- die Digitalisierbarkeit der Leistung.[23]

Kombiniert man die o.a. Eigenschaften so entsteht die in Abbildung 2 dargestellte Matrix, die einzelne Gütergruppen beispielhaft enthält.[24] Güter mit digitalisierbaren Inhalten lassen sich dabei prinzipiell von der physikalischen Ausprägung ihres Trägermediums trennen und auf einen anderen Träger übertragen. Zentral ist es dabei, den eigentlichen Inhalt des digitalisierbaren Gutes gedanklich vom Medium bzw. Träger des Inhalts (auch Datenträger genannt) zu trennen.[25]

Für alle Güter können die Transaktionsphasen Anfrage, Information, Verhandlung und Vereinbarung unabhängig von den physikalischen Eigenschaften der Leistung und Gegenleistung in Medien, die der E-Business-Definition genügen, erbracht werden. Bei den Phasen Leistung, Gegenleistung, Support und Entsorgung können hierzu erst Aussagen getroffen werden, wenn die Eigenschaften der Leistung bzw. Gegenleistung bekannt sind. Nur bei digitalen Gütern können derzeit alle Phasen ohne Medienbruch im Rahmen eines E-Business-Systems unterstützt werden.

Die Gestaltung der Eigentums- und Besitzverhältnisse und die damit verbundene Möglichkeit zur Ausschließung potenzieller Nutzer ist schließlich entscheidend

---

[20] Vgl. zur Taxonomie von digitalen Gütern auch Luxem (1999), S. 26ff.
[21] Vgl. Abel (2003), S. 18ff. Hierdurch wird die Übertragbarkeit eines Gutes im Raum determiniert.
[22] Vgl. Abel (2003), S. 18ff. Hierdurch wird die Übertragbarkeit eines Gutes in der Zeit determiniert.
[23] Vgl. Luxem (1999), S. 26ff.
[24] Unter Software im weitesten Sinne im Rahmen der Abbildung 2 werden unscharfe Begriffe wie Wissen, Information, Formatierung, Design, Programm oder Funktion verstanden.
[25] Ein Beispiel für diese Problematik ist ein Buch, bei dem der Inhalt und die Ausprägung in Papierform synonym im Sprachgebrauch genutzt werden. Prinzipiell lässt sich der Inhalt eines jeden Buches digitalisieren und vom Datenträger Papier trennen, mit den entsprechenden Auswirkungen auf die Transport- und Lagerfähigkeit des Inhaltes.

für das Entstehen von Angebot und Nachfrage.[26] Die letzten beiden Kriterien führen in Kombination unmittelbar zum Rivalitätsgrad der Nutzung. Die Nutzung kann durch die konkrete Ausgestaltung der Eigentums- und Besitzverhältnisse eingeschränkt werden. In der wirtschaftswissenschaftlichen Literatur werden die Eigenschaften Rivalitätsgrad und Begrenzbarkeit der Nutzung angewandt, um öffentliche und private Güter gegeneinander abzugrenzen.[27]

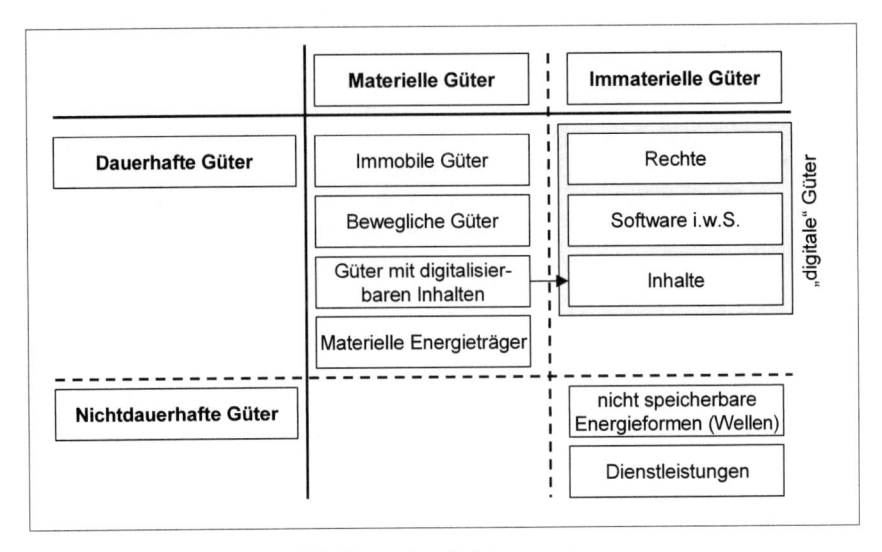

	Materielle Güter	Immaterielle Güter	
Dauerhafte Güter	Immobile Güter	Rechte	„digitale" Güter
	Bewegliche Güter	Software i.w.S.	
	Güter mit digitalisierbaren Inhalten	Inhalte	
	Materielle Energieträger		
Nichtdauerhafte Güter		nicht speicherbare Energieformen (Wellen)	
		Dienstleistungen	

Abbildung 2: Leistungsarten

Übertragen auf die im Internet relevanten Güter stellt die Tabelle 1 dar, welche Abhängigkeiten zwischen Eigentumsregelung und Rivalität der Nutzung existieren. Private und öffentliche Güter stellen dabei die herkömmliche Aufteilung dar. Da es im Internet auch Güter wie z.b. OpenSource-Software gibt, wird diese Einteilung um die dritte Gütergruppe für offene Güter und Netzgüter erweitert, die z.B. Dienstleistungen mit positiven Netzwerkeffekten beinhaltet.[28] Diese Gruppe ist dadurch gekennzeichnet, dass das Eigentum (inkl. des geistigen Eigentums und der Urheberrechte) klar in Lizenzbestimmungen geregelt ist, die Nutzung

---

[26] Vgl. Musgrave/Musgrave/Kullmer (1994), S. 70f.
[27] Vgl. Musgrave/ Musgrave/Kullmer (1994), S. 69f.
[28] Vgl. Abel (2003), S. 20f.

der Güter zwischen den einzelnen Wirtschaftssubjekten jedoch keine Rivalität verursacht[29] und bei Netzgütern mit positiven Netzwerkeffekten verbunden ist.[30]

	Rivalität vorhanden	Rivalität nicht vorhanden
Exkludierbarkeit möglich	Private Güter bzw. Individualgüter	Offene Güter bzw. Netzgüter
Exkludierbarkeit nicht möglich	Öffentliche Güter im engeren Sinne, meist verbunden mit Opferzahlungen	Öffentliche Güter im engeren Sinne

Tabelle 1: Abgrenzung privater Güter und offener Güter von öffentlichen Gütern.[31]

In der Regel erfolgt bei privaten und öffentlichen Gütern (im weiteren Sinne) mit begrenzter Nutzung die wirtschaftliche Transaktion mit Gegenleistung entweder in Geld oder in Form von anderen Leistungen (Tauschhandel). Bei offenen und öffentlichen Gütern (im engeren Sinne) mit unbeschränkter Nutzung erfolgt demgegenüber die Transaktion in der Regel ohne Gegenleistung. Übertragen auf das Internet heißt dies, dass ein Teil der wirtschaftlich relevanten Transaktionen ohne die Erfordernis einer Gegenleistung durchgeführt wird. Beispiele hierfür sind die vielfältigen preislosen Informationsangebote und die gesamte OpenSource-Thematik.[32]

3.3 Art der Gegenleistung vom Nachfrager

Wird für die Leistung eine Gegenleistung erbracht, so ist hier der zeitliche Zusammenhang zwischen Leistung und Gegenleistung näher zu hinterfragen. Die Zahlung kann entweder güterstrombegleitend oder zeit- und ortsversetzt ausgeführt werden. Erfolgt die Lieferung vor der Zahlung (payment), so kreditiert der Lieferant seinen Kunden; ist es umgekehrt, erhält der Lieferant einen Debit vom Kunden. Kredit- und Debitgeschäfte sind aus Sicht des zuerst Leistenden jeweils

---

[29] Vgl. Hetze et al. (1995), S. 591 ff.
[30] Vgl. Downes/Mui (1998), S. 5f.
[31] Quelle: Abel (2003), S. 20.
[32] Vgl. Lutterbeck (1998), S. 73; Raymond (1999), S. 60ff.

Vorleistungsgeschäfte. Erfolgen Leistung und Gegenleistung bzw. Zahlung zum gleichen Zeitpunkt, so spricht man von einem Zug-um-Zug-Geschäft.[33]

Sollen digitale Güter im Rahmen von Zug-um-Zug-Geschäften ausgetauscht werden, so muss im Rahmen des E-Business-Systems mindestens ein Bezahlverfahren integriert werden, welches dies prozesstechnisch unterstützt. Neben dieser technischen Eigenschaft muss dieses Bezahlverfahren von den Transaktionspartnern akzeptiert werden. Neben dem Bezahlverfahren müssen sich beide bei Bezahlung in Geld darüber hinaus über die gewünschte Währung verständigen. Sollte ein Geschäft als Zug-um-Zug-Geschäft ausgestaltet werden, so müssen Leistung und Gegenleistung digitale Güter sein, die ohne Medienbruch und Zeitverzug untereinander ausgetauscht werden können. Bei Geschäften mit einer Finanzierungskomponente wird dieses Problem zeitlich und technisch verlagert und man erhält somit einen größeren Gestaltungsraum.

Neben den oben geschilderten Möglichkeiten können für Geschäftsmodelle mit einer wiederkehrenden gleichartigen Nutzung von Leistungen, insbesondere im Informationsumfeld, auch andere Abrechnungsarten als direkte Preise genutzt werden. Hier sind alle Variationen von Abonnement- und Nutzungsentgelten denkbar. Die Abrechnungsbasis kann im E-Business transaktions-, nutzungs- und/oder potentialabhängig ausgestaltet sein.[34] Bei einer nutzungsabhängigen Abrechnung können technische (Zeit, Übertragungsvolumen, Rechenzeit) oder inhaltliche (z.B. die Nutzung besonderer Bereiche eines Angebotes) Parameter als Basis des Erlösmodells dienen.

3.4 Prozessbeteiligte

An den oben skizzierten Prozessen sind im wesentlichen der Anbieter (bzw. Verkäufer) und der Nachfrager (bzw. Käufer) einer Leistung beteiligt. Damit Angebot und Nachfrage zueinander finden und die Transaktion durchgeführt werden kann, können in den einzelnen Prozessphasen Intermediäre vermittelnd aktiv werden. Bei bestimmten Leistungen kann es darüber hinaus auch erforderlich sein, dass die Primärleistung erst durch komplementäre Sekundärleistungen anderer Anbieter für den Kunden ihr volles Nutzenpotential entfalten.[35]

Wichtig für die Ausgestaltung eines konkreten E-Business-Systems ist es, die Zusammenhänge der eigenen Primärleistung und die Abhängigkeit des eigenen Er-

---

[33] Vgl. Abel (2003), S. 25f.
[34] Vgl. Zerdick et al. (2001), S. 24ff.
[35] Vgl. Haertsch (2000), S. 131f.

folges von Intermediären und Komplementierern zu erkennen und entsprechend zu gestalten. Als technische Anforderung lässt sich aus diesem Umstand heraus ableiten, dass die technischen Anwendungen, mit denen ein E-Business-System implementiert wird, die verschiedenen in einem Geschäftsmodell relevanten Rollen der Prozessbeteiligten abbilden und entsprechende Verbindungen zu den technischen Systemen der Intermediäre und Komplementierer herstellen müssen. Die Prozessbeteiligten sind im technischen Sinne eindeutig zu identifizieren und in Abhängigkeit der Anforderungen des Betreibers auch zu authentisieren. Die verschiedenen Rollen innerhalb eines Prozesses müssen sich dann in Rollen- und Berechtigungskonzepten innerhalb des Anwendungssystems widerspiegeln.[36]

3.4.1 Wesen der Transaktionspartner

Definitionsgemäß handelt es sich beim E-Business um unternehmerische Aktivitäten, so dass das Wesen der Systembetreiber als Unternehmen mit Gewinnerzielungsabsicht hinreichend genau bestimmt ist. E-Business-Systeme können vom Betreiber sowohl als Distributions- (E-Commerce) als auch als Beschaffungsplattform (E-Procurement) eingesetzt werden.[37] Bei der Ausgestaltung des Geschäftsmodells für das E-Business-System muss definiert werden, welche Zielgruppen konkret erreicht werden sollen. Auf abstrakter Ebene sind hier private Haushalte (B2C) außerhalb des eigenen Unternehmens und die eigenen Mitarbeiter (B2E – Business to Employees) im Unternehmen zu nennen.[38] Als zweite Zielgruppen können andere Unternehmen als potentielle Kunden oder Lieferanten gesehen werden. Hier ist zu hinterfragen inwieweit die über das E-Business-System ausgetauschten Leistungen in die Prozesskette beim Systembetreiber und beim Transaktionspartner integriert werden müssen. Sollte eine hohe Prozessintegration zwischen Lieferanten und Abnehmern implementiert werden, so kann diese Art des Business-to-Business (B2B) als integriertes B2B bezeichnet werden. Als letzte große Zielgruppe können öffentliche Wirtschaftssubjekte identifiziert werden. In der Abbildung 3 werden in Anlehnung an die übliche Darstellung alle Kombinationen der Interaktion zwischen den verschiedenen Anbieter-/Nachfrager-Typen dargestellt.[39] Die hellen Kästen symbolisieren dabei alle Kombinationen, die dem E-Business zugeordnet werden können.

---

[36] Vgl. Abel (2003), S. 175ff.
[37] Vgl. Berens/Schmitting (2002), S. 135f.
[38] Vgl. Schubert/Selz/Haertsch (2003), S. 14.
[39] Vgl. z.B. Hermanns/Sauter (2001), S. 25; Stähler (2001), S. 55; Zerdick et al. (2001), S. 24ff.

		Nachfrager		
		Private Haushalte	Private Unternehmen	Öffentliche Wirtschaftssubjekte
Anbieter	Private Haushalte	C2C – Consumer to Consumer	C2B – Consumer to Business	C2A – Consumer to Administration
	Private Unternehmen	B2C – Business to Consumer	B2B – Business to Business	B2A – Business to Administration
		B2E – B2C für die Mitarbeiter	iB2B – B2B mit Prozeßintegration	iB2A – B2A mit Prozeßintegration
	Öffentliche Wirtschaftssubjekte	A2C – Administration to Consumer	A2B – Administration to Business	A2A – Administration to Administration

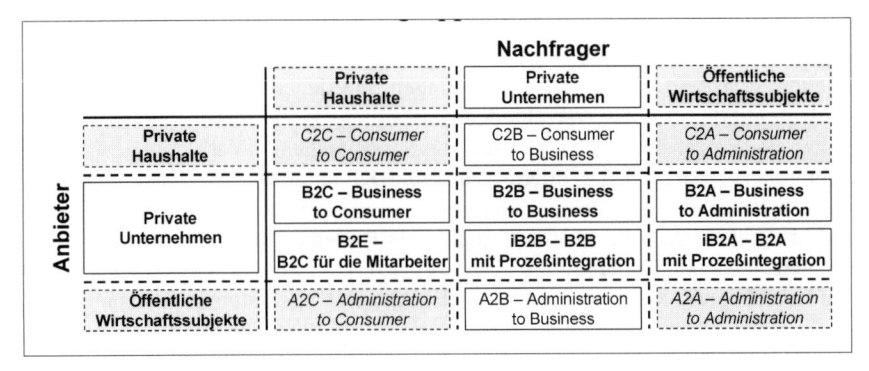

Abbildung 3:   Wesen der Transaktionspartner

Für die Ausgestaltung der technischen Basis des E-Business-Systems ist zu beachten, dass die Entscheidungsträger für die Durchführung der ökonomischen Transaktion und die Entscheidungsträger für die technische Realisierung der Transaktion in privaten Haushalten und sehr kleinen privaten Unternehmen häufig in einer handelnden Person vereint sind. Demgegenüber werden diese Entscheidungen in größeren privaten Unternehmen und bei öffentlichen Wirtschaftssubjekten von unterschiedlichen organisatorischen Einheiten getroffen. Folge hiervon ist, dass ohne interne Abstimmung bei den potentiellen Transaktionspartnern ökonomisch sinnvolle Transaktionen aufgrund der fehlenden technischen Voraussetzungen nicht durchgeführt werden können. Insbesondere bei Organisationen mit hoher Sensibilität bezüglich technischer Risiken und deren negativen Auswirkungen auf den eigenen Geschäftsbetrieb kann dies dazu führen, dass einzelne E-Business-Betreiber, die diese Fragestellung bei der technischen Ausgestaltung ihres Systems nicht beachtet haben, nicht zum Zuge kommen können. Die potentielle ökonomische Reichweite in ihrer individuell definierten Zielgruppe ist dann entsprechend geringer.

3.4.2   Repräsentanten der Prozessbeteiligten

Die einzelnen Prozessbeteiligten, die im rechtlichen Sinne natürliche oder juristische Personen sein können, werden im E-Business durch menschliche und/ oder künstliche Akteure repräsentiert. Letztere sind Anwendungen, in denen wirtschaftliche Verhaltensweisen funktional abgebildet sind und die häufig als Agenten bezeichnet werden.[40] Kombiniert man beide Möglichkeiten mit der Be-

---

[40]   Vgl. Stähler (2001), S. 124f.

trachtungsebene Anbieter/Nachfrager ergibt sich die in der Abb. 4 dargestellte Matrix.

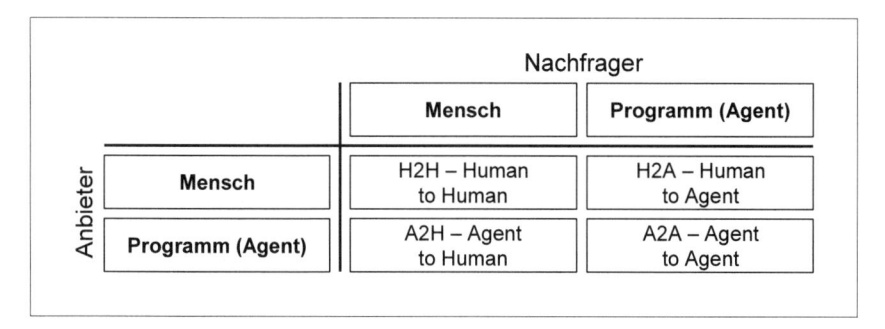

		Nachfrager	
		Mensch	Programm (Agent)
Anbieter	Mensch	H2H – Human to Human	H2A – Human to Agent
	Programm (Agent)	A2H – Agent to Human	A2A – Agent to Agent

Abbildung 4: Repräsentanten einer ökonomischen Transaktion

Sollten bei einem E-Business-System Agenten auf der Seite eines Transaktionspartners ermöglicht werden, so ist eine derartige Funktionalität entweder vom Systembetreiber zur Verfügung zu stellen oder im System eine kompatible Schnittstelle für die Agenten der Transaktionspartner zu implementieren. Bei menschlichen Anwendern kommen neben den informationstechnischen und primär ökonomischen Fragestellungen weitere Punkte hinzu, die bei der Gestaltung eines E-Business-Systems berücksichtigt werden sollten und technische Abhängigkeiten auslösen:

- Es ist festzulegen, welche Sprach- und (Sub-)Kulturkreise ein Angebot nutzen sollen. Die Inhalte sind dann entsprechend zielgruppenspezifisch aufzubereiten und darzustellen.
- Darüber hinaus ist auch zu klären, inwieweit geistig oder körperlich eingeschränkte Anwender das E-Business-Angebot nutzen sollen. Insbesondere Sehbehinderte oder Blinde können aktuell durch das primär optisch orientierte WorldWideWeb nicht unmittelbar ohne zusätzliche Hilfsmittel erreicht werden.

Neben dieser Sichtweise stellt sich die Frage, inwieweit sich die Transaktionspartner gegenseitig kennen. Hier ergeben sich die in der Abb. 5 dargestellten Kombinationen.

Außer bei der Beziehung K2K ergeben sich spezifische Vertrauensprobleme zwischen den Transaktionspartnern, die vor allem aus dem zeitlichen Zusammenhang zwischen Leistung und Gegenleistung resultieren. Sollte es sich nicht um Zug-um-Zug-Geschäfte, sondern um Transaktionen mit einer Finanzierungskomponente handeln, so entsteht das Problem, wie die beiden Transaktionspartnern ohne Kenntnis voneinander ausreichendes Vertrauen zueinander haben können. Vor der Beantwortung dieser Frage muss eine weitere Sichtweise in die Diskussion eingeführt werden, in der diese Vertrauensfrage thematisiert wird (vgl. Abb. 6).

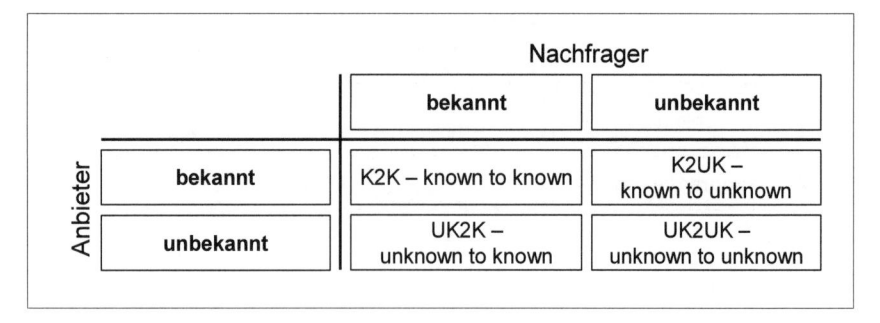

		Nachfrager	
		bekannt	unbekannt
Anbieter	bekannt	K2K – known to known	K2UK – known to unknown
	unbekannt	UK2K – unknown to known	UK2UK – unknown to unknown

Abbildung 5: Bekanntheitsgrad zwischen Anbieter und Nachfrager

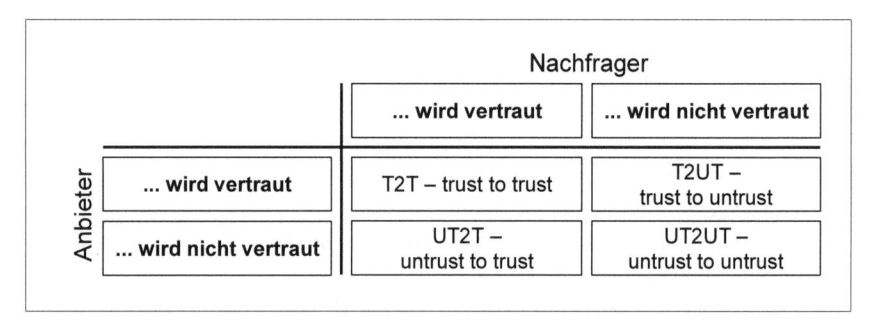

		Nachfrager	
		... wird vertraut	... wird nicht vertraut
Anbieter	... wird vertraut	T2T – trust to trust	T2UT – trust to untrust
	... wird nicht vertraut	UT2T – untrust to trust	UT2UT – untrust to untrust

Abbildung 6: Vertrauensbeziehungen zwischen den Transaktionspartnern

Vertrauen sich beide Transaktionspartner gegenseitig, so sind Geschäfte mit einer Finanzierungskomponente neben Zug-um-Zug-Geschäften denkbar. Vertraut eine Seite der anderen (UT2T bzw. T2UT), so ist auch in diesen Fällen denkbar, dass eine zeitliche Divergenz zwischen Leistung und Gegenleistung möglich ist. Derjenige, der dem anderen vertraut, finanziert die eigentliche Transaktion. Vertrauen sich beide Seiten nicht, so kann diese Problematik durch Zug-um-Zug-Geschäfte oder Intermediäre, denen beide vertrauen, umgangen werden.

Aus den obigen Ausführungen leiten sich wiederum folgende Fragestellungen an die technischen Grundlagen des E-Business-Angebotes ab:

- Sollen Software-Agenten auf der Angebots- und/oder Nachfrageseite unterstützt werden?
- Muss der Anwender dem Systembetreiber bekannt sein bzw. ist ein Identifikations- und Authentisierungs-System erforderlich?
- Muß im Rahmen des E-Business-Systems eine Vertrauensinstanz implementiert bzw. integriert werden?
- Sollen Zug-um-Zug-Geschäfte unterstützt werden? Dies kann nur bei jenen Arten von Leistung und Gegenleistung umgesetzt werden, die für das jeweils betrachtete Medium technisch geeignet sind.
- Sollen Finanzierungsgeschäfte unterstützt werden? Hier ist dann eine entsprechende Kreditoren- bzw. Debitorenbuchhaltung (inkl. Inkassofunktion) im Zusammenspiel mit dem E-Business-System erforderlich.

3.5 Organisation des Austausches (Marktorganisation)

Die bisherigen Ausführungen bezogen sich auf Form und Inhalt der Austauschbeziehung zwischen den beiden Transaktionspartnern. Zusätzlich wird der ökonomische Gestaltungsraum auch durch die prozessuale Organisation des Austausches bestimmt. Annahme bei den weiteren Ausführungen ist, dass es sich um Austauschbeziehungen auf Märkten im weitesten Sinne und nicht um verwaltungswirtschaftliche Beziehungen handelt. Im wesentlichen können vier marktmäßige Organisationsformen für den Austausch identifiziert werden.[41]

Als erstes sind Direktsuchermärkte zu nennen, bei denen der Signalfluss, der Verhandlungsprozess und der Leistungsaustausch direkt zwischen Verkäufer und Käufer stattfindet. Bei dieser Organisationsform erfolgt keine Marktkoordination durch eine zentrale Instanz. Die Konditionen für Leistung und Gegenleistung werden von beiden Partnern direkt vereinbart.[42] Für einzelne Aufgaben, wie z.B. den Transport von materiellen Gütern hin zum Käufer, können spezielle Dienstleister unterstützend in diese Prozesse eingebunden sein. Ökonomische und technische Fragestellung zugleich ist bei Direktsuchermärkten, wie der Käufer bzw. Verkäufer den Transaktionspartner finden kann. Unterstützend können bei diesem Such- und Findungsprozess Intermediäre wie Suchmaschinen oder virtuelle Marktplätze zum Einsatz kommen.

Im Gegensatz zum Direktsuchermarkt wird auf Brokermärkten ein Broker als Intermediär beim Signalfluss und Verhandlungsprozess vom Käufer oder Ver-

---

[41] Vgl. Lindemann (2000), S. 78ff.
[42] Vgl. Lindemann (2000), S. 78f.

käufer eingeschaltet. Die Suche eines geeigneten Transaktionspartners übernimmt der Broker, der beide Marktseiten zusammenführt. Der Käufer erbringt die Gegenleistung an den Broker, der Verkäufer seine Leistung an den Käufer und schließlich leitet der Broker die Gegenleistung des Käufers an den Verkäufer weiter. Dieser Prozess kann auch umgekehrt erfolgen. Die Entlohnung der Brokerdienste erfolgt entweder vom Käufer oder Verkäufer oder von beiden. Der Broker übernimmt neben der bilateralen Leistungskoordination auch die Koordination des Gesamtmarktes. Die Marktkoordination kann dabei entweder quoten- oder ordergetrieben erfolgen.[43]

Bei einem Dealermarkt findet kein direkter Kontakt und Austausch zwischen dem Käufer und Verkäufer statt. Der Dealer führt Angebot und Nachfrage in allen Transaktionsphasen zusammen und führt den primären Leistungsaustausch durch. Die Entlohnung für die Dealerdienste erfolgt häufig über einen Bid-Ask-Spread zwischen An- und Verkaufspreis für den Dealer, so dass Käufer und Verkäufer die tatsächlichen Nachfrage- und Angebotsverhältnisse nicht kennen müssen.[44] Güter, die in der After-Sales-Phase einer weiteren Betreuung durch den Verkäufer bedürfen, sind für anonyme Dealermärkte bei denen sich die Transaktionspartner nicht kennen, nicht geeignet.

Auf Auktionsmärkten übernimmt die Marktkoordination ein Auktionator, der sich im Rahmen des Verhandlungsprozesses mit beiden Marktseiten verständigt. Der primäre Leistungsaustausch findet dann wieder direkt zwischen Käufer und Verkäufer statt. Der Auktionsprozess kann unterschiedlich ausgestaltet sein und zum Beispiel nach englischem oder holländischen Muster erfolgen.[45] Die Entlohnung der Auktionatordienste kann wiederum entweder durch den Verkäufer, den Käufer oder beide erfolgen.[46]

E-Business-Systeme mit einer der oben dargestellten Marktorganisationen müssen das zugrunde liegende Marktmodell, die erforderlichen Prozessschritte und -beteiligten in den erforderlichen Funktionalitäten abbilden können. Die Dienste der Intermediäre Broker, Dealer oder Auktionatoren kann mit Hilfe von Softwareprogrammen automatisiert werden. Auf Märkten mit einer zentralen Koordinationsinstanz können sowohl auf der Verkäufer- als auch der Käuferseite Agenten zur Automatisierung der Informations-, Verhandlungs- und Vereinbarungsphase eingesetzt werden. Beispiele hierfür sind das Auktionshaus eBay sowie die verschiedenen Beschaffungsplattformen der Industrie.

---

[43] Vgl. Lindemann (2000), S. 80ff.
[44] Vgl. Lindemann (2000), S. 82ff.
[45] Auf die verschiedenen Auktionsformen geht Kräkel (1992) in seiner Dissertation „Auktionstheorie und interne Organisation" ausführlich ein.
[46] Vgl. Lindemann (2000), S. 86ff.

Neben den Intermediären für die Marktkoordination existieren weitere Dienstleister, die im Rahmen des E-Business für den Betreiber relevant sein können. Hierzu zählen Suchmaschinen wie z.b. Google[47] oder spezialisierte Verzeichnisse über Anbieter und Nachfrager sowie virtuelle Marktplätze.[48] Darüber hinaus finden sich für die Unterstützung bestimmter Phasen der Transaktion spezialisierte Dienstleister, die z.b. als Trustcenter die Vertrauensproblematik überwinden helfen oder als Banken eine Zahlung ohne Medienbruch zwischen den Transaktionspartnern ermöglichen.

4 Technischer Rahmen des ökonomischen Gestaltungsraumes

4.1 Allgemeine Grundlagen

E-Business-Systeme sind vernetzte Anwendungssysteme. Vernetzte Anwendungssysteme bestehen aus Hard- und Softwarekomponenten, die das Kommunikationssystem und die damit verbundene Vernetzung sowie die Anwendungslogik und die erforderliche Datenhaltung realisieren. Ein Teil der technischen Komponenten ist unabhängig vom eigentlichen Anwendungsbereich. Hierzu zählen insbesondere die Hardware, das Kommunikationssystem, das Betriebssystem sowie das Datenbankmanagementsystem. Diese Komponenten kommen in vielfältigen Anwendungsbereichen ohne wesentliche Anpassungen zum Einsatz. Ein konkretes E-Business-System entsteht erst durch den Einsatz von fachspezifischen Komponenten, die in der Regel als Software implementiert werden. Hiervon ist wiederum ein Teil einsatzneutral und kann für eine Vielzahl sehr unterschiedlicher E-Business-Systeme eingesetzt werden. Dazu zählt zum Beispiel ein Content-Management-System, ein System für das Rechnungswesen oder die verschiedenen Bezahlverfahren. Ein anderer Teil ist demgegenüber sehr stark einsatzspezifisch. Hierzu zählen alle Komponenten mit ihren Funktionen und Inhalten, die das jeweilige Geschäftsmodell im E-Business-System individuell realisieren.[49]

Die Leistungen eines E-Business-Systems konkretisieren sich in einem oder einem Verbund von Anwendungssystemen. Durch die Nutzung eines Anwendungssystems durch natürliche oder künstliche Akteure entsteht ein Informa-

---

[47] Im englischen hat sich bereits das Verb „to google" etabliert, um das Suchen im Internet mit Hilfe von Google (www.google.com) zu bezeichnen.
[48] Vgl. Brenner/Breuer (2001), S. 148ff.
[49] Vgl. Abel (2003), S. 190ff.

tionssystem.[50] Dieser Aussage liegt die Annahme zugrunde, dass ohne Akteure kein ökonomischer Austausch im E-Business stattfindet. Die Nutzung erfolgt in der Regel dezentral an technischen Systemen der Akteure, die als Aktionspunkte bzw. Point-of-Action bezeichnet werden können. Das E-Business-System, das eine bestimmte Leistung zur prinzipiellen Nutzung bereitstellt, wartet auf diese Aktionen und kann insoweit als Reaktionspunkt bzw. Point-of-Reaction interpretiert werden.[51]

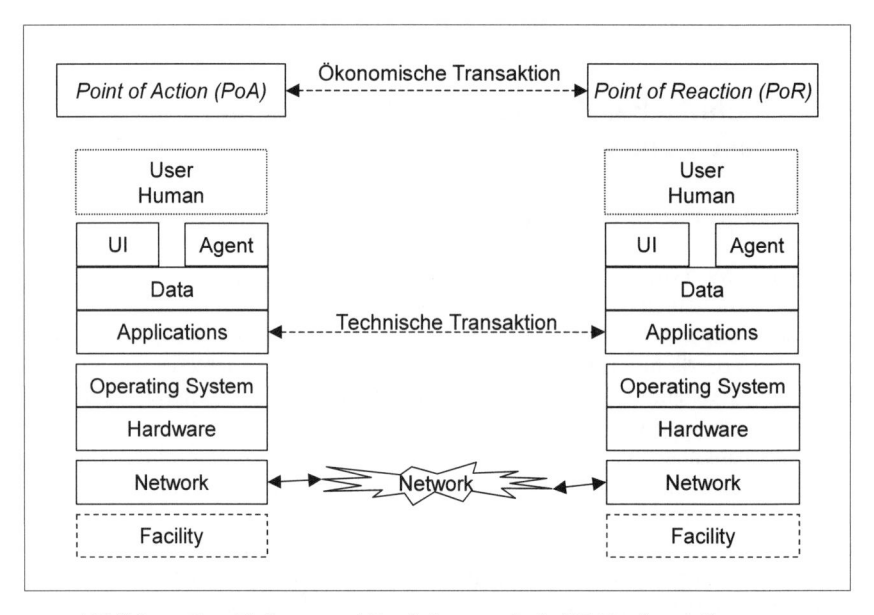

Abbildung 7: Aktions- und Reaktionspunkt bei E-Business-Systemen

Bisher konkretisiert sich jedes E-Business-System und dessen Nutzung in technischen Systemen, die ungefähr den in Abb. 7 dargestellten Grundaufbau besitzen.[52] Ein Anwender (User) bzw. Nachfrager nutzt das E-Business-System, das sich ihm in Inhalten (Data), Layout (UI) und Funktion (Applications) am Aktionspunkt darstellt. Die zugehörigen technischen Komponenten werden dabei vom E-Business-Betreiber über seinen Reaktionspunkt bereitgestellt. Beide – sowohl Anwender als auch Betreiber – benötigen ein Rechnersystem, das aus Hard- und Softwarekomponenten besteht, die wiederum über Netzwerke miteinander

[50] Vgl. Luxem (1999), S. 42ff.
[51] Vgl. Thymian/Niemeyer (2001), S. 26.
[52] Vgl. Winzerling (2001), S. 14 und 45ff.

verbunden sind. Schlussendlich befinden sich die Rechnersysteme in einem räumlichen Kontext, der als Facility bezeichnet wird. Der räumliche Kontext kann dabei auch ein mobiles Einsatzszenario sein, was durch die Strichelung des Kastens dargestellt wird.

Übertragung der Inhalte/Funktionen über ...	Zielgruppe der Anwender			
	extern		intern	
	anonym	bekannt	bekannt	anonym
fremde Netze	**Internet**			
virtuelle private Netze		**Extranet**		
eigene Netze			**Intranet**	

Abbildung 8: Abgrenzung der Übertragungsnetze

Die Vernetzung der technischen Komponenten eines E-Business-Systems und der Aktionspunkte der Anwender kann über verschiedene Netze, unabhängig von der technischen Ausgestaltung dieser Netze, erfolgen (vgl. Abb. 8). Die Abstraktion von dieser Ausprägung übernimmt das Kommunikationssystem, das meist Bestandteil des Rechners und des Betriebssystems ist. Werden für die Verbindung der Anwendungssysteme und Aktionspunkte private Netze genutzt, so werden diese als Intranet bezeichnet – „intra" bedeutet hier innerhalb der jeweils betrachteten Organisation. Werden demgegenüber verschlüsselte Verbindungen zwischen bekannten Anwendungssystemen und Aktionspunkten in öffentlichen Netzen aufgebaut, so werden diese Extranet genannt. Nutzt man für die Kommunikation öffentliche Netze, wird dieser Verbund verschiedenster Netze gemeinhin als Internet bezeichnet.[53]

---

[53] Vgl. Hermanns/Sauter (2001), S. 16ff. - Der Begriff Internet wird vom Federal Networking Council folgendermaßen definiert: „Internet refers to the global information system that is logically linked together by a globally unique address space based on the Internet Protocol (IP) or its subsequent extensions/followons; is able to support communications using the Transmission Control Protocol/Internet Protocol (TCP/IP) suite or its subsequent extensions/followons, and/or other IP-compatible protocols; and provides, uses or makes accessible, either publicly or privately, high level services layered on the communications and related infrastructure described herein" (FNC (1995), S. 1).

4.2 Schichtung von Anwendungssystemen

Der Aufbau von Anwendungssystemen unterliegt einer ständigen Fortentwicklung. Dennoch hat sich in den vergangenen Jahren eine Grundarchitektur als relativ robust herausgestellt, die regelmäßig in modernen Anwendungssystemen genutzt wird. Das Anwendungssystem wird in mehrere Schichten (sogenannte Tiers bzw. Layer) unterteilt, von denen die Präsentationsschicht die Kommunikation mit den künstlichen oder natürlichen Anwendern übernimmt, eine weitere die eigentliche Anwendungslogik abbildet und eine dritte die dauerhafte bzw. persistente Datenhaltung leistet.[54] Die Schichten können in vernetzten Systemen zwischen den Aktions- (Hoheitsbereich der Anwender) und Reaktionspunkten (Hoheitsbereich des Systemsbetreibers) unterschiedlich aufgeteilt werden. In Abb. 9 werden die einzelnen aktuellen Kombinationsarten im Überblick dargestellt. Den Pol mit den größten Anforderungen an den Point-of-Reaction – also an die technische Infrastruktur des Systembetreibers – bildet dabei die verteilte Präsentation. Am anderen Ende des Spektrums findet sich derzeit die verteilte Datenhaltung, bei der alle Anwendungskomponenten auf der technischen Infrastruktur am Point-of-Action abgebildet werden und lediglich die Daten auch beim Systembetreiber vorgehalten werden. Insgesamt gilt folgender Grundsatz: Je mehr Logik und Datenhaltung an den Aktionspunkt verlagert wird, desto größer sind die technischen Anforderungen an diesen und vice versa.

Derzeit ist die ausgelagerte Präsentation mit Hilfe von Web-Browsern am Point-of-Action und einem Web-Server am Point-of-Reaction eine sehr häufig genutzte Grundarchitektur im E-Business.[55] Aufgrund der technischen Restriktionen dieses Modells, die in der genutzten Beschreibungssprache für die Inhalte, der Hypertext Markup Language (HTML), begründet sind, werden bei E-Business-Systemen, die eine hohe Transaktionssicherheit benötigen, auch eine verteilte Verarbeitung, eine ausgelagerte Datenhaltung oder eine verteilte Datenhaltung genutzt. Damit geht folgender Nachteil einher: Je weiter rechts man sich in der Abb. 9 mit der Architektur des eigenen E-Business-Systems platziert, desto geringer wird die Standardisierung der zugrundeliegenden technischen Architekturen und umso höher werden die Abhängigkeiten zur Technik am Aktionspunkt.[56]

---

[54] Vgl. Winzerling (2001), S. 75.
[55] Vgl. Winzerling (2001), S. 78f.
[56] Vgl. Winzerling (2001), S. 84ff.

Verteilte Präsentation	Ausgelagerte Präsentation	Verteilte Verarbeitung	Ausgelagerte Datenhaltung	Verteilte Datenhaltung
Präsentation	Präsentation	Präsentation	Präsentation	Präsentation
	Anwendung	Anwendung	Anwendung	Anwendung
Präsentation		**Netz**		Datenhaltung
Anwendung	Anwendung	Anwendung		
Datenhaltung	Datenhaltung	Datenhaltung	Datenhaltung	Datenhaltung

Anforderungen an den Point of Reaction
Anforderungen an den Point of Action

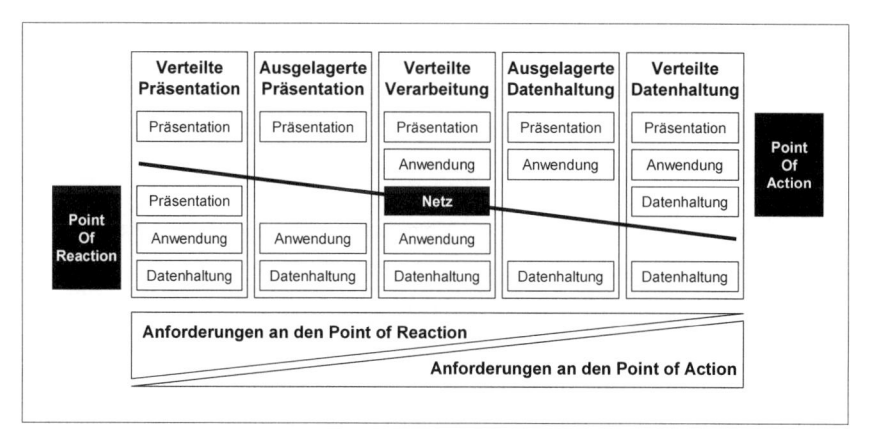

Abbildung 9: Verteilung der Anwendungskomponenten in verteilten Anwendungssystemen in Anlehnung an Winzerling (2001), S. 75.

4.3 Infrastrukturtypen am Aktionspunkt

4.3.1 Infrastrukturtypen für natürliche Repräsentanten

Bei der Gestaltung von E-Business-Systemen für natürliche Repräsentanten ist eine Berücksichtigung der möglichen Infrastrukturvarianten am Aktionspunkt erforderlich, die bei den ausgewählten Zielgruppen eine hinreichend hohe Installationswahrscheinlichkeit besitzen. Darüber hinaus ist zu klären, ob der Anwender die Möglichkeit hat, die technische Infrastruktur nach eigenem Belieben einzurichten. Anders ausgedrückt: Hat der Anwender im technischen Hinblick alle Verfügungsrechte über das Anwendungssystem im Sinne eines do-it-yourself oder nicht? Insbesondere in betrieblichen Anwendungsstrukturen bestehen aufgrund der innerbetrieblichen Arbeitsteilung Einschränkungen der normalen Anwender bezüglich der Konfiguration der eigenen Arbeitsumgebung. Fremde Infrastruktur bedeutet in diesem Zusammenhang, dass diese von anderen Personen oder Organisationseinheiten als vom eigentlichen E-Business-Anwender eingerichtet, verwaltet und verantwortet wird. In der Abbildung 10 wird der Fall, dass der Anwender seine technische Umgebung selbst administrieren kann mit dem Begriff „persönliche Infrastruktur" und der Fall der Fremdadministration mit dem Begriff „fremde Infrastruktur" bezeichnet.

	„persönliche" Infrastruktur	fremde Infrastruktur
Anwender mit mobiler Infrastruktur	personal mCommerce	managed mCommerce
Anwender mit stationärer Infrastruktur	personal sCommerce	managed sCommerce

Abbildung 10: Kategorien der technischen Infrastruktur

Ebenso ist auch in Abhängigkeit vom Einsatzbereich und von der Zielgruppe festzulegen, ob mobile Infrastrukturen unterstützt werden sollen. Bisher sind mobile Aktionspunkte in der Regel mit geringeren technische Möglichkeiten, insbesondere bei der optischen Darstellung der Benutzeroberflächen und der Übertragungsgeschwindigkeit, als stationäre Computersysteme ausgestattet. Erschwerend kommt hinzu, dass aufgrund der möglichen Bewegung des Aktionspunktes während der Nutzung höhere Anforderungen an die Fehlertoleranz der Datenübertragung gestellt werden. Zur Abgrenzung von E-Business-Systemen, die mobile Infrastrukturen am Point-of-Action unterstützen, hat sich in den vergangenen Jahren der Begriff „mobile Commerce" bzw. mCommerce durchgesetzt. Im Gegensatz dazu kann die nicht mobile, also stationäre, technische Infrastruktur am Point-of-Action als „stationary Commerce" bzw. sCommerce bezeichnet werden. In der Abbildung 10 werden mobile und stationäre sowie die Administrationsbefugnisse zur Kennzeichnung verschiedener Kategorien der technischen Infrastruktur am Point-of-Action miteinander in Verbindung gesetzt.

Mit der Einführung neuer leistungsfähiger Endgeräte in Mobilfunknetzen sowie kabellosen lokalen Netzwerken (wireless LAN) in Verbindung mit tragbaren Computersystemen wie z.B. Notebooks wird sich diese bisherige Diskrepanz zwischen stationären und mobilen Endgeräten im Laufe der Zeit immer stärker nivellieren. Insgesamt ist im Spannungsfeld der technischen Möglichkeiten am Aktionspunkt und den Anforderungen des E-Business-Betreibers ein Kompromiss zu finden, der eine ausreichende technische Erreichbarkeit der Zielgruppe und die Erfüllung von Mindestanforderungen aus seiner Sicht gewährleistet.

Zur Herbeiführung eines Kompromisses können folgende Fragen herangezogen werden:

- Was soll im Sinne einer Zielvorstellung mit dem E-Business-System inhaltlich, funktional, gestalterisch, zeitlich und räumlich im Minimum und im Optimum erreicht werden?

- Was wird hierfür im Minimum bzw. Optimum am Aktions- und am Reaktionspunkt an technisch Ausstattung benötigt?
- Was kann an technischem Möglichkeiten am Aktionspunkt realistisch erwartet werden und wie groß ist der Abweichungsgrad sowohl zum definierten Minimum als auch Optimum?
- Was kann bei den gewählten Zielgruppen technisch, organisatorisch und bzgl. des Risikobewusstseins erwartet werden?

4.3.2 Infrastrukturtypen für künstliche Repräsentanten

Software-Agenten als künstliche Repräsentanten der Transaktionspartner können ohne jeglichen Medienbruch als Systemkomponente in ein E-Business-System integriert werden. Bei Agenten entfällt die Erfordernis der Übersetzung von digitalen in biologisch verarbeitbare Signale für menschliche Akteure. Agenten können in ihrer Funktionalität am Aktions- oder am Reaktionspunkt implementiert werden. Bei einer Implementierung am Aktionspunkt muss der Agent bei Bedarf selbständig mit dem Reaktionspunkt über das Netzwerk Verbindung aufnehmen können, um eine gewisse Unabhängigkeit von menschlichen Eingaben erreichen zu können. Für die Ausführung von Aktionen des Agenten muss dann der jeweilige Aktionspunkt verfügbar sein, wofür der Betreiber des Aktionspunktes die Verantwortung übernehmen muss. Wird demgegenüber der Agent am Reaktionspunkt realisiert, so kann der Systembetreiber auch für die Sicherstellung der Betriebsfähigkeit dieser Anwendungskomponente die Verantwortung übernehmen. Es ist auch denkbar, dass die Anwendungslogik, welche die Agenten realisiert, als mobiler Programmcode ausgelegt wird, der zum einen auf Veranlassung des Anwenders auf verschiedene Rechnersysteme übertragen werden kann oder der sich zum anderen selbständig die erforderlichen Ressourcen im Netzwerk sucht.

Unabhängig von der technischen Realisierung müssen – wohl noch auf absehbare Zeit – die Agenten ab und an von einem menschlichen Repräsentanten auf Funktionsfähigkeit und die Korrektheit der ökonomischen Transaktionen kontrolliert und bei Bedarf konfiguriert werden. Hierzu muss den menschlichen Akteuren eine Oberfläche zur Aktivierung und Konfiguration der Agenten bereitgestellt werden.

Je nach programmiertem Verhalten können mobile Agenten auch auf mehreren verschiedenen Systemen aktiv sein und untereinander nach dem Peer-to-Peer-Prinzip kommunizieren. Erfolgt die Auswahl der technischen Infrastruktur ohne explizite Freigabe durch den Eigentümer dieser Systeme, so sind mobile Agenten im Grunde sehr ähnlich dem Verhalten von schadhaftem Programmcode wie z.B. Computerwürmern. Wesentlicher Unterschied ist dabei jedoch, dass die fremde Infrastruktur nicht schadhaft verändert werden soll, sondern lediglich die Rechen- und Speicherkapazität während der Laufzeit des Agenten genutzt wird.[57]

4.4 Verteilung von Anwendungskomponenten

In der Regel erfolgt eine aufgabenspezifische Verteilung der Anwendungskomponenten auf einzelne Computersysteme, die im allgemeinen Sprachgebrauch als Server bezeichnet werden. Die Business-Logik wird auf Applikations-Servern und die dauerhafte bzw. persistente Datenspeicherung auf Datenbankservern implementiert. Die Anwender greifen über die Computersysteme an den Aktionspunkten auf die Services der Server zu. Eine derartige Verteilung wird mit der Wortkombination Client-Server-Computing charakterisiert.[58]

Eine besondere Ausprägung des Client-Server-Prinzips sind Peer-to-Peer-Netze (P2P), bei denen Aktions- und Reaktionspunkte im Grunde miteinander verschmelzen und jedes Rechnersystem neben den nachgefragten Services auch eigene anbietet und somit sowohl Client als auch Server gleichzeitig ist. Peer-to-Peer-Systeme haben den besonderen Vorteil, dass der Ausfall eines einzelnen Computersystems in der Regel zu keiner wesentlichen Beeinträchtigung der Leistungsfähigkeit des Gesamtsystems führt. Als Nachteil ist die deutlich komplexere Administration des Gesamtsystems zu nennen.

In der Regel wird die Anwendungssoftware, die ein E-Business-System konkretisiert, auf bestimmten Rechnern im Hoheitsbereich des Systembetreibers installiert. Dieser sorgt für die Vorhaltung der erforderlichen Systemressourcen und die laufende Betriebsbereitschaft des Systems. Eine andere Möglichkeit ist die Implementierung der Anwendungssoftware als mobiler Programmcode, der sich im Netzwerk die erforderlichen Ressourcen eigenständig sucht und bei Bedarf selbst in Anspruch nimmt.

---

[57] Erfolgt dies ohne Zustimmung des Eigentümers des betroffenen Systems, kann dies als Erschleichen einer Leistung interpretiert werden.
[58] Vgl. Winzerling (2001), S. 76.

4.5 Web Services als Basis für die Inter-Applikations-Kommunikation

Bisher waren E-Business-Systeme in der Regel als Mensch-Applikations-Systeme ausgelegt. Weil sich die größten Rationalisierungspotentiale jedoch erst durch eine möglichst umfassende technische Integration zwischen Transaktionspartnern realisieren lassen, wird mittlerweile ein Hauptaugenmerk auf die Inter-Applikations-Kommunikation im E-Business gelegt.[59] Da sich bisher jedoch kein allgemein akzeptierter Schnittstellen-Standard zwischen den verschiedenen Systemen bzw. technischen Plattformen etabliert hat, ist unternehmensübergreifende System-Integration immer noch eine der großen Herausforderungen im E-Business.[60]

Ein Versuch, die Inter-Applikations-Kommunikation im Internet zu standardisieren und grundsätzlich zu vereinfachen, ist die Einführung von Web Services, mit denen analog zum World Wide Web für menschliche Anwender, E-Business-Systemen die Aktivierung von Services anderer Reaktionspunkte ermöglicht werden soll, ohne dass diese explizit bei der Implementierung bereits berücksichtigt worden sind.

Damit Anwendungen miteinander arbeiten können, müssen sie sich gegenseitig finden sowie die Struktur, das Format und die Qualität der Servicenutzung untereinander vereinbaren können. Web Services als hoch aktueller Ansatz baut dabei auf folgenden Technologien auf:[61]

- Mit Hilfe der Extensible Markup Language (XML) kann der Aufbau und die Verarbeitung der Datensätze beschrieben werden.
- Mit der Web Services Description Language (WSDL)[62] werden die zur Verfügung stehenden Schnittstellen, die Daten- und Nachrichtentypen, die Interaktionsmuster und die inhaltlichen Übertragungsprotokolle definiert.
- Das Simple Object Access Protocol (SOAP) übernimmt die Übertragung von durch Web Services generierten XML-Dokumenten auf verschiedene Übertragungsprotokolle der anwendungsferneren Netzwerkschichten. Web-Service-fähige Reaktionspunkte besitzen SOAP-Prozessoren, welche den

---

[59] Vgl. Thome (2001), S. 286.
[60] Vgl. Thome (2001), S. 284.
[61] Vgl. Newcomer (2002), S. 14ff.
[62] „The Web Services Description Language (WSDL) is an XML schema format that defines an extensible framework for describing Web services interfaces. […] WSDL is at the heart of the Web services framework, providing a common way in which to represent the data types passed in messages, the operations to be performed on the messages, and the mapping of the messages onto network transports" (Newcomer (2002), S. 24).

Austausch von XML-Dokumenten mit den Web-Services anderer Reaktionspunkte ermöglichen.
- Schließlich wird ein Verzeichnisdienst benötigt, der – analog zum Unified Resource Locator im World Wide Web – die Registrierung und das Auffinden von Web Services im Netzwerk ermöglicht. Ein solcher Verzeichnisdienst wird als „UDDI Repository" bezeichnet. Die Abkürzung UDDI steht für „Universal Description, Discovery, and Integration". Der UDDI-Framework definiert ein Datenmodell in XML und eine SOAP-Schnittstelle zur Registrierung und Abfrage von Web Services eines Reaktionspunktes.

Durch die Nutzung von Web Services können nicht nur im Internet verschiedene E-Business-Systeme technisch miteinander verbunden werden, sondern es kann auch innerhalb eines Unternehmens zwischen Anwendungen auf verschiedenen Systemplattformen und verschiedenen System-Frameworks wie z.B. CORBA, .NET oder J2EE eine Inter-Applikations-Kommunikation realisiert werden.[63]

4.6 Beispiel-Architektur für ein E-Business-System und die zugehörigen Fachkomponenten

Als Synthese aus den bisherigen Ausführungen wird in diesem Abschnitt die Architektur eines E-Business-Systems beispielhaft erläutert und in der Abbildung 11 dargestellt. Als erstes muss die eigene Funktionalität und die Nutzeroberfläche den potentiellen Anwendern präsentiert und zugänglich gemacht werden. Dies erfolgt über einen Frontend-Server, der die verschiedenen Nutzungsszenarien für menschliche und künstliche Akteure unterstützt sowie die Kommunikation mit Applikationen von Kunden, Lieferanten, Komplementären oder anderen Systembetreibern ermöglicht. Eine wesentliche Aufgabe dieser Schicht ist es auch, die Business Logik gegen die dynamischen Technikveränderungen an den Aktionspunkten abzuschirmen. Die Kommunikation mit den Akteuren an den Aktionspunkten erfolgt dabei über Netzwerke, wie sie in Abschnitt 4.1 dargestellt wurden. Die Verwaltung der Inhalte, Funktionen und des Layout des Frontend-Servers für die verschiedenen Zugriffswege kann mit Hilfe eines Content-Management-Systems erfolgen.

Das eigentliche E-Business-System wird durch einen Applikationsserver implementiert, der die erforderliche Business-Logik enthält. Hier kann zwischen den Anwendungskomponenten unterschieden werden, die zum einen fachspezifisch und zum anderen fachübergreifend eingesetzt werden können. Erstere bilden in ihrer Gesamtheit den Komponenten-Anwendungs-Framework (Component-App-

---

[63] Vgl. Newcomer (2002), S. 30.

lication-Framework). Letztere werden in ihrer Gesamtheit als Komponenten-System-Framework bezeichnet.[64]

Im allgemeinen enthält jedes E-Business-System in unterschiedlicher Ausprägung ein Marktsystem, dass das Markt- und Preismodell realisiert. Als nächstes ist das Transaktionssystem zu nennen, das den eigentlichen wirtschaftlichen Austausch in den hierfür erforderlichen Transaktionsphasen unterstützt und die Stromgrößen im System abbildet.[65] Bei Geschäftsmodellen, bei denen materielle Güter geliefert werden, kann in das Transaktionssystem ein Order-Tracking-System integriert sein, dass es den Anwendern ermöglicht, einzelne Aufträge in ihrem aktuellen Ausführungsstatus jederzeit zu verfolgen.

Als weitere wesentliche Komponente ist das Accounting-System zu nennen, das die Basis für die Abrechung und Abwicklung der Gegenleistung bildet. Im Accounting-System werden aus den Stromgrößen des Transaktionssystems die Bestandsgrößen abgeleitet und, soweit erforderlich, verwaltet.[66] Transaktions- und Accountingsystem sind zentrale Komponenten, die mit dem häufig vorhandenen ERP-System des Betreibers verbunden werden sollten, um das Rechnungswesen und Controlling zu unterstützen. Alle genannten Komponenten sind Bestandteil des Komponenten-Anwendungs-Frameworks.

Mit Hilfe des Contract-Systems wird eine Vertragsverwaltung realisiert, die insbesondere bei Rahmenvereinbarungen mögliche Leistungsstandards für die Gestaltung der einzelnen Geschäftsbeziehung festhält und die erforderlichen Informationen dem Markt- und Transaktionssystem zur Verfügung stellt. Die Vertragsverwaltung bildet das Bindeglied zwischen dem Komponenten-Anwendungs-Framework und dem Komponenten-System-Framework.

Bei E-Business-Systemen, bei denen es erforderlich ist, dass die potentiellen Anwender sich vor der dauerhaften Nutzung registrieren, ist eine Geschäftspartner- und Benutzerverwaltung erforderlich. Erstere wird mit einem Subscriber-System und letztere mit einem User-System realisiert. Wichtig in diesem Zusammenhang ist, dass ein Geschäftspartner und einzelne Anwender dieses Geschäftspartners technisch voneinander getrennt werden sollten, da es möglich ist, dass ein Geschäftspartner von mehr als einem Anwender im System repräsentiert wird und dass ein Anwender für mehrere Geschäftspartner aktiv ist.[67]

---

[64] Vgl. zur ausführlichen Diskussion des Komponentenbegriffes Turowski (2001).
[65] Vgl. Abel (2003), S. 181ff.
[66] Vgl. Abel (2003), S. 178ff.
[67] Vgl. Abel (2003), S. 175ff.

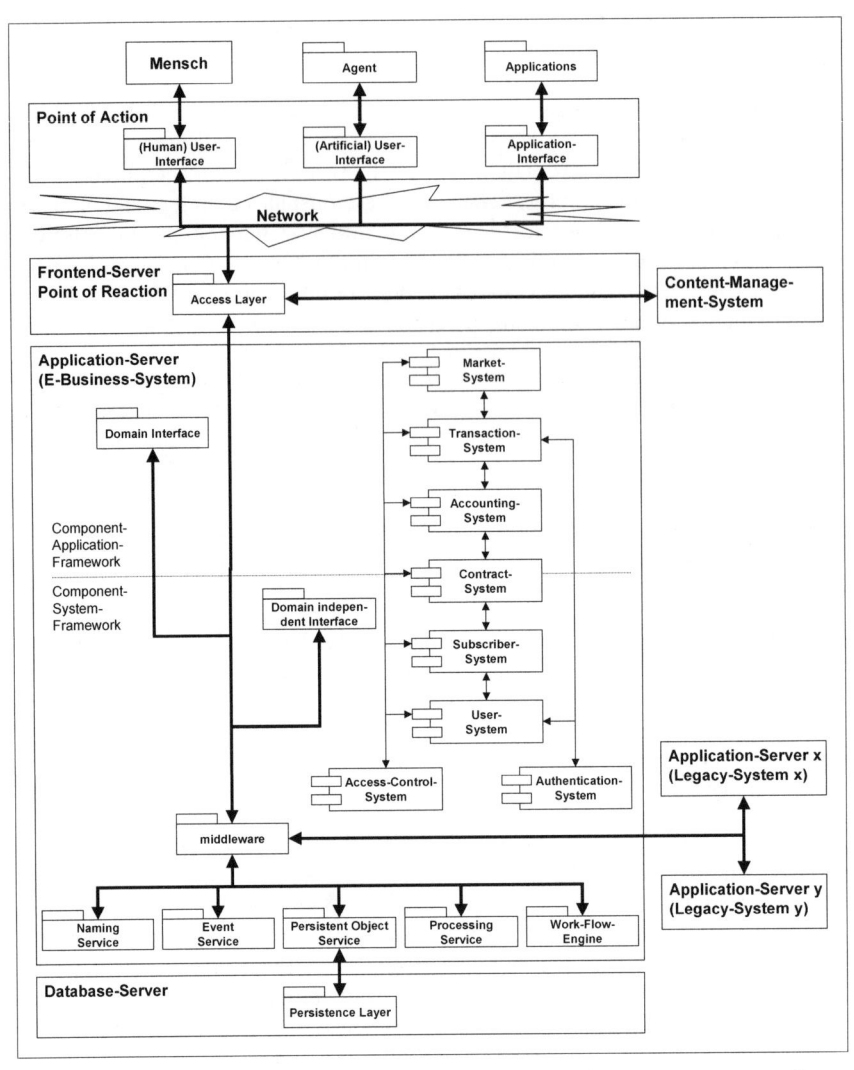

Abbildung 11: Exemplarische Architektur eines E-Business-Systems.[68]

Eng verbunden mit dem User-System ist das Authentication-System, mit dessen Hilfe der Nutzer in hinreichendem Maße eindeutig identifiziert und authentisiert werden kann. In Abhängigkeit vom Berechtigungskonzept werden dann die ein-

---

[68] In Anlehnung an Abel (2003), S. 194.

zelnen Aktionen eines Anwenders innerhalb des Systems gegen eine Berechtigungsverwaltung abgeprüft und die einzelne Transaktion autorisiert. Sinnvoll ist es in diesem Zusammenhang, die am Aktionspunkt bereitgestellte Oberfläche für den Anwender in der Art zu gestalten, dass nicht berechtigte Objekte und Methoden erst gar nicht aktiviert werden können. Hierdurch werden zum einen mögliche Fehleingaben verhindert und zum anderen der Erläuterungsbedarf für das E-Business-System deutlich reduziert.[69]

Im Sinne einer Faustregel lassen sich Komponenten des System-Frameworks im Vergleich zu den Komponenten des Anwendungs-Frameworks leichter am Markt beschaffen, da bei diesen das Differenzierungspotential für einen Betreiber deutlich niedriger als bei den Komponenten des Anwendungs-Frameworks ausfällt. Insbesondere das Authentication-System und die Benutzerverwaltung können durch vorhandene Produkte wie z.b. den Microsoft Passport direkt realisiert werden, ohne eigene Entwicklungsaktivitäten beim Betreiber selbst auszulösen.

Damit ein E-Business-System schließlich technisch funktionsfähig wird, sind weitere primär technische Komponenten erforderlich, welche unter anderem die technische Transaktionssicherheit, die Ereignissteuerung, die Prozesssteuerung und die persistente Datenhaltung ermöglichen. Letzte bildet die Abstraktionsschicht zur Datenhaltung, die mit einem oder mehreren Datenbank-Servern realisiert wird. Darüber hinaus wird zur Gestaltung und Realisierung von Geschäftsprozessen im Rahmen des E-Business-Systems eine Work-Flow-Engine benötigt, mit deren Hilfe aus Funktionalitäten des Systems Arbeitsabläufe für bestimmte Nutzergruppen komponiert werden können.

Zur Implementierung in einer verteilten Architektur ist die Nutzung eines verteilten Objektverwaltungssystems als middleware hilfreich, da hierdurch eine hohe Abstraktion von der zugrunde liegenden technischen Kommunikation der Computersysteme, eine hohe Interoperabilität und hohe Wiederverwendbarkeit der Komponenten erreicht werden kann.[70] Über die middleware werden die verschiedenen Komponenten untereinander und mit einer eventuell vorhandenen betrieblichen IT-Infrastruktur verzahnt. Hierüber können dann auch andere Legacy-Systeme oder Applikation-Server, wie z.B. ERP-, CRM- oder SCM-Systeme mit dem E-Business-System verbunden und zu einem Gesamtsystem integriert werden.

---

[69] Vgl. Abel (2003), S. 164ff.
[70] Vgl. Schulze (2000), S. 80f.

4.7 Schutzziele für ein E-Business-System

Da mit einem E-Business-System wirtschaftliche Aktivitäten mit Gewinnerzielungsabsicht realisiert werden sollen, sind derartige Systeme – wie auch andere Systeme in Betrieben – gegen mögliche Risiken in geeigneter Weise abzusichern. Der Schutzbedarf hängt dabei vom Einsatzbereich, den genutzten Netz- und Infrastrukturarten, den Zielgruppen, der wirtschaftlichen Bedeutung für Systembetreiber und Anwender sowie vom realisierten Wettbewerbsvorteil gegenüber Konkurrenten ab. Erschwerend kommt bei E-Business-Systemen, die direkt mit dem Internet verbunden sind, noch die allgemeine Gefahr von Hacker- und Virenattacken hinzu.

Systemsicherheit wird dann erzielt, wenn die definierten Schutzziele in ausreichendem Maße erreicht werden und das Geschäftsmodell mit hinreichend geringen technischen Risiken betrieben werden kann. Unter Systemsicherheit wird vor allem die Gewährleistung der vom Anwendungsbereich abhängigen Vertraulichkeit (confidentiality), Integrität (integrity) und Verfügbarkeit (availability) verstanden.[71] Mit Vertraulichkeit ist gemeint, dass nur die berechtigten Nutzerkreise auf Informationen zugreifen können und andere Personen keinen Zugang zu diesen Daten haben. Bei E-Business-Systemen sind daher in der Regel eine eindeutige und echte Identität sowie die Authentisierung der Systemteilnehmer und die Autorisationsprüfung ihrer Transaktionen erforderlich.[72] Die Vertraulichkeit kann durch die Nutzung symmetrischer oder asymmetrischer Verschlüsselungsverfahren bei der temporären (data in memory) und dauerhaften (data in persistent store) Speicherung sowie bei der Übertragung (data on the wire) erreicht werden.[73] Integrität bedeutet, dass die Daten und ihre Abhängigkeiten möglichst in jedem Systemzustand inhaltlich korrekt und in den richtigen Datenzusammenhängen gewährleistet sind.[74]

Die Identifizierung beinhaltet die Bereitstellung einer Information durch den potenziellen Systemanwender und im Rahmen der Authentisierung die anschließende Echtheitsprüfung der angegebenen Information gegen einen vorher festgelegten Referenzwert.[75] Bei korrekter Identifikation und Autorisierung kann einer bestimmten Transaktion die echte bzw. korrekte Person – hiermit sind sowohl natürliche als auch künstliche Personen gemeint – zugeordnet und die Ur-

---

[71] Vgl. ISO (1996), S. 4f.; Röhm (2000), S. 80f. und 102f.
[72] Vgl. BIS (1996), S. 17; Thymian/Niemeyer (2001), S. 46.
[73] Vgl. ECBS (2001), S. 15; OMG (2001a), S. 4-1.
[74] Vgl. ISO (2000), S. 21.
[75] Vgl. ISO (2000), S. 18.

heberschaft von dieser nicht im Nachhinein geleugnet werden.[76] Dies wird auch kurz mit den Begriffen Nachvollziehbarkeit, Nichtabstreitbarkeit oder Nonrepudation bezeichnet.[77] Die Nutzbarkeit des Systems sowie der erforderlichen Daten und Funktionen durch den berechtigten Nutzerkreis zu den gewünschten bzw. vereinbarten Zeiten mit der gewünschten bzw. vereinbarten Performance wird unter dem Begriff Verfügbarkeit zusammengefasst und ist ebenfalls bei den technischen Komponenten eines E-Business-Systems zu gewährleisten.[78]

Ein weiterer wichtiger Block ist die Transaktionssicherheit im technischen Sinne, welche die Basis für die Transaktionssicherheit im ökonomischen Sinne bildet. Eine Transaktion wird in der Informatik als eine Folge von Operationen (Aktionen) verstanden, welche einen Datenbestand von einem konsistenten Zustand in einen neuen Zustand überführen.[79]

Mithilfe der Implementierung der technischen Transaktionssicherheit in den einzelnen Schritten eines abschließenden Anwendungsprozesses[80] unter Nutzung kryptografischer Methoden können die Integrität, die Authentizität und Zurechenbarkeit zu den Transaktionsteilnehmern, die Rechtsverbindlichkeit, Beweisbarkeit und Nichtabstreitbarkeit der Transaktion – sowohl vom Absender als auch vom Empfänger –[81] sowie die Restaurierung und Protokollierung der Transaktionen des jeweils betrachteten (Teil)-Systems erreicht werden.[82]

5 Ansatzpunkte für ein Controlling im E-Business

Nach Berens/Schmitting (2002) kann unter Controlling die „Beschaffung, Aufbereitung und Analyse von Daten zur Vorbereitung zielsetzungsgerechter Entscheidungen"[83] verstanden werden. Letzte Frage im Rahmen dieses Artikels ist nun, inwieweit aus den technischen Grundlagen Anregungen für ein Controlling im E-Business hervorgehen. Diese Anregungen lassen sich aus zwei Sichtweisen heraus ableiten:

---

[76] Vgl. zur Taxonomie von Sicherheitsmechanismen Röhm (2000), S. 23f. und S. 136f.
[77] Vgl. ISO (2000), S. 22; ECBS (2001), S. 14f.; OMG (2001b), S. 2-18ff.
[78] Vgl. BIS (2001a), S. 8.
[79] Vgl. Saake/Heuer (1999), S. 23.
[80] Vgl. Saake/Heuer (1999), S. 460f.
[81] Vgl. ECBS (2001), S. 14f.
[82] Vgl. OMG (2001b), S. 2-18ff.
[83] Berens/Schmitting (2002), S. 145.

- Auf den ersten Blick ist E-Business lediglich eine Form des Unternehmertums unter vielen, darum wird auch – wie üblich – ein Controlling-System benötigt. Das E-Business-System als solches ist eine IT-Anwendung, auf die sich die bisherigen Erkenntnisse in Form von Controllingfunktionen und -instrumenten anwenden lassen. Das E-Business-System ist darüber hinaus ein weiterer Kanal zur Kommunikation und Interaktion mit den definierten Zielgruppen. Hier können dann wiederum alle bisherigen Erkenntnisse aus dem (Vertriebs-)Kanal-Controlling genutzt werden.

- Bei genauerem Hinsehen erfolgt E-Business in Medien, bezüglich derer die Beschaffung, Aufbereitung und Analyse von Daten ohne Medien- und Systembruch unmittelbar möglich ist und somit integraler Bestandteil jeglicher Aktivität sein kann. Dieser Umstand ist zwar grundsätzlich nicht neu, führt aber zur einer Schwerpunktverlagerung bei der Ausgestaltung des Controllings. Im Gegensatz zu herkömmlichen Geschäftsmodellen interagiert der Anwender darüber hinaus mit dem E-Business-System über eine definierte technische Schnittstelle, an deren Nahtstelle das Nutzungsverhalten jedes einzelnen Anwenders theoretisch in all seinen Facetten aufgezeichnet werden kann.

Für die herkömmliche Sichtweise lassen sich aus den bisherigen Ausführungen vor allem zwei Faktoren ableiten, die von den technischen Grundlagen beeinflusst werden. Als erstes ist hier die Erreichbarkeit der gewünschten Zielgruppen und der damit verbundene Ergebnisbeitrag zu nennen. Die Erlöse können sich dabei aus direkten und indirekten Komponenten,[84] den eingesparten Kosten gegenüber der Systemalternative sowie aus qualitativen Faktoren wie einer verbesserten statischen und/oder dynamischen Wettbewerbsfähigkeit des Betreibers selbst ergeben.

Die Erreichbarkeit der Zielgruppen ist neben der ökonomischen Sichtweise auch von der technischen Ausgestaltung des Systems abhängig. Hier kann auf der einen Seite eine potentielle ökonomische Reichweite des E-Business-Systems definiert werden, die neben der konkreten Leistung und ihrem Preis von den Inhalten, Funktionen und Zugangswegen abhängig ist. Als Faustregel lässt sich folgender Zusammenhang postulieren: Je umfangreicher die Inhalte und Funktionen sowie je vielfältiger die Zugangswege ausgestaltet sind, desto größer ist bei gegebenem ökonomischen Leistungsumfang die Reichhaltigkeit eines Angebotes und somit die potentielle ökonomische Reichweite. Demgegenüber steht das Konstrukt der potentiellen technischen Reichweite, die sich aus den Anforderungen an den Aktionspunkt der potentiellen Anwender ergibt. Als Faustregel kann dabei folgender Zusammenhang postuliert werden: Je höher die technischen An-

---

[84] Vgl. Zerdick et al. (2001), S. 24ff.

forderungen und je geringer standardisiert die genutzten Übertragungs-, Präsentations- und Verarbeitungstechniken sind, desto geringer ist die potentielle technische Reichweite, die durch Verbreitungsgrade von Techniken bei den potentiellen Anwendern der gewünschten Zielgruppen ermittelt werden kann. Die potentielle technische Reichweite limitiert dabei die potentielle ökonomische Reichweite. Je reichhaltiger ein E-Business-System ist, desto höher sind die technischen Anforderungen an den Aktionspunkt und desto niedriger ist die technische potentielle Reichweite.[85] Die potentielle Reichweite eines E-Business-Systems insgesamt ist die Schnittmenge der potentiellen ökonomischen und der potentiellen technischen Reichweite. Neben der Potentialmessung, die außerhalb des Systems erfolgt, können im Rahmen des E-Business-Systems selbst die Gesamtheit und Struktur der tatsächlich registrierten und aktiven Anwender ermittelt sowie mit den Potentialen verglichen werden.

Als zweites sind mit der Entwicklung und dem Betrieb eines E-Business-Systems spezifische Kosten verbunden, die in Verbindung mit den erzielten Erlösen den Renditebeitrag zu den finanzwirtschaftlichen Unternehmenszielen bestimmen. Da E-Business-Systeme auch als herkömmliche Anwendungssysteme betrachtet werden können, stehen hier alle Instrumente und Systeme eines IT-Controlling zur Verfügung. Die Kosten lassen sich aus dem Lebenszyklus eines Systems ableiten.[86] Hierzu zählen alle Kosten (inkl. Lizenz-, Personal-, Sach- und Finanzierungskosten) für die Entwicklung, Vermarktung, laufende Erhaltung der Betriebsfähigkeit und die Weiterentwicklung zur Sicherstellung der statischen und dynamischen Wettbewerbsfähigkeit sowie beim Systemrückbau die Abbau-Kosten.[87] Bei der Kosten-Nutzen-Betrachtung sind im Rahmen der Gestaltung des Geschäftsmodells nicht nur die Sichtweise des E-Business-Betreibers, sondern auch mögliche Komplementierer und die potentiellen Anwender zu berücksichtigen. Für alle muss ein konkretes System dauerhaft einen positiven Mehrwert erzeugen, damit der langfristige Erfolg überhaupt erreicht werden kann.[88]

Der eigentliche qualitative Fortschritt eines Controlling im E-Business wird aber erst erreicht, wenn folgende Potentiale bei der Entwicklung eines E-Business-Systems berücksichtigt werden:

- Grundsätzlich können an jeder Stelle eines E-Business-Systems Messpunkte für ein Controlling ohne Medienbruch definiert werden und die Daten ökonomischen Auswertungsmethoden zugeführt werden.

---

[85] Vgl. Evans/Wurster (2000), S. 31ff.; Stähler (2001), S. 136ff.
[86] Diese Kosten werden häufig auch als Total Cost of Ownership (TCO) bezeichnet.
[87] Vgl. Abel (2003), S. 199ff.
[88] Vgl. Abel (2003), S. 196.

- Controlling-Ergebnisse können zur unmittelbaren und auch individualisierten Steuerung des E-Business-Systems in all seinen Funktionen und Inhalten genutzt werden.
- Das zugrunde liegende Geschäftsmodell kann eng mit einem Controlling-System verbunden werden und sehr zeitnah (quasi in Echtzeit) in Abhängigkeit von der aktuellen Marktlage im System operativ feinjustiert werden.
- Der Rückkopplungsprozess zwischen Datenerzeugung, Datenanalyse, Generierung von Steuerungssignalen und deren Umsetzung kann in E-Business-Geschäftsmodellen mit digitalen Gütern direkt und ohne wesentliche zeitliche Verzögerung erfolgen.

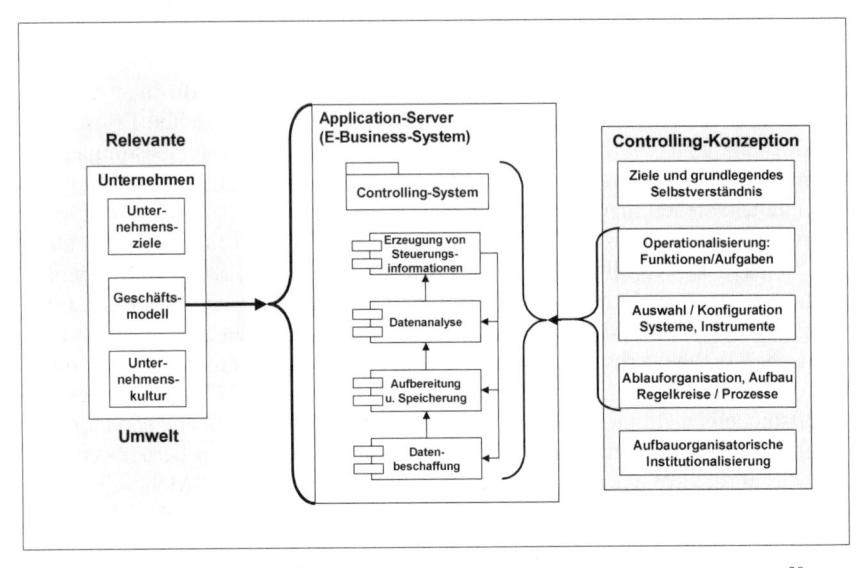

Abbildung 12: Integriertes Controlling in einem E-Business-System.[89]

Aus dem Geschäftsmodell leitet sich im E-Business ein konkretes Anwendungssystem ab, mit dessen Hilfe das Geschäftsmodell tatsächlich realisiert wird. Wie in jedem Geschäft besteht seitens der Unternehmensleitung das Bedürfnis, entscheidungsrelevante Informationen aus dem laufenden Geschäftsbetrieb zu erhalten. Hierfür dient die Realisierung einer Controlling-Konzeption, deren Funktionen, Instrumente und Prozesse direkt in das Anwendungssystem als Steuerungskomponenten eingebaut und somit integraler Bestandteil des E-Business-Systems selbst werden können. Mit Hilfe der Abbildung 12 wird der Zusam-

---

[89] In Anlehnung an Berens/Schmitting (2002), S. 138.

menhang zwischen Geschäftsmodell, E-Business-System und Controlling-Konzeption verdeutlicht.[90]

Die systemimmanente Implementierung erfordert eine zielkonsistente Beschaffung und Aufbereitung der Daten. Hierbei besteht die größte Herausforderung in der Schaffung eines relativ stabilen und langlebigen Datenmodells im Sinne eines Data-Warehouse. Auf dieses können dann in Abhängigkeit von der Unternehmenskultur relativ kurzlebige Controllingfunktionen zur Erzeugung von Steuerungsfunktionen aufsetzen. Beispiele für Funktionen eines in ein E-Business-System integriertes Controlling-Systems sind

- die Analyse des Nutzungsverhaltens der Anwender,
- die Messung der Nutzungsintensität, der Effektivität und Effizienz[91] bestimmter Inhalte und gestalterischer Elemente (Design) des Systems,
- die Messung der Effektivität und Effizienz von fachlichen und technischen Prozessen,
- die Ermittlung von Deckungsbeiträgen bei abrechnungsfähigen Leistungen,
- die Messung der Erreichbarkeit, Effektivität und Effizienz der technischen Systeme am Point-of-Action sowie
- die Messung der Effektivität und Effizienz des Controlling-Systems selbst.

Grundsätzlich verlagert sich bei E-Business-Systemen das Hauptproblem von der Datenbeschaffung auf die zielsetzungsgerechte Aufbereitung und Analyse der Daten. Durch diesen qualitativen Schritt nach vorn für die Realisierung anspruchsvoller Controlling-Konzepte wird gleichsam eine Büchse der Pandora für die Controller geöffnet. Das augenscheinliche Daten-Schlaraffenland, in dem alles und jeder zu jedem Zeitpunkt und über jeden Zeitraum aufgezeichnet werden kann, führt unmittelbar zum Risiko des Data-Overkills für den Controller oder zum Information-Overload für das Management. Auch im E-Business gilt es deshalb neben dem Wirtschaftlichkeitsprinzip die zentrale Aufgabe eines Controlling-Systems zu beachten: die Vorbereitung zielsetzungsgerechter Entscheidungen.[92]

---

[90] Vgl. Berens/Schmitting (2002), S. 138ff.
[91] Die Begriffe Effektivität und Effizienz beziehen sich dabei auf die individuelle Zieldefinition beim E-Business-Betreiber.
[92] Vgl. Berens/Schmitting (2002), S. 131.

6 Fazit

Die technischen Grundlagen des E-Business unterliegen einer laufenden Veränderung, insbesondere an den Aktionspunkten. Folge hiervon ist, dass der Betreiber gezwungen ist, sein System laufend an hinreichend aktuelle Technologien anzupassen. Hierdurch werden die Kosten der Erhaltung der Betriebsfähigkeit eines E-Business-Systems im Vergleich zu herkömmlichen innerbetrieblichen Anwendungssystemen erhöht.

Die technischen Grundlagen sind ein Bestandteil des Geschäftsmodells im E-Business und müssen daher bei der strategischen und operativen Planung sowie bei den erforderlichen Controllingprozessen ebenfalls berücksichtigt werden.[93]

Die konkrete Ausgestaltung eines E-Business-Systems sollte sich immer aus den fachlichen Anforderungen ableiten und den Einfluss auf die Kosten und Erlöse über den gesamten System-Lebenszyklus für den Betreiber und die Anwender berücksichtigen.

Die Schichtung eines Systems sollte derartig erfolgen, dass im Zeitablauf relativ statische Technikbereiche gegen sehr dynamische Bereiche abgeschottet werden, um z.b. bei Änderungen der Technik an den Aktionspunkten nicht das Gesamtsystem neu gestalten zu müssen und somit die Kosten für die Wartung und Weiterentwicklung niedrig zu halten.[94]

Darüber hinaus sind die sich aus dem konkreten Einsatzbereich und der gewählten technischen Architektur sowie der organisatorischen Ausgestaltung ergebenden operativen Risiken im Risikomanagement und -controlling des Systembetreibers zu berücksichtigen.[95] Wesentliche Ziele des Managements der IT-Risiken sind dabei die Sicherstellung der Geschäftsprozesse und der technischen Betriebsfähigkeit, der Schutz der Vermögenswerte des Systembetreibers und der Anwender sowie der Schutz der Geschäftspartnerbeziehung.

Schließlich eröffnen sich dem Controlling bei E-Business-Systemen neue Potentiale zur Realisierung von Controlling-Konzepten. Das bisherige Nebeneinander der Systeme für den normalen Geschäftsbetrieb und der Controlling-Systeme geht in eine Anwendungsarchitektur über, bei der das Controlling-System eine integrierte Komponente des E-Business-Systems sein kann. Das Hauptproblem der Controller verlagert sich somit von der Datenbeschaffung zur Datenaufberei-

---

[93] Vgl. Haertsch (2000), S. 181.
[94] Vgl. Abel (2003), S. 188.
[95] Vgl. BIS (2001b), S. 2ff.

tung und -analyse. Dieser qualitative Sprung im Controlling wird allerdings mit dem Risiko des Information-Overloads erkauft.

Auch beim Controlling im E-Business gilt wie im E-Business selbst:
1. Nicht alles was technisch möglich ist, ist ökonomisch sinnvoll.
2. Nicht alles was ökonomisch wünschenswert ist, ist technisch möglich.

Literaturverzeichnis

Abel (2003):
Abel, A.: Fachkonzept für die Implementierung privater Währungen im Internet, zgl. Dissertation Otto-von-Guericke-Universität Magdeburg 2003, Magdeburg 2003.

Ahlert/Becker/Kenning/Schütte (Hrsg.) (2001)
Ahlert, D.; Becker, J.; Kenning, P.; Schütte, R. (Hrsg.): Internet & Co. Im Handel – Strategien, Geschäftsmodelle, Erfahrungen, Berlin u.a. 2001.

Berens/Schmitting (2002)
Berens, W.; Schmitting, W. (2002): Controlling im E-Business ... = E-Controlling?, in: Seicht (2002), S. 129-170.

BIS (1996)
BIS – Bank for International Settlement: Security of Electronic Money, o.O. 1996, http://www.bis.org/publ/cpss18.pdf, verifiziert 12.11.2001.

BIS (2001a)
BIS – Bank for International Settlement: Core Principles for Systemically Important Payment Systems, o.O. 2001, http://www.bis.org/publ/cpss43.pdf, verifiziert 12.11.2001.

BIS (2001b)
BIS – Bank for International Settlement: Basel Committee on Banking Supervision – Consultative Document – Operational Risk – Support Document to the New Basel Capital Accord, o.O. 2001, http://www.bis.org/publ/bcbsca07.pdf, verifiziert 02.03.2003.

Brenner/Breuer (2001)
Brenner, W.; Breuer, S.: Elektronische Marktplätze – Grundlagen und strategische Herausforderungen, in: Ahlert/Becker/Kenning/Schütte (Hrsg.) (2001), S. 141-160.

BSI (1998):
BSI – Bundesamt für Sicherheit in der Informationstechnik (Hrsg.): Virtuelles Geld – eine globale Falle?, Ingelheim 1998.

Downes/Mui (1998):
Downes, L.; Mui C.: Unleashing the Killer App – digital strategies for market dominance, Boston 1998.

ECBS (2001):
ECBS – European Committee for Banking Standards: EEBSF – European Electronic Banking Standards Framework, o.O. 2001, http://www.ecbs.org/Download/TR601V1.PDF, verifiziert 12.11.2001.

Evans/Wurster (2000):
  Evans, P.; Wurster, T.S.: Web Att@ck - Strategien für die Internet-Revolution, München; Wien 2000.

FNC (1995):
  Federal Networking Council: FNC Resolution: Definition of „Internet", o.O. 1995, http://www.itrd.gov/fnc/Internet-res.html, verifiziert 16.10.2001.

Fornasier (2001):
  Fornasier, S.: Wirtschaftliche Trends, in: Gora/Mann (2001), S. 17-23.

Gora/Mann (2001):
  Gora, W.; Mann, E. (Hrsg.): Handbuch Electronic Commerce – Kompedium zum elektronischen Handel, 2. Auflage, Berlin u. a. 2001.

Haertsch (2000):
  Haertsch, P.: Wettbewerbsstrategien für die Digital Economy – Eine kritische Überprüfung klassischer Strategiekonzepte, Dissertation, Universität St. Gallen, St. Gallen 2000.

Hermanns/Sauter (Hrsg.) (2001):
  Hermanns, A.; Sauter, M. (Hrsg.): E-Commerce – der Weg in die Zukunft?, 2. Auflage, München 2001.

Hermanns/Sauter (2001):
  Hermanns, A.; Sauter, M.: E-Commerce – Grundlagen, Einsatzbereiche und aktuelle Tendenzen, in: Hermanns/Sauter (Hrsg.) (2001), S. 15-32.

Hetze et al. (1995):
  Hetze, S.; Hohndel, D.; Müller, M.; Kirch, O.: LinuX Anwenderhandbuch und Leitfaden für die Systemverwaltung, 5. Auflage, Berlin 1995.

ISO (1996):
  ISO – International Organization for Standardization: Technical Report ISO/IEC TR 13335-1: Information Technology – Guidelines for the management of IT Security – Part 1: Concepts and models for IT Security, 1st edition, Geneve 1996.

ISO (2000):
  ISO – International Organization for Standardization: Technical Report ISO/IEC TR 13335-4: Information Technology – Guidelines for the management of IT Security – Part 4: Selection of safeguards, Geneve 2000.

Kräkel (1992):
  Kräkel, M.: Auktionstheorie und interne Organisation. Wiesbaden 1992.

Lindemann (2000):
Lindemann, M.A.: Struktur und Effizienz elektronischer Märkte - Ein Ansatz zur Referenzmodellierung elektronischer Markteigenschaften und Marktdienste, Dissertation, Universität St. Gallen, St. Gallen 2000.

Lutterbeck (1998):
Lutterbeck, B.: Geldökonomie, Onlineökonomie und die Sicherheit des Zahlungsverkehrs: Einige Thesen über ein vernachlässigtes Problem, in: BSI (1998), S. 69-76.

Luxem (1999):
Luxem, R.: Digital Commerce: Electronic Commerce mit digitalen Produkten, Dissertation, Westfälische-Wilhelms-Universität Münster, Münster 1999.

Newcomer (2002):
Newcomer, E.: Understanding Web Services – XML, WSDL, SOAP, and UDDI, Boston u.a. 2002.

Musgrave/Musgrave/Kullmer (1994):
Musgrave, R.A.; Musgrave, P.B.; Kullmer, L.: Die öffentlichen Finanzen in Teorie und Praxis I, 6. Auflage, Tübingen 1994.

OMG (2001a):
OMG – Object Management Group: Party Management Facility Specification, o.O. 2001, http://www.omg.org/cgi-bin/doc?formal/01-02-68.pdf, verifiziert 12.11.2001.

OMG (2001b):
OMG – Object Management Group: Security Service Specification, o.O. 2001, http://cgi.omg.org/cgi-bin/doc?formal/01-03-08.pdf, verifiziert 12.11.2001.

Raymond (1999):
Raymond, E. S.: The Cathedral and the Bazar – Musings on Linux and Open Source by an Accidental Revolutionary, Beijing u.a. 1999.

Roberts/Wolff (2000):
Roberts, L.G.; Wolff, S.: A Brief History of the Internet – Version 3.31., o.O. 2000, http://www.isoc.org/internet/history/brief.html, verifiziert 12.04.2002.

Röhm (2000):
Röhm, A.W.: Sicherheit offener Elektronischer Märkte: Modellbildung und Realisierungskonzept, Dissertation, Universität Essen, Essen 2000.

Saake/Heuer (1999):
Saake, G.; Heuer, A.: Datenbanken: Implementierungstechniken, Bonn 1999.

Schubert/Selz/Haertsch (2003):
Schubert, P.; Selz, D.; Haertsch, P.: Digital erfolgreich – Fallstudien zu strategischen E-Business-Konzepten, 2. Auflage, Berlin u.a. 2003.

Schulze (2000):
Schulze, W.: Workflow-Management für CORBA-basierte Anwendungen - Systematischer Architekturentwurf eines OMG-konformen Workflow-Management-Dienstes, Berlin u.a. 2000.

Seicht (Hrsg.) (2002):
Seicht, G. (Hrsg.): Jahrbuch für Controlling und Rechnungswesen 2002, Wien 2002.

Stähler (2001):
Stähler, P. (2001): Merkmale von Geschäftsmodellen in der digitalen Ökonomie, Dissertation, Universität St. Gallen, St. Gallen 2001.

Thome (2001):
Thome, R.: Technologien für E-Commerce, in: Hermanns/Sauter (Hrsg.) (2001), S. 283-292.

Thome (2002):
Thome, R.: 5. Beitrag: Wer lernt künftig auswendig – der Mensch oder das System? auf der 5. Handelsblatt-Jahrestagung Zukunftsforum IT. 29. und 30. Oktober 2002 in Berlin, Berlin 2002.

Thymian/Niemeyer (2001):
Thymian, M.; Niemeyer, V.: ePayment Systems – ibi-Studie S 1101, Regensburg 2001.

Turowski (2001):
Turowski, K.: Fachkomponenten – Komponentenbasierte betriebliche Anwendungssysteme, Habilitation, Otto-von-Guericke-Universität Magdeburg, Magdeburg 2001.

Winzerling (2001):
Winzerling, W.: E-Business-Technik – Grundlagen, Anwendungen, Perspektiven, Berlin, Offenbach 2001.

Woll (2000):
Woll, A.: Allgemeine Volkswirtschaftslehre, 13. Auflage, München 2000.

Zerdick et al. (2001):
Zerdick, A.; Picot, A.; Schrape, K.; Artopé, A.; Goldhammer, K.; Heger, D. K.; Lange, U.T.; Vierkant, E.; López-Escobar, E.; Silverstone, R.: Die Internet-Ökonomie – Strategien für die digitale Wirtschaft, 3. Auflage, Berlin; u.a. 2001.

Jens Dertmann*

Grundlagen der Netzwerkökonomie - Von Motiven, Regeln und Empfehlungen

1 Einleitung 65
2 Technische und ökonomische Entwicklungen als Motive der Vernetzung 66
   2.1 Informationstechnologische Entwicklungen 67
   2.2 Ökonomische Entwicklungen 69
3 Ansätze und Modelle der Neuen Institutionellen Ökonomik 70
   3.1 Property Right-Theorie 71
   3.2 Prinzipal-Agent-Theorie 73
   3.3 Transaktionskostenansatz 74
4 Netzwerkökonomie 77
   4.1 Netzwerktheorie – Definitionsraum für vernetzte Organisationen 77
      4.1.1 Einordnung zwischen Markt und Hierarchie 78
      4.1.2 Eigenschaften von vernetzten Unternehmen 79
      4.1.3 Beispiele für vernetzte Organisationsformen 80
   4.2 Netzwerkprodukte 81
      4.2.1 Netzwerkeffekte und Standardisierung 82
      4.2.2 Positive Rückkopplung 83
   4.3 Akteure auf Märkten digitaler Güter 85
      4.3.1 Akteure und ihre Interaktionsmuster 86
      4.3.2 Anbieter- vs. Nachfragersicht 86
5 Fazit 88
Literaturverzeichnis 89

---

* *Jens Dertmann*, Mitglied des Vorstandes, Eudemonia AG, Münster.

1 Einleitung

Eine Vielzahl von technologischen, politischen und ökonomischen Entwicklungen hat in den letzten Jahrzehnten dazu geführt, dass der Begriff „Netzwerk" nicht mehr nur die technische Vernetzung von Computern und Computersystemen beschreibt, sondern immer häufiger auch für Kooperationsformen von Unternehmen verwendet wird.[1]

Neben der technischen wird auch die organisatorische Vernetzung von Unternehmen als einer der Erfolgsfaktoren angesehen, um den komplexer werdenden Anforderungen der Nachfrager und dem wachsenden Wettbewerb gerecht zu werden.[2]

Dabei hat das Platzen der New-Economy-Blase in den letzten Jahren deutlich gemacht, dass auch in diesem Umfeld alleine die Vision von Killer-Applikationen nicht hinreichend für ökonomischen Erfolg oder gesamtwirtschaftlichen Nutzen ist.

Im Rahmen dieses Beitrages werden grundlegende ökonomische Zusammenhänge aufgezeigt, die verdeutlichen, dass die „Networked Economy" nicht eine neue, von bisherigen akademischen und praktischen Erkenntnissen losgelöste Betrachtungsweise darstellt. Sie beschreibt vielmehr die Verknüpfung verschiedener ökonomischer Gesetze und Erkenntnisse, die zusammen ein Modell bilden, welches die Entwicklungen der Realität in technologischer und ökonomischer Hinsicht einfacher erklärbar macht.

Angefangen bei den technologischen und ökonomischen Entwicklungen der letzten Jahrzehnte, die als Treiber der unternehmerischen Vernetzung anzusehen sind, beschreibt dieser Beitrag wesentliche Ansätze der Neuen Institutionellen Ökonomik. Deren Disziplinen, die Property-Right- und die Prinzipal-Agent-Theorie sowie der Transaktionskostenansatz, geben wichtige Erkenntnisse für die Modellierung der unternehmerischen Vernetzung. Anschließend werden im Rahmen des Abschnitts Netzwerkökonomie Netzwerke charakterisiert, die Besonderheiten von Netzwerkprodukten beschrieben und abschließend die Interaktionsmuster der Akteure einer „Networked Economy" vorgestellt.

Für die Unternehmen im E-Business, die als Teile einer „Networked Economy" agieren, erleichtert das Verständnis der Netzwerkökonomie und deren Mechanismen die Gestaltung, die Implementierung und den Betrieb eines effizienten wie effektiven Controllings.

---

[1] Vgl. Fleisch (2001), S. 2f.
[2] Vgl. z.B. Picot/Reichwald/Wiegand (1996), S. 12 oder Tapscott (1996), S. 12f.

2 Technische und ökonomische Entwicklungen als Motive der Vernetzung

Eine Reihe von ökonomischen und technischen Entwicklungen der letzten Jahrzehnte läßt sich als Ursache für die zunehmende Bedeutung der unternehmerischen Vernetzung in ökonomischen Organisationsformen herausarbeiten.[3] Der Wandel von der Industrie- zur Kommunikations- bzw. Informationsgesellschaft wird zusätzlich durch die technologiegestützte und -getriebene Vernetzung ihrer Akteure flankiert und u.a. deshalb als Entwicklung zu einer „Networked Economy" beschrieben. Die wichtigsten ökonomischen Treiber sind dabei der Wandel zum Käufermarkt, die Globalisierung von Produkten, Märkten und Marktakteuren und die permanente Dynamik dieser Entwicklungen.[4]

Die Entwicklung neuer technischer Möglichkeiten und neu entstehender Chancen unternehmerischen Handelns sollten dabei nicht voneinander losgelöst betrachtet oder untersucht werden. Zwischen vielen unterschiedlich geprägten Treibern der Vernetzung bestehen Interdependenzen. So können die durch technischen Fortschritt sinkenden Kommunikationskosten neue betriebswirtschaftliche Anwendungsformen begründen, die aufgrund zunehmender Nachfrage einen weiteren technologischen Entwicklungsprozess anstoßen.[5] Oftmals geht damit auch eine Substitution von bestehenden Produkten durch neue Technologien einher – die Entwicklung neuer technologischer und die neuer ökonomischer Ansätze sind dementsprechend voneinander abhängig, dynamisch und evolutionär.

Die ökonomischen Treiber der Vernetzung motivieren also die jeweiligen Akteure zu einer konzeptionellen und operativen Weiterentwicklung ihrer Organisationsform (Flexibilisierung), der internen und externen Positionierung (Kooperation) und der intra- und interorganisatorischen Prozesse (Umgang mit Knowhow innerhalb der Unternehmung oder innerhalb der Kooperation). Dabei stellt die Weiter- bzw. Neuentwicklung von unternehmensrelevanten Technologien zum einen eine notwendige Bedingung dar, zum anderen aber auch die Chance, sich von Mitbewerbern im Sinne eines KKV[6] abzugrenzen.

Dieser sich wiederholende Kreislauf der Treiber und Aktionsmuster der Vernetzung wird in Abbildung 1 dargestellt.

---

[3] Vgl. u.a. Zerdick et al. (1999), S. 136ff.
[4] Vgl. Fleisch (2001), S. 18.
[5] Hier sei z.B. die Einführung des Personenverkehrs durch die Eisenbahn als eine von der Nachfrage getriebene Weiterentwicklung des Güterverkehrs genannt oder die Nutzung des Internets als privates Kommunikationsmedium.
[6] Komparativer Konkurrenzvorteil – vgl. z.B. Backhaus (1999), S. 27ff.

	Treiber der Vernetzung	Aktionsmuster der Akteure
Ökonomische Entwicklung	• Wandel zum Käufermarkt • Globalisierung • Dynamik	• Flexibilisierung der Organisationsstruktur • Konzentration auf Interaktionsprozesse • Wissensmanagement
IuK-Technologie	• Informationstechnologische (Weiter-) Entwicklung • Entwicklung der „Informatisierung"	• Informationstechnologie als strategische Notwendigkeit • Informationstechnologie als Wettbewerbsfaktor

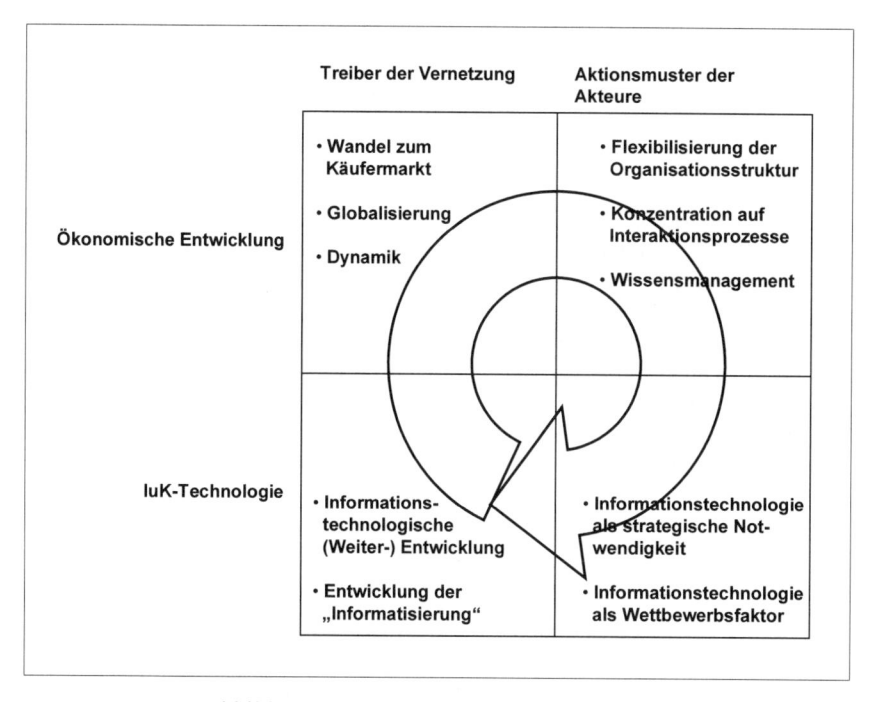

Abbildung 1: Betrieblicher Planungsprozess

Die wesentlichen informationstechnologischen und ökonomischen Treiber, die in der Abbildung aufgeführt werden, werden im Folgenden kurz skizziert.

2.1   Informationstechnologische Entwicklungen

Viele Produkte erleben im Verlauf ihres Lebenszyklus' eine Kostendegression bei gleichzeitig zunehmender Produktqualität und/oder -leistung. Diese Steigerung des Preis-/Leistungsverhältnisses liegt in der Regel in der Verschiebung des Produktes auf der Erfahrungskurve des/der Produzenten begründet.[7]

---

[7] Die Erfahrungskurve wurde in den 1960ern Jahren von B.D. Henderson (BCG) auf der Basis von umfangreichen empirischen Untersuchungen in der Halbleiterindustrie entwickelt. Sie besagt, dass sich mit zunehmender Erfahrung der Kostenaufwand für die Herstellung von Produkten verringert, wenn diese Erfahrung in die Produktion eingebracht werden kann. Danach können bei jeder Verdopplung der kumulierten Ausbringungsmenge die Stückkosten potenziell um 20-30% sinken.

Grundsätzlich sind diese Effekte in den unterschiedlichsten Bereichen und für verschiedene Technologien zu beobachten und hängen nicht zwangsläufig mit informationstechnologischen Produkt- oder Produktionsbestandteilen zusammen.

Bei Produkten der Informationstechnologie (IT) können allerdings zwei Besonderheiten beobachtet werden:[8]

- Das Preis-/Leistungsverhältnis unterliegt in der Informationstechnologie einer deutlich höheren Dynamik als in vielen anderen Technologien. Die Geschwindigkeit der Entwicklung, wie sie von Gordon Moore schon 1975 im so genannten Moor'schen Gesetz[9] formuliert wurde, konnte bisher noch bei keiner anderen Technologie beobachtet werden.

  George Gilder formuliert 1997 eine ähnliche These bzgl. des Preis-/Leistungsverhältnisses von Kommunikationsnetzwerken, die besagt, daß sich deren Bandbreite in den nächsten 25 Jahren alle zwölf Monate verdreifacht und dabei der Preis pro übertragenes Bit gegen Null konvergiert.

  Unabhängig von unterschiedlich hohen Fehlertoleranzen, die - je nach Untersuchungsbedingungen - für diese oder ähnliche Beobachtungen ermittelt werden können, geben sie doch klare Hinweise darauf, dass die Geschwindigkeit des Wandels in keiner anderen Technologie so hoch ist, wie in der IT.

- Es gibt kaum noch Produkte, die entweder ohne den Einsatz von IT in der Produktion hergestellt werden oder zu deren Bestandteilen keine informationstechnologischen Teil-Produkte gehören. Die Preis-/Leistungssteigerung dieser Produkte korreliert dementsprechend positiv mit dem der eingesetzten IT und verstärkt die unternehmerische Motivation der kontinuierlichen technologischen Weiterentwicklung.

---

[8] Vgl. hier und im Folgenden Fleisch (2001), S. 25ff.
[9] Das Moor'sche Gesetz besagt, dass sich - bei konstanten Kosten - die Integrationsdichte, also die Dichte elektronischer Schaltkreise, die auf einem Siliziumchip untergebracht werden können, alle 18 bis 24 Monate verdoppelt.

2.2 Ökonomische Entwicklungen

Die zweite Hälfte des letzten Jahrhunderts ist von einer Reihe von Veränderungen der ökonomischen Rahmenbedingungen geprägt worden. Der Wandel vom Verkäufer- zum Käufermarkt fand schon in den 60'er Jahren z.B. in Gutenberg akademische Beachtung.[10]

In einem Käufermarkt versucht die Anbieterseite durch eine Anpassung an differenzierte Kundenbedürfnisse die Sicherung der Nachfrage zu erreichen. Maßgeblich für die Produktion sind dabei nicht mehr die verfügbaren Ressourcen,[11] sondern die Interessen der Nachfrage-Seite. Die Anbieter sind verstärkt darauf angewiesen, die Wünsche der potentiellen Kunden bei der Produktion zu berücksichtigen und z.T. auch auf individuelle Nachfrage-Anforderungen einzugehen.[12]

Die politischen Veränderungen und die neuen technischen Möglichkeiten weichen regionale und zeitliche Grenzen von Märkten auf.[13] Ein Beispiel dafür ist die Entwicklung zum globalen Wettbewerb in vielen Märkten und zum 52-7-24-Modell, also die Verfügbarkeit von Leistungen und Güter über 52 Wochen je Jahr, 7 Tage in der Woche und 24 Stunden am Tag.

Die gleichen Veränderungen begründen eine Neuordnung der Markstrukturen. Internetplattformen und -marktplätze führen zur Dis- und Reintermediation von klassischen Wertschöpfungsketten.[14]

Durch die beschriebenen Entwicklungen wird eine regionale Ressourcen- oder Angebotsknappheit reduziert.[15] Daraus entsteht ein überregionaler Wettbewerbzuwachs, bei dem nicht mehr das Produkt/die Leistung als solche(s) zu einem wahrgenommen und mit Zahlungsbereitschaft hinterlegten Kundennutzen führt, sondern zusätzliche Faktoren wie Service, Wartung, Weiterentwicklung etc. Der Nachfrager interessiert sich weniger für ein einzelnes Produkt, sondern für ein kooperatives Leistungsbündel.[16] Das Angebot muss also zusätzlichen Anforde-

---

[10] Gutenbergs zweiter Band der „Grundlagen der Betriebswirtschaft - Der Absatz" untersuchte schon früh die Rolle des Anbieters im Marktprozess. Vgl. Gutenberg (1962), S. 1ff.

[11] In einem von Ressourcenknappheit geprägten Verkäufermarkt stellen die Input-Faktoren den Engpass der Produktion dar. Der Markt fragt in der Regel alle verfügbaren Güter nach, solange der Preis als Steuerungsinstrument nicht unverhältnismäßig stark strapaziert wird.

[12] Diese Entwicklung beschreibt den Übergang vom Produktmanagement zum Customer Related Management.

[13] Vgl. Wirtz (2000), S. 112ff.

[14] Vgl. Klein (2000), S. 10.1.f. und Zerdick (1999), S. 150ff.

[15] Vgl. Fleisch (2001), S. 19f.

[16] Vgl. Belz et al. (1991), S. 1ff. Belz et al. bezeichnen in ihrer Betrachtung diese Leistungsbündel auch als Leistungssysteme.

rungen gerecht werden, während der Anbieter gleichzeitig seine Kernkompetenzen im Wettbewerb stärken muss. Daraus folgt eine Arbeitsteilung auf Seiten der Anbieter, bei der sich jeder auf seine Kernkompetenzen konzentriert und die anderen Teilaufgaben des komplexen Leistungssystems von vernetzten Kooperations-Unternehmen wahrgenommen werden.

3 Ansätze und Modelle der Neuen Institutionellen Ökonomik

Aufgrund der Komplexität und der Dynamik realer ökonomischer Vorgänge reduzieren Modelle die Wirklichkeit auf die zu untersuchenden Wirkungszusammenhänge. Im Folgenden werden einige wissenschaftliche Modelle beschrieben, die wichtige Hinweise für ein Verständnis der „Networked Economy" geben.

Mit den ersten Ansätzen zur Neuen Institutionellen Ökonomik fand Mitte der fünfziger Jahre des vorletzten Jahrhunderts zwar kein wissenschaftlicher Paradigmenwechsel, aber doch ein großer Entwicklungssprung statt, der z.B. von Hans Albert als „institutionalistische Revolution in der reinen Ökonomie" bezeichnet wurde.[17]

Im Wesentlichen vollziehen die Forschungsergebnisse der Neuen Institutionellen Ökonomik eine Verschmelzung von Inhalten, die bisher aus betriebswirtschaftlicher und volkswirtschaftlicher Sicht separat untersucht wurden. Motiviert wurde dieses Zusammenwachsen durch die Erkenntnis, dass viele Modelle der volkswirtschaftlichen Neoklassik institutionelle Zusammenhänge zu sehr vernachlässigen. Durch ihre zu theorielastigen Grundannahmen konnten sie keine zufriedenstellende Hilfestellung bei der Beantwortung von ökonomischen Fragestellungen einer immer komplexer werdenden Umwelt liefern. Insbesondere die Problematik, dass externe Einflüsse, wie die Informationsasymmetrie zwischen den Akteuren, das Verhalten und damit die Entscheidungen von Individuen unterschiedlich beeinflussen können, kann nur durch die Integration verhaltenstheoretischer Überlegungen sinnvoll untersucht werden, die in Auszügen in der folgenden Betrachtung mit einfließen.

Die neoklassischen Ansätze definierten den Markt sowohl in den Szenarien der vollkommenen als auch in denen der monopolistischen Konkurrenz als kostenfrei nutzbare Plattform für Koordinationsmechanismen. Durch die Berücksichtigung von Aspekten des Rechts, des Verhaltens und weiterer institutioneller Be-

---

[17] Vgl. hier und im Folgenden Döring (1998), S.1ff.

gebenheiten werden nun Kosten, die für die Bereitstellung, die Änderung und die Nutzung dieses Koordinationssystems anfallen, mit einbezogen.

Institutionelle Begebenheiten bzw. Institutionen werden dabei als Systeme von anerkannten Normen und Regeln verstanden. Sie werden durch Gesetze, Sitten, Gebräuche und durch (gegenseitige) Willenserklärungen genauer definiert.[18] Eine Institution beschreibt also allgemein ein Wertesystem bzw. eine (Rechts)-Ordnung, durch die individuelles menschliches Verhalten nachvollziehbar und gesteuert werden soll. I.d.S. ist ein Markt der institutionelle Rahmen, in dem die Akteure unter der Prämisse von Rechten, Pflichten und Gebräuchen Vereinbarungen und Verträge abschließen. Das Ziel der Neuen Institutionellen Ökonomik ist dementsprechend die „explizite Berücksichtigung realer institutioneller Gegebenheiten und deren Erklärung im Rahmen der ökonomischen Analyse sowie darauf aufbauend bewusste Gestaltung von Institutionen".[19]

Wichtige Forschungsfelder, die im Rahmen der Neuen Institutionellen Ökonomik den institutionellen Rahmen und das Koordinationsverhalten erklären sollen, sind die Property Rights- und die Prinzipal-Agent-Theorie sowie der Transaktionskostenansatz, die im Folgenden kurz skizziert werden. Allen Ansätzen ist der Umstand gemein, dass sie wesentlich von der zunehmenden organisatorischen Vernetzung beeinflusst werden und für deren Entwicklung und Ausprägung Erklärungsansätze liefern.

3.1 Property Right-Theorie

Mit der Einführung der Property Rights[20] in die wirtschaftswissenschaftliche Forschung wurde dem Umstand Rechnung getragen, dass in der realen Welt nicht nur die physischen Eigenschaften und der tatsächliche Besitz eines Gutes maßgeblich für dessen Allokation und Nutzung sind, sondern diese wesentlich von Verfügungsrechten[21] an dem Gut beeinflusst werden. Verfügungsrechte definieren individuelle Verwendungsalternativen eines Gutes aufgrund von externen Vorgaben (Rechtsvorschriften, Verträgen, Normen und Gewohnheiten) und gehen

---

[18] Vgl. Picot (1991), S.143f.
[19] Vgl. Döring (1998), S. 8.
[20] Die Forschungsarbeiten zu den Property Rights basieren im Wesentlichen auf den Arbeiten von Ronald H. Coase, insbesondere auf dem 1960 veröffentlichten Aufsatz „The Problem of Social Cost" - vgl. Coase (1960). Weitere Untersuchungen stammen von Alchian/Demsetz und Furubotn/Pejovich. - vgl. Döring (1998), S. 8.
[21] Der Begriff „Verfügungsrechte" wird im Allgemeinen als Übersetzung der „Property Rights" angesehen und im weiteren Verlauf dieses Artikels synonym verwendet.

somit über die juristische Begrifflichkeit des Eigentumsrechts hinaus. Man unterscheidet vier Arten von Verfügungsrechten, die in Tabelle 1 dargestellt sind.

DAS RECHT, EIN GUT ZU NUTZEN.	USUS	USE RIGHTS BZW. KOORDINATIONS-RECHTE
Das Recht, die Form und Substanz eines Gutes zu verändern.	Abusus	
Das Recht/die Pflicht, sich entstandene Gewinne anzueignen/Verluste zu tragen.	Usus fructus	alienability rights bzw. Residualrechte
Das Recht, ein Gut zu veräußern und den Liquidationserlös einzunehmen.	Ius abutendi	

Tabelle 1: Die Verfügungsrechte[22]

Dabei kommt es - abhängig von der Verteilung der einzelnen Rechte an einem Gut - zu unterschiedlichen Verfügungsrechtsstrukturen. Dimensionen der Rechtsstruktur können z.b. sein:

- Die Anzahl der Property Rights-Träger - ist ein Verfügungsrecht einem oder mehreren Akteuren zugeordnet?
- Der Grad der Vollständigkeit der Rechtszuordnung - besitzt ein Akteur alle Rechte an einem Gut oder nur ausgewählte?

Unter Kenntnis der Verfügungsrechtsstrukturen kann das Verhalten von Individuen unter bestimmten institutionellen Rahmenbedingungen vorhergesagt werden.[23] Somit können Empfehlungen für deren Ausgestaltung gegeben werden, um ein erwünschtes Verhalten zu motivieren.[24] Auf dem Markt erfolgt der Übergang von Verfügungsrechten in der Regel durch Verträge, innerhalb einer Unternehmung durch organisatorische Regelungen. Entgegen den neoklassischen Ansätzen sind die Zuordnung, der Übergang, der Austausch, die Überwachung und die Durchsetzung von Verfügungsrechten nicht kostenneutral. Es existieren Transaktionskosten, die in Abschnitt 3.3 näher erläutert werden. Ohne diese Transaktionskosten sind Verfügungsrechte im Hinblick auf ihre Allokationswirkung neutral.[25]

---

[22] Vgl. in Teilen z.B. Feldmann (1995), S. 46f.
[23] Vgl. Döring (1998), S. 13f.
[24] Vgl. Richter (1994), S. 12.
[25] Vgl. Döring (1998), S. 12.

Veränderungen von Umweltbedingungen (z.B. Märkte, Technologien) können dazu führen, dass sich Verfügungsrechtsstrukturen an die neuen Bedingungen anpassen, weil dadurch ein zusätzlicher Nutzen generiert werden kann.[26] Durch die Entwicklung des Internets und die zunehmende organisatorische Vernetzung von Wirtschaftsakteuren werden die Rahmenbedingungen für viele klassische Verfügungsrechtsstrukturen maßgeblich verändert. In Folge dessen kann eine Reihe von institutionellen Anpassungen motiviert werden.

3.2 Prinzipal-Agent-Theorie

Das Untersuchungsobjekt der Prinzipal-Agent-Theorie sind Auftraggeber-Auftragnehmer-Beziehungen aller Art.[27] Dabei sind die Verfügungsrechte an einem Gut nicht einer Person zugeordnet, sondern wie typischerweise in einem arbeitsteiligen Wirtschaftssystem auf einen Auftraggeber (Prinzipal) und einen Auftragnehmer (Agent), der mit der Wahrnehmung bestimmter Interessen beauftragt ist, aufgeteilt. Während der Prinzipal die Residualrechte (also Usus fructus und Ius abutendi) an einem Gut behält, überträgt er in der Regel einen Teil der Nutzungs- und Veränderungsrechte an den Agenten, der dadurch den Nutzen des Prinzipals beeinflussen kann.

In der Praxis existieren vielfältige Beispiele für Prinzipal-Agent-Beziehungen, z.B. zwischen Eigentümern und Management einer Unternehmung, Nachfragern und Anbietern, Arbeitgebern und Arbeitnehmern, Wählern und Politikern, Kreditgebern und -nehmern, Patienten und Ärzten oder Beratern und Mandanten.[28] Dabei besteht prinzipiell die Gefahr, dass der Agent neben den Interessen seines Auftraggebers auch eigene abweichende Ziele verfolgen kann (Interessendivergenz), die aufgrund einer gegebenen Informationsasymmetrie, also dem unterschiedlichen Kenntnis- bzw. Informationsstand des Prinzipals und des Agenten, nur schwer für den Prinzipal zu überwachen sind.

Die Prinzipal-Agent-Theorie setzt sich mit Fragestellungen auseinander, die sich aus der Unsicherheit des Auftraggebers über die Handlungen des Auftragnehmers ergeben, und versucht Handlungsempfehlungen abzuleiten, die den Prinzipal trotz der Interessendivergenz und Informationsasymmetrie in die Lage versetzen, seine

---

[26] Ein Beispiel dafür ist die Erfindung der Eisenbahn, durch die sich in vielen Branchen ein überregionaler Wettbewerb entwickelte.
[27] Vgl. z.B. Picot/Reichwald/Wiegand (1996), S. 47ff.
[28] Vgl. z.B. Döring (1998), S. 18.

Ziele durchzusetzen.[29] Dabei gelten für die Aktionen der Akteure u.a. folgenden Annahmen:

- *Begrenzte Rationalität:* Informationen sind nur unvollständig verfügbar und können nur eingeschränkt verarbeitet und benutzt werden.
- *Opportunismus:* Sowohl Prinzipal als auch Agent versuchen, ihren eigenen Nutzen zu maximieren.
- *Unterschiedliche Risikoneigung:* Abhängig von der Bereitschaft der Akteure, Risiken einzugehen, kann die Höhe des aus ihren Handlungen erzielten Einkommens variieren.

Um trotz der Informationsasymmetrie zwischen den Akteuren eine optimale Lösung zu erzielen, müssen beide Parteien Kosten in Kauf nehmen. Der Prinzipal, um sich gegen das opportunistische Verhalten des Agenten abzusichern, und der Agent, um dem Prinzipal seine Kooperationsfähigkeit zu kommunizieren. Neben den Such- und Kontrollkosten des Prinzipals (Agentenauswahl, -überwachung, Anreizsystem etc.) und den Signalisierungskosten des Agenten (Qualifikation, Kommunikation, Gewährleistung etc.) können zusätzlich noch Wohlfahrtsverluste entstehen, die durch die Verhaltensunsicherheit begründet sind - z.B., wenn eine Vereinbarung, die für beide Parteien nutzensteigernd wäre, aufgrund fehlender Informationstransparenz nicht realisiert wird.

3.3 Transaktionskostenansatz

Ungeachtet erster wissenschaftlicher Ansätze von Mangoldt (1859) und weiterführenden Untersuchungen von Commons (1934), Coase (1937) und Barnard (1938) dominierte bis in die späten 70'er Jahre des 20. Jahrhunderts die angewandte Preistheorie die allgemeine wissenschaftliche Wahrnehmung der Industrieökonomie. Fragen, welche Kosten Transaktionen verursachen oder von welchen Faktoren diese abhängen, konnten mit diesem wissenschaftlichen Rüstzeug nicht zufriedenstellend beantwortet werden.[30]

Unter einer Transaktion versteht die Transaktionskostentheorie in Anlehnung an John R. Commons die „ultimate unit of activity"[31], also die „elementare Untersuchungseinheit sozioökonomischer Aktivitäten"[32]. Inhaltlich beschreibt eine Trans-

---

[29] Im Vergleich zu der neoklassischen Annahme der vollkommenen Information und des Transaktionskosten freien Marktes kann immer nur die Second-Best-Lösung erreicht werden.
[30] Vgl. Williamson (1996), S. 11.
[31] Vgl. Commons (1990), S. 58.
[32] Vgl. Picot/Dietl (1990), S. 178.

aktion den Austausch bzw. die Übertragung von Property Rights und umfasst mehr als nur die physische Übertragung eines Gutes über eine technisch trennbare Schnittstelle hinweg.[33] Eine Transaktion, an deren Durchführung mindestens zwei Parteien beteiligt sind, kann sowohl materielle als auch immaterielle Güter umfassen. Dabei müssen die Transaktionsmodalitäten zwischen den beteiligten Akteuren transaktionsspezifisch, in der Regel in Form von Verträgen, festgelegt werden.

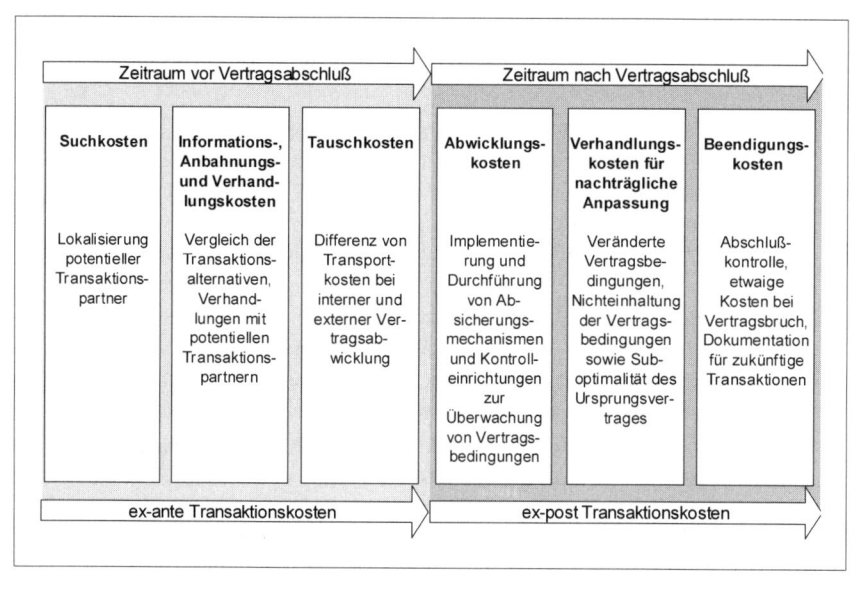

Zeitraum vor Vertragsabschluß			Zeitraum nach Vertragsabschluß		
Suchkosten	Informations-, Anbahnungs- und Verhandlungskosten	Tauschkosten	Abwicklungskosten	Verhandlungskosten für nachträgliche Anpassung	Beendigungskosten
Lokalisierung potentieller Transaktionspartner	Vergleich der Transaktionsalternativen, Verhandlungen mit potentiellen Transaktionspartnern	Differenz von Transportkosten bei interner und externer Vertragsabwicklung	Implementierung und Durchführung von Absicherungsmechanismen und Kontrolleinrichtungen zur Überwachung von Vertragsbedingungen	Veränderte Vertragsbedingungen, Nichteinhaltung der Vertragsbedingungen sowie Suboptimalität des Ursprungsvertrages	Abschlußkontrolle, etwaige Kosten bei Vertragsbruch, Dokumentation für zukünftige Transaktionen
ex-ante Transaktionskosten			ex-post Transaktionskosten		

Abbildung 2: Formen von Transaktionskosten[34]

Alle bei der Veränderung von Verfügungsrechten an einem Gut entstehenden Kosten werden als Transaktionskosten bezeichnet.[35] Transaktionskosten schließen die nicht pagatorischen Kosten einer Transaktion (Zeit, Mühe etc.) genauso mit ein wie die der Opportunitäten („verpasste Gelegenheiten") und können aus einer Reihe verschiedener Kostenarten, wie z.B. Such-, Anbahnungs- und Kontrollkosten bestehen. Zusammenfassend werden sie auch als „cost of running the

---

[33] Vgl. Williamson (1996), S. 12.
[34] Vgl. Kreikebaum et al. (2002), S. 30.
[35] Vgl. Commons (1990), S. 58.

economic system"[36] bezeichnet. Dabei kann zwischen ex-ante und ex-post Transaktionskosten unterschieden werden.

Abbildung 2 visualisiert diese Aufteilung und ordnet ihr eine Auswahl verschiedener Kostenarten zu.

Um qualifizierte Aussagen über die Höhe von Transaktionskosten machen und Empfehlungen darüber abgeben zu können, wie verschiedene Transaktionen in der Realität sinnvoll organisiert werden könnten, ordnen Transaktionskostentheoretiker den Transaktionen Merkmale zu, die diese genauer spezifizieren. Als gängige Unterscheidungsmerkmale haben sich dabei die Folgenden herauskristallisiert:[37]

- *Faktorspezifität:* Die Faktorspezifität wird in der Forschung als wichtigstes Unterscheidungskriterium aufgeführt. Sie besagt, dass die Parteien vor dem Zustandekommen einer Transaktion in Bezug auf verschiedene Faktoren spezifische Investitionen tätigen müssen. Deren alternative Verwendung ist im Falle des Nichtzustandekommens der Transaktion häufig mit versunkenen Kosten verbunden.[38]
- *Unsicherheit:* Unter Unsicherheit wird in diesem Zusammenhang verstanden, dass bei Einigungen zwischen ökonomischen Organisationen i.d.R. nicht alle zukünftigen Situationen berücksichtigt werden können und dadurch im nachhinein Anpassungskosten bzw. suboptimale Ergebnisse begründet liegen.
- *Häufigkeit:* Die Kosten pro Transaktion können durch Skalenerträge mit höherer Transaktionshäufigkeit sinken.

Die Eigenschaften von Transaktionen und die damit verbundenen Kosten können maßgeblich Einfluss auf die institutionelle Ausgestaltung einer Transaktion nehmen. Ein wichtiger praktischer Aspekt des Transaktionskosten-Ansatzes liegt in der Bestimmung der Unternehmensgrenzen, also in der Frage, ob eine Transaktion innerhalb des institutionellen Arrangements Unternehmen oder auf dem eines Marktes vollzogen wird. Beispielsweise kann der Bereich „Einkauf von Beratungsleistung auf dem Markt" (kurzfristige Arrangements) durch „Festanstellung eines geeigneten Fachmanns" (langfristiger Arbeitsvertrag) substituiert werden.[39]

---

[36] Vgl. Döring (1998), S. 31.
[37] Vgl. Williamson (1996), S. 13ff.
[38] Oliver E. Williamson unterscheidet im Wesentlichen fünf Arten von Faktorspezifität: Standortspezifität (z.B. aufeinander folgende Produktionsstufen in enger räumlicher Verbindung), Sachkapitalspezifität (z.B. für ein bestimmtes Einzelteil speziell angefertigtes Werkzeug), Humankapitalspezifität (z.B. durch „Learning-by-Doing"), kundenspezifische Vermögensgegenstände (z.B. auf Anforderung eines Kunden getätigte diskrete Investitionen) und Markennamenpotential (z.B. Aufbaukosten einer Marke für ein bestimmtes Produkt).
[39] Unter diesem Aspekt sind z.B. auch klassische „Make-or-Buy"-Entscheidungen zu sehen.

In Anlehnung an Ronald H. Coase[40] wird eine Unternehmung so lange marktspezifische Transaktionen in seine Hierarchie integrieren, bis die Kosten für die Einbeziehung einer zusätzlichen Transaktion höher sind als die Kosten bei einer Koordination durch den Preismechanismus des Marktes.[41]

Durch die zunehmende Vernetzung von ökonomischen Organisationen werden die klassischen Grenzen zwischen Markt und Hierarchie[42] verschoben bzw. aufgeweicht. Die Virtualität in der Wertschöpfung ermöglicht es, hierarchische Strukturen auch außerhalb der Unternehmensgrenzen zu implementieren, es entstehen hybride Organisationsformen, die aus institutionellen Gesichtspunkten zwischen Markt und Hierarchie einzuordnen sind.

4 Netzwerkökonomie

Basierend auf den obigen Ausführungen werden im Folgenden zuerst Ansätze aufgegriffen, vernetzte Unternehmen als Koordinationsform zwischen Markt und Hierarchie einzuordnen. Anschließend werden digitale Güter und deren Marktakteuren untersucht, um wichtige Aspekte der Netzwerkökonomie wie z.b. Lock-In-Effekte oder positive Rückkopplung zu beschreiben.

4.1 Netzwerktheorie – Definitionsraum für vernetzte Organisationen

Klassischerweise werden Unternehmen als Hierarchien organisiert. Um den rasanten Änderungen der Anforderungen an Unternehmen und Wirtschaft gerecht werden zu können, setzen sich vor allem in dynamischen Branchen andere Organisationsformen durch.[43] Kriterien für die Zuordnung von vernetzten Unternehmen zwischen Markt und Hierarchie werden im Folgenden skizziert und anhand einiger Beispiele näher erläutert.

---

[40] Vgl. Coase (1937), S. 386ff.
[41] Die Integration von Transaktionen des Marktes in eine Unternehmung wird häufig auch als Internalisierung bezeichnet.
[42] Als „Hierarchie" werden die wirtschaftlichen Aktivitäten innerhalb eines Unternehmens bezeichnet während die Aktivitäten auch durch mehrere Unternehmen auf dem „Markt" abgewickelt werden können. Eine detailliertere Betrachtung erfolgt in Abschnitt 4.1.1. Vgl. dazu auch Pass et al. (2000).
[43] Vgl. Meffert (1999), S. 396f.

4.1.1 Einordnung zwischen Markt und Hierarchie

In Tabelle 2 wird eine Übersicht über Kosten und Nutzen von Markt und Hierarchie dargestellt: Der Markt generiert einen hohen Anreiz, weist flexible, unabhängige Adaptionsmöglichkeiten auf und erfordert zahlreiche Vertragsbindungen. Die Hierarchie zeichnet sich durch administrative Kontrolle und kooperative Anpassung aus.[44]

	Markt	**Hierarchie**
Nutzen	Effizienter Informationsfluss Hoher Anreiz	Autorität Kooperation
Kosten	Transaktionskosten	Administration/Bürokratie Agentenkosten

Tabelle 2: Kosten und Nutzen von Markt und Hierarchie[45]

Markt und Hierarchie können demnach als gegensätzliche wirtschaftliche Koordinationsformen angesehen werden, zwischen denen das Netzwerk steht. Mittlerweile bestehen zahlreiche Kooperationsformen und Vernetzungen, bei denen es nicht mehr möglich ist, einzelne Firmen hierarchisch klar zu trennen. Man spricht nun auch von einer Heterarchie.[46]

Ob von einem „Netzwerk" gesprochen wird, hängt von der individuellen Definition dieses Begriffs ab. Eine vernetzte Organisationsform beschreibt allgemein einen Zusammenschluss von Firmen, die in ihren wirtschaftlichen Aktivitäten verbunden sind, deren Management aber unabhängig und nicht zusammen hierarchisch gegliedert ist.[47]

In der Literatur sind verschiedene Ansätze für eine Netzwerk-Definition zu finden:[48] Im Wesentlichen beziehen sich diese auf Unternehmenskooperationen, die durch Eigentumsanteile miteinander verbunden sind, oder auf eine Vernetzung von Unternehmen, die sich jeweils auf ihre Kernkompetenzen stützen und andere Aktivitäten auslagern bzw. einkaufen (Vernetzung von Wertschöpfungsketten u.ä.). In jedem Fall handelt es sich um Unternehmensnetzwerke, deren primärer

---

[44] Vgl. Fleisch (2001), S. 70ff.
[45] Vgl. Fleisch (2001), S. 70ff. und Barney (2001).
[46] Vgl. Daniels/Radebaugh (1998), S. 623.
[47] Vgl. Daniels/Radebaugh (1998), S. G-10.
[48] Eine Auflistung verschiedener Ansätze findet man z.B. bei Fleisch (2001), S. 70ff.

Sinn der Austausch von Wirtschaftsbeziehungen zwischen selbständigen, aber interdependenten ökonomischen Organisationen ist.[49]

4.1.2 Eigenschaften von vernetzten Unternehmen

Für ökonomische Organisationen, die in einem hohen Maße in einer vernetzten Wirtschaft agieren, lassen sich - unabhängig von der genauen Definition der Begriffe „Netzwerk" und „Virtuelles Unternehmen" - einigen Grundanforderungen formulieren.[50]

- *Modularität:* Hybride Organisationsformen agieren häufig als Zusammenschluss kleiner modularer Systeme mit dezentraler Entscheidungskompetenz und Ergebnisverantwortung, um zeitnah auf dynamische Änderungsprozesse reagieren zu können.

- *Heterogenität und Komplementaritätsprinzip:* Die Beschränkung auf komplementäre Kernkompetenzen und damit eine weit fortgeschrittene Implementierung der Arbeitsteilung ist Grundvoraussetzung vernetzt agierender Unternehmen. Die einzelnen heterogenen Bausteine ergänzen sich zielführend.

- *Räumliche und zeitlich Verteiltheit:* Die Zugehörigkeit zu einer virtuellen Unternehmung orientiert sich an dem aktuell vorhandenem Bedarf an den Kernkompetenzen des einzelnen Akteurs. Somit ergeben sich potentiell - sowohl in der räumlichen Betrachtung als auch im Zeitverlauf - neue Zusammensetzungen virtueller Unternehmen.

- *Offen-Geschlossen-Prinzip:* Eine vernetzte Organisation tritt der anderen Vertragspartei gegenüber als Einheit auf. Die interne Struktur bildet aber häufig ein offenes System.

- *Transparenzprinzip:* Der Grad der Vernetzung kann für andere Marktteilnehmer nicht wahrgenommen werden. Die vernetzte Organisation erscheint als "black box".

---

[49] Vgl. Fleisch (2001), S. 71ff.
[50] Vgl. Picot/Reichwald/Wiegand (1996), S. 397f.

4.1.3 Beispiele für vernetzte Organisationsformen

Vernetzte Organisationen können in dynamische, stabile und interne Netzwerke unterteilt werden.[51] Die wichtigsten Differenzierungsmerkmale werden in Tabelle 3 dargestellt.

	Internes Netzwerk	Stabiles Netzwerk	Dynamisches Netzwerk
Zweck	Einführung marktnaher Mechanismen im Unternehmen	Flexibilität durch Auslagern von Prozessen	Agilität durch massives Auslagern von Prozessen
Transaktionen	Großer Zeitrahmen mit hoher Wiederholungsrate	Großer Zeitrahmen mit hoher Wiederholungsrate	Mittlerer Zeitrahmen mit mittlerer Wiederholungsrate
Organisationsprinzipien	Shared Service, Profit Center	Outsourcing, Supply Chain Management, Strategische Allianzen, Keiretsu	Virtuelle Unternehmen

Tabelle 3: Differenzierungsmerkmale von Netzwerktypen[52]

Interne Netzwerke beschreiben die Situation, in der das Unternehmen selbst der Eigentümer der zur Leistungsherstellung erforderlichen Materialien und Fähigkeiten ist. Entweder wurde dieser Netzwerktyp durch Unternehmenszusammenschlüsse oder durch Modularisierung vorhandener Unternehmenseinheiten geschaffen. Der Austausch von Produkten und Dienstleistungen erfolgt häufig zu Verrechnungspreisen, die sich am aktuellen Marktpreis orientieren. So können sie Innovation und Leistungsfähigkeit des Unternehmens fördern.[53]

Das stabile Netzwerk unterscheidet sich vom internen Netzwerk hauptsächlich dadurch, dass die Ressourcen verschiedener Unternehmen für das Produkt oder die Dienstleistung benötigt werden.[54]

Stabile Netzwerke gibt es beispielsweise auf nationaler Ebene, um die Wettbewerbs- und Leistungsfähigkeit eines Landes zu stärken, Betriebsrisiken zu minimieren und eine engere Zusammenarbeit mit der Regierung zu erreichen. Letzteres kann sich positiv auf die Bezuschussung mit Fördergeldern oder die Aner-

---

[51] Vgl. Fleisch (2001), S. 75.
[52] In Anlehnung an Fleisch (2001), S. 75.
[53] Vgl. Fleisch (2001), S. 75.
[54] Vgl. Fleisch (2001), S. 77.

kennung von Patenten auswirken. Ein Beispiel wäre hier die Förderung des Airbus als Gegenstück zu Boeing.[55] Gleiche Kooperationen sind z.b. auch in Wirtschaftsräumen wie der EU oder der NAFTA denkbar.

Die Mitsubishi Gruppe, zu der neben Bergbau- und Immobilienunternehmen auch eine Kreditkartenfirma gehört, wird ebenfalls zu den stabilen Netzwerken gezählt und zwar zu der Unterform Keiretsu. Das sind strategische Netzwerke in Japan auf der Basis von Minderheitsbeteiligungen.[56] Der Zweck von Keiretsus liegt primär im Technologie- oder Know-how-Transfer der einzelnen Unternehmen oder in gemeinsamen Investitionen.[57]

Dynamische Netzwerke unterscheiden sich gegenüber den anderen beiden Netzwerktypen vorwiegend durch eine geringe Institutionalisierung, ihre zeitliche Begrenzung sowie die besondere Betonung der Kernkompetenzen der Netzwerkpartner.[58] Die bekannteste Form eines dynamischen Netzwerkes ist das virtuelle Unternehmen. Bei diesem werden in der Regel zwei Varianten unterschieden: Die Verlagerung von Unternehmensfunktionen in einen virtuellen Raum (z.B. Online-Banking) oder eine tatsächliche virtuelle Organisation des Unternehmens (temporäres Unternehmensnetzwerk).

Ein Beispiel für eine virtuelle Organisation stellt die Firma Puma dar, deren Mitarbeiter sich um Marketing und Produktentwicklung kümmern, und nach der Entwicklung eines Prototyps die Produktion und Logistik mit ihren Partnern organisieren. Dieses Beispiel verdeutlicht die Arbeitsweise dynamischer Netzwerke, die ohne nennenswerte Ressourcen mithilfe der Koordination von Ressourcen und Kompetenzen der Netzwerkpartner eine Marktleistung kreieren.[59]

4.2 Netzwerkprodukte

Als Netzwerkprodukte bezeichnet man jene Güter, bei denen die Nutzung durch die Nachfrager nicht unabhängig vom Einsatz anderer Güter betrachtet werden kann. Der Nachfrager bezieht dabei nicht nur seine eigenen Anforderungen in die Produktauswahl mit ein, die auch Komplementärgüter beinhalten können, sondern auch, wie und von wie vielen anderen Nachfragern das Produkt genutzt wird. Beispiele für solche Netzwerkprodukte sind:

---

[55] Vgl. Daniels/Radebaugh (1998), S. 486.
[56] Vgl. Daniels/Radebaugh (1998), S. 624f.
[57] Vgl. Fleisch (2001), S. 78.
[58] Vgl. hier und im Folgenden Meffert (1999), S. 494ff.
[59] Vgl. Fleisch (2001), S. 79.

- *Fax, Telefon, E-Mail-Software*: Der Nutzen eines Kommunikationsmediums steigt mit der Anzahl seiner Nutzer.[60]
- *Geld*: Erst eine hohe Akzeptanz in der Zielgruppe führt dazu, dass ein Gut, das als Geld genutzt werden soll, tatsächlich Geld wird.
- *Wechselstrom (220V, 50Hz)*: Durch eine Normierung auf bestimmte technische Parameter wird bei den Nutzern und Anbietern von elektrischen Geräten das volle Markt- und Nutzungspotential erschlossen.
- *Videorekorder* in Verbindung mit Komplementärleistungen wie z.b. Videotheken.
- *Betriebssysteme für Computer* in Verbindung mit Komplementärleistungen wie z.b. Anwendungssoftware.

An den Beispielen wird deutlich, dass der Nutzen eines Netzwerkproduktes von der Anzahl der übrigen Nutzer abhängt. Diese so genannten Netzwerkeffekte werden nun beschrieben.

4.2.1 Netzwerkeffekte und Standardisierung

Netzwerkeffekte[61] können sowohl positive als auch negative Auswirkungen auf den Nutzen eines Netzwerkproduktes haben. Picot definiert sie auch als „Nebenwirkungen individueller Konsum- und Produktionsakte auf Dritte, die nicht über den Markt entgolten oder auf andere Weise als einzelwirtschaftliche Kosten angelastet werden"[62]. Umweltverschmutzung oder die Überlastung von technischen Netzwerken aufgrund einer zu hohen Belastung sind Beispiele für negative Externalitäten. Im Folgenden werden primär positive Effekte betrachtet.

Das Agieren eines zusätzlichen Netzwerkteilnehmers kann sowohl direkte als auch indirekte Auswirkungen auf die anderen Nutzer haben. Direkte Effekte bewirken eine Veränderung des Nutzens einer Netzleistung durch die Veränderung der Anzahl ihrer Nutzer. Häufig wird in diesem Zusammenhang auf Aussagen von Metcalfe verwiesen, der im so bezeichneten Metcalfe`s Law diese Auswirkung als exponentiell beschreibt.[63] Indirekte Netzeffekte entstehen vornehmlich durch die Existenz von Komplementärgütern, wie folgendes Beispiel verdeutlicht: Durch die Wahl eines PC-Betriebssystems ist die Auswahl auf dieje-

---

[60] Vgl. Zerdick et al. (1999), S. 156.
[61] Netzwerkeffekte werden auch häufig als Netzwerk-Externalitäten bezeichnet.
[62] Zerdick et al. (1999), S. 155.
[63] Diesen Zusammenhang kann man sich einleuchtend am Beispiel von Telekommunikationsnetzen verdeutlichen. Vgl. z.B. Zerdick et al. (1999), S. 156.

nige Anwendungs-Software beschränkt, die zu ihm kompatibel ist. Je größer die Anzahl der Nutzer eines Betriebssystems ist, desto höher ist die Motivation von Anbietern, systemspezifische Anwendungs-Software herzustellen. Also hat die Anzahl der Nutzer eines Netzwerks Einfluss auf die Verfügbarkeit von Komplementärleistungen und dadurch indirekt auf den Wert des Netzwerkes für seine Nutzer. Ein weiteres Beispiel für indirekte Externalitäten ist der Lerneffekt.[64] Für den Nachfrager spielen bei solchen Gütern folgerichtig nicht nur die orginären Produkteigenschaften eine Rolle für den Entscheidungsprozeß, sondern auch derivative, wie die Größe des Netzwerkes beziehungsweise die Anzahl seiner Teilnehmer.[65]

Damit stellen Netzwerkgüter einige der Erkenntnisse der Neoklassik auf den Kopf, die besagen, dass der Wert eines Gutes mit der Anzahl seiner Nutzer abnimmt, da der Marktpreis über das Verhältnis von Angebot und Nachfrage und somit über Knappheit gesteuert werden kann.[66] Der Wert eines einzelnen Netzwerkgutes nimmt also durch die zunehmende Verbreitung nicht ab, sondern zu. Dieser Effekt wird als positives Feedback oder positive Rückkopplung[67] bezeichnet und im anschließenden Abschnitt untersucht.

4.2.2 Positive Rückkopplung

In diesem Zusammenhang ist mit positiver Rückkopplung ein sich selbst verstärkender dynamischer Prozess[68] gemeint (Abbildung 3).

Ein wesentlicher Faktor für die Intensität der Rückkopplung ist die Entwicklungsdynamik der Anwender- bzw. Nutzerzahlen im Zeitablauf. Bei der Adoptionswahrscheinlichkeit neuer Nutzer ist nicht so sehr der tatsächliche Nutzen der

---

[64] Erst im Zeitverlauf werden alle Einsatzmöglichkeiten von Produkten aufgedeckt. Nach einer Lernphase schöpft der Nutzer die Möglichkeiten seines Produktes aus.

[65] Im gleichen Zusammenhang steht die Bedeutung und Entwicklung von Standards und die Existenz der so genannten „kritischen Masse". Diese bezeichnet die Anzahl an Nutzern, ab der das Vertrauen in den Nutzen des Produktes auf Nachfrageseite so groß ist, dass seine langfristige Durchsetzbarkeit gewährleistet ist und die Attraktivität aus Nachfragersicht kontinuierlich zunimmt.

[66] Vgl. Zerdick et al. (1999), S. 156ff.

[67] Vgl. u.a. Shapiro/Varian (1999), S. 173ff.

[68] Dieser Prozess kann sowohl mit positiven als auch negativen Vorzeichen durchlaufen werden, im ersten Fall steigt die Zahl der Nutzer laufend an, sonst sinkt sie kontinuierlich. In beiden Fällen existiert kein interner Korrekturmechanismus, der die Richtung des Prozesses verändern kann.

bisherigen Anwender als vielmehr die Erwartung bzgl. des Zukunftsnutzens relevant.

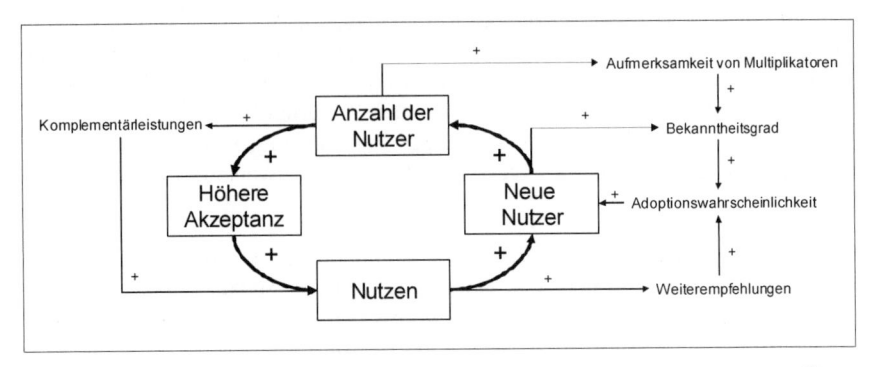

Abbildung 3: Positive Rückkopplung zwischen Akzeptanz und Nutzen[69]

Nicht eindeutig geklärt ist bisher, ob die These „the winner takes it all" immer Gültigkeit besitzt. Es ist zu erwarten, dass dies von der Wahl der betrachteten Zielgruppe abhängig ist. So muss die Existenz eines Netzwerkproduktes nicht zwingend durch das Erreichen des Maximums an Akzeptanz in der Zielgruppe gesichert werden. Es reicht vielmehr aus, eine hinreichend hohe Anzahl an Anwendern zu integrieren. Diese ist dann erreicht, wenn die Anwender erstmals einen positiven Nutzen aus dem Netzwerkprodukt des Anbieters erzielen und dieser sich in der Gewinnzone befindet.

Der Prozess der positiven Rückkopplung beinhaltet ein natürliches Risiko: Aufgrund von frühzeitigen Entwicklungsvorsprüngen bei der Nutzeranzahl oder bei Komplementärleistungen eines im Vergleich zu Konkurrenzprodukten weniger leistungsfähigen Netzwerkproduktes kann es passieren, dass sich dieses im dynamischen Wettbewerb wegen seiner größeren Akzeptanz durchsetzt. Für alle Anwender ist dann eine Situation entstanden, die bei voller Kenntnis aller Informationen und Entwicklungsvarianten nicht gewählt worden wäre.[70]

---

[69] Vgl. Abel (2003), S. 217.

[70] Ein viel zitiertes Beispiel ist die Dominanz von VHS-Videosystemen obwohl ehemalige Konkurrenzprodukte eine physisch höhere Produktqualität besaßen.

4.3 Akteure auf Märkten digitaler Güter

In den vorhergehenden Abschnitten wurde anhand unterschiedlicher theoretischer Ansätze ein Bogen aufgespannt, der unterschiedliche Aspekte einer zunehmenden Vernetzung ökonomischer Organisationen beschreibt. In diesem Abschnitt rücken Märkte in den Mittelpunkt der Betrachtung, die wesentlich durch Informations- und Telekommunikationstechnologie geprägt oder erst durch sie ermöglicht wurden, wie z.B. die Märkte für digitale Güter.[71] Deren Teilnehmer sind Akteure einer vernetzten Ökonomie und werden im Folgenden anhand der Mechanismen im E-Business untersucht.

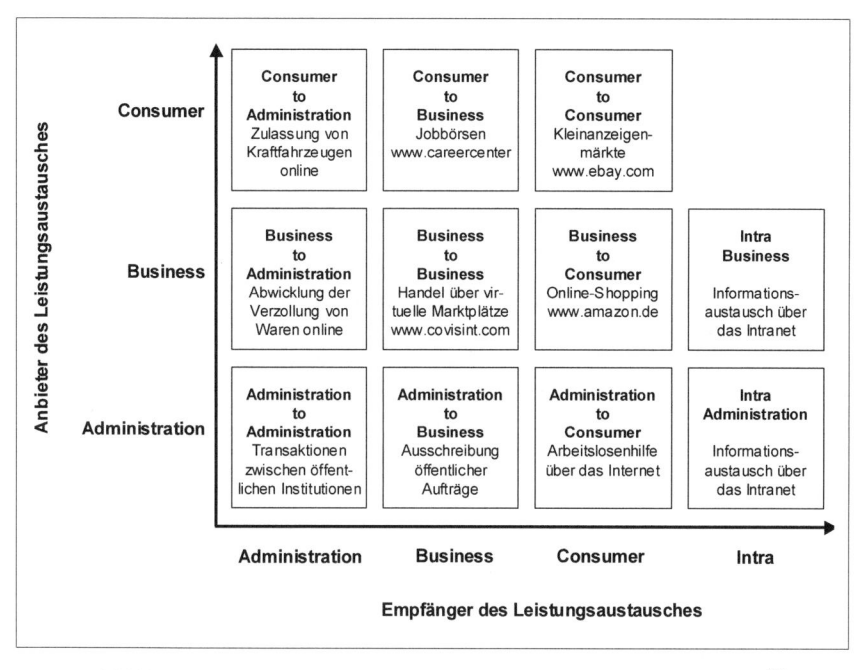

Anbieter des Leistungsaustausches		Consumer	Business	Administration
	Consumer	Consumer to Administration Zulassung von Kraftfahrzeugen online	Consumer to Business Jobbörsen www.careercenter	Consumer to Consumer Kleinanzeigenmärkte www.ebay.com
	Business	Business to Administration Abwicklung der Verzollung von Waren online	Business to Business Handel über virtuelle Marktplätze www.covisint.com	Business to Consumer Online-Shopping www.amazon.de	Intra Business Informationsaustausch über das Intranet
	Administration	Administration to Administration Transaktionen zwischen öffentlichen Institutionen	Administration to Business Ausschreibung öffentlicher Aufträge	Administration to Consumer Arbeitslosenhilfe über das Internet	Intra Administration Informationsaustausch über das Intranet
		Administration	Business	Consumer	Intra

Empfänger des Leistungsaustausches

Abbildung 4: Akteure und ihre Interaktionsmuster im E-Business[72]

---

[71] Digitale Güter bezeichnen digitalisierbare Informationsgüter.
[72] Vgl. Wirtz (2000), S. 30.

4.3.1 Akteure und ihre Interaktionsmuster

Die Lieferung von Waren und Dienstleistungen innerhalb des Unternehmenssektors (B-2-B) sowie von Unternehmen zu Privatkunden (B-2-C) stellen die klassischen Felder des E-Business dar. Darüber hinaus erlauben die neuen Technologien auch neuere Formen des Handels mit Waren und Dienstleistungen zwischen den Konsumenten (C-2-C).[73] Auch der Staat nutzt diese Medien, um in Geschäftsbeziehungen zu Unternehmen zu treten (A-2-B) und um Privatpersonen mit Informationen zu versorgen (A-2-C) oder er erlaubt es, administrative Vorgänge (Steuererklärungen, An- und Ummeldungen etc.) über das Internet abzuwickeln (C-2-A, B-2-A). Die Formen und Anwendungsbereiche des E-Business verdeutlicht die Abbildung 4.

4.3.2 Anbieter- vs. Nachfragersicht

Aus Anbietersicht ergeben sich aus den aufgezählten Charakteristika von Netzwerkprodukten und vernetzten Organisationen einige neue Gesichtspunkte.

Insbesondere bei digitalen Gütern spielt die Berücksichtigung von Komplementärleistungen eine Rolle. Überlegungen dazu sollten in den verschiedenen Phasen des Produktlebenszyklusses einbezogen werden: In der Entwicklungsphase sollten die wichtigsten Komplementäre erreicht werden, um das wesentliche Nutzenpotential für die Anwender zu erzeugen. Während der Wachstumsphase sollten laufend weitere Komplementäre in das Angebot eingebunden werden, um einen Wettbewerbsvorsprung gegenüber Konkurrenten aus- bzw. bei Rückständen abzubauen.

Bei Netzwerkprodukten, die ihr volles Nutzenpotential nur mit Komplementärleistungen erreichen, sind Netzwerkprodukte, die diese Abhängigkeit nicht beachten, im Wettbewerb per se benachteiligt. Es kristallisiert sich also die strategische Herausforderung für den Anbieter heraus, die Identifikation und die Integration der wesentlichen Komplementärleistungen für die gewählten Zielgruppen in das eigene Netzwerkprodukt zu gewährleisten.

Durch den stetigen Fortschritt der Informationstechnologie entstehen Mechanismen, bei denen der Nachfrager eines Produktes für dessen Anbieter eindeutig identifizierbar ist. Der Anbieter kann die individuellen Konsumentenpräferenzen abschätzen, und dem Nachfrager somit individualisierte Angebote unterbreiten. Dadurch ist der Verkäufer in der Lage, sich größere Teile der Konsumentenrente

---

[73] Ebay.com sei hier stellvertretend für eine Plattform genannt, die es Privatpersonen erlaubt, untereinander den Austausch von Waren und Dienstleistungen zu organisieren.

anzueignen. Gleichzeitig führt diese Art der kundenindividuellen Preisfindung zu weniger Markttransparenz, da der „Marktpreis" an Relevanz verliert. Von wesentlicher Bedeutung dafür, ob ein Anbieter eine zunehmende Preisdiskriminierung durchsetzen kann, ist die Marktstruktur.

Eine weitere erfolgskritische Herausforderung für den Anbieter ist die Etablierung eines positiven Rückkopplungsprozesses bei der Positionierung von Netzwerkprodukten.[74] Sobald eine negative Entwicklungsrichtung eingeschlagen wird, ist das Risiko eines Misserfolges des Geschäftsmodells hoch, da der Rückkopplungsprozess mit negativen Vorzeichen durchlaufen wird.

Bei der Produktion digitaler Güter fallen zumeist hohe Fixkosten für die konzeptionelle und technische (Weiter-)entwicklung des Netzwerkproduktes an und nur sehr geringe variable Kosten bei der Nutzung des Produktes durch die Nachfrager.[75] Sollte das Produkt keinen Markterfolg erzielen, können die entstandenen Entwicklungskosten als „sunk costs" angesehen werden, da eine alternative Verwendung der bisher erstellten Inhalte i.d.R. nicht oder nur begrenzt möglich ist.[76]

Für den Nachfrager besteht bei konkurrierenden Netzwerkprodukten immer das Risiko, das falsche - d. h. das Produkt mit der dauerhaft geringsten Akzeptanz in der Zielgruppe - gewählt zu haben. In diesem Fall entstehen für den Anwender Wechselkosten vom „falschen" zum „richtigen" Netzwerkprodukt. Welches das „richtige" Netzwerkprodukt ist, kann nur auf Basis des Anwendungskontexts, der möglichen Zukunftspfade und der aus Sicht des Nachfragers relevanten Anwendergruppen entschieden werden. Die Kosten für einen Wechsel können aufgrund der Existenz positiver Netzwerkexternalitäten unterschiedlich hoch sein. Sind die Wechselkosten sehr hoch, kann das zu einer Abhängigkeit des Anwenders von der bisherigen Konstellation führen, der den Wechsel zu einer eventuell effizienteren Lösung nachhaltig erschwert. Diese Wechselhemmnisse werden auch als Lock-In-Effekte bezeichnet. Lock-In-Effekte können zum einen historisch gewachsen sein, wie der Rechtsverkehr in den Britischen Ländern oder Maßeinheiten wie Yard oder Meilen in den USA an Stelle des Metrischen Systems. Zum anderen können sie bewusst durch die Anbieter entwickelt werden, um die Konsumentenrente vollständig abzuschöpfen und um eine Position zu erreichen, in der der Nachfrager einem Angebotsmonopol gegenübersteht.

---

[74] Wie schon in Abschnitt 4.2.2 wird hierbei die maximale Anwenderzahl in der Regel lediglich durch die Größe der Zielgruppe begrenzt.
[75] Diese überproportionalen Produktionskosten werden häufig als „First-Copy-Costs" bezeichnet.
[76] Vgl. Zerdick (1999), S. 163.

Das Agieren in einer vernetzten Ökonomie birgt somit für den Anbieter wie für den Nachfrager sowohl Chancen als auch Risiken. Diese müssen in der Gestaltung eines zielführenden Controllingsystems berücksichtigt werden.

5 Fazit

Vor allem die informationstechnologischen Entwicklungen, die Globalisierung von Märkten und der Übergang vom Verkäufer- zum Käufermarkt sind wesentliche Treiber einer zunehmenden technischen und organisatorischen Vernetzung von Unternehmen. Auch wenn die technischen Möglichkeiten in den letzten Jahrzehnten eine Reihe von Entwicklungssprüngen vollzogen und angestoßen haben, verändern sich die grundlegenden ökonomischen Gesetze nicht: „Technology changes. Economic laws do not!"[77]

Die Erkenntnisse der Neuen Institutionellen Ökonomik liefern eine gute Basis, um Modelle zum Verständnis der Netzwerkökonomik zu entwickeln. Im Mittelpunkt stehen dabei die Property Right- und die Prinzipal-Agent-Theorie sowie der Transaktionskostenansatz. Die wichtigsten Aussagen dieser Forschungsansätze lassen sich einleuchtend in folgender Erkenntnis zusammenfassen: Die Vernetzung von Unternehmen macht nur dann Sinn, wenn dadurch ein Nutzen generiert wird, der über die Vernetzungskosten hinausgeht.

Die veränderten Rahmenbedingungen im unternehmerischen Umfeld motivieren allerdings häufig den Auf- und Ausbau von Unternehmensnetzwerken. Als Netzwerkunternehmen agierende Anbieter können komplexe Netzwerkprodukte entwickeln und durch Externalitäten (z.B. positive Rückkopplung und Lock-In-Effekte) eine monopolartige Position erreichen, die das Abschöpfen von Teilen der Konsumentenrente ermöglichen. Auch wenn solche Entwicklungen aufgrund der Kompatibilität und der Qualität von Komplementärgütern häufig von den Nachfragern gewünscht werden, bedingen sie prinzipiell ein Marktversagen, das der gesamtwirtschaftlichen Wohlfahrt schadet. Hieraus und auf Basis von vielen weiteren Fragestellungen, wie z.B. nach gerechten Erlösverteilungen in komplexen Netzwerksystemen, lassen sich Anforderungen für die zukünftige wissenschaftliche Entwicklung der Netzwerkökonomie ableiten.

Ein wissenschaftlicher Rahmen, der einheitlich und umfassend die Besonderheiten der Netzwerkökonomik erklärt, existiert bisher noch nicht.

---

[77] Shapiro/Varian (1999), S. 2.

Literaturverzeichnis

Abel (2003):
Abel, A.: Fachkonzept für die Implementierung privater Währungen im Internet, zgl. Dissertation Otto-von-Guericke-Universität Magdeburg 2003, Magdeburg 2003.

Backhaus (1999):
Backhaus, K.: Industriegütermarketing, 6. Auflage, München 1999.

Barney (2001):
Barney, J.B.: Gaining and Sustaining Competitive Advantage, 2. Auflage, New Jersey 2001.

Belz et al. (1991):
Belz, Ch.; Bircher, B.: Erfolgreiche Leistungssysteme, Band 12 in der Reihe Absatzwirtschaft, Schriften zum Marketing. Stuttgart 1991.

Coase (1937):
Coase, R.H.: The nature of the firm, in: Economica, 4. Jg. (1937), S. 386-405.

Coase (1960):
Coase, R.H.: The Problem of Social Cost, in: Journal of Law and Economics, 3. Jg. (1960), Oktober, S. 1-44.

Commons (1990):
Commons, J.R.: Institutional Economics – Its Place in Political Economy, Band 1, London 1990.

Daniels/Radebaugh (1998):
Daniels, J.D.; Radebaugh, L.H.: International Business – Environments and Operations, 8. Auflage, Reading (Mass.) u.a. 1998.

Döring (1998):
Döring, H.: Kritische Analyse der Leistungsfähigkeit des Transaktionskostenansatzes, Celle 1998.

Feldmann (1995):
Feldmann, H.: Eine institutionalistische Revolution? Zur dogmenhistorischen Bedeutung der modernen Institutionenökonomik, Berlin 1995.

Fleisch (2001):
Fleisch, E.: Das Netzwerkunternehmen, Berlin 2001.

Gutenberg (1962):
Gutenberg, E.: Grundlagen der Betriebswirtschaftslehre - Zweiter Band: Der Absatz, 4. Auflage, Berlin 1962.

Klein (2000):
Klein, S.: Disintermediation als Folge des E-Commerce, in: Ahlert, D. et al. (Hrsg.): Tagungsunterlagen Handelsinformationssysteme 2000: E-Commerce. Eine neue Flanke im Wettbewerb?, Münster. 2000, S. 10.1-10.9.

Kreikebaum et al. (2002):
Kreikebaum, H.; Gilbert, D.U.; Reinhardt, G.O.: Organisationsmanagement internationaler Unternehmen - Grundlagen und moderne Netzwerkstrukturen, 2. Auflage, Wiesbaden 2002.

Meffert (1999):
Meffert, H.: Marktorientierte Unternehmensführung im Wandel, Wiesbaden 1999.

Pass et al. (2000):
Pass, Ch.; Lowes, B.; Davies, L.: Dictionary of Economics, 3. Auflage, Glasgow 2000.

Picot (1991):
Picot, A.: Ökonomische Theorie der Organisation, in: Ordelheide, D. et al. (Hrsg.): Betriebswirtschaftslehre und Ökonomische Theorie, Stuttgart 1991, S. 143-170.

Picot/Dietl (1990):
Picot, A.; Dietl, H.: Transaktionskostentheorie, in: Wirtschaftswissenschaftliches Studium, 19. Jg. (1990), Heft 4, S. 178-184.

Picot/Reichwald/Wiegand (1996):
Picot, A.; Reichwald, R.; Wiegand, R.: Die grenzenlose Unternehmung, 2. Auflage, Wiesbaden 1996.

Richter (1994):
Richter, R.: Institutionen ökonomisch analysiert – Zur jüngeren Entwicklung auf einem Gebiet der Wirtschaftstheorie, Tübingen 1994.

Shapiro/Varian (1999):
Shapiro, C.; Varian, H.R.: Information Rules: A strategic guide to the network economy, Boston 1999.

Tapscott (1996):
Tapscott, D.: Die digitale Revolution, Wiesbaden 1996.

Williamson (1996):
Williamson, O.E.: Transaktionskostenökonomik, 2. Auflage, Hamburg 1996.

Wirtz (2000):
Wirtz, B.W.: Electronic business, Wiesbaden 2000.

Zerdick et al. (1999):
Zerdick, A.; Picot, A.; Schrape, K.; Artopé, A.; Goldhammer, K.; Lange, U.; Vierkant, E.; López-Escobar, E.; Silverstone, R.: Die Internet-Ökonomie – Strategien für die digitale Wirtschaft, Berlin u.a. 1999.

Hans-H. Bleuel [*]

Investitionsplanung für neue Unternehmen und Geschäftszweige
– eine umsetzungsorientierte Übersicht

1 Einleitung	95
2 E-Business, Innovation und Investitionsplanung	95
2.1 Begrifflicher Zusammenhang	95
2.2 Ökonomische Effekte des E-Business	97
3 Investitionsplanung – Ausgangspunkt und Instrumente	100
3.1 Investitionsplanung als Teil des betrieblichen Planungsprozesses	100
3.2 Methodik der Investitionsbewertung	101
3.2.1 Grundlagen der Investitionsbewertung	101
3.2.2 Verfahren der Investitionsbewertung	103
4 Investitionsplanung eines E-Business Unternehmens	106
4.1 Unternehmensidee, Geschäftsmodell und Finanzplanung	106
4.2 Fallbeispiel – Mittelstandsportal „Portal-M"	109
4.2.1 Kurzbeschreibung Beispielunternehmen	109
4.2.2 Marktmodell und Umsatzplanung	110
4.2.3 Kostenplanung	111
4.2.4 Investitionen	113
4.2.5 Cash-Flow-Rechnung	114
4.2.6 Analyse des Finanzmodells	115
5 Fazit: Innovatives Geschäft erfordert flexible Planung	119
Literaturverzeichnis	120

---

[*] *Prof. Dr. Hans-H. Bleuel*, Bereich: Internationale Betriebswirtschaft einschl. Regional Studies, FH Düsseldorf.

Zwischenholding für neue Unternehmens- und Geschäftszweige
– eine interdisziplinäre Betrachtung –

1 Einleitung

Die Geschichte des E-Business ist ebenso kurz wie wechselhaft: dem „Hype" zum Ende der neunziger Jahre folgte eine oftmals harte Konfrontation mit der Realität. Trotz dieser Wende werden von den auf Internet-Technologien basierenden Diensten weiter langfristige einzel- und gesamtwirtschaftliche Wachstumsimpulse erwartet.[1] Doch wie kann bei den künftigen Innovationen erneuten Enttäuschungen vorgebeugt werden?

Zunächst ist dazu anzumerken, dass im Rahmen von Innovationsprozessen ein vollständiger Risikoausschluss weder machbar noch überhaupt wünschenswert ist. Hingegen kann ein situativ angepasstes Instrumentarium dazu beitragen, der unternehmerischen Entscheidungsfindung eine fundiertere Bewertungsgrundlage zu geben. Vor diesem Hintergrund soll im folgenden beispielhaft untersucht werden, wie das Instrument der Investitionsrechnung im Kontext des E-Business eingesetzt werden kann.

Fundierend sollen zunächst einige grundlegende Begrifflichkeiten geklärt und zueinander in Beziehung gesetzt werden. Im nachstehenden dritten Kapitel wird die Investitionsplanung kurz in den Zusammenhang des gesamten betrieblichen Planungsprozesses eingeordnet. Im weiteren erfolgt eine kurze Erläuterung der Instrumentarien zur Investitionsplanung, insbesondere bei unternehmerischen Innovationen. Im vierten Kapitel soll schließlich anhand eines Fallbeispieles exemplarisch gezeigt werden, welche Überlegungen zur Planung eines neuen Unternehmens im E-Business anzustellen sind und welche Planungshilfen dazu herangezogen werden können. Gleichzeitig erfolgt dabei die Umsetzung der Investitionsplanung mittels einer Standard-Tabellenkalkulation (MS-Excel®). Im letzten Kapitel folgen einige abschließende und zusammenfassende Bemerkungen.

2 E-Business, Innovation und Investitionsplanung

2.1 Begrifflicher Zusammenhang

E-Business-Aktivitäten verwenden im wesentlichen Basistechnologien des Internet zu kommerziellen Zwecken. E-Business bezieht sich dabei auf die fortwährende und überwiegende Abwicklung, Unterstützung und Kontrolle der Prozesse und Beziehungen zwischen Geschäftspartnern, mit Mitarbeitern und Kunden

---

[1] Vgl. DeLong/Summers (2001), S. 3ff.

durch entsprechende elektronische Medien.[2] Neben einer solchen inhaltlichen Abgrenzung des E-Business interessiert an dieser Stelle aber zunächst die Einordnung dieser Aktivitäten in den Produktlebenszyklus. Festzustellen ist in diesem Zusammenhang, dass das E-Business derzeit als innovatives Tätigkeitsfeld eines Unternehmens gekennzeichnet werden kann.

Innovationen bzw. der mit ihnen im ökonomischen Kontext einhergehende Prozess der „schöpferischen Zerstörung" sind der eigentliche Kern der Unternehmertätigkeit.[3] Deshalb liegt es nahe, zuerst über das Umfeld nachzudenken, in dem Innovationen entstehen. Innovationen können zunächst verstanden werden als (umfassende Neu-) Kombinationen von Produktionsmitteln. Als Resultat einer Innovationsumsetzung kommt es zur Herstellung eines neuen Gutes, der Einführung einer neuen Produktionsmethode, der Erschließung eines neuen Absatz- oder Beschaffungsmarktes oder einer Neuorganisation des relevanten Branchenmarktes. Begriffsbestimmend ist dabei auch, dass die innovative Veränderung diskontinuierlich, d.h. üblicherweise in Schüben oder Wellen sowie in größeren technologischen Sprüngen, auftritt.

Innovationen entstehen in einem kreativen Akt. Kreativität wird zumeist definiert als Auftreten ungewöhnlicher oder ungebräuchlicher, aber angemessener (Re-) Aktionen.[4] In diesem Zusammenhang ist zuvorderst auf den Begriff „angemessen" hinzuweisen. Die Entscheidung, ob eine Reaktion angemessen ist oder nicht, ist nur über eine (Be-) Wertung möglich. Im ökonomischen Sinne bedarf es dazu letztlich einer Effizienzaussage.

Die *Investitionsplanung* hat genau eine solche Effizienzaussage zum Ziel, und zwar in projektiver, zukunftsorientierter Weise. Mittels entsprechender Methoden wird dabei eine Entscheidung über die Verwendung finanzieller Mittel getroffen.[5] Die Investitionsplanung nimmt somit eine Selektionsfunktion wahr und entscheidet über die Erfolgsaussichten kreativer Ideen. Anders ausgedrückt: Inwiefern Neuentwicklungen nicht nur technische, sondern auch ökonomische Innovationen (bzw. Kreativität im oben definierten Sinne) sind, soll innerhalb der Investitionsplanung ermittelt werden. Innovatives E-Business und Investitionsplanung stehen damit in einer engen logischen Verbindung zueinander.

---

[2] Vgl. Schubert (2000), S. 3ff.
[3] Vgl. hierzu und im folgenden Schumpeter (1993), S. 99ff.
[4] Vgl. z.B. Zimbardo (1992), S. 449f.
[5] Vgl. z.B. Franke/Hax (1990), S. 15ff.

2.2 Ökonomische Effekte des E-Business

E-Business-Aktivitäten basieren darauf, dass die Informationsübermittlung zwischen Wirtschaftssubjekten erleichtert wird. Unter „Information" ist dabei zweckorientiertes Wissen zu verstehen, wobei der Zweck in der Vorbereitung eines wirtschaftlichen Handelns liegt.[6] Den Informationsfluss können die auf Internettechnologie basierenden Dienste, wie sie im E-Business genutzt werden, auf folgende Weise verbessern:[7]

- Detaillierte Inhalte können (multimedial) zu relativ geringen Kosten übermittelt werden, insbesondere, da Economies of Scale in umfassender Weise erschlossen werden können.

- Eine asynchrone Kommunikation (im Sinne einer zeitlich verschobenen Interaktion der Akteure), die trotzdem vergleichsweise aktuell sein kann, wird ermöglicht.

- Die Darbietung der Information ist besonders flexibel; ein bedürfnisspezifisches Customizing wird mithin leicht möglich.

Diese Effekte ermöglichen einen verbesserten Informationsaustausch zwischen Wirtschaftssubjekten. Damit sinken die Informationskosten, die als bedeutendes Element der allgemeinen Transaktionskosten den wirtschaftlichen Güteraustausch behindern.[8] Dies erklärt die positiven ökonomischen Effekte des E-Business, die letztlich auf verstärkte Austauschbeziehungen bzw. eine verstärkte (internationale) Arbeitsteilung zurückzuführen sind.[9] Langfristig dürften E-Business-Aktivitäten damit dazu beitragen, dass die Markteffizienz wesentlich gesteigert wird, indem ...[10]

- ... Preissenkungen, die sich aufgrund des E-Business ergeben, an den Kunden weitergegeben werden, da die Informationseffizienz des Mediums tendenziell auf eine Verstärkung des Wettbewerbs hinwirkt.

- ... die Preiselastizität der Nachfrage für die einzelnen Unternehmen steigen dürfte, da die Kunden bei verbesserter Informationsbasis schneller und stärker auf unternehmensspezifische Preisveränderungen reagieren können.

---

[6] Vgl. Wittmann (1969), S. 699.
[7] Vgl. Borenstein/Saloner (2001), S. 4ff.
[8] Vgl. Picot (1993), Sp. 4194ff.
[9] Vgl. Bleuel (1996), S. 213.
[10] Vgl. Smith/Bailey/Brynjolfsson (1999), S. 1ff. - Die Autoren untersuchen in der Analyse ebenfalls die vorliegenden empirischen Studien zur Entwicklung des Effizienzgrades. Wie in Anbetracht der frühen Marktphase des E-Business kaum anders zu erwarten, fällt die empirische Evidenz jedoch bislang nicht eindeutig aus.

- ... die Existenz preissensitiver Abnehmer bedingt, dass sich Preisunterschiede für homogene Produkte im Vergleich zu klassischen, „nicht-digitalen" Märkten verringern werden.
- ... die Unternehmen ihrerseits eine höhere Preisreagibilität aufweisen dürften, da die Kosten von Preisveränderungen („Menu Cost") im E-Business vergleichsweise gering sein dürften.

Darüber hinaus ist noch eine weitere Eigenschaft von E-Business-Märkten in diesem Zusammenhang relevant: die Existenz positiver Netzwerkeffekte. Für den einzelnen Nutzer – sei es ein Unternehmen oder ein Privatkunde – steigt der Nutzen einer Anbindung an das Internet mit der Anzahl potentiell erreichbarer Kommunikationspartner. Diese externen Effekte, die bereits in das Netzwerk eingebundene Drittnutzer entfalten, können einen selbstverstärkenden Entwicklungsprozess bedingen.[11] Entsprechende Mechanismen bieten dabei einen interessanten Ansatz zur Erklärung der schnellen Ausbreitung des Internet nach Erlangung der technologischen Reife gegen Mitte der neunziger Jahre des 20. Jahrhunderts.

Die positiven Netzwerkeffekte lassen sich auch als Quelle potentieller Wettbewerbsvorteile für E-Business-Unternehmen interpretieren. Sofern es Unternehmen gelingt, hinreichende positive Netzwerkeffekte für ihr spezifisches E-Business-Angebot zu generieren, können dieselben ein Herausstellungsmerkmal im Wettbewerbsumfeld darstellen. So kann eine pfadabhängige Marktentwicklung induziert werden, die das jeweilige Unternehmensangebot als (technologischen) Standard setzt.[12] Damit ist für die Unternehmung ein früher Markteintrittszeitpunkt sowie die Gewinnung eines überlegenen Marktanteils von Bedeutung.

Aus den beschriebenen ökonomischen Effekten des E-Business lassen sich im Zusammenhang mit der Investitionsplanung folgende situative Kontextfaktoren ableiten:
- E-Business ist gleichbedeutend mit verbesserter Informationsübertragung, die gesamtwirtschaftliche Reallokationsprozesse zur Folge hat. Einerseits wirkt sich dies auf bereits existierende Unternehmen aus, die bestehende Aktivitäten bzgl. einer möglichen Reorganisation hinterfragen. Im Falle einer solchen Umgestaltung sind interne Kannibalisierungseffekte im Entscheidungskalkül zu berücksichtigen. Gleichzeitig können im Rahmen des E-Business aber auch gänzlich neue Angebote durch die Unternehmen ge-

---

[11] Vgl. allgemein zu selbstverstärkenden Effekten in der Ökonomie Arthur (1988), S. 9ff.

[12] Vgl. zu solchen pfadabhängigen technologischen Entwicklungen David (1985), S. 332ff. - Zusätzlich wirken entstehende Komplementärprodukte auf die Standardsetzung hin, indem sie indirekte Netzwerkeffekte entfalten; vgl. Nicodemus (2001), S. 951ff.

schaffen werden, die auf eine latent vorhandene Nachfrage wie z.B. Informationsbedürfnisse, Mobilität, Interaktivität und Multimedialität treffen.
- E-Business-Aktivitäten dürften aufgrund ihrer Charakteristika wie z.b. Economies of Scale in der Informationsübermittlung und tendenziell steigernder Effekte für die Arbeitsteilung i.d.r. dann besonders erfolgreich sein, wenn entsprechende Geschäftsmodelle weltweit umgesetzt werden. Damit ist das E-Business tendenziell stärker mit den Problemen einer internationalen Unternehmensführung konfrontiert.[13]
- Die technologische oder zumindest kommerzielle Neuartigkeit des E-Business bedingt, dass mit erhöhten Diskontinuitäten und Risiken zu rechnen ist. Dies ist dadurch bedingt, dass das technologische Innovationspotential noch erheblich sein dürfte und die Marktentwicklung entsprechend schnell. Erschwerend kommt für die Planung hinzu, dass bislang nur geringe Erfahrungswerte in den entsprechenden Geschäftsbereichen vorliegen.
- Vor dem Hintergrund pfadabhängiger Entwicklungsprozesse gewinnen Strategieoptionen an Bedeutung, die z.B. mit den Schlagworten „first mover" oder „speed to market" umschrieben werden können. Solche Strategien dürften das Unternehmensrisiko zusätzlich steigern, da entweder ein Unternehmenserfolg oder aber – bei Scheitern der Innovation mit Absicht der Standardsetzung – ein weitgehender Verlust der investierten Mittel wahrscheinlich ist.
- Trotz möglicher pfadabhängiger Entwicklungen mit verbundenen Pionierrenditen dürfte die im E-Business tendenziell höhere Markteffizienz übermarktmäßigen Renditen entgegenwirken. Der monopolistische Vorteil von Marktführern wird damit im Sinne eines angreifbaren Marktes durch die potentielle Konkurrenz der Wettbewerber in Verbindung mit schnell reagierenden Kunden eingeschränkt.

---

[13] Vgl. zu den Risiken der internationalen Geschäftstätigkeit Bleuel/Schmitting (2000), S. 65-122.

3 Investitionsplanung – Ausgangspunkt und Instrumente

3.1 Investitionsplanung als Teil des betrieblichen Planungsprozesses

Die Investitionsplanung zielt – wie alle betrieblichen Planungsprozesse – darauf ab, künftiges Geschehen zu antizipieren. Dies geschieht durch eine „problemorientierte Alternativensuche, -beurteilung und –auswahl unter Zugrundelegung bestimmter Annahmen über künftige Umweltsituationen."[14] Das zentrale Problem, dem mit Planungsaktivitäten begegnet wird, ist die naturgegebene Unsicherheit zukünftiger Entwicklungen. Da diese Problematik nicht aufgehoben, sondern nur schrittweise in einem gewissen Umfang reduziert werden kann, wird in der Praxis i.d.R. ein mehrstufiges Planungsverfahren eingesetzt.[15] Ein übliches Vorgehen ist dabei die Unterteilung der betrieblichen Leistungsplanung in die strategische Planung, die operative Planung (oder: Budgetierung) und die Investitionsplanung (i.e.S.).

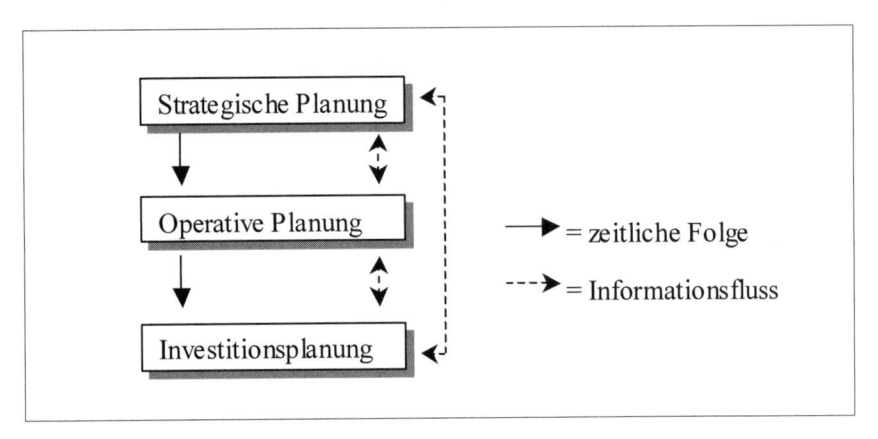

Abbildung 1: Betrieblicher Planungsprozess

Ziel dieser (zeitlich) gestaffelten Vorgehensweise ist, die vorhandenen Wissensdefizite im Rahmen des Möglichen und ökonomisch Sinnvollen zu reduzieren. In diesem Zusammenhang nimmt die strategische Planung die Funktion eines

---

[14] Hahn (1993), Sp. 3185-3186.
[15] Vgl. etwa zur Ausprägung der betrieblichen Planung in deutschen Unternehmen KPMG (2001).

Entdeckungsverfahrens wahr. Auf einer eher qualitativen Ebene werden zukünftige Erfolgspotentiale der Unternehmung analysiert.[16] Im Rahmen der nachgelagerten operativen Planung wird das in der strategischen Planung grundsätzlich Entdeckte konkretisiert.[17] Finanzielle Restriktionen, wie sie bei unvollkommenen Kapitalmärkten vorliegen, bedingen auch eine Selektion unter den verfügbaren Investitionsoptionen. Die Investitionsplanung schließlich berechnet die Vorteilhaftigkeit vorliegender Investitionsprojekte auf der Grundlage abermals aktualisierter und konkretisierter Informationen.

Festzuhalten bleibt zunächst folgendes: die Investitionsplanung ist im Vergleich zu den übrigen oben dargestellten Bestandteilen des betrieblichen Planungsprozesses die am weitesten konkretisierte und quantifizierte Planungsebene. Dies impliziert aber nicht eine Überlegenheit der Investitionsplanung gegenüber den anderen Planungsebenen. Vielmehr ist die Investitionsplanung integrativ in den gesamten Planungsprozess eingebunden und von den so ermittelten Informationen abhängig.[18] Dies gilt insbesondere auch dann, wenn die tatsächliche Entwicklung der Investition im Rahmen einer Investitionskontrolle beobachtet und weiter in die Zukunft projiziert werden soll. Ein solches Verfahren ist wiederum gerade dann ratsam, wenn das Unternehmen in innovativen Märkten (wie dem E-Business) tätig ist, die sich schnell entwickeln und damit besonders einer Planungs- bzw. Umfeldkontinuität entgegenwirken.

3.2 Methodik der Investitionsbewertung

3.2.1 Grundlagen der Investitionsbewertung

Soll über Investitionen entschieden werden, so stellt sich zunächst die Frage nach dem relevanten Entscheidungskriterium. Da das Ziel jeder Wirtschaftstätigkeit letztlich der Konsum ist, wird in der Investitionsrechnung der Zahlungsmittelstrom bzw. Cash Flow als Entscheidungsmaßstab genutzt, denn nur aus diesem lassen sich Konsumausgaben bestreiten.[19] Insofern geht die Investitions-

---

[16] Vgl. zu Erfolgspotentialen bzw. –faktoren im E-Business Berens/Schmitting (2002), S. 129ff.

[17] Vgl. Weber/ Goedel/Schäffer (1997), S. 274-283.

[18] Vgl. Barwise/Marsh/Wensley (1989), S. 85-90.

[19] Diese einfache Einsicht wird allerdings in der konkreten Anwendung dadurch erschwert, dass der Cash Flow eines Unternehmens i.d.R. nicht den Ausschüttungsmöglichkeiten an die Eigner entspricht. Eine korrekte Investitionsrechnung bedarf deswegen i.d.R. einer integrierten Finanzplanung i.S. einer simultanen und vernetzten Planung von Bilanz, GuV und Kapitalflussrechnung.

rechnung mit Ansätzen des Shareholder Value überein, die ebenfalls die Wohlfahrtsposition der Unternehmenseigner in den Mittelpunkt der Betrachtung stellen.[20]

Um die durch eine Investition bewirkten Cash Flows richtig zu beurteilen, ist zunächst eine Einschätzung bzgl. des *künftigen* Status quo eines Unternehmens ohne Investition notwendig. Ein Vergleich zwischen diesem Basisfall und dem Fall mit getätigter Investition ergibt die Investitionseffekte. Diese Vorgehensweise bei der Investitionsentscheidung i.e.S. lässt sicht am besten durch einen Entscheidungsbaum verdeutlichen.

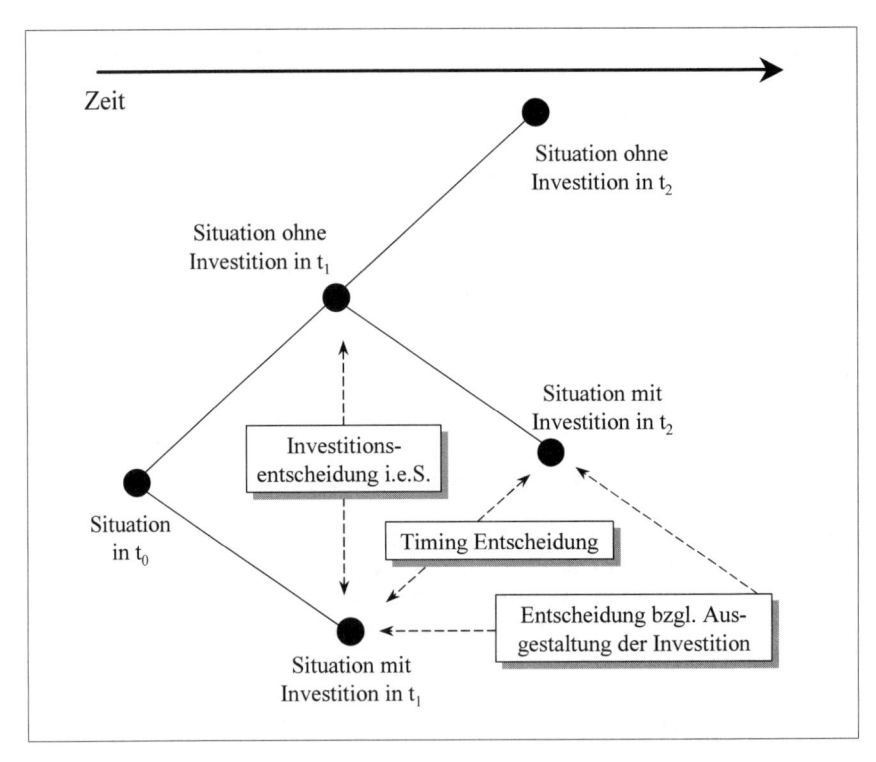

Abbildung 2:   Entscheidungsbaum zur Investitionsbewertung

---

[20]   Vgl. z.B. Rappaport (1998), S. 13ff.

Die vergleichende Vorgehensweise bewahrt den Entscheider vor Planungsfehlern, wie z.B.:[21]

- der Verwechslung von (derzeitigen) durchschnittlichen Profitabilitäten mit denjenigen, die im Rahmen des zusätzlich durch Investition generierten Geschäftes zu erwarten sind,
- der Missachtung von Anforderungen an das Working Capital, welches im Rahmen des mit der Investition verbundenen Neugeschäfts nötig wird,
- der fälschlichen Berücksichtigung von Overhead-Allokationen oder Sunk Cost und
- der Vernachlässigung von Opportunitätskosten bzw. -erträgen, die sich aus der Investition ergeben.

Die Investitionsplanung i.e.S. beantwortet die Frage, ob eine Investition durchgeführt werden soll. Wie in der obigen Abbildung dargestellt, sind im gleichen Zuge allerdings zwei weitere, analytisch verbundene Fragestellungen zu beantworten, um eine optimale Investitionsentscheidung treffen zu können.[22]

- Zunächst stellt sich die Frage nach dem optimalen Investitionszeitpunkt. Diese Entscheidung ist nicht nur bei Ersatzinvestitionen relevant, sondern ergibt sich generell innerhalb eines dynamischen Umfeldes. So können etwa Ausbreitungseffekte im Zuge technologischer Entwicklungen bedingen, dass sich Kosten für notwendige Eigenentwicklungen im Zeitablauf reduzieren. Dies ist gleichbedeutend mit einem Anreiz zum Aufschub der Investition.
- Jede Entscheidung über ein Investitionsprojekt impliziert eine vorangegangene Analyse der möglichen Alternativen, mit denen das Investitionsziel erreicht werden kann. Insofern müssen i.d.R. mehrere technische und kommerzielle Geschäftsoptionen miteinander verglichen werden. Dies geschieht ebenfalls, indem Ein- und Auszahlungseffekte miteinander abgewogen werden.

3.2.2 Verfahren der Investitionsbewertung

Die Verfahren, die zur Investitionsbewertung vorgeschlagen werden,[23] sollen zu einer ziel- und damit einer an dem Cash Flow orientierten Entscheidung über Investitionsprojekte führen. Um Zahlungsströme, die bei Investitionen definitorisch

---

[21] Vgl. Brealey/Meyers (2000), S. 122ff.
[22] Vgl. Brealey/Meyers (2000), S. 134ff.
[23] Vgl. bspw. bei Kruschwitz (1993), Sp. 2020ff.

zeitlich versetzt auftreten, miteinander vergleichbar zu machen, werden erwartete Cash Flows entsprechend ihres zeitlichen Anfalls diskontiert. Durch einfache Summierung dieser diskontierten Cash Flows erhält man mit dem Kapitalwert einen einfachen Maßstab, der den Wertbeitrag (oder aber auch den Werteverzehr) als Barwert der investitionsbedingten Zahlungsströme misst.

Diese Vorgehensweise hat neben dem einfach zu interpretierenden Wertmaßstab den Vorteil, dass die Investitionseffekte durchaus auch sukzessive zu ermitteln und zu bewerten sind. Denn aus dem Theorem der Wertadditivität folgt, dass die Summe der Barwerte der einzelnen Investitionseffekte dem Gesamtkapitalwert der Investition entspricht.[24] Dies ist insbesondere dann von Vorteil, wenn relevante Informationen nur nach und nach zu beschaffen und z.b. finanzielle Nebeneffekte von Investitionen zu berücksichtigen sind. So können etwa die finanziellen und steuerlichen Wirkungen verschiedener Finanzierungsformen, wie z.B. Fremd- vs. Eigenkapitalfinanzierung oder auch Leasing, und die verbundenen Steuereffekte separat ermittelt werden, ohne dass dabei die grundlegende Berechnung für das operative Geschäft verändert wird. Auf der Grundlage der dadurch erhöhten Transparenz über einzelne Wertbeiträge wird deshalb vor allem im anglo-amerikanischen Raum der Ansatz eines „Adjusted Present Value" propagiert.[25] Festzustellen bleibt dabei, dass es sich bei solchen Ansätzen zwar um eine nützliche Variation des klassischen Kapitalwertes, nicht jedoch um eine Veränderung der grundlegenden Methode handelt.

Insbesondere bei der Bewertung innovativer Investitionsprojekte ergeben sich einige grundsätzliche Probleme, die in der Planung zu berücksichtigen sind:

- Gerade für Unternehmensneugründungen, die zumeist Anlaufverluste verursachen, ist die Liquiditätsplanung von hoher Bedeutung. Damit geht einher, dass solche Projekte nicht ohne eine detaillierte Finanzierungsplanung, die den Rückgriff auf die verschiedenen Kapitalquellen antizipiert, angegangen werden können.
Diese Überlegungen mit in die Investitionsplanung aufzunehmen, ist jedoch lediglich eine ergänzende Rechnung zu den üblichen Bewertungsmodellen. In der Form vollständiger Finanzpläne[26] oder einer integrierten Finanzplanung[27] wird entsprechenden Anforderungen Rechnung getragen und zudem eine Steuerplanung ermöglicht.
- Wesentlich schwieriger ist es, dem mit innovativen Projekten verbundenen Risiko Rechnung zu tragen. Zwar existiert zur Berücksichtigung des Risi-

---

[24] Vgl. z.B. Franke/Hax (1990), S. 269ff.
[25] Vgl. Luehrman (1997), S. 145ff.
[26] Vgl. Grob (1989), S. 5ff.
[27] Vgl. zu grundsätzlichen Zusammenhängen Dellmann (1993), Sp. 2075ff.

kos auch ein „state of the art", der auf einer Anpassung der projektspezifischen Kapitalkosten – also des Diskontsatzes – beruht. Um die Höhe der notwendigen Anpassung der Kapitalkosten korrekt abzuleiten, analysieren entsprechende Ansätze wie z.b. das CAPM[28] den Kapitalmarkt auf empirischer Basis und leiten adäquate Risikoaufschläge aus vergleichbaren, risikobehafteten Eigenkapitaltiteln ab.

Genau hier liegt auch die Problematik bei der Anwendung auf innovative Investitionsprojekte: eine Vergleichbarkeit zu bestehenden Unternehmen ist in aller Regel nicht gegeben. Insofern verbleibt dem Entscheider nur der Rückgriff auf einfachere Methoden zur Risikoanalyse, wie z.b. die Sensitivitätsanalyse, um die Risikocharakteristika des jeweiligen Projektes besser einschätzen zu können.

- Weiterhin stellt sich die Frage, inwiefern klassische Investitionsrechnungen dem strategischen Charakter innovativer Projekte Rechnung tragen können. In der Tat umreißen Investitionsrechnungen von der Konzeption her möglichst konkrete Projekte, und zwar innerhalb eines begrenzten Zeitrahmens. Zwar kann der Zeithorizont der Betrachtung grundsätzlich über die Berechnung eines Restwertes des Projektes zum Ende des expliziten Planungszeitraumes erweitert werden. So sinnvoll ein solches Vorgehen in Anbetracht der langfristigen Wirkungen von Innovationsprojekten ist, stellt sich jedoch angesichts der im Zeitverlauf zunehmenden Informationsmängel die Frage, inwiefern eine hinreichend fundierte Basis zur Berechnung eines angemessenen Restwertes vorhanden ist. Außerdem bedarf es bei der üblichen Ermittlung eines Restwertes über die Berechnung einer ewigen Rente eines erheblichen „Fingerspitzengefühls" bei der Bewertung, da die Vorteilhaftigkeit des Projektes oft ganz wesentlich durch den Restwert bestimmt ist.

  Vom Grundsatz her bietet es sich daher an, innovative Projekte als Realoptionen zu betrachten, womit u.a. möglicherweise reversible Ursprungspläne und auf einer Basistechnologie beruhende zusätzliche Geschäftsmöglichkeiten im Entscheidungskalkül berücksichtigt werden können.[29] Allerdings werden entsprechende Ansätze trotz ihrer überzeugenden Grundkonzeption kaum eingesetzt, weil die notwendigen Berechnungsinputs schwer zu ermitteln sind. Als Folge verbleibt nur die „Dynamisierung" klassischer Berechnungsmodelle, indem verschiedene entscheidungs- und umfeldbedingte Szenarien berücksichtigt werden.

Als Quintessenz ergibt sich, dass die Methodik der Standardinvestitionsrechnung zwar auch bei innovativen Geschäftsfeldern einsetzbar ist, dabei allerdings verstärkt mit Prognoseproblemen behaftet ist. Gerade, wenn künftige Handlungsop-

---

[28] Vgl. Milde (1992), S. 297ff.
[29] Vgl. Dixit/Pindyck (1995), S. 105ff.

tionen innerhalb eines sich dynamisch verändernden Umfeldes bewertet werden sollen, und gleichzeitig ein Einsatz des Realoptionsansatzes nicht praktikabel erscheint, sind situative Anpassungen der Investitionsrechnung notwendig. Vorrangig sollten hierbei verschiedene Entwicklungsszenarien berücksichtigt[30] und ein strategischer Wert der Investition ermittelt werden.

4 Investitionsplanung eines E-Business Unternehmens

4.1 Unternehmensidee, Geschäftsmodell und Finanzplanung

Ausgangspunkt neuer Unternehmen (-szweige) ist eine Geschäftsidee, die einen innovativen Charakter hat.[31] Um diese grundlegende Idee marktfähig zu machen, muss das zu gründende Unternehmen in seiner Ausgestaltung geplant werden. Die Eckpunkte der Planung beziehen sich auf Markt- und Absatzaspekte sowie auf die interne Organisation des Unternehmens zum Zwecke der Leistungserstellung. Aus diesen Überlegungen lassen sich künftige Unternehmensumsätze und Kostenstrukturen ableiten, aus denen wiederum auf die Profitabilität bzw. den Kapitalwert des Projektes geschlossen werden kann. Eine entsprechende Bewertung führt zur Entscheidung über das Investitionsprojekt, die in einem Zwischenschritt eine Überarbeitungsnotwendigkeit der Planung ergeben kann, letztlich aber einer Ablehnung oder Umsetzung der Investition gleichkommt.

Die so umrissene Vorgehensweise ist i.w. eine Modellierung des künftigen Unternehmens.[32] Im Zuge der Modellierung wird ein vereinfachtes, aber realistisches Abbild des geplanten Vorhabens erstellt. Zur Erstellung eines Modells werden vor allem Informationen bzw. Annahmen zu entscheidungsrelevanten Variablen benötigt. Eine Modellierung hat deshalb zudem den Vorteil, dass sie eine strukturierte Planung erzwingt. Durch die explizite Nennung der Annahmen, auf denen die Planung basiert, wird sowohl eine Disziplinierung des Planenden selbst als auch eine bessere Vermittlung des Projektes gegenüber Dritten ermöglicht.

Gerade mit dem Aufkommen des E-Business wurde der Begriff des Geschäftsmodells populär. So undifferenziert dieser Begriff auch oftmals genutzt wird, ein Geschäftmodell ist nichts weiter als „eine Reihe von Annahmen darüber, wie ein

---

[30] Vgl. dazu auch Kapitel 4.1. dieses Beitrages.
[31] Vgl. dazu Punkt 2.1 dieses Beitrages.
[32] Vgl. zu Grundzügen entscheidungsorientierter Modellierung Eppen et al. (1998), S. 2-64.

Unternehmen Leistung erbringt."[33] Die explizite Betrachtung des Geschäftsmodells vereinfacht gerade planerische Aufgaben innerhalb eines dynamischen Umfelds. Wesentliche Grundlage des Geschäftsmodells ist zunächst die Bestimmung des relevanten Kundenkreises sowie des sich daraus ergebenden Nachfragepotentials einschließlich der zugehörigen Zahlungsbereitschaft.[34] Wenn die entsprechenden „value propositions" bzw. die Umsatzseite von Geschäftsmodellen im E-Business betrachtet wird, so ergeben sich folgende Grundtypen von E-Business Geschäftsmodellen (die auch in Kombination vorliegen können):[35]

- *Handels- bzw. Marktmodelle* – Hierzu gehören Unternehmen, die infolge der Transaktionskostenvorteile Austauschplattformen für Produkte bilden, sei es im Business-to-Business (B2B), wie z.b. riscovery.com oder im Business-to-consumer (B2C), wie z.b. bei Amazon. Auch Auktionshäuser wie eBay oder Jobbörsen wie jobpilot.de nehmen eine Marktfunktion wahr. Weiterhin besteht für Hersteller die Möglichkeit, die Kunden durch Internet-Technologie im Direktabsatz zu erreichen.
- *Werbungsbasierende Modelle* – Unternehmen, die auf dem werbungsbasierenden Modell beruhen, müssen wie z.B. auch private Rundfunkgesellschaften einer möglichst breiten Öffentlichkeit ein interessantes Angebot schaffen, um Werbebotschaften platzieren zu können. Auf diesem Geschäftsmodell beruh(t)en Portale wie z.B. Yahoo! und kostenlose Dienste wie z.B. bei web.de. Darüber hinaus kann auch der Verkauf von Nutzerdaten als Geschäftsgrundlage dienen. Indirekt wird damit wieder die Werbung adressiert, da auf der Grundlage von Kundenangaben und Logfile-Analysen eine kundenspezifischere Ansprache für Dritte möglich wird.
- *Subskriptionsmodelle* – Unternehmen, die auf dem Subskriptionsmodell basieren, generieren Einnahmen durch den kostenpflichtigen Zugang zu Web-Seiten. Grundlage ist entweder ein hochwertiger Content, wie z.B. im Fall von economist.com, oder aber ein entsprechender Dienst, wie ihn z.B. daybyday.de anbietet. Gerade die kostenpflichtige Nutzung von (höherwertigen) Diensten, wie etwa mySAP, erlangen unter dem Schlagwort ASP (Application Service Provider) in letzter Zeit verstärkte Aufmerksamkeit.

Zur Überprüfung des Geschäftsmodells sind zeitgleich zur Umsatzplanung die jeweils verbundenen Kosteneffekte abzuschätzen bzw. zu prognostizieren. Die Kosteneffekte resultieren aus dem operativen Geschäft sowie administrativen Aufwendungen. I.d.R dürften sich mehrere Optionen zur Ausgestaltung des Un-

---

[33] Margretta (2002a), S. 61ff.; vgl. auch eingehend die Diskussion des Begriffs „Geschäftsmodell" bei Rentmeister/Klein (2001), S. 354ff.

[34] Vgl. Margretta (2002b), S. 87ff.

[35] Vgl. in einer stärker gegliederten Aufstellung Rappa (2000), S. 1-6.

ternehmens ergeben, die bzgl. ihrer Wirtschaftlichkeit miteinander zu vergleichen sind. Üblicherweise bestehen dabei Trade-off-Beziehungen, wie z.B. durch einen verkleinerten Kundenkreis bei einer Einschränkung der technologischen Entwicklung oder des Kundenservices.

Mit den ermittelten Umsatz- und Kosteneffekten, die sich bei der jeweiligen Ausgestaltung bzw. Ausrichtung des Unternehmens ergeben, wird die Basis für eine finanzielle Überprüfung des Geschäftsmodells gelegt. Das Finanzmodell ist also integrativer Bestandteil des Geschäftsmodells,[36] nicht zuletzt, weil in dem Finanzmodell die finanzielle Zielgröße jeder unternehmerischen Tätigkeit ermittelt wird. Dabei werden die eher qualitativen Argumentationen der allgemeinen Unternehmensidee- bzw. -strategie so weit wie möglich in quantifizierte Zahlungsströme überführt.[37] Diese quantifizierten Annahmen bilden wiederum die Grundlage der Vorteilhaftigkeitsberechnung und Analyse der Unternehmensidee bzgl. der Erfolgspotentiale und Risikofaktoren. Zu beachten ist grundsätzlich, dass die Güte des Finanzmodells neben der rechnerischen Richtigkeit vor allem von den – möglichst fundierten – Annahmen abhängt.

Wenn man sich das dynamische Umfeld vor Augen führt, in dem innovative Unternehmen agieren, so wird deutlich, dass ein üblicher gestaffelter Planungsprozess kaum sinnvolle bzw. zeitnahe Informationen liefern wird, die in einer annahmenorientierten Finanzplanung genutzt werden können. Insofern dürften die Ebenen einer strategischen, operativen und Investitionsplanung miteinander verschmelzen. Damit muss auch eine adäquate Investitions- bzw. Finanzplanung schnell strategische Neuausrichtungen nachstellen können. Als zentrale Anforderung ergibt sich also die Flexibilität der Investitionsplanung, die sich durch eine Kombination folgender Merkmale erreichen lässt:

- Konzeption einer annahmenorientierten Planung, die es ermöglicht, durch alleinige Anpassung von Annahmewerten eine aktualisierte Investitionsplanung zu erhalten. Auf diese Weise wird die Investitionsplanung den sich schnell veränderten Umfeldänderungen gerecht. Zudem wird ein stellgrößenorientiertes Controlling nach der Investition ermöglicht, zu dem eine durchgängige Ergebnisvorschau gehört.
- Berücksichtigung verschiedener Szenarien, die sich in der Modellierungstechnik in Wenn-Dann-Beziehungen niederschlagen. Dies ist u.a. erforderlich, um Sprungkosten und Erweiterungsinvestitionen zu berücksichtigen. Idealerweise werden auch mehrere Geschäftsoptionen inklusive verbundener Anpassungskosten und -zeiten abgebildet, um strategische Neuausrichtungen simulieren zu können.

---

[36] Vgl. Magretta (2002b), S. 89ff.
[37] Vgl. zum Prozess der Annahmengewinnung z.B. Pinson/Jinnett (1999), S. 14ff.

4.2 Fallbeispiel – Mittelstandsportal „Portal-M"

Im folgenden soll anhand eines Fallbeispiels die Vorgehensweise bei der Investitionsanalyse von E-Business Projekten beispielhaft dargestellt werden. Wenngleich das Fallbeispiel rein fiktiv ist, so spiegelt es doch Grundzüge von realen Projekten in Unternehmensidee und angenommenen Werten wider. Die Struktur des Unternehmens und damit der Finanzplanung wurde jedoch deutlich vereinfacht, damit die Berechnungen auch noch in der Druckform nachvollzogen werden können.

Im Mittelpunkt der Betrachtung steht der Prozess der Informationsgewinnung und die Umsetzung einer entscheidungsorientierten Finanzplanung auf der Grundlage einer Standard-Tabellenkalkulation. Dazu wurde das Microsoft®-Produkt Excel® genutzt. Zur Analyse des erstellten Finanzmodells wurde auf das Add-In Crystal Ball® von Decisioneering® zurückgegriffen.

Die Modellierung beschränkt sich weiterhin auf eine einfache Kapitalflussrechnung, um die notwendige Komplexität zu beschränken. Die Probleme, die sich aus einer Finanzierungsplanung oder im Rahmen einer integrierten Finanzplanung mit GuV- und Bilanzplanung ergeben, bleiben also ausgespart. Vorwiegend betrachtet werden hingegen die Ermittlung der relevanten Mengengerüste und deren Umwandlung in Wertegerüste, wie sie zur finanziellen Beurteilung einer Investition notwendig sind.

4.2.1 Kurzbeschreibung Beispielunternehmen

Die Unternehmensidee, die im folgenden auf ihre finanzielle Tragfähigkeit untersucht wird, bezieht sich auf den Aufbau eines Portals für mittelständische Unternehmen als Zielsegment. Dieses Segment wird aufgrund der zu erwartenden hohen Zahlungsbereitschaft als besonders attraktiv angesehen. Angeboten werden sollen einerseits zielgruppenspezifische Informationen und Analysen im öffentlichen, kostenlosen Teil des Portals. Andererseits sollen Kunden für Zusatzdienste akquiriert werden. Diese Zusatzdienste werden nach Zahlung eines Abonnementpreises in einem passwort-geschützten Bereich zugänglich gemacht. Insofern ist das Beispielunternehmen mit dem Namen „Portal-M" eine Kombination aus dem werbungsbasierten und Subskriptionsgeschäftsmodell.

4.2.2 Marktmodell und Umsatzplanung

Grundlage der Investitionsplanung jedes neuen Geschäftszweiges und Unternehmens ist die Betrachtung der Marktseite. Das Beispielunternehmen „Portal-M", das sich zunächst auf den deutschen Markt konzentrieren will, hat also zunächst Anzahl und Strukturen mittelständischer Unternehmen in Deutschland zu erheben. Da Informationen zentrales Angebot des kostenlosen Portals sind, sind dabei insbesondere Informationsbedürfnisse und –gewohnheiten mittelständischer Unternehmer von Bedeutung.

Dadurch kann nicht nur ein Einblick in die notwendige zielgruppenspezifische Ausgestaltung des Contents von „Portal-M" gewonnen werden, sondern auch auf die generelle Bereitschaft, Informationen aus dem Internet zu beziehen, sowie den in Anbetracht der Wettbewerber zu erwartenden Marktanteil geschlossen werden. Innerhalb des Berechnungsmodells werden diese Überlegungen durch eine geschätzte Marktdurchdringung von E-Medien im Gesamtmarkt für Mittelstandsinformationen und die Annahme eines zu erreichenden Marktanteils nachgestellt. Um plausible, quantifizierte Annahmen zu generieren, wie sie im Finanzmodell benötigt werden, kann auf klassische Elemente der Wettbewerberanalyse, wie z.B. eine SWOT-Analyse, zurückgegriffen werden.[38]

Nachdem in der oben dargestellten Weise der relevante Markt abgesteckt und Nutzerzahlen – also ein erster Teil des Mengengerüstes – bestimmt sind, kann mit der Prognose der zu erwartenden Umsätze begonnen werden. Bzgl. der Werbeeinnahmen, die über Page Impressions von Werbebannern generiert werden, bedarf es zunächst einer Untersuchung des absehbaren Nutzerverhaltens. Ziel ist es hier, die Anzahl der aus dem Angebot aufgerufenen Seiten abzuschätzen.

Dieses nächste Element des Mengengerüstes wird mit den zu erwartenden Bannerverkaufspreisen multipliziert, um den ersten Umsatzbestandteil abzuleiten. Eine besondere Bedeutung dürfte in diesem Zusammenhang die Analyse künftig zu erwartender Bannerpreise haben, die in der Modellierung über eine prozentuale jährliche Preiserosion abgebildet wird. Als strategisches Konzept, das zur Ableitung einer realistischen Preiserosion herangezogen werden kann, ist z.B. das Lebenszyklusmodell zu nennen.[39] Die Analyse der Umsätze durch Zusatzdienste verläuft i.w. analog. Hier dürfte eine Analyse von Konkurrenzprodukten die besten Einsichten in die zu erwartenden Absatzmengen/–preise ermöglichen.

---

[38] Vgl. zur SWOT-Analyse z.B. Weber (1995), S. 90ff.
[39] Vgl. zum Lebenszyklus-Modell z.B. Hoffmann/Klien/Unger (1996), S. 271ff.

in '000 €, sofern keine andere Angabe	Periode	0	1	2	3	4	5
	Annahmen						
Gesamtmarkt							
Marktgröße Gesamt (Mio.)	3,2	3,200	3,264	3,329	3,396	3,464	3,533
Marktwachstum p.a.	2%						
E-Markt							
Marktdurchdringung	5%	5%	12%	19%	26%	33%	40%
Steigerung p.a. (%-Punkte)	7%						
Marktgröße E-Business (Mio.)		0,160	0,392	0,633	0,883	1,143	1,413
Absatz / Umsatz							
Marktanteil (%)	25%		25%	25%	25%	25%	25%
Nutzer / Accounts ('000)			97,920	158,141	220,731	285,762	353,306
Umsätze Werbung							
Page Impressions / Account (p.a.)	1000						
Banner / Page (Anzahl)	1,5						
Gezeigte Banner Gesamt ('000)			146.880	237.211	331.097	428.643	529.959
Bannerpreis (€ / '000)	7,00	7,00	6,65	6,32	6,00	5,70	5,42
Preiserosion Banner p.a. (%)	5%						
Bannerumsätze			977	1.499	1.987	2.444	2.871
Umsätze Zusatzdienste							
Nutzeranteil Zusatzdienste (%)	5%		5%	7%	9%	11%	13%
Steigerung p.a. (%-Punkte)	2%						
Anzahl Nutzer Zusatzdienste ('000)			4,896	11,070	19,866	31,434	45,930
Preis Zusatzdienste (€ p.a.)	100		100,00	98,00	96,04	94,12	92,24
Preiserosion Zusatzdienste. p.a.	2%						
Umsatz Zusatzdienste			490	1.085	1.908	2.959	4.236
Umsatz Gesamt			1.466	2.583	3.895	5.402	7.107

Abbildung 3: Markt und Umsatzplanung

4.2.3 Kostenplanung

Die Kostenplanung setzt bei den (vollständig) variablen Kosten hinsichtlich eines Unternehmens im E-Business auf den schon in der Umsatzplanung abgeleiteten Kundenprofilen auf. Die Mengengerüste von Umsatz- und Kostenplanung sind mithin vernetzt. So bedarf es zur Ableitung der zu erwartenden Übertragungskosten zu den abgeleiteten Page Impressions nur noch einer Analyse der damit verbundenen zu transferierenden Datenvolumina und der geltenden Übertragungspreise. Letztere können auch im Rahmen von Rabattstaffeln mengenabhängig sein, also zusätzliche Größenvorteile bedingen. Ähnliches gilt bei dem für „Portal-M" angenommenen umsatzproportionalem Factoring.

in '000 €, sofern keine andere Angabe	Periode	0	1	2	3	4	5
	Annahmen						
Nutzer / Accounts							
Gesamt ('000)			97,920	158,141	220,731	285,762	353,306
davon Zusatzdienste ('000)			4,896	11,070	19,866	31,434	45,930
Variable Kosten							
Transferbytes Portal (MB/Nutzer p.a.)	100						
Transferbytes Zusatzd. (MB/Nutzer p.a.)	50						
Transferbytes Gesamt (GB p.a.)			10.037	16.368	23.066	30.148	37.627
Transferkosten (€/MB)	0,02						
Transferkosten Gesamt			201	327	461	603	753
Kosten Factoring (% vom Umsatz)	5%						
Factoring-Kosten			73	129	195	270	355
Variable Kosten Gesamt			274	457	656	873	1.108
Fixe Kosten							
Gründungskosten		20					
Grundkosten Werbung p.a. ('000 €)	100						
Werbekosten (€ pro Neukunde)	18						
Werbekosten Gesamt			1.863	1.184	1.227	1.271	1.316
Personalbedarf Verwaltung (Anzahl)	3		3	3	3	3	3
Kapazitätsgrenze (MA/Server)	1						
Personalbedarf Technik			1	2	2	3	3
Grundbedarf Personal Sales/Content	4						
Kapazitätsgrenze ('000 Nutzer/MA)	70						
Personalbedarf Sales/Content			4	4	4	5	6
Mitarbeiter Gesamt			8	9	9	11	12
Durchsch. Lohnkosten ('000 € p.a.)	75						
Personalkosten p.a.			600	675	675	825	900
Sonstige Kosten ('000 € p.a.)	600		600	600	600	600	600
Fixe Kosten Gesamt		20	3.063	2.459	2.502	2.696	2.816
Laufende Kosten Gesamt		20	3.337	2.915	3.158	3.569	3.924

Abbildung 4: Kostenplanung

Um die Fixkostenstruktur des Unternehmens modellieren zu können, bedarf es ebenfalls einiger vernetzter Annahmen. Innerhalb der Personalplanung sind z.B. Arbeitskapazitäten abzuleiten, die sich z.B. auf die Anzahl der Kunden oder aber auch die technische Struktur beziehen (letztere wird in dem folgenden Kapitel unter den Investitionen erläutert). Anhand der so abgeleiteten Neueinstellungen wird auch die Missverständlichkeit des Begriffs „Fixkosten" deutlich. Bei einer Expansionsstrategie ist vielmehr von Sprungkosten auszugehen. Insbesondere im

Bereich Personalkosten könnten zusätzlich Produktivitätsgewinne im Zeitverlauf angenommen werden, die auf Erfahrungskurveneffekten beruhen.[40]

Ein weiterer Zusammenhang zwischen Umsatz- und Kostenplanung ergibt sich hinsichtlich der abzuleitenden Marketing-Kosten. Hier ist eine gegenseitige Abhängigkeit zwischen der Höhe der Werbekosten und der Zahl der neugewonnenen Kunden anzunehmen. Im Rahmen einer dynamischen Modellierung wäre also eine positive Korrelation der beiden Annahmen anzunehmen, die auf einer empirisch fundierten Werbewirkungsforschung beruhen sollte.

in '000 €, sofern keine andere Angabe	Periode	0	1	2	3	4	5
	Annahmen						
Erweiterungsinvestitionen							
Software-Entwicklung	450		450				
Kapazitätsgrenze Server (GB p.a.)	15.000						
Anzahl Server			1	2	2	3	3
Preis Server ('000 €)	500						
Investitionen Hardware Server			500	500	0	500	0	0
Investitionen/Arbeitsplatz ('000 €)	5						
Investitionen Arbeitsplatz			40	5	0	10	5	0
Erweiterungsinvestitionen Gesamt			990	505	0	510	5	0
Erweiterungsinvestitionen kumuliert			990	1.495	1.495	2.005	2.010	2.010
Ersatzinvestitionen							
ökonom. Nutzungsdauer (Jahre)	2						
Gesamt Ersatzinvestitionen (anteilig)				495	748	748	1.003	1.005
Investitionen Gesamt			990	1.000	748	1.258	1.008	1.005

Abbildung 5: Investitionen

4.2.4 Investitionen

In der Planung der zu tätigenden Auszahlungen für das Anlagevermögen setzt sich die Vernetzungsproblematik fort. Neben Investitionen, die i.w. unabhängig von der Unternehmensgröße sind, wie z.B. die grundlegende Software, sind Hardwareinvestitionen und auch die Einrichtung einzelner Arbeitsplätze eindeutig expansionsbedingt. Insofern können notwendige Erweiterungsinvestitionen im Endeffekt auf das Nutzerverhalten bzw. auf die daraus gewonnenen Personal- und Datenmengenerfordernisse zurückgeführt werden. Darüber hinaus sind lediglich Ersatzinvestitionen zum Erhalt des Status Quo, die im Fallbeispiel als anteilig auf die Nutzungsdauer verteilt angenommen wurden, zu berücksichtigen.

---

[40] Vgl. zum Erfahrungskurvenkonzept z.B. Homburg (1991), S. 62ff.

4.2.5 Cash-Flow-Rechnung

Nachdem aus dem erstellten Mengengerüst Prognosewerte für Ein- und Auszahlungen des Unternehmens „Portal-M" abgeleitet wurden, kann auf einfache Weise der zu erwartende Cash Flow des Unternehmens errechnet werden. Um den Entscheidungsmaßstab für die Investition, den Kapitalwert, zu ermitteln, ist eine Annahme über die Kapitalkosten notwendig. Diese wurden in der hier dargestellten Modellierung pauschal angenommen und nicht, wie analytisch korrekter, über eine integrierte Finanzplanung ermittelt.

in '000 €, sofern keine andere Angabe	Periode	0	1	2	3	4	5
Cash Flow	*Annahmen*						
Umsatz		0	1.466	2.583	3.895	5.402	7.107
Variable Kosten		0	274	457	656	873	1.108
Deckungsbeitrag		0	1.192	2.127	3.239	4.529	5.999
Fixe Kosten		20	3.063	2.459	2.502	2.696	2.816
Operatives Ergebnis (vor Abschr.)		-20	-1.870	-332	737	1.834	3.183
Investitionen		990	1.000	748	1.258	1.008	1.005
Cash Flow		**-1.010**	**-2.870**	**-1.080**	**-520**	**826**	**2.178**
Kapitalwert							
Kapitalkosten	15%						
Diskontfaktor		*1,00*	*0,87*	*0,76*	*0,66*	*0,57*	*0,50*
Barwerte Cash Flow		**-1.010**	**-2.496**	**-816**	**-342**	**472**	**1.083**
Kapitalwert (ohne Restwert)		**-3.109**					
Restwert als ewige Rente CF 5							
Wachstumsannahmen ew. Rente	2,0%						
Barwert ewige Rente		**8.331**					
Kapitalwert (incl. ewige Rente)		**5.222**					

Abbildung 6: Cash-Flow- und Kapitalwertberechnung

Bei strategischen Investitionsprojekten, wie sie Innovationen darstellen, ist zudem ein relevanter Restwert anzunehmen.[41] Dieser Restwert wird zum Kapitalwert addiert, um eine Unternehmensbewertung zu erreichen. Sofern man zur Restwertermittlung eine ewige Rente auf der Basis des letzten errechneten Cash Flows zugrunde legt, ist darauf zu achten, dass dieser Wert nicht durch periodenspezifische Sondereinflüsse verzerrt ist. Darüber hinaus ist eine Wachstumsannahme zu treffen, die sich aus Branchenvergleichen oder strategischen Konzepten wie dem Produktlebenszyklus gewinnen lässt. Alternativ zur Annahme der ewigen Rente werden in der Praxis außerdem Multiplikatoren (z.B. auf das operative Ergebnis) verwendet, mit denen ein Restwert ermittelt wird. Die theoreti-

---

[41] Vgl. Kapitel 3.2.2 dieses Beitrages.

sche Fundierung dieser Multiplikatoren ist schwächer; sie basieren oft nur auf Vergleichsanalysen. Letztere dürften bei innovativen Geschäften aber leicht irreführend sein.

4.2.6 Analyse des Finanzmodells

Für das Start-up „Portal-M" ergibt sich ein negativer Kapitalwert vor Betrachtung eines Restwertes. Insofern ergibt sich innerhalb des explizit betrachteten Planungszeitraums ein Werteverzehr. Dies ist bei der Bewertung eines innovativen Projektes innerhalb eines Betrachtungszeitraums von lediglich fünf Jahren ein durchaus übliches Ergebnis, zumal wenn Größeneffekte bei der erfolgreichen geschäftlichen Umsetzung von Bedeutung sind.[42]

Es lässt sich folgern, dass die Umsetzung der betrachteten Geschäftsidee nur für solche Investoren von Interesse ist, deren Planungshorizont über fünf Jahre hinausgeht. Dies legt tendenziell eine Eigenkapitalfinanzierung nahe. Auch erschwert der bis in das dritte Jahr negative Cash Flow eine Fremdkapitalfinanzierung mit zinsbedingter zusätzlicher Fixkostenbelastung.[43]

Sofern der Restwert mit in das Entscheidungskalkül aufgenommen wird, ergibt sich als Kapitalwert incl. ewiger Rente ein eindeutig positiver Unternehmenswert. Nicht genug herausgehoben werden kann das Gewicht der Restwertbetrachtung bei der Gesamtbeurteilung: der als wachsende ewige Rente berechnete Restwert ist die größte Wertkomponente des positiven Unternehmenswertes.[44] Entsprechend steigt die Bedeutung einer gleichzeitigen strategischen Bewertung des Projektes, auf der letztlich jegliche Restwertannahme beruht. Dabei ist insbesondere die langfristige Entwicklung der angebotenen Zusatzdienste von Bedeutung, da diese den maßgeblichen Anteil an den Umsätzen und Deckungsbeiträgen erwirtschaften.

Die Notwendigkeit einer langfristigen Bewertung sowie die allgemeine Dynamik des E-Business erfordern zudem eine kritische Reflexion der Annahmen, auf denen das Bewertungsmodell basiert. Diese naturgemäß unsicheren Annahmen sind bei einer korrekten, annahmeorientierten Modellierung einfach zu vari-

---

[42] Diesen Größeneffekten dürfte, wie in Kapitel 2.2 dieses Beitrags gezeigt wurde, im E-Business eine bedeutende Rolle zukommen.

[43] Auch Agency-Konflikte, die bei Innovationsprojekten besonders ausgeprägt sein dürften, bedingen eine vorzugswürdige EK-Finanzierung; vgl. Schmidt (1988), S. 421ff.

[44] Ähnliche Probleme stellen sich auch bei der Unternehmensbewertung im Rahmen von Akquisitionen.

ieren, um Sensitivitätsanalysen durchzuführen. Bei der Veränderung einer Annahme verändert sich dabei bei einem vernetzten Modell, wie es oben skizziert wurde, i.d.R. nicht nur eine Berechnungszeile, sondern mehrere Bewertungselemente infolge gegenseitiger Abhängigkeiten, wie z.B. die vom Kunden- bzw. Datenvolumen abhängige Serverausstattung.

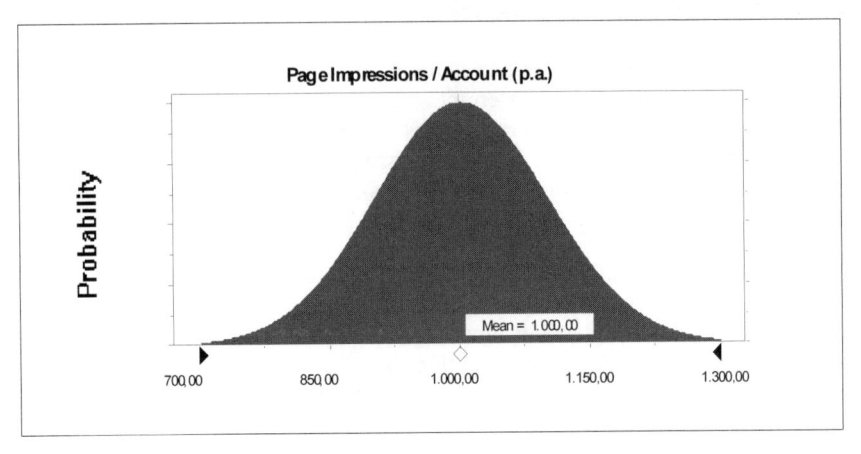

Abbildung 7: Wahrscheinlichkeitsannahme „Page Impressions"

Neben diesem schrittweisen Vorgehen einfacher Sensitivitätsanalysen lässt sich ein vernetztes Bewertungsmodell mit heutigen Spreadsheets auch umfassender im Rahmen einer Monte Carlo Simulation analysieren.[45] Dazu werden einzelnen Annahmen Wahrscheinlichkeitsverteilungen zugewiesen, zwischen denen auch Korrelationen bestehen können. In dem obigen Bewertungsmodell wurden die grau unterlegten Annahmen durch Wahrscheinlichkeitsverteilungen unterlegt. Als Beispiel hierzu sei die der Annahme „Page Impression pro Account" zugewiesene Wahrscheinlichkeitsverteilung gewählt. Hier wurde im Beispiel eine Normalverteilung herangezogen; die genaue Zuweisung einer passenden Verteilung ist annahmenspezifisch zu wählen, im Beispiel also von Güte und Treffsicherheit der Markt- bzw. Kundenforschung abhängig.[46]

Wenn entsprechende (korrelierte) Wahrscheinlichkeitsverteilungen für wichtige Annahmewerte definiert sind, ermöglicht eine vielfache Durchrechnung des Modells mit zufällig veränderten Annahmen eine weitergehende Analyse der Risiken und Erfolgspotentiale des zur Entscheidung anstehenden Projektes. Gleichzeitig

---

[45] Vgl. zu den Grundlagen der Monte Carlo Simulation bei Eppen et al. (1998), S. 506ff.
[46] Vgl. hierzu etwa Rodger/Petch (1999), S. 10ff.

erhält man als Output der Berechnungen nicht mehr den üblichen projektiven Ergebnispfad, sondern vielmehr einen realistischen Ergebniskanal, in dem sich die finanziellen Zielgrößen bei alternativen Umweltkonstellationen bewegen werden. Eine solche Analyse zeigt Abbildung 8 bei der die Entwicklungsmöglichkeiten des Cash-Flows über den Betrachtungszeitraum (Abzisse) wertmäßig angegeben sind (Ordinate).

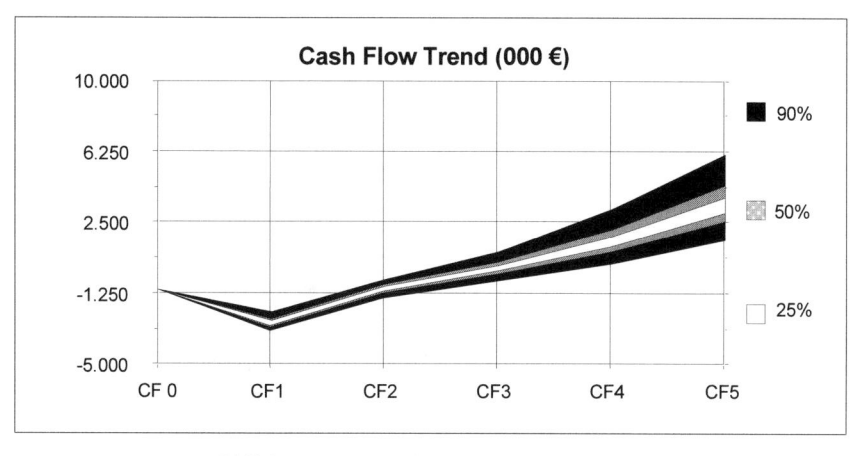

Abbildung 8: Trendanalyse des Cash-Flow

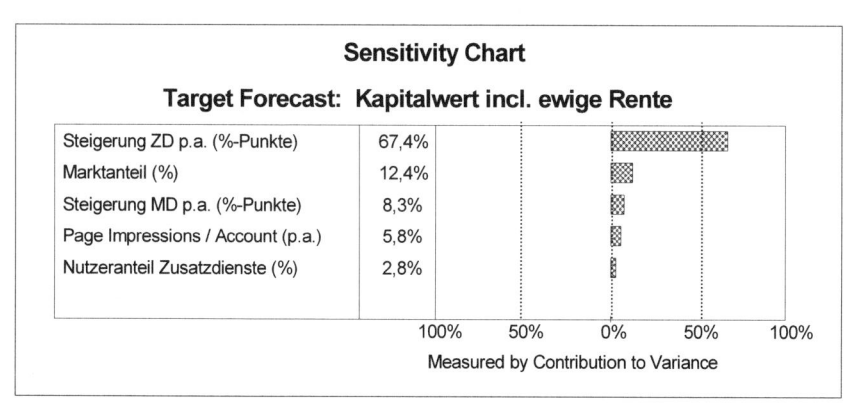

Abbildung 9: Analyse der Einflussfaktoren auf den Unternehmenswert

Wie sich aus Abbildung 8 ableiten lässt, ist das Projekt relativ immun gegenüber adversen Umfeldveränderungen. Über 90% der durchgeführten Simulationen ergeben einen positiven Cash Flow in der Periode 5. Darüber hinaus ist erkennbar, dass das upside-Potential, im Sinne einer positiven Abweichung von dem wahrscheinlichsten Verlauf, wesentlich höher ist als das entsprechende „downside"-Potential. Dieses Ergebnis ist letztlich natürlich annahmenbedingt, verwundert aber wenig in Anbetracht der dem E-Business allgemein innewohnenden potentiellen Größeneffekte.[47]

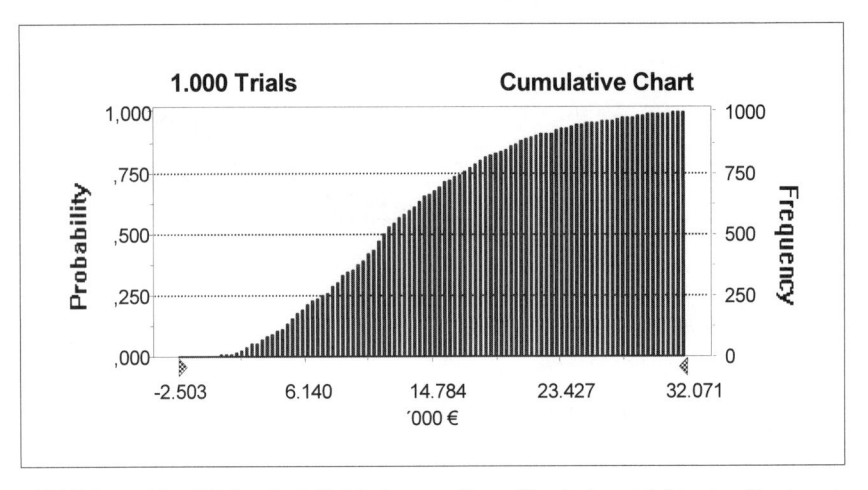

Abbildung 10: Wahrscheinlichkeitsverteilung Kapitalwert inklusive Restwert

Durch die skizzierte Monte Carlo Simulation lassen sich auch die Ergebnistreiber bzw. kritische Annahmen der Bewertung ableiten. Eine solche Aussage ist für die strategische Umfeldbeobachtung sowie für das ursachenorientierte Controlling nach der Investition von hoher Bedeutung. So zeigt Abbildung 9 den Einfluss der bedeutendsten Einzelannahmen auf den zu erwartenden Kapitalwert inklusive Restwert. Als Resultat ergeben sich folgende Annahmen als bestimmend für den Unternehmenswert: die Entwicklung des Geschäftes mit Zusatzdiensten, der Marktanteil, die Marktdurchdringung des E-Business im Zielsegment sowie die Entwicklung der Bannerpreise. Diese Annahmen bzw. deren fortlaufende Entwicklung (-sprognosen) haben deswegen im Rahmen des Investitionscontrollings für „Portal-M" eine zentrale Bedeutung. Marktanteil und Marktdurchdringung hatten sich bereits in einer grundsätzlichen Analyse aufgrund

---

[47] Vgl. Kapitel 2.2 dieses Beitrages.

möglicher pfadabhängiger Entwicklungen als strategische Erfolgsfaktoren herausgestellt.[48]

Weiterhin lässt sich im Rahmen der Monte Carlo Simulation eine Dichtefunktion bzgl. der zentralen Zielgröße der Investitionsrechnung, des Unternehmenswertes, ableiten. Abbildung 10 zeigt dabei, dass die Wahrscheinlichkeit eines negativen Kapitalwertes inklusive Restwert des Projektes „Portal-M" sehr gering ist. Damit wird unter den geltenden Annahmen eine Entscheidung für das Projekt nahegelegt, da ein Werteverlust im Sinne eines negativen Kapitalwertes inklusive Restwert unwahrscheinlich erscheint.

5 Fazit: Innovatives Geschäft erfordert flexible Planung

Der obige Beitrag zeigte einige Grundzüge der Investitionsanalyse im Rahmen des E-Business auf. Wie abgeleitet wurde, erfordert der (heutzutage) innovative Charakter des E-Business eine möglichst flexible Investitions- bzw. Finanzplanung, um veränderten Umfeldeinflüssen Rechnung tragen zu können. Dies gilt nicht zuletzt, da eine strategische Frühaufklärung im E-Business oftmals leider nur relativ zeitnahe bzw. kurzfristige Prognosen liefern kann.

Wie anhand des Fallbeispiels gezeigt wurde, sind die häufig vergleichsweise einfachen Strukturen eines E-Business gut in einem vernetzten Finanzmodell abzubilden. Die Umsetzung einer entsprechenden, situativ anpassbaren Investitionsplanung ist auf der Grundlage heutiger Standardsoftware möglich. Als Resultat hilft die Modellierung nicht nur bei der Entwicklung des gesamten Geschäftsmodells, indem finanzielle Implikationen strategischer Pläne schnell nachvollzogen werden können, sondern auch bei der Analyse von Risiken und damit beim strategischen Controlling. Strategische Planungskonzepte - wie Produktlebenszyklus, Erfahrungskurve und SWOT-Analyse - können bei der Generierung und durchgängigen Anpassung notwendiger Annahmen für das Finanzmodell genutzt werden.

Ein entsprechendes Grundmodell ist zur konkreten Entscheidungsfindung hingegen weiter auszuarbeiten. So dürften etwa die Finanzierungsplanung, die Planung des benötigten Working Capital und die Liquiditätsplanung unverzichtbare Entscheidungsgrundlage eines jeden neuen Geschäfts (-zweiges) sein. Bei bereits bestehenden Unternehmen dürften zudem Opportunitätskosten, z.B. aufgrund von Kannibalisierungseffekten, eine besondere Rolle spielen. Trotz solch notwendiger Erweiterungen ist aber festzuhalten, dass im Kern für das innovative E-Business eine möglichst flexible Investitionsplanung geschaffen werden muss, um dem spezifischen situativen Kontext Rechnung zu tragen.

---

[48] Vgl. Kapitel 2.2 dieses Beitrages.

Literaturverzeichnis

Arthur (1988):
Arthur, B.W.: Self-Reinforcing Mechanisms in Economics, in: Anderson, P.W.; Arrow, K.J.; Pines, D. (Hrsg.): The Economy as an Evolving Complex System, Santa Fee 1988, S. 9-31.

Barwise/Marsh/Wensley (1989):
Barwise, P.; Marsh, P.R.; Wensley, R.: Must Finance and Strategy Clash?, in: Harvard Business Review, 67. Jg. (1989), Nr. 5, S. 85-90.

Berens/Schmitting (2002):
Berens, W.; Schmitting, W.: Controlling im E-Business ... = E-Controlling?, in: Seicht, G. (Hrsg.): Jahrbuch für Controlling und Rechnungswesen 2002, Wien 2002, S. 129-170.

Bleuel (1996):
Bleuel, H.-H.: Datennetze, in: Das Wirtschaftsstudium, 25. Jg. (1996), Nr. 3, S. 213.

Bleuel/Schmitting (2000):
Bleuel, H.-H.; Schmitting, W.: Konzeptionen eines Risikomanagements im Rahmen der internationalen Geschäftstätigkeit, in: Berens, W.; Born, A.; Hoffjan, A. (Hrsg.): Controlling international tätiger Unternehmen, Stuttgart 2000, S. 65-122.

Borenstein/Saloner (2001):
Borenstein, S.; Saloner, G.: Economics and Electronic Commerce, in: Journal of Economic Perspectives, 15. Jg. (2001), Nr. 1, S. 3-12.

Brealey/Myers (2000):
Brealey, R.A.; Myers, S.C.: Principles of Corporate Finance, 6. Auflage, Boston 2000.

David (1985):
David, P.A.: Clio and the Economics of QWERTY, in: American Economic Review (Papers and Proceedings), 75. Jg. (1985), Nr. 2, S. 332-337.

DeLong/Summers (2001):
DeLong, J.B.; Summers, L.H.: The "New Economy": Background, Questions, and Speculations, Conference Paper, mimeo 2001.

Dellmann (1993):
Dellmann, K.: Kapital- und Finanzflussrechnungen, in: Wittmann, W. u.a. (Hrsg.): Handwörterbuch der Betriebswirtschaft, 5. Aufl, Stuttgart 1993, Sp. 2075-2088.

Dixit/Pindyck (1995):
Dixit, A.K.; Pindyck, R.S.: The Options Approach to Capital Investment, in: Harvard Business Review, 73. Jg. (1995), Nr. 3, S. 105-115.

Eppen et al. (1998):
Eppen, G.D.; Gould, F.J.; Schmidt, C.P.; Moore, J.H.; Weatherford, L.R.: Introductory Management Science, 5. Auflage, New Jersey 1998.

Franke/Hax (1990):
Franke, G.; Hax, H.: Finanzwirtschaft des Unternehmens und Kapitalmarkt, 2. Auflage, Berlin 1990.

Grob (1989):
Grob, H.L.: Investitionsrechnung mit vollständigen Finanzplänen, München 1989.

Hahn (1993):
Hahn, D.: Planung und Kontrolle, in: Wittmann, W. u.a. (Hrsg.): Handwörterbuch der Betriebswirtschaft, 5. Auflage, Stuttgart 1993, Sp. 3185-3200.

Hoffmann/Klien/Unger (1996):
Hoffmann, W.; Klien, W.; Unger, M.: Strategieplanung, in: Eschenbach, H. (Hrsg.): Controlling, 2. Auflage, Stuttgart 1996, S. 211-313.

Homburg (1991):
Homburg, C.: Modellgestützte Unternehmensplanung, Wiesbaden 1991.

KPMG (2001):
KPMG: Unternehmensplanung – Wertschöpfung oder Pflichtübung?, Frankfurt am Main 2001.

Kruschwitz (1993):
Kruschwitz, L.: Investitionsrechnung, in: Wittmann, W. u.a. (Hrsg.): Handwörterbuch der Betriebswirtschaft, 5. Auflage, Stuttgart 1993, Sp. 2020-2032.

Luehrmann (1997):
Luehrmann, T.A.: Using APV: A Better Tool for Valuing Operations, in: Harvard Business Review, 75. Jg. (1997), Nr. 3, S. 145-154.

Margretta (2002a):
Margretta, J.: Basic Management, Stuttgart 2002.

Margretta (2002b):
Margretta, J.: Why Business Models Matter, in: Harvard Business Review, 80. Jg. (2002), Nr. 5, S. 86-92.

Milde (1992):
Milde, H.: Capital Asset Pricing Model: Fragestellung, Lösung, Beispiel, in: Jahrbuch für Sozialwissenschaft, 43. Jg. (1992), Nr. 2, S. 297-330.

Nicodemus (2001):
Nicodemus, G.: Informationstechnologie und Marktprozesse, in: Das Wirtschaftsstudium, 31. Jg. (2001), Nr. 7, S. 951-954.

Picot (1993):
Picot, A.: Transaktionskostenansatz, in: Wittmann, W. et al. (Hrsg.): Handwörterbuch der Betriebswirtschaft, Bd. 3, 5. Auflage, Stuttgart 1993, Sp. 4194-4204.

Pinson/Jinett (1999):
Pinson, L.; Jinett, J.: Anatomy of a Business Plan, Chicago 1999.

Rappa (2001):
Rappa, M.: Business Models on the Web, NC State University 2001 [Internet: http://digitalenterprise.org/models/models.html, verifiziert am 17.05.2002].

Rappaport (1998):
Rappaport, A.: Creating Shareholder Value, 2. Auflage, New York 1998.

Rodger/Petch (1999):
Rodger, C.; Petch, J.: Uncertainty and Risk Analysis – A practical Guide from Business Dynamics, PricewaterhouseCoopers, o.O. 1999.

Rentmeister/Klein (2001):
Rentmeister, J.; Klein, S.: Geschäftsmodelle in der New Economy, in: WISU, 30.Jg. (2001), Nr. 3., S. 354-361.

Schmidt (1985):
Schmidt, R.H.: Venture Capital aus der Sicht der Finanzierungstheorie, in: Betriebliche Forschung und Praxis, 37. Jg. (1985), Nr. 5, S. 421-437.

Schubert (2000):
Schubert, W.: Einführung in die E-Business-Begriffswelt, in: Schubert, W.; Wölfle, R. (Hrsg.): E-Business erfolgreich planen und realisieren: Case Studies von zukunftsorientierten Unternehmen, München 2000, S. 1-12.

Schumpeter (1993):
Schumpeter, J.: Theorie der wirtschaftlichen Entwicklung, 8. Auflage, Berlin 1993.

Smith/Bailey/Brynjolfsson (1999):
Smith, M.D.; Bailey, J.; Brynjolfsson, E.: Understanding Digital Markets – Review and Assessment, Center for eBusiness@MIT Working Paper, Nr. 140, 1999.

Weber (1995):
Weber, J.: Einführung in das Controlling, Stuttgart 1995.

Weber/Goedel/Schäffer (1997):
Weber, J.; Goedel, H.; Schäffer, U.: Zur Gestaltung der strategischen und operativen Planung, in: Die Unternehmung, 50. Jg. (1997), Nr. 4, S. 273-295.

Wittmann (1969):
Wittmann, W.: Information, in: Grochla, E. (Hrsg.): Handwörterbuch der Organisation, München 1969, Sp. 699-707.

Zimbardo (1992):
Zimbardo, P.G.: Psychologie, 5. Auflage, Berlin 1992.

Ulrich Geistkämper und Frank Weiß [*]

Einstieg in das E-Business als Projekt

1 Wandel durch E-Business 127
   1.1 Definition E-Business 127
   1.2 Stufen der Transformation 129
   1.3 Das „V-Modell" 133
2 Management von E-Business-Projekten 135
   2.1 Grundlagen des Projektmanagements 136
   2.2 Besonderheiten von E-Business-Projekten 137
      2.2.1 Zeit 137
      2.2.2 Transparenz 138
      2.2.3 Multidisziplinarität 138
3 Was macht E-Business-Projekte erfolgreich? 139
   3.1 Strategische Planung 140
   3.2 Operative Maßnahmen 145
   3.3 Ganzheitliches Projektcontrolling 146
   3.4 Methodisches Vorgehen 147
   3.5 End-to-End-Beratung 150
4 Zusammenfassung 152
Literaturverzeichnis 154

---

[*]   *Ulrich Geistkämper* ist Partner, *Frank Weiß* ist Consultant bei IBM Business Consulting Services, Strategy & Change Financial Services Sector.

1 Wandel durch E-Business

In den letzten Jahren haben Unternehmen weltweit immense Anstrengungen unternommen, die Potentiale des E-Business für sich zu erschließen – mit unterschiedlicher Geschwindigkeit und unterschiedlichem Erfolg. In diesem Beitrag soll daher die Frage beantwortet werden, was es beim Einstieg ins E-Business aus Sicht von IBM Business Consulting Services zu beachten gilt. Dieser Artikel basiert auf einem Vortrag, der im Mai 2001 an der Universität Münster gehalten wurde. Es werden nach einer kurzen Erläuterung der wichtigsten E-Business-Merkmale Besonderheiten von Projekten in diesem Umfeld dargestellt und deren Implikationen für Strategie und Umsetzung der E-Business-Initiativen erläutert. Der Beitrag geht darüber hinaus auch auf die kritischen Erfolgsfaktoren für den erfolgreichen Einstieg ins E-Business ein.

1.1 Definition E-Business

E-Business ist mehr als E-Commerce, nämlich die Verzahnung von Wertschöpfungsketten mit Hilfe der Informationstechnologie. Wertschöpfungsstufen kommen hinzu oder werden obsolet, historisch gewachsene Verteilungen innerhalb der Wertschöpfungskette werden neu zugeordnet. Es entwickeln sich neue Wertschöpfungsformen und -netze. Durch E-Business entstehen neue Geschäftsmodelle und Märkte, und selbst etablierte Märkte werden substantiell verändert. Wir verstehen unter E-Business[1]

1. eine Organisation, die unter Einsatz von Intranet, Extranet und Web ihre Kernsysteme mit Schlüsselpartnern verbindet,

2. den Prozeß der Erschließung und Verbesserung von Geschäftsbeziehungen durch den durchdachten Einsatz netzbasierter Technologien,

3. die Nutzung von Internet-Technologien zur Transaktion und Interaktion mit Kunden, Lieferanten, Partnern und Angestellten, um Wettbewerbsvorteile zu schaffen und zu stärken.

E-Business führt zur Transformation aller wesentlichen Strukturen und Prozesse eines Unternehmens. Meist außerhalb der eigentlichen Unternehmensstruktur als Insellösungen gestartet, haben E-Business-Initiativen heute Einzug in sämtliche Bereiche der Leistungserstellung gehalten. Mit Hilfe der neuen Technologien können z.B. alle Beteiligten (Kunden, Mitarbeiter, Partner usw.) mit Hilfe eines Mediums erreicht werden. Des weiteren verbessert E-Business die Unterneh-

---

[1] Vgl. IBM (2002a), S. 2.

mensintelligenz und hält Informationen jederzeit orts- und kanalunabhängig verfügbar.

Mit Hilfe des E-Business lassen sich Kundenbeziehungen neu gestalten. Zusätzliche Kundengruppen können profitabel erreicht und angesprochen werden, das Produkt- und Vertriebskanalportfolio wird völlig neu gestaltet und erweitert, etablierte Prozesse und Organisationsstrukturen werden in Frage gestellt. Das wichtigste jedoch ist, dass E-Business für alle Beteiligten zu einer gewaltigen Erhöhung der Transparenz führt – mit allen Vor- und Nachteilen. Vergleichbar mit der Entwicklung eines Einzelunternehmers hin zur publizitätspflichtigen großen Kapitalgesellschaft bleiben durch das Internet fast keine Aktivitäten der Unternehmen im Verborgenen. Erfolge und Misserfolge werden unmittelbar öffentlich und können von Mitarbeitern, Partnern und Konkurrenten verfolgt werden. Auf diesen Punkt wird später ausführlich eingegangen. Abbildung 1 illustriert die durch E-Business hervorgerufenen fundamentalen Veränderungen.

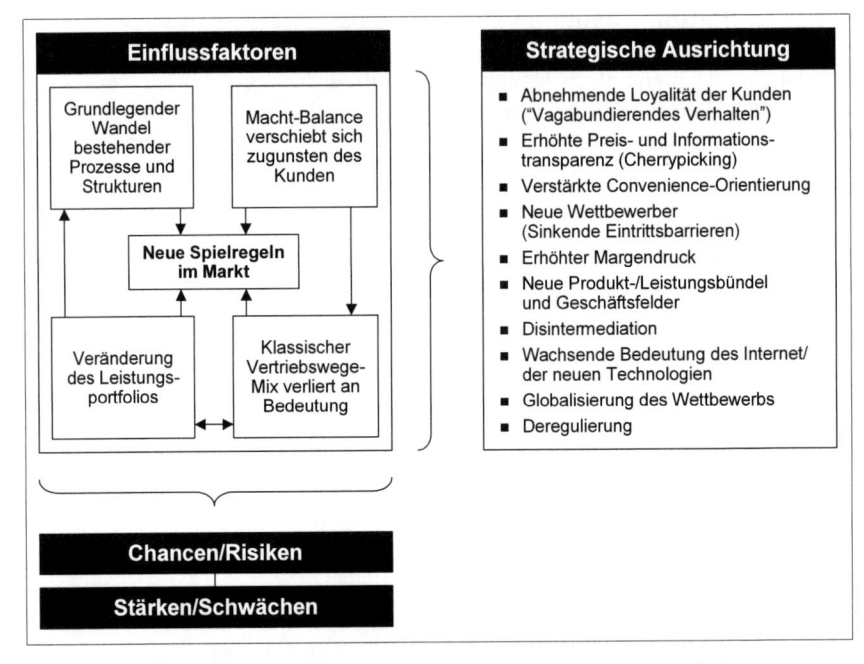

Einflussfaktoren
- Grundlegender Wandel bestehender Prozesse und Strukturen
- Macht-Balance verschiebt sich zugunsten des Kunden
- Neue Spielregeln im Markt
- Veränderung des Leistungsportfolios
- Klassischer Vertriebswege-Mix verliert an Bedeutung

Strategische Ausrichtung
- Abnehmende Loyalität der Kunden ("Vagabundierendes Verhalten")
- Erhöhte Preis- und Informationstransparenz (Cherrypicking)
- Verstärkte Convenience-Orientierung
- Neue Wettbewerber (Sinkende Eintrittsbarrieren)
- Erhöhter Margendruck
- Neue Produkt-/Leistungsbündel und Geschäftsfelder
- Disintermediation
- Wachsende Bedeutung des Internet/ der neuen Technologien
- Globalisierung des Wettbewerbs
- Deregulierung

Chancen/Risiken
Stärken/Schwächen

Abbildung 1: E-Business verändert die Spielregeln im Markt

1.2 Stufen der Transformation

Die Euphorie der letzten Jahre ob der baldigen Revolution des Geschäftslebens durch E-Business war im Hinblick auf den tatsächlichen Zeitbedarf überzogen. Während mittlerweile über 90 Prozent der großen Unternehmen Internet-basierte Technologien in irgendeiner Form nutzen, kommen weniger als 15 Prozent der klein- und mittelständischen Unternehmen über das Stadium der elektronischen Informationsbereitstellung hinaus. Selbst große Firmen tätigen weniger als 50 Prozent ihrer Geschäfte mit Kunden, Lieferanten oder Mitarbeitern über das Netz. Unter den Firmen, die Geschäfte webbasiert abschließen, integrieren nur 10 Prozent ihr Web-Front-End mit den Back-End-Anwendungen.

In der Realität vollzieht sich die Transformation damit etwas langsamer als ursprünglich angenommen. Wichtig aber ist: Sie findet unaufhaltsam statt. Man kann den Status der E-Business-Initiativen der Unternehmen grundsätzlich in drei Stufen unterteilen, die den verschiedenen Stadien der Umwandlung entsprechen. Der damit verbundene sogenannte E-Business-Reifegrad gibt Aufschluss darüber, wie das weitere Vorgehen aussehen sollte.

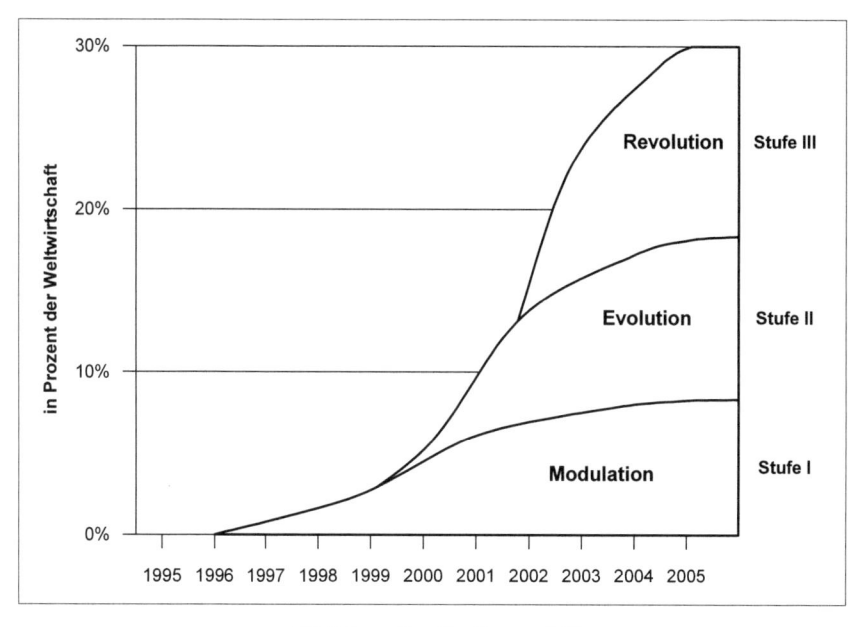

Abbildung 2: Stufenmodell

Stufe I: Die Basis legen

Alles fängt in der Regel ganz einfach an: eine simple Internetpräsenz aufbauen, Angestellte mit E-Mail-Zugang ausstatten und webbasierte, aber nicht in die internen Systeme integrierte Transaktionen anbieten. Dies ist grundsätzlich schnell zu erreichen, vorausgesetzt, entsprechend geschultes Personal steht in ausreichender Zahl zur Verfügung. In den meisten Unternehmen werden in dieser Phase zwar die Web Sites schnell größer und qualitativ besser, aber Transaktionen werden häufig noch über etablierte Kanäle (traditioneller Vertrieb, Telefon, Fax oder E-Mail) abgewickelt. Dennoch zeigen sich erste Erfolge: Dank der E-Business-Initiativen lassen sich neue Einnahmequellen erschließen sowie Kundenservice und Marktauftritt verbessern. Viele Unternehmen bleiben jedoch skeptisch, ob sich die Investitionen tatsächlich auszahlen. Selbst wenn Einsparpotenziale realisierbar scheinen, zeigen sich vor allem kleinere Unternehmen aufgrund von Sicherheits-, Datenschutz- oder auch Nutzenbedenken zurückhaltend. Vielfach werden erste Schritte initialisiert, dann aber nicht konsequent weitergeführt. Sind beispielsweise Transaktionen über das Netz möglich, erfolgen diese zumeist abgekoppelt von Unternehmenssystemen und anderen Vertriebskanälen.

Stufe II: Systeme verknüpfen

In dieser Phase gilt es, die marktseitigen Web-Systeme der Unternehmen mit den internen Prozessen und Systemen zu integrieren. So lassen sich Kosten eindämmen, der Betrieb rationalisieren und effizienter gestalten, die Produktivität erhöhen und die Kundenzufriedenheit steigern. Diese ganzheitliche Integration erlaubt es den Unternehmen, den Wertbeitrag ihrer Geschäftsmodelle weiter zu steigern Die Integration erstreckt sich dabei sowohl auf die Web-Applikationen (Online-Marketing, Customer Relationship Management usw.) untereinander als auch auf die Beziehungen zu Kunden, Lieferanten, Partnern und Angestellten mittels Internet, Intranet und Extranet (Supply Chain Management, Zusammenarbeit bei Produktentwicklung usw.). Hindernisse erwachsen hier aus der Komplexität und dem Umfang der Veränderung, mangelnden internen Ressourcen, Budgetierungskonflikten zwischen IT und dem Kerngeschäft oder auch der Starrheit der Unternehmensstrukturen und -kulturen.

Stufe III: Geschäftsmodelle neu ausrichten

Fortgeschrittenere Unternehmen nutzen E-Business mehr und mehr dazu, ihr Geschäftsmodell grundlegend zu verändern und stellen dabei auch ihr angestammtes Geschäft infrage. Sie benutzen das Web, um ihren Geschäftsbetrieb über das gesamte Partnernetz zu integrieren. Sie sind so flexibler, neue Leistungsangebote zu erstellen, die traditionelle Barrieren zwischen einzelnen Branchen aufbrechen. Diese kundenzentrierten Geschäftsmodelle der nächsten Generation nutzen die neuen technologischen Möglichkeiten wie Deep Computing, riesige Bandbreiten oder virtuelle Agenten. Unternehmen der dritten Stufe setzen somit an der Schnittstelle zum Kunden an und versuchen, die etablierte Beziehung zwischen Kunde und Lieferant neu zu besetzen oder qualifiziert zu verteidigen. Für viele etablierte Unternehmen erwächst daraus die Gefahr des Verlustes der Kundenschnittstelle, damit der Kundenbeziehung und letztendlich des Geschäftes.

Wenige Unternehmen haben bisher dieses Stadium erreicht, aber die Erfahrungen der First Mover wie beispielsweise des Logistikkonzerns UPS verdeutlichen den unbedingten Zwang, sich auf seine ureigensten Kernkompetenzen zu besinnen und darüber hinaus reichende Prozesse in Zusammenarbeit mit qualifizierten Partnern abzuwickeln. Im Zuge des konsequenten Umbaus gilt es, zahlreiche Hürden zu nehmen: aus Sicherheit und Datenschutz resultierende Bedenken, mangelnde Qualifikationen und technologische Herausforderungen.

Dieser Transformationsprozess erfolgt jedoch nicht linear, sondern unterliegt einer diskontinuierlichen Entwicklung. Die Geschwindigkeit variiert und hat sich in der Tat derzeit extrem verringert, was die Frage berechtigt erscheinen lässt, wie die zukünftige Entwicklung des E-Business aussehen wird. Dazu sei ein kurzer Blick zurück gestattet: Vor noch nicht allzu langer Zeit sah es so aus, als würde die New Economy die Geschäftsregeln völlig neu schreiben. Da gab es überzogene Erwartungen, wonach Dot-Coms die etablierten Unternehmen hinwegspülen würden. Da standen Unmengen an Kapital zur Verfügung, die unkontrolliert in Unternehmen ohne reale Erfolgsaussichten flossen. In der Folge ist die Zahl der (Dot-Com-) Firmenpleiten sprunghaft gestiegen, etablierte Unternehmen strichen radikal die Budgets ihrer E-Business-Initiativen und der Neue Markt bewegte sich auf ernüchterndem Niveau. Innerhalb kürzester Zeit also erlebte das Thema E-Business einen enormen Aufschwung, um dann um so tiefer zu fallen.

Vergleicht man diese Entwicklung mit der Rezeption anderer wichtiger Technologien, stellt man schnell fest, dass sich hier Muster wiederholen. Ein Muster, welches als „Hype Curve" bezeichnet werden kann. Die Hype Curve stellt den Reifegrad von Technologien und die durch sie ausgelösten Erwartungen dar und verdeutlicht die typischen Phasen, die dabei durchlaufen werden.

Alles beginnt mit dem plötzlichen Auftauchen neuer Ideen und Technologien, die als erfolgversprechend gelten. Je mehr sich diese Technologien zu einem Trend formen, desto mehr Eigendynamik gewinnen die Phantasie und die Erwartungen, bis hin zur kompletten irrationalen Überhöhung. B2C-E-Commerce, B2B-Marktplätze, Online-Advertising usw. seien nur stellvertretend genannt.

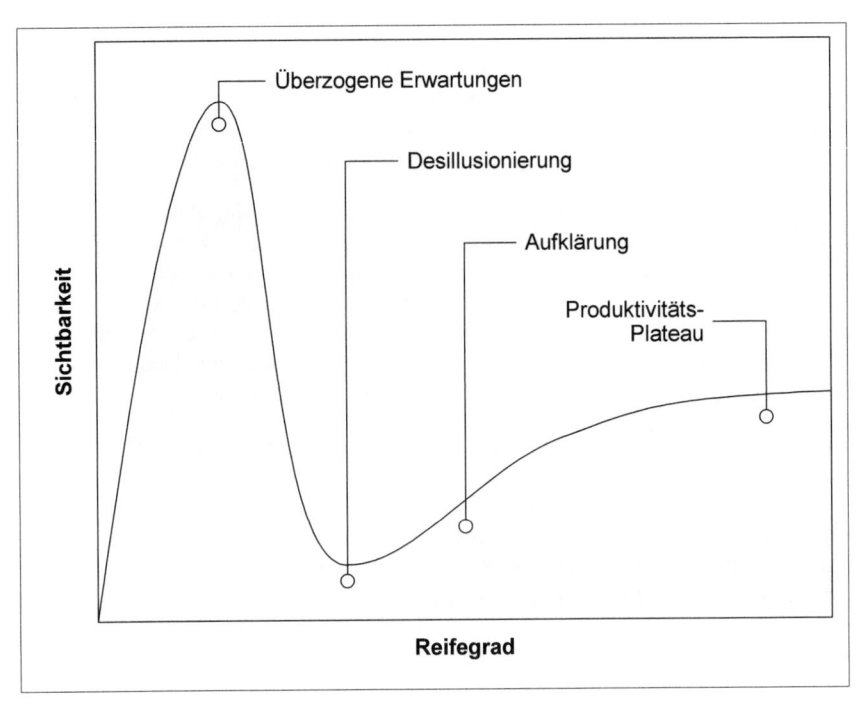

[Diagramm: E-Business Hype Curve — Kurve zeigt Verlauf über die Phasen "Überzogene Erwartungen", "Desillusionierung", "Aufklärung", "Produktivitäts-Plateau"; Y-Achse: Sichtbarkeit, X-Achse: Reifegrad]

Abbildung 3: E-Business Hype Curve

Mit schrumpfenden Erfolgsaussichten und zunehmenden Pleiten fällt die Hype Curve dramatisch und erreicht schließlich ihre Talsohle. Genau hier stehen wir heute beim Thema E-Business. Bemerkenswert ist jedoch, dass sich nicht das wirkliche Potenzial verringert hat, sondern lediglich die Erwartungen. In dem Maße, wie die Einsicht in das tatsächliche Veränderungspotenzial des E-Business wächst, werden die Unternehmen wieder die Dynamik entwickeln, die der Technologie eigentlich zukommt. Das Vertrauen kehrt zurück und die erwarteten Produktivitätssteigerungen lassen sich in der Unternehmenspraxis umsetzen.

Bei aller derzeitigen Ernüchterung bleibt also festzuhalten: Wahrnehmung und Wirklichkeit fallen beim Thema E-Business momentan weit auseinander. E-Business hat sich in den Unternehmen etabliert, seine Technologien haben die Unternehmen nachhaltig verändert und bilden heute einen integralen Bestandteil ihrer Leistungserstellung. Dass Unternehmen heute stärker darauf achten, welchen Beitrag die Technologie zur allgemeinen Steigerung des Unternehmenswerts leistet, ist nur folgerichtig. Letztendlich muss es darum gehen, mit E-Business die wirtschaftliche Leistungsfähigkeit eines Unternehmens weiter auszubauen.

1.3 Das „V-Modell"

E-Business verändert fundamental die Erstellung und den Vertrieb von Produkten und Leistungen, und zwar auf drei spezifische Arten:

- Disintermediation oder Neugestaltung von Teilen der Wertschöpfungskette unter Umgehung etablierter Strukturen,
- Neudefinition der Kundenbeziehungen durch kontinuierliche Anpassung an Kundenbedürfnisse, webbasierte Leistungserstellungsmethoden sowie Installation von virtuellen Agenten und Beratern, die verschiedene Produkte, Anbieter und Branchen miteinander verknüpfen,
- Komplette Neuausrichtung des Unternehmens zur Prozess- und Infrastruktur-Kostensenkung entlang der Wertschöpfungskette.

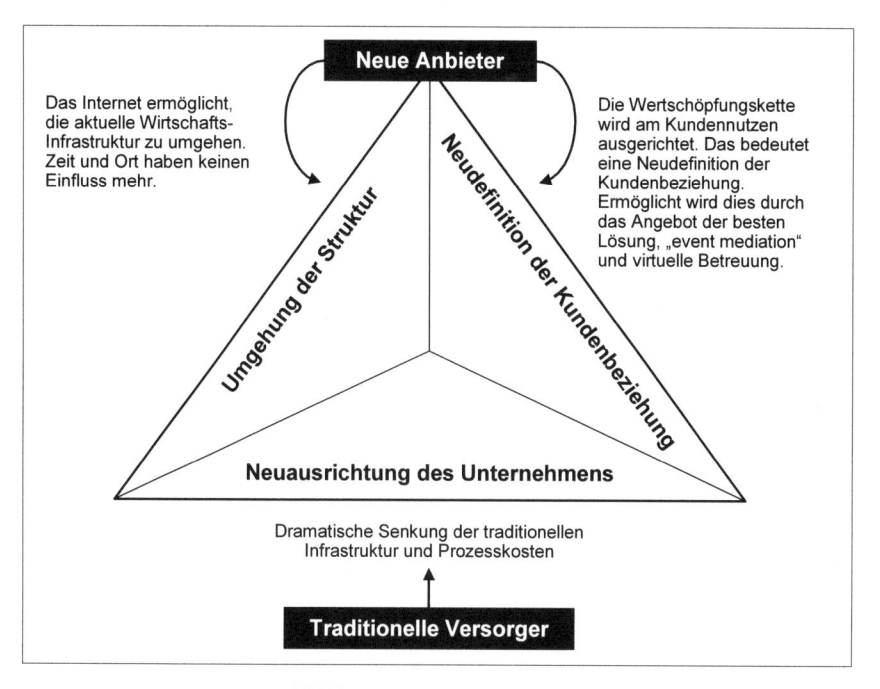

Abbildung 4: Das „V-Modell"

Diese drei Kräfte sind zusammen in der Lage, schnellen und grundlegenden Wandel zu forcieren, Marktanteile zwischen Geschäftsmodellen und Unternehmen zu verschieben und Wettbewerb neu zu definieren.

Ein Beispiel für die revolutionäre Kraft des Internets ist der Börsenhandel. In den letzten 25 Jahren sind zwei neue Geschäftsmodelle entstanden: Discount Brokerage und Online Trading. Während Discount Brokerage, beginnend in den achtziger Jahren, zu einer Teilung der Industrie führte, jedoch das etablierte Geschäftsmodell weitgehend intakt ließ, hat Online Trading sehr viel schneller einen größeren Marktanteil erobert und so das Überleben des alten Geschäftsmodells infrage gestellt.

Umgehung der Struktur

Online Trading hat im Zuge des Siegeszuges des World Wide Web die Logik des Discount Brokerage Modells auf zwei Wegen entscheidend erweitert. Erstens hat die Einführung des webbasierten, automatisierten Handels und die Einsparung vieler Call Center zu extremen Kostensenkungen geführt. So reduzierten sich die Handelskosten innerhalb von fünf Jahren um 90 Prozent. Zweitens wurde erstmals die Bereitstellung von professionellen, umfangreichen, aktuellen und interaktiven Analysetools wie Marktdaten-, Research- oder Charting-Tools für den Privatinvestor möglich. Im Ergebnis war es möglich, durch geringere Preise, größeren Leistungsumfang und gesteigerte Convenience den Kundennutzen extrem zu verbessern. Das traditionelle Discount Brokerage verschwand und Online Trading ist dabei, weiter massiv Marktanteile zu erobern.

Neudefinition der Kundenbeziehung

Die Veränderungskraft der Online Broker lässt sich zum großen Teil auf die Neudefinition der Kundenbeziehung zurückführen. Indem der Broker Marktdaten, unabhängigen Research und Investment Tools bündelt, agiert er als unabhängiger Berater. Gleichzeitig bietet er Third-Party-Bank- und Versicherungsprodukte an und stärkt so seine Stellung als Agent des Kunden für unterschiedliche Bedürfnisse. Er akkumuliert Kundeneinlagen, generiert Provisionen und erweitert und vertieft so die Kundenbeziehung.

Neuausrichtung des Unternehmens

Online Trading demonstriert, wie webbasierte Geschäftsmodelle Kosten entlang der gesamten Wertschöpfungskette senken können. Durch das Internet verringern sich die Kosten für Personal, Filialen und Call Center erheblich. Doch noch wichtiger: Mit dem Straight-Through-Processing (STP) entstehen Skaleneffekte, die beispielsweise durch die Zusammenarbeit mit webbasierten Order-Matching-Systemen, so genannten Electronic Communications Networks (ECN), verstärkt und an den Kunden weitergegeben werden können.

Nachdem im Zuge der Börsenflaute die Handelsvolumina und damit die Erträge dramatisch zurückgegangen sind, geraten die einstigen High Flyer zwar zunehmend unter Druck. Doch der intelligente Einsatz von Internettechnologie erlaubt ihnen, den Verlust des traditionellen Geschäfts durch neue Angebote zu kompensieren. Zum einen erweitern sie ihr Serviceangebot durch die Einführung anspruchsvoller Online-Finanzberatungstools, bieten vermehrt eine persönliche telefonische Anlageberatung oder eröffnen eigene Beratungscenter. Zum anderen werden Cross-Selling-Potenziale erschlossen (Immobilienberatung und –finanzierung, geschlossene Fonds, weitere Versicherungsprodukte etc.) und Allianzen eingegangen. Festzuhalten bleibt, dass die ursprüngliche Differenzierung, die durch das Internet möglich geworden ist, auf neue Produkte, Partner und Kanäle übertragen wird und so die Unternehmen in die Lage versetzt, die Transformation fortzusetzen.

2 Management von E-Business-Projekten

E-Business verändert radikal und mit hoher Geschwindigkeit Strukturen, Wertschöpfungsketten und Prozesse. Projekte zur Einführung einer E-Business-Initiative stehen daher unter einem extremen Erfolgs- und Zeitdruck, vor allem die Geschwindigkeit des Projekts gewinnt einen enormen Stellenwert. Komplexe Aufbau- und Reorganisationsprozesse, meist gekoppelt mit einer massiven Veränderung der IT-Infrastruktur, müssen schnell und fehlerfrei umgesetzt werden, denn ein Zurücknehmen ist durch die Transparenz des Internets fast ausgeschlossen oder mit hohen Kosten und Imageschäden verbunden. Daraus ergeben sich wichtige Anforderungen an die Planung und Durchführung der E-Business-Projekte.

Wie schaffe ich es, bei extrem verkürzten Entscheidungswegen und -zeiten meine Investitionsbudgets auf die richtigen, die Erfolg versprechenden Initiativen zu verteilen? Welche Kennzahlen geben mir Aufschluss über den Erfolg der E-Business-Initiative? Wie stelle ich die zeitnahe Verfügbarkeit der Informationen sicher? Um diese und weitere Fragen beantworten zu können, muss der Entscheidungs- und Budgetierungsprozess überarbeitet werden, muss das Controlling von Anfang an konzipiert, mit einbezogen und umgesetzt werden und muss im Rahmen der Projektdurchführung mit Hilfe eines professionellen Projektmanagement reagiert werden. Auf die Erfolgsfaktoren bei der Planung des E-Business-Projekts wird im Abschnitt 3 noch näher eingegangen.

2.1 Grundlagen des Projektmanagements

Für E-Business-Projekte gelten prinzipiell die gleichen Erfolgsvoraussetzungen wie für Projekte mit anderem Fokus. Eine wesentliche ist zweifelsohne ein exzellentes Projektmanagement. Unter Projektmanagement subsumiert man alle Prozesse, Stellen und Regeln, die für die Planung, Organisation und Durchführung eines in Projektform aufgesetzten Veränderungsvorhabens nötig sind. Dabei besteht ein effektives Projektmanagement aus:

- Planung und Strategie
- Projektprozesse
- Projektverfolgung
- Projektadministration

Das Projektmanagement beginnt schon vor dem eigentlichen Start des Projekts mit der Planung und Strategie. Hier werden alle notwendigen Projektbestandteile und ihr Management geplant und konzipiert. Projektziele, Teilschritte und Erfolgsfaktoren werden definiert, Aktivitäten, Ergebnisse und Ressourcen geplant und die Projektorganisation (Struktur, Rollen, Verantwortlichkeiten) wird aufgesetzt. Die Konzeption dieser Komponenten muss möglichst vollständig und fehlerfrei bereits vor Projektstart vorliegen, da Projekte in der Regel zeitlich knapp bemessen sind und somit im Verlauf des Projekts bei Fehlern kaum Zeit zum Gegensteuern verbleibt.

Im Rahmen des Projektmanagements sind entscheidende Prozesse zu initialisieren, um die Qualität der Leistungserstellung zu sichern. Hierfür müssen Ziele, Zeitplan und Durchführung der Qualitätssicherung eingerichtet werden. Wie gehe ich mit Änderungen des Projektinhalts, von Meilensteinen oder der Projektorganisation um? Hierzu müssen Entscheidungsmethoden und -kriterien definiert werden. Auch ist ein Risikomanagement zu installieren, welches Projektrisiken erhebt, einstuft und Maßnahmen definiert. Das Eskalationsmanagement legt Prozesse und Stufen für die Eskalation von Problemen fest.

Im Rahmen der Projektverfolgung ist das Projektcontrolling zu konzipieren und durchzuführen. Es müssen Zeiten, Aufwände und Kosten geplant und überwacht, regelmäßige Controllingberichte an die Projektsponsoren erstellt und die Abnahme der (Teil-) Projektergebnisse organisiert werden. Es sind Statusberichte zu erstellen, auszuwerten und zu kommunizieren sowie offene Punkte aufzunehmen und zu verfolgen. Darüber hinaus sind wichtige Fragen der Budgetierung zu klären: Die Ist-Aufwände sind mit dem Soll-Budget zu vergleichen, die Zeitregistrierung ist durchzuführen und das Rechnungsmanagement ist aufzusetzen. Ziel ist es, von Beginn an den Projektfortschritt transparent zu gestalten und so den Projekterfolg sicherzustellen.

Schließlich ist die Projektadministration zu initiieren. Sie hat u.a. für eine effektive Kommunikation innerhalb und außerhalb des Projekts Sorge zu tragen und die Abstimmung mit anderen Projekten sicherzustellen. Des weiteren muss eine ordnungsgemäße Projektdokumentation erfolgen. Es ist eine Projektakte anzulegen, die Vorgehensweise auf ihre Übertragbarkeit auf andere Projekte zu überprüfen und es sind eventuell Standards oder generische Tools zu entwickeln. Nicht zuletzt fällt unter die Projektadministration die gesamte Beschaffung, also z.B. die Durchführung von Ausschreibungen, die Lieferanten-/Dienstleisterauswahl oder auch das Vertragsmanagement. Somit gewährleistet eine funktionierende Projektadministration einen reibungslosen Projektablauf und den produktiven Einsatz der Ressourcen.

2.2 Besonderheiten von E-Business-Projekten

E-Business-Projekte unterliegen einer stärkeren Dynamik, der mit dem Vorgehen des klassischen Projektmanagements nicht in dem Maß Rechnung getragen werden kann, wie es solche Initiativen unbedingt erfordern. Oft erweisen sich gerade diese Besonderheiten als erfolgskritische Größen.

2.2.1 Zeit

E-Business-Vorhaben sind zeitkritisch. Die Produktlebenszyklen sind deutlich kürzer und oft entscheidet der Zeitpunkt, wann das Serviceangebot live geht, über Erfolg oder Misserfolg. Sicherlich ist es nicht zielführend, den hundertsten Online-Buchhandel oder das zweihundertste Shopping-Portal zu bauen. Viele Internetangebote leben von der Anzahl der aktiven Nutzer. Um diese zu gewinnen gilt es, schnell zu handeln, denn ein verspäteter Marktauftritt bedeutet, dass die Nutzer bereits woanders positive Erfahrungen gemacht haben und eventuell gebunden sind. Was zählt ist also Schnelligkeit: Schnelligkeit der Entscheidungen, Schnelligkeit in der Umsetzung, Schnelligkeit beim Erreichen von (Teil-) Erfolgen.

Somit sind schnelle Entscheidungen wichtig. Und dies sowohl im Vorfeld (sich schnell für das richtige E-Business-Konzept entscheiden) als auch im Projekt selbst (schnell über Budgets, Teilergebnisse oder Änderungen bestimmen). Man kann über E-Business-Projekte nicht in den üblichen Budgetierungsrunden entscheiden, sonst erfolgt der Startschuss – nach unzähligen Planungs- und Entscheidungsrunden – entschieden zu spät. Schnelligkeit im Projekt lässt sich auf verschiedene Arten erreichen. Zum einen werden größere Projekte sowohl zeitlich als auch inhaltlich modularisiert, also in kleine, besser steuer- und kontrollierbare Teilprojekte aufgegliedert, die überlappend realisiert und implementiert werden können. Des weiteren ist es meist sinnvoll, das Vorhaben in mehreren Releases zu verwirklichen und in kleinen Schritten an den Markt zu gehen. So kann man schnelle Teilerfolge, die zielführend und für den Gesamtprojekterfolg förderlich sind, realisieren, und dadurch rasch mit ausgewählten Highlights Aufmerksamkeit erzielen. Baut man dagegen die hundertprozentige Lösung innerhalb von drei Jahren und geht erst dann an den Markt, wird dies in der Regel zu spät sein und das Angebot darüber hinaus veraltet. Zum anderen empfiehlt es sich vor allem bei unklaren Anforderungen oder für ausgewählte kritische Pfade, entsprechend der Vorgehensweise des Rapid Prototypings frühzeitig Funktionalitäten, Design oder Architekturen zu testen, um rasch Fehler zu erkennen und zu vermeiden.

2.2.2 Transparenz

Wie bereits erläutert, führt E-Business für alle Beteiligten zu einer gewaltigen Erhöhung der Transparenz des Handelns. Diese gestiegene Transparenz wirkt in mehrere Richtungen. Zum einen führt sie zu einer erhöhten Wechselbereitschaft, so dass ehemals loyale Kunden zu „Schnäppchenjägern" werden. Viele Angebote unterscheiden sich in ihren Augen nicht ausreichend von denen des Wettbewerbs und sind somit austauschbar. Dies erfordert die verstärkte und frühzeitige Einbeziehung von Marketingstrategien, um das Angebot entsprechend zu differenzieren.

Zum anderen werden Erfolge und Misserfolge, auch die innerhalb des Projekts, nicht „im Labor" erzielt, sondern unmittelbar öffentlich und können von Kunden, Partnern und Konkurrenten verfolgt werden. Für die E-Business-Vorhaben bedeutet dies: Die Möglichkeit einer testweisen Einführung eines Angebots existiert faktisch nicht mehr. Einmal aus der Taufe gehoben muss das Angebot funktionieren, zurückzunehmen ist es nur mit erheblichem Imageschaden. Dies verschärft natürlich die qualitativen Anforderungen an Konzeption, Umsetzung und Testverfahren.

2.2.3 Multidisziplinarität

E-Business-Projekte tangieren meist mehrere Kompetenzen: Strategie, Brand Creation, Web Design und klassische IT. Diese verschiedenen Kompetenzen sind sowohl im Projekt als auch bereits in der Planungsphase adäquat zu berücksichtigen. Daher sind alle beteiligten Disziplinen in einem multidisziplinären

Projektansatz einzubeziehen. Auch sollte das Projektteam – mit sich im Zeitablauf ändernder Gewichtung – von Beginn an gemischt besetzt werden, um Reibungsverluste zu minimieren.

Anders als konventionelle Projekte müssen E-Business-Projekte daher konzeptionell so angelegt werden, dass unter einer einheitlichen Projektsteuerung Strategie, Design und die stetige Implementierung in kleinen Schritten simultan ablaufen können. Alles in allem steigen also die Anforderungen an Projektsteuerung und Projektmanagement.

3 Was macht E-Business-Projekte erfolgreich?

E-Business hat in allen Unternehmensbereichen Einzug gehalten. Ganz offensichtlich gab es also eine Vielzahl erfolgreicher E-Business-Projekte. Jedoch gibt es mindestens ebenso viele gescheiterte E-Business-Vorhaben. Auch wenn ein Scheitern grundsätzlich nicht immer selbstverschuldet sein muss, so sind die vielen eingestellten Marktplätze, Marktaustritte von Internet Pure Plays oder das Sterben der Dot-Coms deutliche Anzeichen dafür, dass bei der Konzeption oder Umsetzung einer Reihe von E-Business-Initiativen augenscheinlich Fehler gemacht wurden.

Viele der Fehler lassen sich vermeiden, wenn man einige wesentliche Punkte beachtet. Zunächst einmal sind E-Business-Projekte zuallererst Projekte. Das bedeutet, dass viele der klassischen Erfolgsfaktoren auch für E-Business-Projekte gelten. Zu Zeiten des E-Business-Hypes wurden dagegen einige wichtige Spielregeln grundlegend missachtet. So fehlte für viele E-Business-Vorhaben z.B. die Validierung der Geschäftsidee mittels eines realistischen Business Case.

Dennoch gibt es in der Tat Besonderheiten (siehe Abschnitt 2.2), die es unbedingt erforderlich machen, ein konsistentes Vorgehen über alle Projektphasen hinweg zu entwickeln und das Projekt ganzheitlich zu steuern und zu kontrollieren. Abbildung 5 verdeutlicht am Beispiel eines Portals, wie vielfältig die zu berücksichtigenden Faktoren sind.

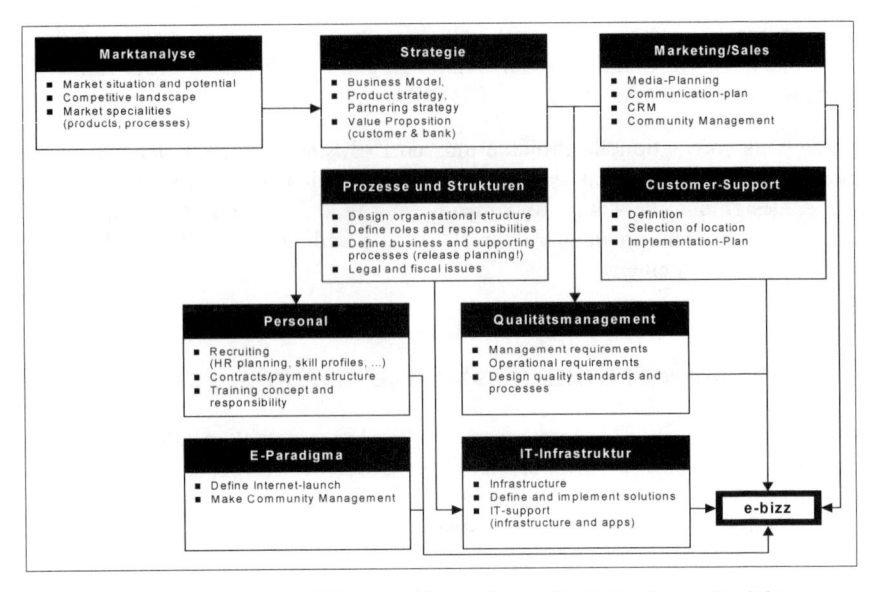

```
┌─────────────────────────┐   ┌─────────────────────────┐   ┌─────────────────────────┐
│      Marktanalyse       │   │        Strategie        │   │     Marketing/Sales     │
├─────────────────────────┤   ├─────────────────────────┤   ├─────────────────────────┤
│ ■ Market situation and  │   │ ■ Business Model,       │   │ ■ Media-Planning        │
│   potential             │──▶│   Product strategy,     │──▶│ ■ Communication-plan    │
│ ■ Competitive landscape │   │   Partnering strategy   │   │ ■ CRM                   │
│ ■ Market specialities   │   │ ■ Value Proposition     │   │ ■ Community Management  │
│   (products, processes) │   │   (customer & bank)     │   │                         │
└─────────────────────────┘   └─────────────────────────┘   └─────────────────────────┘
```

┌─────────────────────────────────┐   ┌─────────────────────────┐
│   Prozesse und Strukturen   │   │   Customer-Support   │
├─────────────────────────────────┤   ├─────────────────────────┤
│ ■ Design organisational structure│ │ ■ Definition   │
│ ■ Define roles and responsibilities│ │ ■ Selection of location │
│ ■ Define business and supporting │   │ ■ Implementation-Plan   │
│   processes (release planning!) │   │   │
│ ■ Legal and fiscal issues   │   │   │
└─────────────────────────────────┘   └─────────────────────────┘

┌─────────────────────────────────┐   ┌─────────────────────────────┐
│   Personal   │   │   Qualitätsmanagement   │
├─────────────────────────────────┤   ├─────────────────────────────┤
│ ■ Recruiting   │   │ ■ Management requirements   │
│   (HR planning, skill profiles,)│   │ ■ Operational requirements │
│ ■ Contracts/payment structure   │   │ ■ Design quality standards │
│ ■ Training concept and   │   │   and processes   │
│   responsibility   │   │   │
└─────────────────────────────────┘   └─────────────────────────────┘

┌─────────────────────────────────┐   ┌─────────────────────────────┐
│   E-Paradigma   │   │   IT-Infrastruktur   │
├─────────────────────────────────┤   ├─────────────────────────────┤
│ ■ Define Internet-launch   │   │ ■ Infrastructure   │
│ ■ Make Community Management   │   │ ■ Define and implement   │
│   │   │   solutions   │   ┌────────┐
│   │   │ ■ IT-support   │──▶│ e-bizz │
│   │   │   (infrastructure and apps) │   └────────┘
└─────────────────────────────────┘   └─────────────────────────────┘

Abbildung 5: Relevante Planungsdimensionen für E-Business-Projekte am Beispiel eines Portals

3.1 Strategische Planung

In der ersten Phase des E-Business-Projekts muss die Machbarkeit des Vorhabens umfassend geprüft und die E-Business-Strategie entwickelt werden. Was sind die Kundenbedürfnisse? Wer sind die Wettbewerber? Ist das Projekt erfolgversprechend? Welche Partner sind miteinzubeziehen? Hier werden die grundlegenden Weichen für den Projekterfolg gestellt. Ist die fundamentale Ausrichtung des Projekts falsch, wird auch eine schnelle, fehlerfreie und kostengünstige Umsetzung nichts am Misserfolg des Unterfangens ändern können. Eine ganzheitliche Sichtweise des E-Business-Projekts, die bestmögliche Aufstellung und Evaluation des Business Case sowie die Einordnung des Projektes in das Gesamtprojektportfolio entscheiden wesentlich über den weiteren Projektverlauf. Abbildung 6 illustriert beispielhaft den Prozess der Strategieentwicklung.

E-Business-Projekte sind in den Gesamtkontext des Unternehmens einzuordnen. Zu klären ist beispielsweise, welche Implikationen sich aus der Unternehmensstrategie für das E-Business-Vorhaben ergeben und welchen Beitrag es zu deren Verwirklichung leisten kann. Darüber hinaus ist von Beginn an das Vorhaben als

Ganzes zu planen und durchzuführen. Dies gilt unabhängig davon, in wie viele und welche Teile das Projekt unterteilt wird oder welche Partner an den jeweiligen Teilprojekten beteiligt sind. Nur ein konsistentes Projektmanagement über alle Phasen hinweg vermag den Projekterfolg zu gewährleisten.

Unternehmensanalyse	**Machbarkeitsstudie**	**Strategie**
■ Produktangebot ■ SWOT-Analyse	■ Wertschöpfungstiefe ■ Eigenschaften Business Model	■ Zielkunden ■ Produkte ■ Kanäle ■ Value Chain ■ Partner
Analyse der Nachfrage		
■ Kundenbedürfnisse ■ Segmentierung ■ Zielkundendefinition	**Ableitung Produktangebot**	
Wettbewerbsanalyse	■ Produkte ■ Kanäle ■ Umsatzpotential	
■ Angebot ■ Economics		
Analyse potentieller Partner	**Partnerkonzept**	
■ Longlist	■ Partneranforderungen ■ Bewertung und Auswahl der Partner	

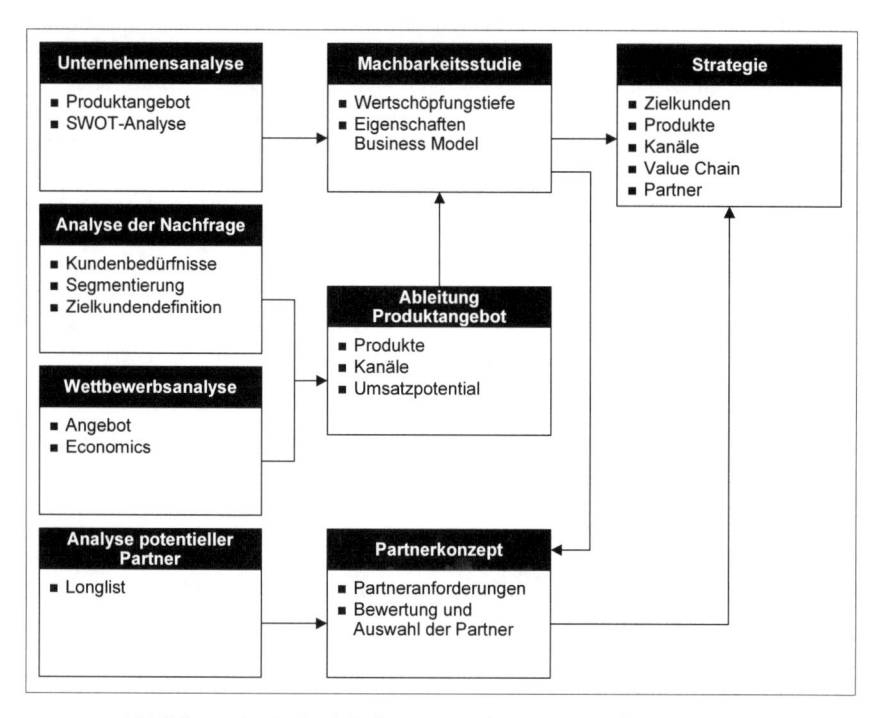

Abbildung 6: Beispiel einer E-Business-Strategieentwicklung

Veränderter Fokus

Darüber hinaus sind die Ziele und Formen der E-Business-Projekte ständig zu überprüfen und an veränderte Rahmenbedingungen oder Unternehmensziele anzupassen. Ein Beispiel ist der Wandel der E-Business-Aktivitäten von Projekten zum Neuaufbau von Internet-basierten Geschäftsmodellen und Kundengewinnung hin zu Kostenreduktion, Effizienzsteigerung, Prozessverbesserung und unmittelbarer ROI-Wirksamkeit. Wie eine kürzlich bei führenden europäischen Unternehmen der Finanzindustrie durchgeführte Studie[2] zeigt, sind Schlagworte wie Kosten senken, Effizienz steigern oder auch Business Process Reenginee-

---

[2] Vgl. IBM (2002b).

ring – allesamt altbekannte Bestandteile der Unternehmensstrategien der letzten Jahrzehnte – zum bestimmenden Thema geworden.

Zur Zeit werden eine ganze Reihe von Restrukturierungsprojekten mit dem Ziel durchgeführt, Kosten drastisch zu senken, Effizienzsteigerungen zu realisieren und somit den Shareholder Value zu steigern. Dies bedeutet, dass Projektlaufzeiten kürzer werden, um schnell Resultate erzielen und messen zu können. Um diese Vorgaben zu erreichen, konzentrieren sich die Unternehmen auf straffere Prozesse entlang der gesamten Wertschöpfungskette, verbessern die Interaktion von Back-Office-Funktionen mit ihrem Customer-Relationship-Management, oder beschäftigen sich mit Business Process Outsourcing (BPO), also der Auslagerung kompletter Prozesse. Ein deutlicher Trend ist des weiteren das wachsende Bewusstsein, IT und E-Business einzusetzen, um die Reengineering-Ziele zu erreichen. Eine Entwicklung, die sich noch fortsetzen wird, da die Unternehmen noch nicht das volle Potenzial ausschöpfen. Welche gewaltigen Einsparungen möglich sind, zeigt das Beispiel IBM. Das Unternehmen investierte weltweit rund 2,7 Mrd. Dollar, um ein E-Business zu werden und realisierte damit Einsparungen in Höhe von 9,5 Mrd. Dollar.

Die Studie nennt auch die häufigsten Gründe, warum sich Banken und Finanzdienstleister mit ihrer Transformation zu einem E-Business schwer tun. Ein Grund ist, dass in der Vergangenheit viele E-Business-Initiativen eher technologie- als businesszentriert waren. Dies führte dazu, dass wichtige Aspekte der Transformation wie Prozesse, Organisation oder Unternehmenskultur ignoriert wurden, was geringere positive Effekte als antizipiert zur Folge hatte. Oft fehlte auch eine Gesamtschau für und auf die einzelnen Initiativen. E-Business „Flickwerk" war die Folge. Häufig waren getrennt gewachsen, was die Ausbreitung einheitlicher Prozesse, Technologien und Organisationsstrukturen über die siloartig organisierten Unternehmen hinweg erschwerte. Nicht zuletzt wurden in der Vergangenheit auch meist die mit der internen Nutzung von E-Business-Technologien verbundenen Möglichkeiten zur Steigerung des Shareholder Value unterschätzt.

E-Business-Projekte müssen sich den veränderten Bedingungen und Anforderungen stellen. Unternehmen suchen nach E-Business-Initiativen, die ihnen helfen, ihre Organisationen kundenzentriert zu gestalten, ihre Performance zu steigern und gleichzeitig ihre Produktivität zu erhöhen. Sie müssen daher ein ganzheitliches Konzept der E-Business-Transformation zur Erhöhung der Marktflexibilität, für stetige Prozessverbesserung sowie zur Erschließung weiterer E-Business-gestützter Kostensenkungspotenziale entwickeln und ständig aktualisieren.

Business Model

In den letzten zwei Jahren hat sich das Geschäftsklima von irrationaler Übertreibung zu vorsichtiger Abwägung verändert. Ging es damals um die höchsten „Burn Rates", stehen heute (wieder) die höchsten „Return Rates" ganz oben auf der Prüfliste der Investoren. Auch in der E-Welt gilt also: Führe nur Investitionsvorhaben durch, die einen positiven Kapitalwert (Net Present Value, NPV) aufweisen. Diesen jedoch zu bestimmen, schien lange Zeit mit den altbewährten Investitionsrechnungsverfahren unmöglich. Die etablierten Bewertungsverfahren wie Discounted Cash Flow oder Payback Period eigneten sich aufgrund ihres Datenbedarfs, den die Business Pläne der E-Business Ventures nicht decken konnten, offensichtlich nicht dafür.

Und so entwickelten sich in den Boom-Zeiten phantasievolle Bewertungsverfahren. Firmen waren voller Furcht, den Anschluss zu verpassen. Und so hielten immer mehr externe Vergleichszahlen, die so genannten „Comparables", als Begründung eines starken E-Business-Engagements her. Mitte 1999 wurden zum Beispiel Online-Kunden von E-Commerce-Sites mit jeweils bis zu $ 9.000 bewertet,[3] was sich in entsprechenden Marktkapitalisierungen niederschlug. Nur rund ein Drittel der im Jahre 2000 befragten Internet Executives legten ihrer E-Business-Investitionsentscheidung klassische Investitionsrechnungsmethoden zugrunde.[4] Dass die in der Marktkapitalisierung implizierten Ertragserwartungen sich nicht erfüllten, ist bekannt.

Umso berechtigter ist also heute die Frage, wie man denn E-Business Aktivitäten richtig bewertet. Die Antwort ist überraschend kurz und einfach: wie jede andere Investition auch. Alle mit der Investition verbundenen Ein- und Auszahlungen sind zu erfassen, zeitlich einzuordnen und mit einem risikoangepassten Zinssatz zu diskontieren. Viel schwieriger zu beantworten ist dagegen die Frage, wie man die dafür benötigten Informationen und Daten erhält. Gerade E-Business Initiativen verursachen neben direkt zurechenbaren Einnahmen und Ausgaben indirekte Einnahmen (Indirect Benefits). Berücksichtigt man diese jedoch nicht, ist für die meisten E-Business Initiativen der Discounted Cash Flow (DCF) deutlich negativ.

Viele gewinnbringende Initiativen würde es aufgrund des alleinigen Entscheidungskriteriums DCF heute nicht geben. So wandelte sich beispielsweise der NPV eines Unternehmensportals einer großen PR-Agentur unter Berücksichtigung der Effekte aus einem verbessertem Kundenservice, vereinfachtem Zugang zu Informationen und effizienterem Publikationsprozess von –11 Mio. zu +12 Mio.

---

[3] Working Council (1999), S. 14.
[4] IBM (2001a) S. 4.

Dollar. Ein weiteres Beispiel ist die Plattform zur Integration aller Handelspartner eines Unternehmens der Konsumgüterindustrie, deren NPV durch den zu erwarteten Anstieg der Verkaufszahlen und die Reduzierung von Reklamationen von 17 auf 161 Mio. Dollar stieg.

Unternehmen, die sich dazu entschließen, diese Indirect Benefits in ihre Investitionsentscheidung einzubeziehen, stehen schnell vor dem Problem, Controllingsysteme zu installieren, die auch tatsächlich messen können, ob die erwarteten Vorteile realisiert wurden. Geschieht dies nicht, schadet das dem Unternehmen gleich doppelt: Erstens werden die Investitionen falsch bewertet, und zweitens werden diese Best Practices unternehmensweit weder identifiziert noch für andere Initiativen nutzbar gemacht.

Portfoliomanagement

Zu identifizieren, ob einzelne Investitionen einen positiven Beitrag zum Unternehmenswert leisten, ist jedoch nur der erste Schritt. Ein weiterer Punkt ist die Einordnung von E-Business-Investitionen in ein unternehmensweites Portfolio aus Initiativen. Hier steht die Frage im Vordergrund, ob die Investitionen für ein einzelnes Projekt in das Portfolio aller E-Business-Aktivitäten passen. Viele Unternehmen haben ein aufgeblasenes und überaltertes E-Business-Portfolio. Die Gründe hierfür liegen in der Zeit des Internet-Booms. Große Konkurrenz durch Internet Pure Plays, starkes Wirtschaftswachstum, „volle Taschen" und nicht zuletzt fehlende oder schwache interne Führungsprinzipien erzeugten eine Verzettelung mit vielen kleinen, zum Teil sogar redundanten Initiativen.

Der Portfolio-Ansatz ermöglicht es Unternehmen, den Ertrag aus ihren E-Business-Aktivitäten zu maximieren, und zwar durch

- Ausrichtung aller E-Business-Initiativen an der Gesamtunternehmensstrategie,
- Identifikation und Nutzung der Möglichkeiten bereits bestehender Technologieinitiativen,
- Eliminierung von Redundanzen und
- Diversifizierung von Risiko und Fokus.

Während die Risikodiversifizierung eine gesunde Mischung von Risiko-Ertrag-Tradeoffs ermöglicht, lässt sich durch die Diversifizierung des Fokus die Unterstützung der Gesamtunternehmensstrategie sichern. Indem man untersucht, ob die Initiativen intern oder extern und umsatzsteigernd oder kostensenkend sind, zeigt sich schnell, ob alle möglichen Wege beschritten werden, um Unternehmenswert zu generieren. Nicht zuletzt erlaubt es der Portfolioansatz, Gelerntes und Infrastruktur aus den bestehenden Projekten auf andere Projekte in anderen

Geschäftsfeldern zu übertragen oder sogar neue Projektansätze zu identifizieren. Abbildung 7 verdeutlicht dies.

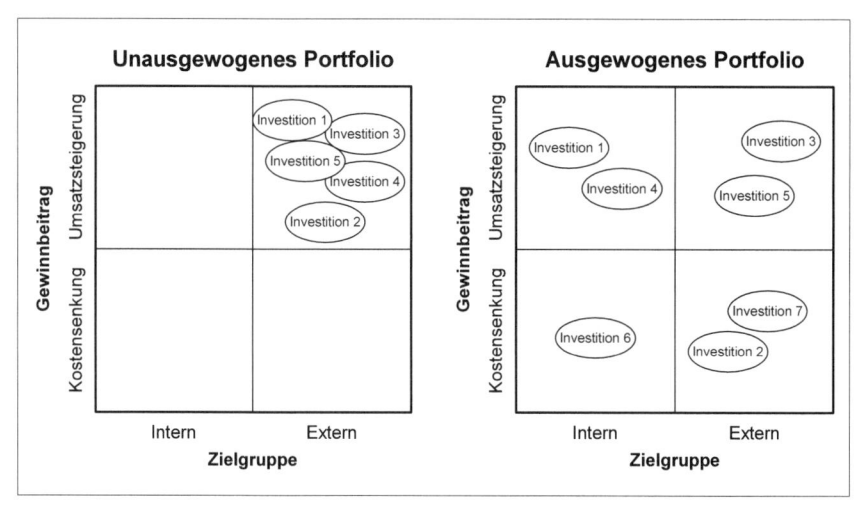

Abbildung 7: Fokusdiversifizierung von E-Business-Initiativen

3.2 Operative Maßnahmen

Nachdem in der ersten Projektphase die E-Business-Strategie im Einklang mit der Gesamtstrategie entwickelt wurde, folgt nun eine stufenweise Detaillierung und Feinplanung der Dimensionen 'Capabilities' und 'Enabler' (unter anderem die Faktoren Mitarbeiter, Kompetenzen, Fachwissen, Unternehmen, Prozess, IT-Infrastruktur). Das Abstraktionsniveau nimmt dabei von der Konzeptionsphase hin zur physischen Implementierung kontinuierlich ab. Für alle betroffenen Stufen der Wertschöpfungskette werden die Einflüsse der Enabler auf das Projekt analysiert und mit abnehmender Abstraktion immer detaillierter geplant. Abbildung 8 veranschaulicht diesen stufenweisen Prozess.

Dabei werden basierend auf dem erarbeiteten Capability Model schrittweise Prozesse, Architekturen, Infrastrukturen, Anwendungen und die Organisation geplant und implementiert. Hier kommt der Organisation eine besondere Bedeutung zu. Lange Zeit galten Front-End-Technologie und Design als Hauptvoraussetzungen für eine prosperierende E-Business-Lösung. Organisatorische Fragen wurden eher „pragmatisch" behandelt und die E-Business-Vorhaben oft isoliert betrieben, so dass Synergien und Wechselwirkungen zwischen „alten" und „neuen" Geschäftsfeldern nicht ausgenutzt werden konnten. Diese Fehlentwicklungen werden zur Zeit korrigiert: Unternehmen sind dabei, ihre E-Business-Inseln in ihre Organisationsstruktur zu integrieren.

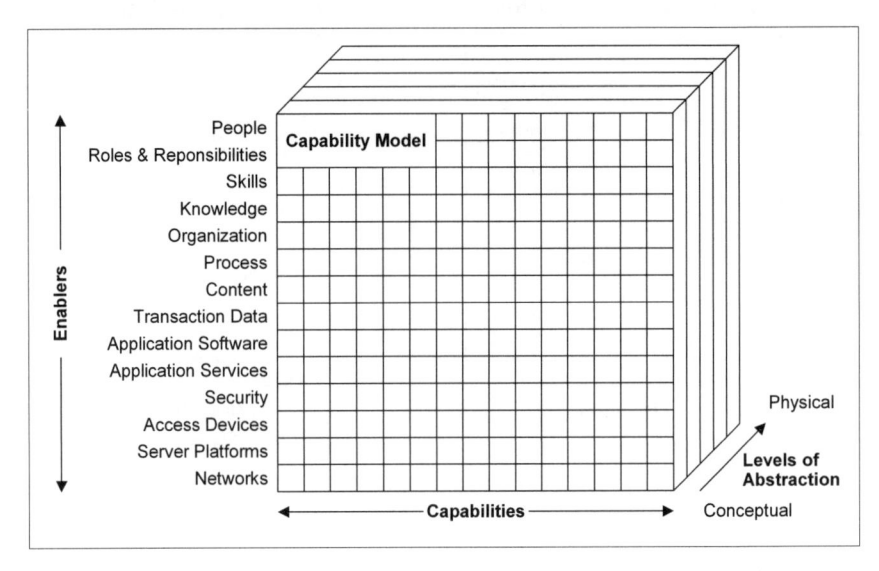

Abbildung 8: Stufenweise Detaillierung des konsistenten Vorgehens

3.3 Ganzheitliches Projektcontrolling

Die bisherigen Ausführungen haben eines verdeutlicht: Das Controlling des Projekterfolges ist wichtig und keinesfalls trivial. Vielmehr ist es eine Anforderung, die sich über alle Projektphasen – einschließlich der Vorbereitung des Projekts – erstreckt. In der Tat muss das permanente und sukzessive Controlling des Projektfortschritts bereits in der Planungsphase beginnen. Welche Kennziffern geben Aufschluss über die Qualität, die Angemessenheit und Geschwindigkeit des Projektverlaufs? Wie verändert sich die Auswahl der angebrachten Kennziffern im Laufe der Projektentwicklung? Werden diese Faktoren nicht von vornherein in die Planungen aufgenommen, läuft das Projekt Gefahr, die notwendigen Resultate nicht in der erforderlichen Zeit zu erzielen. Es ist wichtig, über alle Projektphasen hinweg ein konsistentes und gesamthaftes Controlling zu gewährleisten – unter Beachtung der sich im Zeitablauf ändernden Anforderungen an das Projekt.

Deutlich wird hierbei die Steuerungsfunktion des Controllings: Das Konzipieren und Planen der zu steuernden Unternehmensfunktionen vor Beginn eines E-Business-Projekts ist in der Regel wichtiger für den Erfolg des Vorhabens als das parallele und nachgelagerte Überprüfen des Projektfortschritts oder der Ergebnistypen.

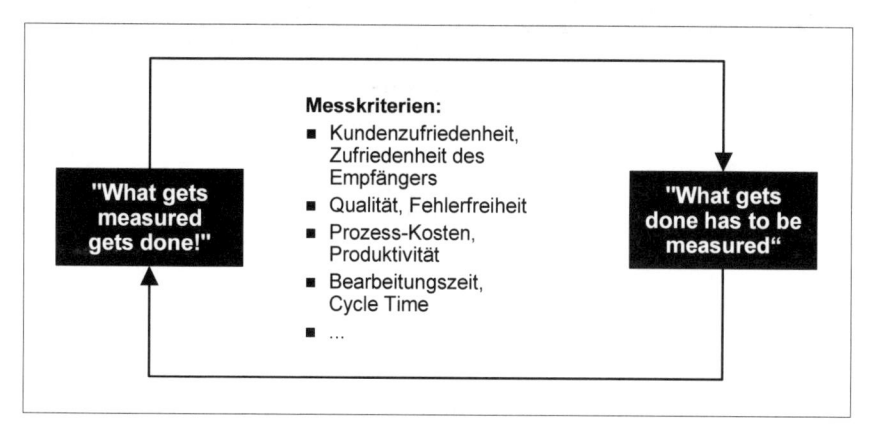

"What gets measured gets done!"

Messkriterien:
- Kundenzufriedenheit, Zufriedenheit des Empfängers
- Qualität, Fehlerfreiheit
- Prozess-Kosten, Produktivität
- Bearbeitungszeit, Cycle Time
- ...

"What gets done has to be measured"

Abbildung 9: Ohne messbare Kontrolle keine effiziente Steuerung

Bei der Konzeption des Controlling-Frameworks ist auf einige zentrale Punkte besonders zu achten, da sie für den Erfolg des E-Business-Projekts von herausragender Bedeutung sind. Zum einen ist aufgrund der beschriebenen Multidisziplinarität sowohl in der Konzeption als auch in der Durchführung des Controllings die Einheit von Strategie, Organisation, Prozessen, Marketing und IT herzustellen. E-Business-Projekte können nur erfolgreich sein, wenn Erfolgsfaktoren aus allen Disziplinen – etwa Inhalt, Informationen, Kundenbindung oder Convenience – vorhanden sind. Zum anderen muss der Projekterfolg permanent verfolgt werden, da Planabweichungen wegen der vielfältigen Interdependenzen zu massiven Verzögerungen oder Projektfehlschlägen führen können.

3.4 Methodisches Vorgehen

Als ein wesentlicher Erfolgsfaktor bei der Durchführung von E-Business-Projekten hat sich ein methodisches (und methodengestütztes) Vorgehen erwiesen.

Aufgabe des Projektmanagements ist es, den Projekterfolg sicherzustellen. Da E-Business Projekte an das Projektteam hohe Anforderungen stellen, kommt einer konsistenten und standardisierten Vorgehensweise eine enorme Bedeutung zu. IBM hat sich daher dazu entschlossen, für ihre Consultingprojekte eine Standard-Vorgehensweise zu entwickeln, die auch das Projektmanagement vereinheitlicht.

Strategy	Assess	Plan	Design	Implement	Run
Engagement					
Business					
Organization					
Application					
Architecture					
Operations					

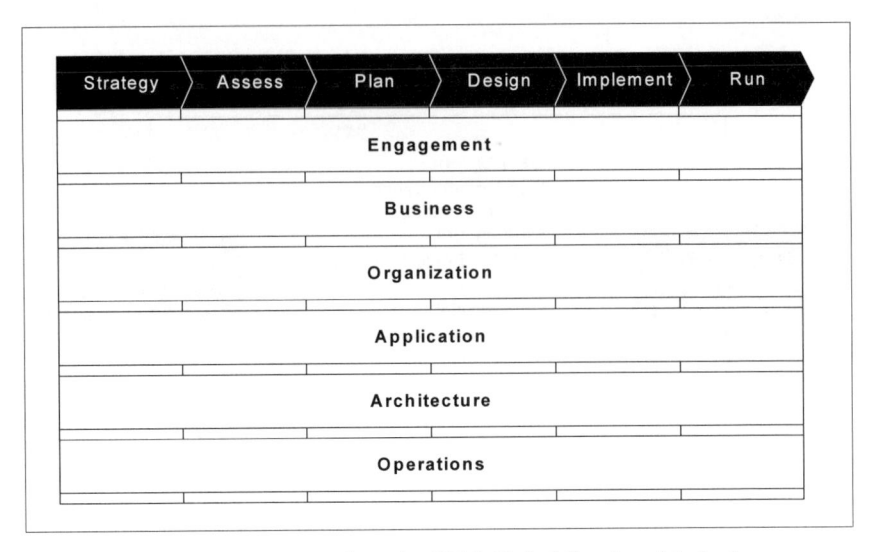

Abbildung 10: Aufbau der IBM Global Services Method

Die **IBM Global Services Method** ist ein auf „Work Products" (Lösungsbausteinen) basierender Ansatz, projektbasierte Dienstleistungen und Lösungen zu erstellen. Sie integriert dabei Standards für Projektmanagement, Prozess-Redesign sowie Consulting- und technische Lösungsbestandteile über die sechs generischen Projektphasen 'Strategy', 'Assess', 'Plan', 'Design', 'Implement' und 'Run' hinweg. Die Methode ist eine Sammlung von Prozeduren, Techniken und Dokumenten, welche die Projektmitarbeiter bei der Umsetzung des Projektes unterstützten. Sie formalisiert die Vorgehensweise im Projekt und macht es dadurch wiederholbar. Dabei bietet die Methode zwei entscheidende Vorteile: Erstens stellt sie eine große Zahl von Lösungsbausteinen zur Verfügung, die eine Vielzahl der typischen Aufgabenstellungen von E-Business-Projekten abdecken. Zweitens ist sie sehr flexibel, da das Vorgehen im Projekt und die zu erstellenden Ergebnistypen sowohl durch die individuelle Zusammenstellung bestehender Lösungsbausteine als auch durch Aufnahme neuer Komponenten an die konkrete Projektsituation angepasst werden kann. Abbildung 10 verdeutlicht den grundsätzlichen Aufbau der Methode.

Als Work Products werden Lösungsbausteine bezeichnet, die die Basis für Lösungsdesign, Projektmanagement, Qualitätssicherung und Intellectual Capital Management darstellen. Sie ermöglichen das Wiederverwenden von einmal gesammeltem Intellectual Capital ebenso wie das Sichern gleichbleibend hoher Projektqualität und steigern damit insgesamt den Kundennutzen. Darüber hinaus wird durch die Anpassung der Methode auf die spezifische Kundensituation gleich zu Beginn eines Projektes durch die Kombination der Work Products eine Adressierung der individuellen Problemsituation garantiert. Zusammenhängende Work Products, logisch in sechs Domänen gruppiert, formen Engagement Familien, die für gleichartige Projektsituationen wiederverwertbare Lösungsbausteine anbieten. Abbildung 11 gibt einen Überblick über die Gliederung der Work Products.

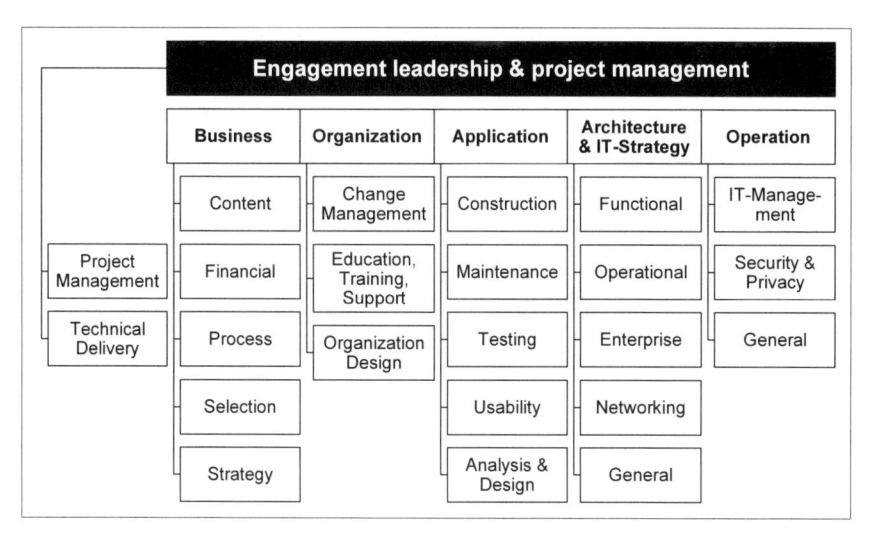

	Engagement leadership & project management					
	Business	Organization	Application	Architecture & IT-Strategy	Operation
	Content	Change Management	Construction	Functional	IT-Management
Project Management	Financial	Education, Training, Support	Maintenance	Operational	Security & Privacy
Technical Delivery	Process	Organization Design	Testing	Enterprise	General
	Selection		Usability	Networking	
	Strategy		Analysis & Design	General	

Abbildung 11: Logische Gliederung der Work Products

Das sogenannte „Projekt Management Engagement Model" beschreibt die Projektmanagement-Aktivitäten und -Aufgaben, die innerhalb des Projektes zu erledigen sind. Es liefert einen Überblick über die Zeiträume, die für die einzelnen Aufgaben vorgesehen sind, koordiniert diese und ordnet ihnen die notwendigen Ressourcen über den gesamten Projektlebenszyklus hinweg zu. Mit Hilfe des Tools lassen sich eine Reihe von Reports und Action Documents erzeugen, wie zum Beispiel Delivery Control Documentation, Human Resource Plan, Project Management Schedule und Project Risk Management Plan, die das Projektmanagement steuern und erleichtern. So lassen sich beispielsweise mit Hilfe des Project Management Schedule das Zusammenspiel der einzelnen Aufgaben und der dafür vorgesehenen Zeiträume visualisieren oder Abhängigkeiten erkennen und managen.

Für E-Business-Projekte existiert eine Vielzahl von Engagement-Familien, die typische Projektsituationen, Kundenbedürfnisse und Ergebnistypen abbilden. Gleichgültig, ob es um die Ableitung einer E-Business-Strategie, um das Erarbeiten eines neuen Business-Modells oder um das Erstellen eines Content-Management-Systems geht: Die Methode stellt Tools, Reports und Vorgehensweisen zur Verfügung, mit deren Hilfe schnell erstklassige Projektergebnisse erzielt werden können. Über die jeweiligen Projektphasen hinweg wird in Fragestellungen der Business View (Geschäftsmodell), der Process and Transaction View, der Application View und der Infrastructure View unterschieden, um die jeweiligen Anforderungen und Aufgabenstellungen komplett und überschneidungsfrei erfassen und lösen zu können.

Zusammenfassend lassen sich somit fünf Vorteile der methodengestützten Vorgehensweise festhalten. Sie

- nutzt weltweit erarbeitete "Best Practices",
- reduziert das Projektrisiko,
- reduziert den Projektumfang,
- erhöht die Sicherheit der Abschätzungen und
- unterstützt die Integration von Mitarbeitern des Kunden in das Projekt.

3.5 End-to-End-Beratung

Wie im Verlaufe des Artikels deutlich wurde, können E-Business-Projekte – je nach konkretem Projektfokus und Projektumfang – sowohl verschiedene Unternehmensbereiche als auch unterschiedlichste Kompetenzen (zum Beispiel Strategie, Prozesse, Internet-Technologie, Multimedia-Design, Branding) tangieren. In einer jüngst veröffentlichten Studie[5] beklagen viele Chief Information Officer (CIO), dass es in E-Business-Projekten häufig an der wirklich umfassenden Expertise des sie begleitenden Beratungsunternehmens mangelt. Dies zwinge die Unternehmen dazu, sich für unterschiedliche Teile des E-Business-Projekts un-

---

[5] META-Group (2002).

terschiedlicher Beratungsunternehmen zu bedienen, obwohl sie eigentlich lieber die Dienstleistung eines Integrators in Anspruch nehmen würden.

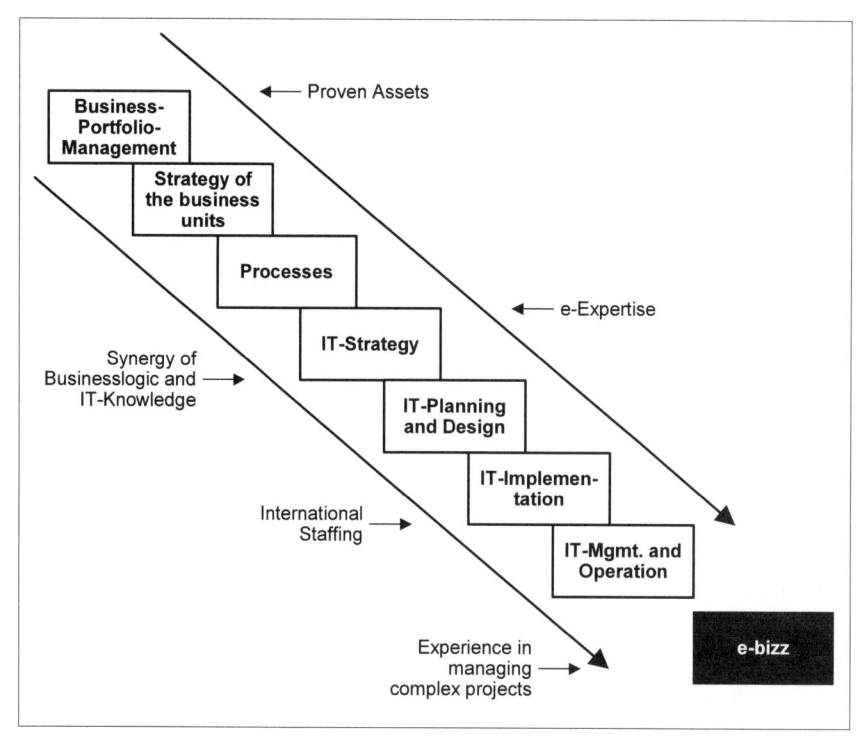

Abbildung 12: End-to-End-Beratung reduziert Risiken und Kosten

IBM als weltgrößter E-Business-Integrator hat dies seit langem erkannt und bietet aus einer Hand umfassende Beratung von der Strategie über die Implementierung bis hin zum Betrieb der E-Business-Lösungen. Zahlreiche erfolgreich durchgeführte multidisziplinäre Projekte der letzten Monate und Jahre sowie langjährige Kundenbeziehungen belegen die Wirksamkeit und Akzeptanz dieser „All-in-One"-Strategie.

4 Zusammenfassung

In diesem Beitrag wurden die Besonderheiten von E-Business-Projekten dargestellt und deren Implikationen für Strategie und Umsetzung der E-Business-Initiativen erläutert. Zusammenfassend lassen sich vier Schlüsselbereiche identifizieren, die beim Einstieg ins E-Business erfolgskritisch sind und auf die daher besonders zu achten ist.

Strategie

Trotz aller Besonderheiten: E-Business ist Business! Und erfolgreiches Business setzt eine gute Idee, ein gutes Geschäftsmodell, eine gute Strategie und einen vom Kunden wahrgenommenen komparativen Konkurrenzvorteil (KKV) voraus. Wie schaffe ich es, mich von der Konkurrenz abzuheben, meine Leistung zu differenzieren und somit Kundenbedürfnisse besser als der Wettbewerb zu befriedigen? Auch im E-Business-Umfeld ist die Antwort darauf recht einfach: Ich muss dem richtigen Kunden die richtige Leistung zur richtigen Zeit über den richtigen Kanal zu einem attraktiven Preis und mit der entsprechenden Qualität anbieten. Neu ist nur, dass E-Business und E-Business-Technologien alle diese Leistungskomponenten fundamental verändert haben, da es nun möglich ist, neuen Kunden preiswerter neue Leistungen schneller über neue Kanäle anzubieten. In der Identifikation und Umsetzung dieser neuen Möglichkeiten liegt die wahre Herausforderung.

Leadership

Wie erfolgreich die Transformation eines Unternehmens zu einem E-Business erfolgt, hängt ganz maßgeblich von der Qualität der Führungsmannschaft ab. Sie muss die Vision vorgeben und kommunizieren und somit den Weg weisen, den das Unternehmen nehmen soll. Dafür bedarf es einer starken Führung (Vorstand und Aufsichtsrat) mit dem unbedingten Willen, das Unternehmen zu verändern. Auch muss ein einheitliches Verständnis über die Dringlichkeit des Wandels bestehen. Erfolgreich sind meist die Unternehmen, die hierbei einen absolut pragmatischen, geschäftsgetriebenen Ansatz verfolgen, der zuerst jene Themen angeht, die die größte Wertschöpfung bei einfachster Umsetzung versprechen. Darüber hinaus muss die Führungsmannschaft eine klare Vision dazu besitzen, was mit den richtigen Technologien erreichbar ist. Und nicht zuletzt bedarf es einer permanenten Kommunikation über Erreichtes und weitere Schritte.

Umsetzung

Bei der Umsetzung der E-Business-Strategie kommt es entsprechend der E-Business-Spezifika – z. B. deutlich kürzere Produktlebenszyklen oder auch die extreme Transparenz des Handelns – auf Schnelligkeit und herausragende Qualität an. Hierfür gilt es, klare Prinzipien, Richtlinien und Kompetenzen durch das oberste Management zu etablieren, um Friktionen zu vermeiden. Nach dem Motto: „Think Big, Start Small, Build Rapidly" sollte der Fokus dabei auf schnellen Teilerfolgen mit kurzfristig positiver Auswirkung auf den Return-on-Investment (ROI) liegen. Von zentraler Bedeutung sind Investitionen in eine einzige, einheitliche E-Infrastruktur. Auch ist ein klarer Fokus auf geschäftsnahe IT-Lösungen nötig, die neue, preiswerte und anpassungsfähige Technologien nutzen und Brücken zwischen Automationsinseln schlagen. Darüber hinaus sollte je Geschäftsfeld ein Verantwortlicher für die Umsetzung der E-Transformation benannt werden, der die Rationalisierung interner Abläufe und Strukturen vorantreibt.

Controlling

Ein aussagekräftiges und zeitnahes Controlling ist im E-Business ein unverzichtbares Managementinstrument. Nur die permanente Messung der Performance der verschiedenen E-Business-Aktivitäten gewährleistet den optimalen Einsatz der Ressourcen. Dazu bedarf es einer Steuerung der E-Business Aktivitäten auf Basis eines messbaren Ergebnisbeitrags, z. B. mittels der Balanced Scorecard, und u.U. der Verknüpfung mit Incentives. E-Business-Projekte sind gemäß der Wertschöpfung des Projektes für das Unternehmen zu priorisieren und zu budgetieren. Auch empfiehlt es sich, Kosteneinsparungen in die Budgets aufzunehmen, um Anreize zu verstärken und die Transformationsgeschwindigkeit zu erhöhen. Und nicht zuletzt ist die Multidisziplinarität der E-Business-Projekte sowohl in der Konzeption als auch in der Durchführung des Controllings zu berücksichtigen, in dem die Einheit von und die Interdependenzen zwischen Strategie, Organisation, Prozessen, Marketing und IT beachtet werden.

Literaturverzeichnis

IBM (2001a)
IBM: "Beyond cash flow: Assessing your E Business initiatives", IBM Strategie-Studie, Dezember 2001.

IBM (2001b)
IBM: "The V-pattern of innovation", IBM Strategie-Studie, März 2001.

IBM (2001c)
IBM Unternehmensberatung: „E Business Framework", November 2001.

IBM (2002a)
IBM: „E Business: The real work starts now, IBM Strategie-Studie, Januar 2002.

IBM (2002b)
IBM Financial Services: "Back to the Future: Efficiencies to Drive Shareholder Value", IBM Strategie-Studie, Januar 2002.

IBM (2002c)
IBM: „e-Enterprise", IBM Strategie-Studie, Februar 2002.

IM (2002)
IM - Information Management & Consulting: „Konzentration auf den sicheren ROI", 01/2002, S. 109.

META-Group (2002):
META-Group: „Worldwide IT-Trends & Benchmark Report 2002", Strategie-Studie, Januar 2002.

Working Council (1999):
Working Council for Chief Information Officers: A Balanced Scorecard for E Business: Metrics for E Business Case Preparation and Performance Evaluation, 1999.

Wolfgang Berens und Walter Schmitting[*]

Controlling im E-Business - Notwendigkeit eines „E-Controlling"?

1 Einführung 157
2 Grundlegende Begrifflichkeiten 158
   2.1 Controlling 158
   2.2 E-Business 160
      2.2.1 Grundlegende Begriffsfassung und Merkmale 160
      2.2.2 Interner Bezugsrahmen 162
      2.2.3 Externer Bezugsrahmen 164
3 Spezifika eines Controlling im E-Business 166
   3.1 Untersuchung anhand einer Controlling-Konzeption 166
   3.2 Exemplarische Betrachtung von Spezifika 172
      3.2.1 Vorbemerkungen 172
      3.2.2 Erfolgsfaktoren 173
      3.2.3 Wertschöpfungsnetze und Prozesse 179
      3.2.4 Controlling-Instrumente und Systeme 183
4 Fazit 188
Literaturverzeichnis 190

---

[*] *Prof. Dr. Wolfgang Berens*, Inhaber des Lehrstuhls für Betriebswirtschaftslehre, insb. Controlling an der Westfälischen Wilhelms-Universität Münster. *Dr. Walter Schmitting* ist als Akademischer Oberrat am gleichen Lehrstuhl tätig.

Der vorliegende Aufsatz wurde in einer früheren Fassung unter dem Titel „Controlling im E-Business ... = E-Controlling?" veröffentlicht in: Seicht, G. (Hrsg.): Jahrbuch für Controlling und Rechnungswesen 2002, Wien 2002, S. 129-170.

1 Einführung

Eine „Hype" ist per definitionem ein Phänomen mit eingebautem - wenn auch ungewissem - Verfallsdatum. In diesem Sinne mußte auch die E-Business-Hype ihr Ende finden. Dieses Ende wurde in den vergangenen drei Jahren mit zahlreichen Schieflagen und Insolvenzen, der Vernichtung erheblicher Werte an den Aktienmärkten und einer Marktkonsolidierung/-bereinigung (auch über Zusammenschlüsse und Akquisitionen) vollzogen.[1] Dabei wurden triviale, aber nichtsdestotrotz für einige Zeit ignorierte Binsenweisheiten offenbar: Es geht alles langsamer und ist wohl doch schwieriger als zuvor vermutet.[2] Zudem gelten (zur Überraschung mancher Beteiligter) noch immer die meisten ökonomischen und betriebswirtschaftlichen Grundsätze der zeitweise geschmähten „Old Economy"[3]. Schließlich erweist sich ein Controlling für E-Business-Aktivitäten - entgegen der in den Boomzeiten der New Economy zu vernehmenden Parole „Pioniergeist statt Buchhaltung"[4] - als sinnvoll und notwendig.[5]

Das Anliegen dieses Beitrages ist es, einige Besonderheiten dieses Controlling für E-Business-Aktivitäten gegenüber dem klassischen Controlling (beispielsweise für traditionelle Tätigkeiten in einem Industrie- oder Handelsunternehmen der „Old Economy") herauszuarbeiten. Des Weiteren soll geprüft werden, ob Art und Umfang der zu konstatierenden Besonderheiten den Ausweis eines abgrenzbaren und in Teilen eigenständigen „E-Business-Controlling" (in der Literatur zuweilen als „E-Controlling" bezeichnet)[6] rechtfertigen.

Im Folgenden wird zwecks Bereitstellung eines tragfähigen Fundaments für die weitere Untersuchung im Abschnitt 2 zunächst das hier vertretene Verständnis der zentralen Begrifflichkeiten „Controlling" und „E-Business" geklärt. Abschnitt 3 geht sodann exemplarisch auf einige Spezifika eines Controlling von E-Business-Aktivitäten ein. Die grundsätzliche Frage der Existenz von Spezifika wird mittels der Prüfung anhand einer Controlling-Konzeption geklärt. Vertiefend wird

---

[1] Vgl. mit einer aufschlußreichen Parallele zum Eisenbahnboom im 19. Jahrhundert und einer Interpretation als „Überinvestitionskrise" Kreiss (2001), S. 22, allgemeiner auch Rickens (2001), S. 14ff.; Reinhard (2003), S. 16.

[2] Vgl. o.V. (2001a), S. 30.

[3] Vgl. z.B. Weiber (2002), S. VIII.

[4] Vgl. o.V. (2000a), S. 30 mit dem Teiltitel „Pioniergeist wichtiger als Buchhaltung". Der Artikel weist allerdings gerade auf diesen Irrtum hin. Controlling wird dabei an dieser Stelle nicht mit „Buchhaltung" gleichgesetzt.

[5] Vgl. z.B. Erben (2001), S. 235; ähnlich Wall (2002), S. 381.

[6] Vgl. zur Verwendung dieses Begriffes z.B. Kusterer (2000), S. 217ff.; Nilsson (2000), S. 579; o.V. (2000b); Eisenhut/Neukirchen (2001), S. 87f.; Erben (2001), S. 235 ff.; Fröhling/Oehler (2002), S. 179ff.; Wall (2002), S. 381.

auf Erfolgsfaktoren und die Wertschöpfungskette sowie Prozesse im E-Business eingegangen; des Weiteren werden beispielhaft spezifische Controlling-Instrumente näher betrachtet. Im Abschnitt 4 wird ein knappes Fazit gezogen.

2 Grundlegende Begrifflichkeiten

2.1 Controlling

Obgleich ein einheitliches Verständnis des Begriffs des „Controlling" in seiner funktionalen Bedeutung bislang in der deutschen Literatur noch nicht zu erkennen ist, so werden in den letzten Jahren doch - trotz einiger profilschärfender Ausreißer -[7] Anzeichen einer gewissen Konvergenz der unterschiedlichen Begriffsverständnisse deutlich. Insbesondere von Praktikern wird das Controlling oft im weiteren Sinne als eine koordinationsorientierte Form der Führungsunterstützung wahrgenommen, die Informationsversorgungs- und -analyseaufgaben erfüllt.

Das Controlling soll *hier* in einer weiten - und pragmatischen - Begriffsfassung funktional als „Beschaffung, Aufbereitung und Analyse von Daten zur Vorbereitung zielsetzungsgerechter Entscheidungen"[8] verstanden werden.[9] Diese Begriffsfassung kommt einerseits einem unmittelbaren ersten Verständnis entgegen. Darüber hinaus erlaubt sie andererseits durch eine Explikation ihrer Bestandteile eine weitergehende Präzisierung. Bei dieser werden sodann auch enge Bezüge zu gängigen Controlling-Definitionen deutlich. So bedingt eine zielorientierte Steuerung (im Sinne einer Folge *zielsetzungsgerechter Entscheidungen*) z.B. in komplexen sozioökonomischen Systemen notwendigerweise eine Koordination der zu gestaltenden Merkmalsausprägungen der Systemelemente bzw. des Verhaltens seiner Teilnehmer.[10] Somit ist die Koordinationsfunktion (hier verstan-

---

[7] Wie z.B. der Definition des Controlling als „Rationalitätssicherung", vgl. z.B. Weber (2002), S. 48ff.; Weber (2003), S. 184ff.; vgl. kritisch dazu z.B. Irrek (2002), S. 46ff., oder als „Reflexion", vgl. zu letzterem z.B. Pietsch/Scherm (2001), S. 308ff.

[8] Rieper/Witte/Berens (1996), S. V; vgl. ähnlich bereits Heigl (1978), S. 3; weiterführend auch im folgenden z.B. Berens/Bertelsmann (2002), Sp. 280ff.

[9] Vgl. mit intensiven Diskussionen des Controlling-Begriffes vor dem Hintergrund des jeweiligen Literaturstandes dazu und im weiteren z.B. Küpper/Weber/Zünd (1990), S. 283f.; Hoffjan (1998), S. 57ff.; Janzen (1998); Wall (2000), S. 295ff.; Weber/Schäffer (2000), S. 109ff.; Mertes (2000), S. 95ff.; Horváth (2001), S. 15ff.; Pietsch/Scherm (2001), S. 307f.; Reichmann (2001), S. 1ff.; Peemöller (2002), S. 27ff.; Weber (2002), S. 1ff.

[10] Vgl. zur Koordinationsfunktion des Controlling z.B. Horváth (1978), S. 194ff.; Küpper/Weber/Zünd (1990), S. 283f.; Janzen (1998), S. 15ff.; Wall (2000), S. 295ff.; Weber/Schäffer (2000), 109ff.; Horváth (2001), S. 1ff., S. 118ff.; Weber (2002), S. 24ff.

den als Sekundärkoordination innerhalb des Führungssystems) ein direkter und elementarer Bestandteil der vorgestellten Definition. Charakterisiert man die Elemente des herangezogenen Controlling-Begriffes weitergehend, so wird deutlich, daß der Fokus des Controlling-Verständnisses auf der Führungsunterstützungsfunktion (vorrangig in den Bereichen Planung und Kontrolle) und der Informationsversorgung des Managements liegt:

- Die *Beschaffung* von Daten umfaßt nicht nur die reine Recherche, sondern gleichfalls die zweckgerechte (Mit-) Gestaltung von Informations- und Kommunikationssystemen sowie - im Rahmen derselben - die Erschließung, Evaluation und Selektion von Informationsquellen.[11]

- Die *Aufbereitung* von Daten findet zum Ersten im Anschluß an die Beschaffung im Sinne einer formalen Vorbereitung der Analyse durch Datentransformationen sowie geeignete Aggregationen wie Disaggregationen statt. Zum Zweiten beinhaltet sie die Kommunikation der gewonnenen Informationen an die Träger des Informationsbedarfs. Im engeren Sinne ist damit die Gestaltung des Reporting angesprochen; im weiteren Sinne umfaßt die Aufbereitung diesbezüglich jegliche Einflußnahme auf bzw. die Gestaltung von Informationsflüssen durch das Controlling.

- Die *Analyse* von Daten beinhaltet im ersten Schritt eine explikative Komponente im Sinne der Erkennung von Mustern und Wirkungsmechanismen (Kausalitätsnetzen) innerhalb der Daten. Im zweiten Schritt, mithin der normativen Komponente, sind - unter Berücksichtigung der von der Unternehmung verfolgten Formal- und Sachziele sowie der notwendigen Koordination von Systemelementen und -teilnehmern - Handlungsempfehlungen für das Management abzuleiten.

Dabei ist festzustellen, daß diese in der Definition angelegten (hier nur skizzierten) Grundaufgaben bzw. -funktionen des Controlling stets von der Koordinationsfunktion überlagert werden. In der Praxis erweisen sie sich als kaum von einander separierbar, sondern werden oftmals integriert bewältigt (z.B. im Rahmen adäquat gestalteter Steuerungssysteme, die eine rückkoppelnde Koordination sicherstellen).

Soll für eine Branche, eine betriebliche Funktion oder ein konkretes Unternehmen ein Controllingsystem spezifiziert bzw. realisiert werden, so bedarf es einer über die obigen, recht abstrakten und generellen Ausführungen hinausgehenden Operationalisierung. Diese muß sich in ihrer Ausgestaltung stets am jeweiligen

---

[11] Vgl. zur Informationsversorgungsfunktion als wesentliche Aufgabe des Controlling bzw. zur Bedeutung von Informationssystemen für das Controlling z.B. Horváth (2001), S. 343ff.; Pietsch/ Scherm (2001), S. 307; Reichmann (2001), S. 10ff., S. 529ff.; Weber (2002), S. 21ff., S. 97ff.

Kontext orientieren.[12] Hilfreich ist dabei die Heranziehung einer (noch kontextneutral gehaltenen) auf der Begriffsfassung fußenden „Konzeption" des Controlling. Diese zeigt die Beziehungen zwischen den Komponenten eines Controlling-Systems auf und legt die sukzessive Ableitung der Ausgestaltung (sowie die ggf. zu durchlaufenden Rückkopplungsschleifen) dar. Eine solche Controlling-Konzeption ist hier in Abb. 3 (im Abschnitt 3.1) in den wesentlichen Elementen wiedergegeben und wird zur Prüfung der Spezifität eines Controlling im E-Business im Abschnitt 3.1 herangezogen.

2.2 E-Business

2.2.1 Grundlegende Begriffsfassung und Merkmale

Für den Begriff des „Electronic Business" (E-Business) hat sich bislang noch keine einheitlich akzeptierte Definition herausgebildet, obgleich die entsprechenden Begriffsbildungen in der Literatur oft recht ähnlich ausfallen.[13] Bemerkenswert ist darüber hinaus, daß viele Autoren sich garnicht erst mit der Mühsal einer Definition belasten, sondern implizit einen allgemeinen Konsens über den Terminus unterstellen.[14]

Hier soll unter E-Business zunächst die fortwährende und überwiegende Abwicklung, Unterstützung und Kontrolle der Prozesse und Beziehungen zwischen Geschäftspartnern, Mitarbeitern und Kunden durch elektronische Medien verstanden werden[15]. Diese Definition ist allerdings noch recht weit und wenig konkret; sie wirft daher zahlreiche Fragen auf, so z.B.:

- Ist das Telefon ein „elektronisches Medium"? Betreibt eine Person oder ein Unternehmen bereits E-Business, wenn die meisten Geschäfte telefonisch abgewickelt werden? Dies wäre wohl im allgemeinen Verständnis zu verneinen. Mithin: Was sind elektronische Medien?

---

[12] Vgl. zur Kontextabhängigkeit des Controlling z.B. Küpper/Weber/Zünd (1990), S. 286f.; Janzen (1998), S. 12ff.; Mertes (2000), S. 112f.; Irrek (2002), S. 48; Peemöller (2002), S. 47ff.; Weber (2002), S. 62.

[13] Vgl. zu Definitionen des Terminus „E-Business" z.B. Jost (2000), S. 448; Kusterer (2000), S. 217; Rieg (2000), S. 403; Schubert (2000), S. 3f.; Wirtz (2001), S. 32ff.; Heinzmann (2002), S. 70; Weiber (2002b), S. 11.

[14] Vgl. z.B. Fröhling (2000), S. 223ff.; Seidenschwarz/Knust (2000), S. 425ff.; Stelter/Strack/Roos (2000), S. 409ff.; Eisenhut/Neukirchen (2001), S. 85ff.; Erben (2001), S. 235ff.; Fröhling/Oehler (2002), S. 179ff.; mit gleicher Feststellung Reinhard (2003), S. 19.

[15] Vgl. dazu und folgend in enger Anlehnung Schubert (2000), S. 3f.

- Betreibt ein Tennisverein, der sich im Internet mit einem WWW-Angebot präsentiert, bereits E-Business? Wohl eher nicht. Mithin: Wie soll „Business" hier definiert sein?

Aufgrund dieser exemplarisch aufgezeigten Unschärfen der obigen Definition bedarf diese einer Erweiterung um ...

- *begriffskonstituierende Merkmale*, welche die im Rahmen der Definition verwendeten Begrifflichkeiten genauer fassen bzw. klären und damit den Terminus weiter konturieren;
- einen *internen Bezugsrahmen*, welcher das System „E-Business" (z.B. aus Sicht eines Unternehmens) in seine Teilsysteme und Elemente zerlegt;
- einen *externen Bezugsrahmen*, welcher die Einbettung des Systems „E-Business" als Subsystem in seine relevante Umwelt aufzeigt.

Als begriffskonstituierende Merkmale lassen sich zunächst anführen:

- E-Business-Aktivitäten sollten stets als *unternehmerische Tätigkeit* angelegt sein. Sie sollten mithin auf eine dauerhafte Betätigung abzielen, ihnen sollte eine Gewinnabsicht zugrundeliegen und es sollte eine unternehmerische Risikoübernahme erkennbar sein. Mit dieser (an für sich trivialen) Begriffserweiterung ist eine Abgrenzung gegen andere Aktivitäten im „E-Umfeld" - wie z.B. das E-Government oder E-Communities - möglich.
- Mit *elektronischen Medien* wird im Rahmen der obigen Definition sicherlich zunächst das Internet assoziiert. Verallgemeinernd soll hier unterstellt werden, daß mit der Begrifflichkeit angesprochene Medien (abgesehen von Ausnahmen wie z.B. dem EDI[16]) ihre Reife erst in bzw. nach den 90er Jahren des 20. Jahrhunderts erlangt haben und auf allgemein akzeptierten technischen Standards aufsetzen. Des Weiteren sollten sie verschiedene Informationsformen (Text, Bild, Ton, Film usw.) unterstützen, asynchrone (entkoppelte) wie auch synchrone Kommunikation ermöglichen und mono- wie bi- bzw. omnidirektionale Interaktivität bieten.[17] Die inhaltliche Übermittlung und übermittlungsnahe Verarbeitung der Informationen sollte weitestgehend automatisiert verlaufen. Schließlich sollten die angesprochenen Medien (aufgrund der akzeptierten Standards) hohe Integrationspotentiale für beliebige andere Informations- und Kommunikationssysteme bieten.

Aus dem letzten Punkt folgt unmittelbar, daß mit dem E-Business eine umfangreiche Prozeßautomatisierung (im Vergleich zur „Old Economy") einherge-

---

[16] Vgl. zum „Electronic Data Interchange" (EDI) z.B. Wang/Seidmann (1995), S. 401ff.; Peters (2000), S. 962; Weitzel/König (2001), S. 32; Reinhard (2003), S. 18.

[17] Vgl. Rautenstrauch/Abel (2001), S. 8, ähnlich Böing (2001), S. 2f.

hen wird. Medienbrüche und aufwendig zu handhabende Schnittstellen zwischen Prozessen fallen bei Ausnutzung des hohen Integrationspotentials der elektronischen Medien weg. Ein menschlicher Eingriff in Geschäftsprozesse ist im Ideal nur noch dann sinnvoll, wenn nicht automatisierbare, d.h. noch nicht maschinell abbildbare, Entscheidungen notwendig sind.

2.2.2 Interner Bezugsrahmen

Der *interne Bezugsrahmen* des E-Business stellt (hier aus Sicht eines einzelnen Unternehmens) auf die zentralen Transaktionen - samt entsprechenden Transaktionspartnern und eingesetzten Medien - in der Wertschöpfungskette sowie ihre wesentlichen Ausgestaltungsmerkmale ab (vgl. Abb. 1).

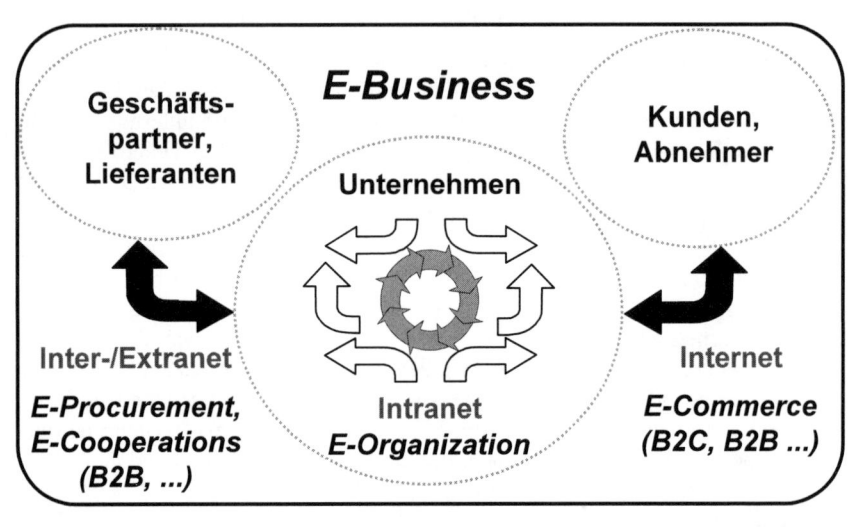

Abbildung 1: E-Business: Interner Bezugsrahmen aus Sicht eines Unternehmens[18]

Dabei sind - wenn man sich denn auf die Mode der E-Bezeichnungen einläßt - folgende Elemente identifizierbar: [19]
- Im Mittelpunkt steht das betrachtete Unternehmen selbst, welches das E-Business im wesentlichen über das - im Ideal sämtliche Informations- und

---

[18] In Anlehnung an Schubert (2000), S. 3ff.; vgl. ähnlich auch Wirtz (2001), S. 6.
[19] Vgl. folgend z.B. Schubert (2000), S. 3ff.; ähnlich auch Wirtz (2001), S. 6.

Kommunikationssysteme integrierende - Intranet[20] abwickelt. Dazu bedarf es einer entsprechend angepaßten Organisation - der „E-Organization" -, die gegenüber der herkömmlichen Unternehmensorganisation etliche Spezifika aufweist (z.b. einen generell höheren Delegationsgrad).

- Als E-Commerce werden alle Aktivitäten aufgefaßt, bei welchen die elektronischen Medien (vorrangig das Internet, ggf. aber auch Extranets als ein gegenüber ausgewählten Gruppen partiell geöffnetes Intranet) als Distributionsplattform verwendet werden.[21] Es handelt sich mithin um den Verkauf und Vertrieb von Produkten sowie Dienstleistungen an Kunden und Abnehmer oder - anders ausgedrückt - sämtliche Optionen der Umsatzgenerierung über die elektronischen Medien. Dabei kann die Verkaufstransaktion gänzlich oder nur teilweise über die elektronischen Medien abgewickelt werden. Als Kunden bzw. Abnehmer können dabei Konsumenten (B2C), andere Unternehmen (B2B), aber prinzipiell auch der Staat auftreten.[22] E-Commerce wird damit als Subsystem des E-Business aufgefaßt. – Bemerkenswert ist, daß der E-Commerce noch vor ein bis zwei Jahren im Sinne des E-Business definiert wurde - man mag darin eine zunehmende Begriffspräzisierung oder einen Wechsel der „Begriffsmoden" sehen.[23]

- Tritt das betrachtete Unternehmen selbst als Abnehmer von Produkten oder Dienstleistungen über elektronische Medien (mithin derzeitig vorrangig das Internet oder ein Extranet) auf, so wird diese „elektronische Beschaffung" üblicherweise als E-Procurement bezeichnet.[24] Ergänzend sind Kooperationen mit Geschäftspartnern (z.B. im Rahmen der Leistungsbereitstellung oder Produktentwicklung) möglich, welche hier unter dem Begriff „E-Cooperation" zusammengefaßt werden.

---

[20] Vgl. zu den folgend verwendeten Begriffen Intranet und Extranet mit entsprechenden Definitionen z.B. Heinzmann (2002), S. 51ff.; Weiber (2002b), S. 8.

[21] Vgl. dazu und folgend (mit tw. abweichenden Definitionen des E-Commerce) z.B. Jost (2000), S. 446; Böing (2001), S. 3ff.; Gröbel (2001), S. 133; Pechtl (2001), S. 109; Heinzmann (2002), S. 73; Weiber (2002b), S. 11.

[22] „B2C": „Business to Consumer"; „B2B": „Business to Business"; vgl. zur üblichen (hier nicht noch einmal wiedergegebenen) Typologie der Transaktionspartner im E-Business z.B. Hermanns/Sauter (1999), S. 852f.; Jost (2000), S. 446f.; Wirtz (2001), S. 34ff.

[23] Vgl. z.B. Hermanns/Sauter (1999), S. 850; Jost (2000), S. 446f.; zum Begriff E-Commerce auch Böing (2001), S. 3ff.

[24] Vgl. zum E-Procurement z.B. Kusterer (2000), S. 217ff.; Dudenhöffer (2001), S. 200ff.; Koppelmann/Brodersen/Volkmann (2001), S. 79ff.; vgl. zum E-Procurement sowie zum Controlling im E-Procurement auch den Beitrag von Holtrup/Prangenberg in diesem Band.

2.2.3 Externer Bezugsrahmen

Der damit skizzierte interne Bezugsrahmen des E-Business (aus Sicht eines Unternehmens) ist nun wieder eingebettet in einen - hier nur knapp angerissenen - *externen Bezugsrahmen*,[25] welcher in Abb. 2 dargestellt wird. Dieser faßt das E-Business als Subsystem seiner Umwelt auf, gruppiert in seiner Umgebung die entsprechenden weiteren Subsysteme und definiert die Beziehungen zu denselben. Neben Unternehmen und Konsumenten kann nun z.b. auch der Staat explizit auftreten - einmal, indem er die Rahmenbedingungen des Handelns setzt (E-Policy), andererseits z.b., indem er selbst die elektronischen Medien zur Abwicklung von Verwaltungsakten mit den diversen Transaktionspartnern nutzt (E-Government, E-Administration als A2B oder A2C: Administration-to-Business, Administration-to-Consumer). Ein weiteres Element in dieser Umwelt - oder wenn es denn sein muß: „E-World" - sind die diversen Interessengruppen (E-Communities), welche sich über die elektronischen Medien organisieren können.

Reflektiert man diese - von Begriffsfassungen in der Literatur nicht wesentlich abweichende - Definition nunmehr kritisch, so fallen zwei Aspekte auf:

- Der externe und interne Bezugsrahmen des E-Business beschreibt eigentlich nur die bekannte Einbettung eines Unternehmens in seine Umwelt.[26] Alle grundsätzlichen Beziehungsmuster bleiben erhalten; neu sind (und das auch nur in einem gewissen Grade) die eingesetzten elektronischen Medien als Kommunikationsmittel (sowie die Tatsache, daß vor nahezu alle Begriffe nunmehr ein „E-" gesetzt wird).
- Genauso wie die bereits bekannte Einbettung eines Unternehmens in seine Umwelt ist die „E-World" ein sehr komplexes und heterogenes Gebilde. Somit kann das „E-Business" auch nicht als ein spezielles Phänomen angesehen werden - es durchzieht vielmehr alle Objekt- und Funktionaldimensionen der Betriebswirtschaftslehre (ohne damit allerdings per se die Notwendigkeit einer „E-BWL" zu begründen!).

Mit dem ersten Punkt wird dem E-Business keineswegs sein Umwälzungspotential für die Abwicklung von Geschäftsprozessen abgesprochen. Der zentrale Aspekt dieses Umwälzungspotentials ist jedoch nicht die Einführung völlig neuer Transaktionspartner oder eine grundlegend neue Definition der Beziehungen zwischen ihnen. Das Umwälzungspotential begründet sich vielmehr in einer Entwicklung, die seit der Erfindung des Buchdrucks im Gange ist: Der Abnahme der

---

[25] Vgl. ähnlich Schubert (2000), S. 3ff.
[26] Vgl. anstelle vieler Kubicek/Thom (1976), Sp. 3977ff.

Informationsviskosität.[27] Dieser Vorgang hat durch die Informationstechnik im Allgemeinen, aber auch durch das Internet bzw. die mit ihm verknüpften Technologien einen erheblichen wie folgenreichen Schub erhalten.

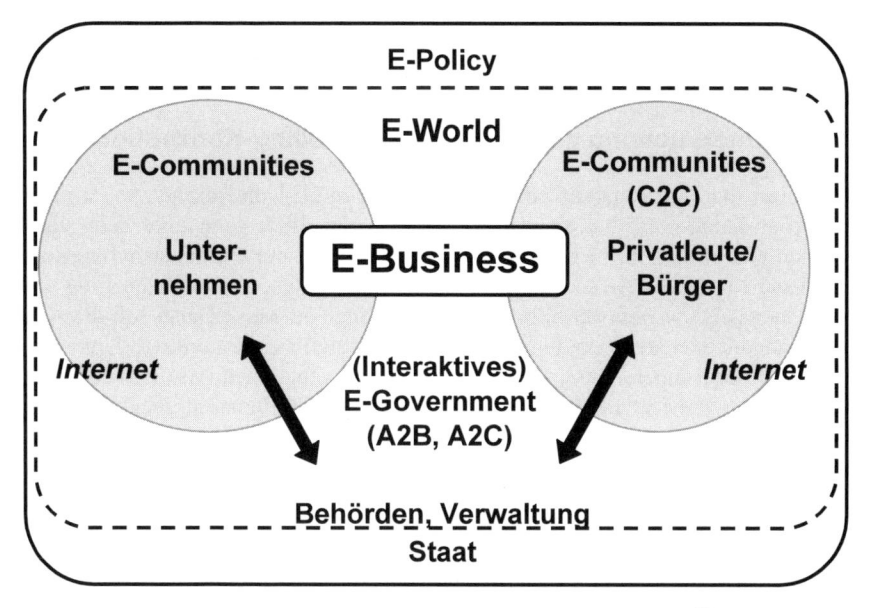

```
                              E-Policy
      ┌─────────────────────────────────────────────────────┐
      │              E-World                                │
      │   E-Communities        E-Communities                │
      │                            (C2C)                    │
      │      Unter-                    Privatleute/         │
      │      nehmen   E-Business       Bürger               │
      │                                                     │
      │   Internet     (Interaktives)      Internet         │
      │                E-Government                         │
      │                  (A2B, A2C)                         │
      │                                                     │
      │           Behörden, Verwaltung                      │
      │                 Staat                               │
      └─────────────────────────────────────────────────────┘
```

Abbildung 2: E-Business: Externer Bezugsrahmen[28]

Bei geringerer Viskosität - auf technologischer Basis z.B. organisatorisch bedingt durch wegfallende Medienbrüche, automatisierte Schnittstellen usw. in Geschäftsprozessen - nimmt die Fließgeschwindigkeit der Information zu, mithin können auch wesentlich größere Informationsmengen als bislang übermittelt und verarbeitet werden. Bei adäquater organisatorischer Einbettung kann diese verminderte Informationsviskosität u.a. ein erhebliches Rationalisierungspotential entfalten.

---

[27] Unter der Viskosität einer Flüssigkeit wird der Grad ihrer Zähflüssigkeit verstanden. Eine Flüssigkeit mit geringer Viskosität (z.B. Benzin) vermag eine Kapillare schneller zu durchfließen als eine solche mit hoher Viskosität (z.B. Teer). Unter einer geringen *Informationsviskosität* wird hier die Fähigkeit von Informationen verstanden, bestehende Systeme (z.B. Organisationen wie ein Unternehmen) schneller zu durchdringen bzw. zu durchfließen. Eine *automatisierte Verarbeitung* von Informationen (im Sinne der EDV) wird sich entwickeln, sobald die technischen Möglichkeiten sowie die ökonomischen Voraussetzungen (im Sinne der Unterschreitung einer bestimmten Informationsviskositätsschwelle) gegeben sind.

[28] Vgl. ähnlich Schubert (2000), S. 3ff.

Im Weiteren zu konstatierende Spezifika eines Controllings von E-Business-Aktivitäten lassen sich in wesentlichen Teilen auf die Abnahme der Informationsviskosität zurückführen bzw. mit derselben in Verbindung bringen.

3 Spezifika eines Controlling im E-Business

3.1 Untersuchung anhand einer Controlling-Konzeption

Postuliert man die Existenz eines eigenständigen „E-Controlling", so ist diese Begriffsfassung aufgrund einer hinreichenden Spezifität gegenüber dem allgemeinen Controlling zu rechtfertigen. Ansonsten wäre nur ein neues Schlagwort, ein neuer Modebegriff geschaffen. Es ist also zu prüfen, ob ein Controlling von E-Business-Aktivitäten wesentliche Besonderheiten aufweist. Dabei soll die Aufmerksamkeit hier dem „laufenden Controlling" gelten; die konkrete Unterstützung in bedeutsameren singulären Entscheidungssituationen (wie z.B. hinsichtlich der Aufnahme von E-Business-Aktivitäten als Investitionsentscheidung, eines Initial Public Offering oder Vorhaben im Bereich Mergers & Acquisitions) wird nur am Rande betrachtet.

Eine von mehreren Möglichkeit besteht nun darin, diese Prüfung anhand einer Controlling-Konzeption durchzuführen, welche die Elemente eines Controlling-Systems sowie die gegenseitigen Gestaltungsabhängigkeiten - noch kontextneutral - gegenüber der Fassung des Controlling-Begriffes weiter präzisiert. Eine solche ist hier in Abb. 3 wiedergegeben.[29] Im Folgenden wird diese Controlling-Konzeption zunächst in ihrem Aufbau erläutert.[30]

In der linken Hälfte von Abb. 3 ist zunächst das Unternehmen in seiner relevanten Umwelt samt den für die Gestaltung einer Controlling-Konzeption zentralen unternehmensseitigen Determinanten (als Unternehmensziele, Geschäftsmodell und Unternehmenskultur) dargestellt. Diese wirken einerseits, wie durch den fett gehaltenen Pfeil in der Abbildungsmitte verdeutlicht, auf die Ausgestaltung der Controlling-Konzeption ein. Andererseits wird ein implementiertes Controlling auch wieder Rückwirkungen aufzeigen; diese sind durch den dünner gehaltenen Pfeil in der Abbildungmitte angedeutet. Damit wird zugleich berücksichtigt, daß weder die Controlling-Konzeption noch das Unternehmen in seiner relevanten Umwelt von statischer Natur sind, sondern fortwährenden Veränderungen unterliegen bzw. Anpassungen erfordern.

---

[29] Vgl. mit ähnlichen Controlling-Konzeptionen z.B. Welge (1988), S. 7; Janzen (1998), S. 12; Junga (2000), S. 77; in den Grundgedanken analog auch Reichmann (2001), S. 3ff.

[30] Vgl. mit ähnlichem Ansatz aus der Praxis des E-Business heraus Czekala (2002), S. 348.

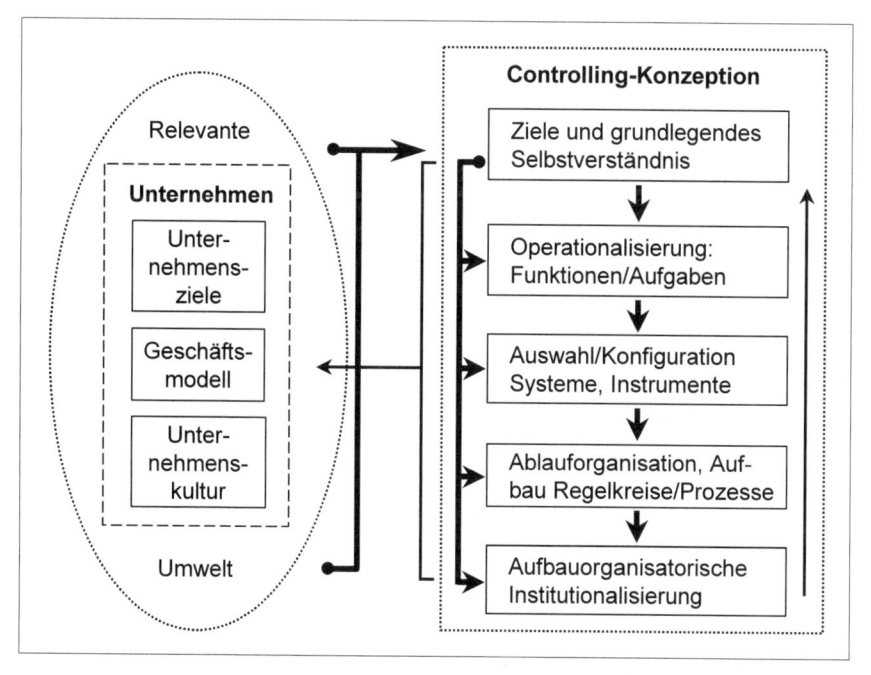

Abbildung 3: Controlling-Konzeption[31]

Rechts ist sodann die hier vertretene Controlling-Konzeption dargestellt. Es gilt, daß aufgrund der bestehenden Dependenzen hinsichtlich der Ausgestaltung der einzelnen Elemente grundsätzlich eine sequentielle Reihenfolge - von oben nach unten, wiederum visualisiert durch fett gehaltene Pfeile - empfehlenswert ist. So ist es (trotz des zuweilen gegenteiligen Vorgehens der Praxis!) logisch verfehlt, mit der aufbauorganisatorischen Institutionalisierung eines Controlling zu beginnen, ohne z.b. zuvor Entscheidungen über die ablauforganisatorischen Sachverhalte getroffen zu haben. Trotzdem gehen in einem dynamischen Verständnis von weiter unten in der Konzeption angeordneten Elementen bzw. ihrer Ausgestaltung wiederum Rückwirkungen auf höherliegend plazierte Elemente aus. Diese sind durch einen dünnen Pfeil ganz rechts in der Abbildung berücksichtigt.

Im Weiteren wird nunmehr auf die Elemente der Controlling-Konzeption im rechten Kasten der Abb. 3 näher eingegangen und es werden knapp die Ergeb-

---

[31] Vgl. mit ähnlichen Controlling-Konzeptionen z.b. Welge (1988), S. 7; Janzen (1998), S. 12; Junga (2000), S. 77.

nisse einer Prüfung von notwendigen Spezifika bei der Ausgestaltung eines Controlling für E-Business-Aktivitäten dargelegt.

Ziele und grundlegendes Selbstverständnis des Controlling werden bereits wesentlich durch die gewählte Begriffsfassung des Controlling determiniert.[32] Das Selbstverständnis wird sodann durch daraus abzuleitende Grundausrichtungen konkretisiert. Als solche können z.b. das Rollenverständnis (z.b. Registrator, Navigator oder Innovator), Art und Umfang der Beratungs-, Service- und Kundenorientierung (z.B. Positionierung zwischen den Extremen „reine Reportlieferanten" und „Coaches/Sparringpartner des Managements"), die Abgrenzung der eigenen Leistungen ggü. anderen Funktionsbereichen im Unternehmen (z.b. der internen Revision), die Integration einer Verhaltensorientierung sowie der Grad der eigenen „Vermarktung" gegenüber internen Kunden genannt werden. – Betrachtet man nun ein Controlling von E-Business-Aktivitäten unter diesen (und weiteren) Gesichtspunkten, so kann festgestellt werden, daß eine entsprechende Ausgestaltung der allgemeinen Konzeption hier kaum Besonderheiten aufweist. Allenfalls lassen sich verstärkte Ausprägungen bestimmter Tendenzen feststellen, die aber ohnehin schon als mehr oder weniger neuere Entwicklungen in der Literatur thematisiert wurden. So wird z.b. im Umfeld des E-Business wiederholt vom praktizierten „Self-Controlling"[33] gesprochen. Witt (2001) weist für Unternehmen der New Economy allerdings mit Nachdruck darauf hin, daß es sich dabei zumeist nur um eine Ausrede für das Fehlen eines Controlling handelt.[34]

Im Rahmen der Operationalisierung der Ziele des Controlling sind Funktionen und Aufgaben desselben zu bestimmen. Dabei werden die aus den Unternehmenszielen abgeleiteten formalen und sachlichen Controlling-Ziele zunächst – noch immer recht abstrakt – als Funktionen im Sinne von Metaaufgaben bzw. die Aufgaben überlagernde Prinzipien gefaßt. Zwischen den Controlling-Zielen und den Controlling-Funktionen besteht dabei eine Mittel-Zweck-Beziehung, wobei die Ziele durchaus kontinuierlich in Funktionen übergehen können. Als Funktionen wurden bereits im Rahmen der Definition des hier unterlegten Controlling-Begriffes die Führungsunterstützung, die Informationsversorgung des Managements sowie die Koordinationsfunktion genannt. Diese lassen sich auch bei einem Controlling von E-Business-Aktivitäten unverändert anführen.

---

[32] Vgl. folgend zum Rollen- und Selbstverständnis des Controllers sowie Controllertypen z.B. Küpper/Weber/Zünd (1990), S. 282ff.; Wedgwood (1993), S. 276ff.; Weber (1994), S. 267ff.; Hoffjan (1998), S. 57ff.; Trilse (2001), S. 105ff.; Peemöller (2002), S. 104ff.; Weber (2002), S. 4ff.; vgl. zur hier gewählten Definition des Controlling Abschnitt 2.1.

[33] Vgl. zum Self-Controlling z.B. Peemöller (2002), S. 104ff.; Weber (2002), S. 498.

[34] Vgl. Witt (2001), S. 123, S. 125.

Im Weiteren sind die Ziele und Funktionen der Theorie nach sukzessive und hierarchisch (abbildbar in Gestalt einer Pyramide) hinsichtlich Aufgaben und folgend Teilaufgaben - unter Beachtung der zu wahrenden Mittel-Zweck-Beziehungen - weiter zu operationalisieren, bis schließlich genaue Handlungsanweisungen resultieren. Praktisch stößt man dabei jedoch auf Schwierigkeiten: Sobald von einem hohen Abstraktionsniveau aus erstmalig Aufgaben mit einer gewissen Konkretheit abgeleitet werden müssen, existiert plötzlich eine Reihe von Umsetzungsalternativen. Es sollte nun im Allgemeinen jene Umsetzungsalternative gewählt werden, welche die Mittel-Zweck-Bestimmung im Hinblick auf übergeordnete Aufgaben und Ziele am besten erfüllt. Genau bei dieser Auswahl ergeben sich jedoch bei komplexeren Planungssachverhalten unter Berücksichtigung des Unsicherheitsgrades zukünftigen Geschehens Probleme. Zwar sind die Alternativen oft benennbar, ihre Effektivität und Effizienz (sowie Interdependenzen) jedoch schwer abzuschätzen.[35] Mithin existiert hier eine *Umsetzungslücke*, die zu überbrücken ist, indem Informationen bereitgestellt werden, welche über die Effektivität und Effizienz der alternativen Umsetzungsausgestaltungen im Hinblick auf übergeordnete Aufgaben und Ziele Auskunft geben. Sind diese richtungsweisenden Auswahlentscheidungen getroffen, so erweist sich die weitere Zerlegung der Aufgaben in Teilaufgaben zumeist wieder als einfacher umsetzbar bzw. mit geringeren Zweifeln bzgl. der Mittel-Zweck-Beziehungen belastet. Mithin betrifft die Umsetzungslücke also die mittleren Ebenen der Operationalisierungshierarchie bzw. ist auf „halber Höhe" der gedachten Pyramide lokalisierbar.

Diese Umsetzungslücke läßt sich nunmehr sowohl im Rahmen der Operationalisierung der Ziele der gesamten Unternehmung als auch derivativ im Rahmen der Operationalisierung der Ziele des Controlling identifizieren, wobei beide naturgemäß eng verknüpft sind. In beiden Fällen müssen Wirkungsinformationen für die o.g. Alternativenwahl bereitgestellt werden. In beiden Fällen ist auch das Controlling gefordert: Im Rahmen der Unterstützung der Planung hat es die Überwindung der Umsetzungslücke des Unternehmens zu unterstützen; derivativ muß es seine eigene Umsetzungslücke bewältigen. Eine Möglichkeit zur notwendigen Effektivitäts- und Effizienzabschätzung von Operationalisierungsalternativen ist die Untersuchung von *Erfolgsfaktoren*, insbesondere vor dem Hintergrund der diese einbettenden Wertschöpfungskette. Hier weist das E-Business augenscheinlich einige Besonderheiten auf. Diese werden in den Abschnitten 3.2.2 und 3.2.3 eingehender diskutiert. – Als Ergebnis der Operationalisierung lassen sich schließlich konkrete Aufgaben eines Controlling von E-Business-Aktivitäten definieren, die sich allerdings durchaus nach herkömmlicher Manier (z.B. als Zielbildungs- und Planungsaufgaben, Steuerungs-, Kontroll- und Koordinationsaufgaben,

---

[35] Vgl. zu den Begrifflichkeiten Effektivität und Effizienz z.B. Ahn/Dyckhoff (1997), S. 2ff.

Management-Rechnungsaufgaben, Berichts- und Beratungsaufgaben)[36] klassifizieren und der Erfüllung einzelner Funktionen zuordnen lassen.

Sind damit nun die Aufgaben eines Controlling von E-Business-Aktivitäten konkretisiert, so bedarf es im Anschluß nunmehr der *Auswahl und Parametrisierung der Systeme und Instrumente* für deren Bewältigung. Dabei lassen sich die im konkreten Kontext einsetzbaren Instrumente und Systeme zunächst klassifizieren in (a) bekannte, verfügbare Instrumente und Systeme, welche unverändert herangezogen werden können; (b) bekannte, verfügbare Instrumente und Systeme, welche mehr oder weniger umfangreiche Variationen für den Gebrauch im neuen Kontext erfordern sowie (c) gänzlich neu entwickelte oder zu entwickelnde Instrumente und Systeme für den spezifischen Kontext. Inwieweit sich in den einzelnen Klassen Controlling-Instrumente und -Systeme für ein Controlling von E-Business-Aktivitäten identifizieren lassen und ob die Klassenbesetzungen eine Spezifität des Controlling von E-Business-Aktivitäten begründen, ist aufgrund der zu konstatierenden Besonderheiten im Abschnitt 3.2.4 weitergehend zu untersuchen. – Die zu treffende Auswahl ist im wesentlichen unter Beachtung der Instrumenten- und Systemwirtschaftlichkeit zu treffen: Aus der großen Menge verfügbarer und sinnvoll einsetzbarer Instrumente und Systeme sind jene auszuwählen, welche die höchste Effektivität und Effizienz hinsichtlich der zu bewältigenden Aufgaben versprechen. Dies können im konkreten Kontext der heterogenen E-Business-Aktivitäten sehr unterschiedliche Instrumente und Systeme sein - so wird z.B. für E-Commerce-Aktivitäten eine andere Wahl zu treffen sein als für ein E-Procurement; einem kleinen Unternehmen müssen andere Systeme und Instrumente empfohlen werden als einem Konzern.

Die Gestaltung der controllingbezogenen Ablauforganisation schafft den notwendigen prozessualen Hintergrund für den Einsatz der Systeme und Instrumente.[37] Hier sind beispielsweise Planungsrunden verschiedener Fristigkeiten sowie Aggregationsgrade und Objektbezüge zu terminieren und in ihrem Hergang einzurichten, es werden Kontrollzyklen für zu überwachende Objekte festgelegt, für das Reporting Berichtstermine und Berichtszyklen formuliert usw. Von besonderer Bedeutung ist dabei auch die Hinterlegung von einzuleitenden Verfahrensschritten bei Ausnahmetatbeständen („Eskalationsregelungen"). Im Idealfall gelingt es bei der ablauforganisatorischen Gestaltung, an der Kybernetik orientierte Regelkreissysteme zu implementieren, die Abweichungen des Ist-Zustandes vom Soll-Zustand bezüglich des Unternehmenssystems durch in die Ablauforganisation eingearbeitete Regeln aufdecken und Gegenmaßnahmen einleiten (anstatt

---

[36] Vgl. z.B. Becker (1999), S. 12ff.
[37] Vgl. folgend zur Organisaton des Controlling z.B. Weber (2002), S. 97ff.; S. 235ff.; S. 353ff.; S. 525ff.

diese Aktivitäten der Initiative und dem Improvisationstalent der jeweils tangierten Personen zu überlassen).

Auch hier weist ein Controlling von E-Business-Aktivitäten bei näherer Prüfung kaum Besonderheiten auf. Der naheliegende intensive EDV-Einsatz übt zwar eine prägende, teilweise sogar nachteilig determinierende Wirkung auf die zu gestaltenden Abläufe aus, ist aber kein Spezifikum des Controlling im E-Business. So sind z.b. intranet- bzw. webbasierte Reportingsysteme, welche aus ablauforganisatorischer Sicht eine Wandlung vom Push- zum Pull-Reporting implizieren, eine allgemeine Entwicklungstendenz. Auch die im Zusammenhang mit dem Controlling von E-Business-Aktivitäten geforderte Verkürzung und Flexibilisierung von Controllingprozessen ist eine nicht an das E-Business gebundene Erscheinung.[38] Vor dem Hintergrund der reichlich strapazierten Phänomene Komplexitätswachstum und Zunahme der Umweltdynamik (samt Globalisierung und ähnlichen an dieser Stelle üblicherweise angeführten Schlagworten) erscheint in dieser Hinsicht eine verstärkte Hinwendung zu ereignisgesteuerten Controllingaktivitäten (z.B. mittels der Technik der ereignisgesteuerten Prozeßketten)[39] als eine attraktive Alternative zum ansonsten eher termin- und zeitorientierten Agieren (so z.B. bei Planrevisionen). Mithin ist aber auch dies keine Entwicklung, die allein das Controlling von E-Business-Aktivitäten betrifft, wenngleich sie auch in diesem Umfeld besonders vorangetrieben werden mag.

Im Rahmen der Controlling-Konzeption wird im letzten Schritt über die *aufbauorganisatorische Institutionalisierung* des Controlling befunden.[40] Hier sind z.B. Fragen wie die hierarchische Eingliederung, die Einrichtung als Stabs-, Linien- oder Querschnittsfunktion, die Zentralisierung bzw. Dezentralisierung, ggf. eine Aufspaltung der Weisungskompetenz in fachliche und disziplinarische Weisungsrechte („dotted lines"), die aufbauorganisatorische Gestaltung einer eventuellen Controlling-Abteilung selbst und vieles mehr zu klären. Dabei ist zu beachten, daß die aufbauorganisatorische Institutionalisierung des Controlling nur ein Mittel zur (ablauforganisatorisch fundierten) Erfüllung seiner Funktionen und Aufgaben unter Einsatz von Systemen und Instrumenten darstellt. Aus diesem Grund handelt es sich um derivative Festlegungen, die im Hinblick auf vorgelagerte Ausgestaltungsentscheidungen im Rahmen der Controlling-Konzeption sowie der relevanten Unternehmensumwelt mit dem Ziel einer möglichst hohen Effektivitäts- und Effizienzsicherung zu treffen sind. – Auch hier zeigt eine Untersuchung des Controllings von E-Business-Aktivitäten keine auffälligen Besonderheiten. Zumeist werden aufbauorganisatorische Aspekte in der Literatur zum

---

[38] Vgl. dazu und folgend im Kontext des E-Business Erben (2001), S. 239ff.

[39] Vgl. z.B. Grob/Volck (1995), S. 604ff.; Rosemann (2000), S. 58ff.

[40] Vgl. zu Aspekten der aufbauorganisatorischen Institutionalisierung folgend z.B. Janzen (1998), S. 47ff.; Reichmann (2001), S. 15ff.; Peemöller (2002), S. 82ff.

Controlling im E-Business ohnehin selten thematisiert.[41] Die naheliegende Frage, ob ein „E-Controlling" als eigenständige, aus dem gesamten Controlling herausgelöste organisatorische Einheit geschaffen werden sollte,[42] ist im Allgemeinen angesichts des Querschnittscharakters der kontextspezifischen Aufgabenfelder zu verneinen.

Als zusammenfassendes Ergebnis der Prüfung entlang der hier vertretenen Controlling-Konzeption bleibt damit festzuhalten, daß Spezifika eines Controlling von E-Business-Aktivitäten im wesentlichen in zwei Bereichen derselben zu konstatieren sind: Zum ersten hinsichtlich der Bewältigung der *Umsetzungslücke* im Hinblick auf die dafür hilfreiche Kenntnis bzgl. der Erfolgsfaktoren sowie Gestaltungsaspekte der Wertschöpfungskette bei der Operationalisierung von Zielen und Funktionen zu konkreten Aufgaben, zum zweiten hinsichtlich der einsetzbaren Controlling-Instrumente (sowie ggf. auch Systeme). Auf diese Aspekte wird im folgenden Abschnitt 3.2 genauer eingegangen.

3.2 Exemplarische Betrachtung von Spezifika

3.2.1 Vorbemerkungen

Im Rahmen der folgenden Ausführungen werden zunächst die Möglichkeiten und Grenzen zur Identifikation von Erfolgsfaktoren im E-Business thematisiert. Die sich anschließende Betrachtung der Spezifika der Wertschöpfungskette (sowie in weiterer Detaillierung der Prozesse) ist eng mit der Betrachtung von Erfolgsfaktoren verknüpft. Ein Controlling, welches naturgemäß mit begrenzten Ressourcen operiert, muß beim Einsatz von Systemen und Instrumenten hinsichtlich der Wirkungseffektivität und Ressourceneffizienz zwangsläufig Schwerpunkte setzen bzw. eine Auswahl aus der Instrumentenfülle treffen.[43] Die Betrachtung von Erfolgsfaktoren und Wertschöpfungskette kann daher wichtige Hinweise auf sinnvolle Schwerpunktsetzungen geben. Es wird deutlich, in welchen Bereichen ein erhöhter Steuerungsbedarf besteht und welche Faktoren die Erreichung der gesetzten Formal- und Sachziele gefährden. Zugleich lassen sich Hinweise auf effizient und effektiv einsetzbare Instrumente ableiten. Instrumente und Systeme für ein Controlling von E-Business-Aktivitäten werden anschlie-

---

[41] Vgl. exemplarisch Fröhling (2000), S. 223ff.; Kusterer (2000), S. 217ff.; Rieg (2000), S. 403ff.; Erben (2001), S. 235ff.
[42] Vgl. z.B. Witt (2001), S. 116.
[43] Vgl. zum in der New Economy allgemein einsetzbaren Instrumenten- und Systemkanon unter Gewichtung nach Notwendigkeit Witt (2001), S. 124f., Abb. 15.

ßend klassifiziert und auf ihre Spezifizität in Abgrenzung zum allgemeinen Controlling hin untersucht.

Bezüglich der folgenden Ausführungen ist zu beachten, daß die Argumentationen stets nur vor einem exakt definierten Kontext validierbar sind: So sind der technische, ökonomische und rechtliche Rahmen des E-Business genauso ins Kalkül zu ziehen wie die konkrete Ausgestaltung der jeweiligen E-Business-Aktivitäten.[44] Als Beispiel sei die Frage genannt, ob ein Start-up oder ein Unternehmen der „Old Economy" betrachtet wird. Bei einem Unternehmen der „Old Economy" wäre dann wieder danach zu differenzieren, ob dieses einen partiell fokussierten oder ganzheitlichen Einstieg ins E-Business sucht, ob die Aktivitäten in einer Division separiert oder in eine eigenständige Tochter ausgegliedert werden usw.[45]

3.2.2 Erfolgsfaktoren

„Erfolg" soll hier definiert werden als eine mittel- bis langfristige Steigerung des Unternehmenswertes. Die Erfolgsfaktorenforschung – als die Suche nach den (partiell gestaltbaren) Bestimmungsfaktoren des Erfolges von Unternehmen – hat in der Betriebswirtschaftslehre inzwischen eine lange Tradition und kann - so z.B. mit dem PIMS-Programm - auf umfangreiche Datenbestände zur Analyse zurückgreifen.[46] Die Ergebnisse der investierten Anstrengungen bleiben jedoch dürftig: Einerseits werden als Erfolgsfaktoren oft Trivialitäten identifiziert (wie z.B. Qualität, Kosten, Zeit, Flexibilität oder Information)[47], zum anderen bleiben die Resultate (insbesondere bei über Trivialitäten hinausgehenden, konkreten Erfolgsfaktoren) zumeist mangels theoretischer Fundierung umstritten. Die Multidimensionalität situativ zu bestimmender, komplexer Wirkungsnetze läßt sich kaum auf eine universelle Aufzählung jeweils monokausaler Erfolgsdeterminanten im Sinne von „Kochrezepten" verdichten.

---

[44] Vgl. zu den technischen Grundlagen des E-Business als Determinanten der Ausgestaltung desselben wie des Controlling auch den Beitrag von Abel in diesem Band.

[45] Vgl. zu diesen Alternativen z.B. Eisenhut/Neukirchen (2001), S. 87ff.

[46] Vgl. zur Erfolgsfaktorenforschung und zu den folgenden Ausführungen mit unterschiedlichen Auffassungen anstelle vieler z.B. Hoffman (1986), S. 831ff.; Nagel (1993); Steinle/Kirschbaum/Kirschbaum (1996); Fritz (1997), S. 455ff., mit einem Überblick Böing (2001), S. 13ff.; exemplarisch mit Kritik zu Ansätzen der Erfolgsfaktorenforschung Lange (1982), S. 27ff.; Chrubasik/Zimmermann (1987), S. 426ff.; Krüger (1989), S. 13ff.

[47] Vgl. z.B. Weiber/McLachlan (2000), S. 125ff.

Es liegt nunmehr nahe, für das E-Business aufgrund einiger veränderter Rahmenbedingungen zumindest Variationen in der Konfiguration klassisch angeführter Erfolgsfaktoren oder gar die Existenz neuer Erfolgsfaktoren zu vermuten. Für ein Controlling von E-Business-Aktivitäten wäre deren Identifikation von erheblicher Bedeutung, da ein Wissen um dieselben dazu beitragen würde, die oben erläuterte „Umsetzungslücke" zu überbrücken. Erkannte Erfolgsfaktoren können nicht nur eine Orientierung für die Steuerung selbst,[48] sondern sekundär insbesondere auch für die Ausgestaltung von Controllingsystemen geben.

Vermessen wäre es nun allerdings, an dieser Stelle eine allgemeingültige Liste von „Erfolgsfaktoren" für das E-Business zu präsentieren.[49] Zum ersten ist das E-Business als Phänomen viel zu komplex und in sich heterogen, um einheitliche (nicht triviale) Erfolgsfaktoren vermuten zu dürfen. Es ist z.B. unwahrscheinlich, daß der erfolgreichen Umsetzung eines E-Procurement dieselben Determinanten zugrundeliegen wie dem erfolgreichen Betrieb eines E-Commerce-Geschäftes. Aus diesem Grund wären allenfalls auf spezifische E-Business-Aktivitäten abgestimmte Erfolgsfaktorenkataloge sinnhaft.

Zum zweiten besteht im E-Business noch nicht die Möglichkeit, auf einen längeren Zeitraum zurückzuschauen. Es sind für bestenfalls fünf Jahre Vergangenheitsdaten vorhanden. Mithin hat sich bislang die Spreu noch kaum vom Weizen getrennt: Ein Unternehmen mag durchaus schon die Fundamente für große zukünftige Erfolge gelegt haben - nur werden diese noch nicht erkannt und das Unternehmen derzeit als mäßig oder garnicht erfolgreich beurteilt. Derzeit als erfolgreich klassifizierte Unternehmen mögen vice versa langfristig keinerlei Wertsteigerungen (oder vielleicht stattdessen sogar Wertverluste) realisieren, da sich ihre vermeintlichen Erfolgsfaktoren im Zuge des Wandels des E-Business als nicht mehr wirksam erweisen. Aus diesem Grunde sind auch viele der in der Literatur veröffentlichten Hinweise auf vermeintliche Erfolgsfaktoren mit Vorsicht zu genießen.[50]

Obgleich damit die Diskussion um Erfolgsfaktoren eine erhebliche Unsicherheit aufweist, kann sich ein Controlling von E-Business-Aktivitäten dennoch nicht der Notwendigkeit der Suche nach denselben verschließen. Dabei ist es allerdings wenig hilfreich, auf die nach „allgemeiner Auffassung" geltenden Erfolgsfaktoren zu vertrauen. Für den B2C-Bereich des E-Commerce, welcher folgend

---

[48] Vgl. ähnlich Böing (2001), S. 10f., dort werden Erfolgsfaktoren auch als Instrument der Komplexitätsreduktion charakterisiert.

[49] Vgl. mit einer Auflistung von Untersuchungen zu den Erfolgsfaktoren im E-Commerce (samt Nennung derselben) exemplarisch Böing (2001), S. 26ff., Tab. 3. Der Autor will damit allerdings nur entsprechende Untersuchungen dokumentieren.

[50] Vgl. ähnlich für den E-Commerce Böing (2001), S. IX.

exemplarisch näher betrachtet werden soll, wurde beispielsweise zeitweise die rasche Etablierung eines Markennamens als wesentlicher Erfolgsfaktor propagiert.[51] Es wurden erhebliche Summen in dessen Durchsetzung am Markt investiert. So erreichte beispielsweise der Co-Shopping-Dienstleister „Letsbuyit.com" aufgrund intensiver Fernsehwerbung in Deutschland einen hohen Bekanntheitsgrad. Indes gelang es vielen Unternehmen nicht, diesen realisierten Bekanntheitsgrad in Umsätze zu überführen. Nicht einmal die etablierten Markennamen erwiesen sich im Nachhinein als werthaltig: Nach dem Absturz der Unternehmen auf den Status von „Dot.gones" fanden sich für viele von ihnen keine Käufer bzw. wurden nur geringe Preise realisiert. Es bleibt nur der Schluß, daß dieser „Erfolgsfaktor" entweder kein solcher ist bzw. war oder nur in spezifischer (z.B. multiplikativer) Verküpfung mit der Ausprägung anderer Faktoren wirksam werden kann - so z.B. dem tatsächlich vorhandenen Nachfragepotential für die angebotene Leistung sowie dem Vertrauen der potentiellen Kunden in das Unternehmen, die angebotene Leistung zufriedenstellend erbringen zu können. – Ähnliches gilt für einen damit eng verknüpften Erfolgsfaktor, den auf einer Website generierten Traffic (meßbar als Visits oder Page Impressions). Einige der meistbesuchtesten Anbieter zu bestimmten Themen konnten kaum Umsatz verzeichnen.

Eine der wenigen durchgängig validen, empirisch gut fundierten (wenn auch nur begrenzt repräsentativen) Untersuchungen zu Erfolgsfaktoren für den B2C-E-Commerce stammt von Böing (2001). Es gelingt ihm, mittels einer quantitativ-konfirmatorischen Untersuchungsmethodik eine Anzahl vorab als Hypothesen formulierter Erfolgsfaktoren auf der Basis seiner Eingangsdaten zu bestätigen. Dabei werden als wesentliche Erfolgsfaktoren die folgenden abgeleitet:[52]

- *Technologie- und Innovationsorientierung*: Als solche wird von Böing (2001) die technische Beherrschung der Transaktionsprozesse inklusive der Schnittstellen zum Kunden angesehen, zugleich allerdings auch die stetige Weiterentwicklung der Produkte und Leistungen. Betont wird eine enge Bindung zur *Kundenorientierung*; der Kunde darf durch die eingesetzten Technologie nicht überfordert werden und muß einen Zusatznutzen wahrnehmen. – Unabhängig von den Feststellungen Böings (2001) lassen auch zahlreiche Beobachtungen im E-Business allgemein darauf schließen,[53] daß die Technologie- und Prozeßbeherrschung (inklusive verbundener Aspekte wie Daten-

---

[51] Vgl. dazu und folgend z.B. o.V. (2001b), S. 774.
[52] Vgl. folgend (teilweise in enger Anlehnung) Böing (2001), S. 214f. Anzumerken ist, daß dieser Arbeit (notwendigerweise) eine sehr spezifische Erfolgsdefinition zugrunde liegt, vgl. Böing (2001), S. 40ff.
[53] Vgl. dazu und folgend Hermanns/Sauter (1999), S. 852ff.; Müller/Rickens (2001), S. 204ff.; Riemer/Klein (2001), S. 710ff.; Koushik/Straeten (2002), S. 130; Weiber (2002a), S. VIII; Weiber (2002b), S. 8ff.

schutz, Datensicherheit und insbesondere die kundenseitige Vertrauenssicherung durch dieselben) als ein wichtiger Erfolgsfaktor anzusehen ist. Es ist ersichtlich, daß sowohl die resultierenden Anforderungen als auch der zu deren Erfüllung zu betreibende Aufwand von vielen Unternehmen bislang erheblich unterschätzt wurden.[54]

- *Sorgfältige Planung des Markteintritts, umfassende Kontrolle der Erreichung der Planungsziele und laufende Plananpassungen:* Die entsprechende Planung soll nach Auffassung Böings (2001) auf detaillierten Business-Plänen basieren; es wird betont, daß detaillierte Planungsaktivitäten trotz der hohen Dynamik des Umfeldes möglich sind. – Bemerkenswert ist, daß mit dem hier identifizierten Erfolgsfaktor wesentliche Funktions- und Aufgabenbereiche des Controlling angesprochen werden, mithin ein Controlling selbst als Erfolgsfaktor der B2C-E-Commerce-Aktivitäten angenommen wird.
- *Onlinekommunikation:* Böing (2001) stellt fest, daß erfolgreiche Unternehmen ihre Leistungen anscheinend über Newsgroups, Suchmaschinen, Bannerwerbung und den Linktausch umfangreich im Internet präsentieren und damit Kunden erreichen. Des Weiteren weist er auf die Möglichkeiten der Informationsbereitstellung auf dem eigenen Webangebot wie auch den E-Mail-Versand als Kommunikationsmöglichkeiten hin.
- *Zusatznutzen:* Als erfolgsdeterminierende Zusatznutzen für Kunden werden von Böing (2001) Entertainment-Elemente, mögliche Downloads sowie Gewinnspiele und ähnliches identifiziert. Darüber hinaus wird auch auf direkt transaktionsunterstützende und -begleitende Elemente wie Warenkörbe, Kontoabfragen, Bestell- und Versandbestätigungen wie -verfolgungen hingewiesen. Eine unmittelbare Verbindung der Realisierung dieser Zusatznutzen zur Beherrschung der Technologie und Prozesse wird deutlich.
- *Liefergeschwindigkeit:* Da viele Unternehmen im B2C-E-Commerce letztlich dem Versandhandel zuzurechnen sind, ist die physische Auslieferung von Gütern ein wesentlicher Teil der Leistung. Es ist unmittelbar einsichtig, daß die Lieferzeit hier die Zufriedenheit des Kunden stark beeinflußt; entsprechend identifiziert Böing (2001) auch diese als eine wichtige Determinante des Erfolgs.

Nun mag der kritische Betrachter einwenden, daß die oben aufgeführten Erfolgsfaktoren auch aufgrund von Plausibilitätsüberlegungen intuitiv ableitbar wären - allerdings zeigen die obigen Ausführungen zur Vergänglichkeit von Markennamen im E-Commerce auch beispielhaft, daß solche „Plausibilitätsüberlegungen" nicht generell valide sind und daher einer empirisch fundierten Bestätigung be-

---

[54] Anderes gilt für jene Einrichtungen, für welche die Informationsverarbeitung schon immer ein zentraler Erfolgsfaktor war, insbesondere Kreditinstitute und Versicherungen. Vgl. als Extrem z.B. Rittgerott (2000), S. 183.

dürfen. Bemerkenswert ist in diesem Kontext auch, daß die von Böing (2001) parallel durchgeführte Expertenbefragung teilweise zu anderen Ergebnissen hinsichtlich der Einschätzung der Bedeutung einzelner Erfolgsfaktoren führte.[55]

In der aus den oben genannten Gründen problematischen Diskussion um Erfolgsfaktoren im E-Business bietet sich nun aus pragmatischer Sicht eine zweite, inverse Vorgehensweise an: Man könnte gescheiterte oder nicht erfolgreiche Aktivitäten betrachten, um aus realisierten Mißerfolgen zu lernen und im Rahmen der eigenen Betätigung Mißerfolgsfaktoren bzw. Risiken nach Möglichkeit auszuschalten.[56] Analysiert man vor diesem Hintergrund einige der zahlreichen Unternehmenskrisen und -untergänge der letzten Zeit im E-Commerce, so ist das Ergebnis allerdings ernüchternd: In vielen Fällen waren es nicht spezifische Mißerfolgsfaktoren des E-Business, welche die Fehlschläge begründeten. Oft wurden vielmehr triviale betriebswirtschaftliche Grundsätze ignoriert, es wurde planlos agiert.[57] So schien vielen Unternehmen bzw. den Verantwortlichen z.B. die Notwendigkeit einer Liquiditätsplanung und -überwachung nicht einsichtig; wiederholt kam es zur Zahlungsunfähigkeit von E-Business-Unternehmen (speziell im Bereich E-Commerce). Die Diskussion um Größen wie die „Cash Burn Rate" dokumentiert diese Defizite eindringlich.[58] In einem weiteren Blickwinkel erweisen sich auch viele der präsentierten Geschäftsmodelle als wenig valide;[59] die Potentiale wurden (vielleicht auch vor dem Hintergrund der Werbung um Kapitalgeber) weit überschätzt. Dies bestätigt wiederum die Ergebnisse von Böing (2001), nach welchen der detaillierten Planung und den laufenden Plananpassungen eine hohe Bedeutung zukommt.

Als potentielle, aber nicht hinreichend bestätigbare Mißerfolgsfaktoren lassen sich exemplarisch ergänzend noch rechtliche Probleme bzw. Unsicherheiten und Kulturprobleme (insbesondere in Unternehmen der „Old Economy", welche E-Business-Aktivitäten entfalten) anführen; als Mißerfolgsfaktoren begünstigende Rahmenbedingung z.B. eine hohe Wettbewerbsintensität bei gleichzeitig erheblicher Wechselbereitschaft der Kunden.[60]

---

[55] Vgl. Böing (2001), S. 215f.
[56] Vgl. mit einer Darstellung gescheiterter Aktivitäten im E-Business auch Rickens (2001), S. 14ff.
[57] Vgl. dazu und folgend z.B. Koushik/Straeten (2002), S. 119; Weiber (2002b), S. 11.
[58] Vgl. z.B. Pruss/Meinert (2001), S. 6ff.; Schellberg (2001), S. 184ff.; auch exemplarisch die Aufführung von Risiken des E-Commerce bei Böing (2001), S. 7f.
[59] Vgl. ähnlich Rickens (2001), S. 16ff.
[60] Vgl. z.B. Hermanns/Sauter (1999), S. 854f.; Scheer/Breitling (2000), S. 398; Müller/Rickens (2001), S. 206ff., Rickens (2001), S. 16ff.

Betrachtet man nunmehr die (unsicheren) Erfolgsfaktoren und die zahlreichen Mißerfolge fallweise, so lassen sich für den Bereich des E-Commerce einige vorsichtige pauschale Schlüsse ziehen:

- Zum einen existieren Unternehmen, die im „reinen" E-Business tätig sind, mithin im Rahmen ihrer Wertschöpfungskette keinerlei physische, der „Old Economy" zurechenbare Prozesse integrieren und lediglich Informationstransaktionen vollziehen. Sofern diese Unternehmen den Markt richtig einschätzen, Umsätze generieren können und ihre Geschäftsprozesse beherrschen, können sie erfolgreich sein. Ein Beispiel für ein solches (in diesem Sinne erfolgreiches) Unternehmen ist eBay.
- Zum zweiten existieren Unternehmen, welche in ihre Wertschöpfungsketten erhebliche Anteile an „klassischen", insbesondere physische Güter tangierende Prozesse (vorrangig im Bereich der Logistik), integrieren, jedoch aufgrund ihrer Herkunft aus dem E-Business selbst keinerlei umfassende Erfahrungen mit der Handhabung solcher Prozesse haben. Diese Unternehmen sind hinsichtlich der Beherrschung dieser Prozesse wie auch der aus ihnen resultierenden Kosten potentiell gefährdet.[61] Als gescheitertes Unternehmen könnte hier z.B. Webvan genannt werden; auch Amazon – wenngleich nicht gescheitert! - wäre zu dieser Kategorie zu zählen.
- Zum dritten sind Unternehmen anzuführen, die aus der „Old Economy" stammen und den E-Commerce lediglich als einen neuen Absatzkanal einsetzen. Sofern es diesen gelingt, die Technologie und eng mit der Technologie verzahnten Prozesse erfolgreich zu integrieren und in ihr bestehendes Geschäft umzusetzen, ist ein erfolgreiches Agieren möglich. Als Beispiel kann hier das Versandhaus Otto angeführt werden - welches nicht nur der zweitgrößte E-Commerce-Händler der Welt (hinter Amazon) ist, sondern dabei auch noch positive Renditen erwirtschaftet.[62]

Läßt man eine solche Kategorisierung von Unternehmen als Orientierungshilfe gelten, so liegt der Schluß nahe, daß insbesondere solche Unternehmen aus der „Old Economy", die ihre Wertschöpfung vorrangig in Form von Informationstransaktionen realisieren, im E-Commerce besonderen Erfolg haben müßten (Kreditinstitute, Broker, Versicherungen usw.).

---

[61] Vgl. z.B. Rickens (2001), S. 16ff.
[62] Vgl. z.B. o.V. (2001c).

3.2.3 Wertschöpfungsnetze und Prozesse

Insbesondere die Arbeiten von Porter haben die Betrachtung der Wertkette bzw. Wertschöpfungskette als fruchtbaren Ansatzpunkt für Gestaltungsentscheidungen des Managements identifiziert.[63] Sinnvoller wäre es allerdings, von einem Wertschöpfungsnetz zu sprechen, da eine „Kette" nur in einer hoch abstrahierenden (strategischen) Partialsicht erkennbar ist. Die unternehmensrelevanten Teile des Wertschöpfungsnetzes werden durch Prozesse weiter operationalisiert. Dabei weist die Ausgestaltung des Wertschöpfungsnetzes wie auch der fundierenden Prozesse eine enge Beziehung zu den oben diskutierten Erfolgsfaktoren auf: Erfolgsfaktoren werden durch die Struktur des Wertschöpfungsnetzes zueinander in Beziehung gesetzt und konfiguriert; Wirkungsinterdependenzen werden deutlich. Effizienz und Effektivität i.S. der Realisierung von Erfolgspotentialen durch die Gestaltung der Wertschöpfungskette sicherzustellen ist im Rahmen der Führungsunterstützung durch Entscheidungsvorbereitung ein wichtiges Aufgabenfeld des Controlling.

Unter der Prämisse rationalen Verhaltens stellt die Koordination innerhalb des - unternehmensinternen wie -externen - Wertschöpfungsnetzes eine zentrale Determinante seiner Effektivität und Effizienz dar.[64] So kann z.B. die Höhe von Lagerbeständen bei vollständiger Informationstransparenz innerhalb des Netzes auf ein Mindestmaß (unter Berücksichtigung eines Konsens bzgl. der Risikoeinstellung der Beteiligten) herabgesetzt werden. Die oben beschriebene Absenkung der Informationsviskosität ermöglicht es nun,[65] die koordinierenden bzw. steuernden Informationsflüsse deutlich auszuweiten sowie neue Informationskanäle überhaupt erst zu implementieren. Damit können zum ersten bestehende Wertschöpfungsnetze erheblich rationalisiert werden. Zum zweiten wird es aufgrund der gesunkenen Informationsviskosität möglich, in ihrem Aufbau neuartige Formen von Wertschöpfungsnetzen zu implementieren.

Aus diesen allgemeinen Darlegungen folgt, daß die Gestaltung von Wertschöpfungsnetzen im Rahmen von E-Business-Aktivitäten eine Anzahl von potentiellen ökonomischen Vorteilen gegenüber den entsprechenden Handhabungen in der „Old Economy" bieten sollte:[66]

- *Kostensenkung*: Kostensenkungen sollen vorrangig über die Automatisierung von Prozessen realisiert werden. Davon sind insbesondere Personal-

---

[63] Vgl. folgend anstelle vieler Porter (1999), S. 63ff.
[64] Vgl. ähnlich Weiber (2002b), S. 13ff. als „Informations-Dreisprung".
[65] Vgl. folgend ähnlich z.B. Dudenhöffer (2000), S. 434ff.
[66] Vgl. folgend z.B. Hermanns/Sauter (1999), S. 853f.

kosten betroffen.[67] Für einzelne E-Business-Aktivitäten lassen sich sodann auch detailliert weitere Einsparungspotentiale aufführen. So soll z.B. das E-Procurement[68] aufgrund von Bündelungseffekten zu niedrigeren Beschaffungspreisen und derivativ - aufgrund der besseren Koordination im Wertschöpfungsnetz - zu einer geringeren Kapitalbindung in den Lägern führen. Des Weiteren sollen aufgrund der Automatisierung die Prozeßkosten eines einzelnen Beschaffungsvorganges drastisch fallen.

- *Zeitersparnis*: Aufgrund der geringen Anzahl an Medienbrüchen, der Automatisierung von Schnittstellen zwischen Systemen und selbständig (d.h. ohne menschlichen Eingriff) ablaufenden Koordinationsvorgängen sollen durch Nutzung der eingesetzten Technologien allgemein Vorgänge und Prozesse beschleunigt und damit Durchlauf- und Abwicklungszeiten gesenkt werden. Auch hier kann als Beispiel wieder das E-Procurement mit der Beschleunigung von Beschaffungsvorgängen genannt werden. Der ökonomische Nutzen aus der Zeitersparnis ist derivativ und kann z.B. als erhöhte Kundenzufriedenheit oder schnellere Markteinführung von Produkten usw. erfaßt werden.

- *Höhere Leistungsqualität*: Durch umfassendere Informationsangebote, jederzeitige und nicht ortsgebundene Verfügbarkeit sowie eine gezieltere Kundenansprache mittels der vielzitierten Individualisierung auf den Kunden hin („mass customization")[69] kann die Qualität des Leistungsangebotes angehoben werden. Die entsprechenden technischen Optionen müssen allerdings dafür bei der Gestaltung des Wertschöpfungsnetzes bzw. der ihm unterliegenden Prozesse genutzt werden.

Bemerkenswert ist insbesondere, daß im E-Business prinzipiell alle drei Effekte *gleichzeitig* realisiert werden können - Kostensenkungen bei Zeitersparnis und erhöhter Leistungsqualität. Dem Controlling obliegt es nun, bei der Gestaltung des Wertschöpfungsnetzes und der operationalisierenden Prozesse unter Einsatz gängiger Instrumente des Prozeßmanagements mitzuwirken und die Realisierung der oben aufgeführten Potentiale zu gewährleisten. Dabei sind jedoch einige Widrigkeiten zu bewältigen.

Etwas abstrahierend ist zunächst zu konstatieren, daß sowohl bei der Rationalisierung bestehender Wertschöpfungsnetze auf Prozeßebene als auch bei der

---

[67] Vgl. z.B. Hermanns/Sauter (1999), S. 853. Bei E-Business-Aktivitäten in der „Old Economy" (wie z.B. eine Einführung des E-Procurement) stellt sich natürlich auch die Frage der Abbaubarkeit der entsprechenden Personalkosten.

[68] Vgl. dazu sowie zu den folgenden Beispielen aus dem E-Procurement z.B. Kusterer (2000), S. 217ff.; Koppelmann/Brodersen/Volkmann (2001), S. 79ff.; Palme (2001), S. 451; o.V. (2001a), S. 30.

[69] Vgl. z.B. Piller/Zanner (2001), S. 88ff.

Schaffung gänzlich neuer Strukturen von Wertschöpfungsnetzen mit der Ausweitung der Informationsflüsse eine erhebliche Komplexitätssteigerung des betrachteten Gesamtsystems induziert wird.[70] Zugleich steigt auch die Abhängigkeit von der eingesetzten Informationstechnologie. Da die Erfahrungen mit E-Business-Aktivitäten aufgrund der Novität des Gegenstands beschränkt sind, haben sich bislang kaum Beherrschungs- bzw. Bewältigungsstrategien für diese Komplexität entwickeln können.

So wird im Idealbild die informatorische Integration der Geschäftsprozesse gefordert,[71] die der oben beschriebenen engen Koordination innerhalb des Wertschöpfungsnetzes entspricht. Auf Prozeßebene muß dies zu einer bruchlosen Integration aller DV-Systeme innerhalb - sowie ggf. in Teilen außerhalb - des Unternehmens führen und damit der Realisierung unmerklich ineinander übergehender Workflows. Gleichzeitig sollten innerhalb dieser Workflows die Voraussetzungen geschaffen werden, sämtliche entsprechend geeigneten Aktivitäten zu automatisieren. So kann z.B. ein Bedarfsträger bei einer idealen Realisierung des E-Procurement mittels eines Desktop Purchasing Systems unter bestimmten Bedingungen (z.B. Vorliegen der entsprechenden Berechtigungen, freies Budget, standardisiertes Gut, z.B. MRO[72]) einen Einkaufsprozess auslösen, der – ausgenommen von den entsprechenden logistischen Aktivitäten - keines menschlichen Eingriffs bei seiner Abwicklung mehr bedarf.

Der Realisierung der damit möglichen Rationalisierungsgewinne stehen jedoch zum Teil recht triviale Gründe entgegen. In der „Old Economy" trifft man oft auf einen DV-Wildwuchs einer Vielzahl verschiedener Systeme, die über notdürftige (statische) Schnittstellen miteinander interagieren.[73] Die Beschaffung bzw. Entwicklung neuer, integrativer Softwarelösungen impliziert zumeist erhebliche Investitionsvolumina; die Bereitstellung dynamischer Schnittstellen zwischen den Systemen ist gleichfalls aufwendig, überwindet jedoch nicht deren gegebene Beschränkungen. In reinen E-Business-Unternehmen kann die Beherrschung der notwendigen Systemkomplexität in technischer wie organisatorischer Hinsicht Probleme aufwerfen. Vor diesem Hintergrund ist die Erreichung des hehren Zieles, ganze Wertschöpfungsnetze (und nicht nur einzelne Ausschnitte wie z.B. mit einem E-Procurement) unternehmensübergreifend zu integrieren - und auf Pro-

---

[70] Vgl. am Beispiel von Internet-Einkaufsplattformen Dudenhöffer (2001), S. 200ff.; auf der Ebene von E-Business-Projekten Müller/Thienen (2001), S. 72f.
[71] Vgl. zu den folgenden Ausführungen z.B. Scheer/Breitling (2000), S. 398ff.; Müller/Rickens (2001), S. 204ff.
[72] „Maintenance, Repairs and Operations"-Güter.
[73] Vgl. dazu und folgend allgemein z.B. Müller/Rickens (2001), S. 204ff.; für das E-Procurement o.V. (2001a), S. 30.

zeßebene zu beherrschen! -,⁷⁴ mit erheblichen Aufwendungen und Schwierigkeiten verbunden.

Als zweites Beispiel für zu konstatierende Probleme bei der Realisierung der Potentiale des E-Business sei hier die teilweise noch fehlende Bildung von Standards auf technischer Ebene bzw. Prozeßebene genannt. Die Rationalisierung in Wertschöpfungsnetzen wie auch die Schaffung von neuen Strukturen derselben erfordert den Einsatz spezifischer technischer Systeme zur Realisierung der erforderlichen Prozesse. Aufgrund des Novitätsgrades konnten sich bislang für etliche Bereiche - als Beispiel bis vor kurzem z.b. auch Katalogsysteme und -logiken für das E-Procurement bzw. E-Purchasement -⁷⁵ allerdings keine Standards etablieren. Fehlende Standards bedeuten aufgrund der Notwendigkeit einer hohen Interaktionsfähigkeit der technischen Systeme (die ja wesentliche Nutzenanteile auf Basis der Kommunikation mit anderen DV-Systemen realisieren) jedoch einerseits ein erhebliches Investitionsrisiko. Andererseits führt die resultierende Zurückhaltung der Unternehmen bei Investitionen in entsprechende Systeme dazu, daß deren potentielle Hersteller auch die Systementwicklung als risikoreich empfinden.

Ein weiteres Hindernis stellen Verhaltensaspekte dar. Voraussetzung einer informationsmäßigen Integration des Wertschöpfungsnetzes ist eine enge Zusammenarbeit zwischen den jeweils Beteiligten - im ganzen Wertschöpfungsnetz bzw. entlang der gesamten Wertschöpfungskette, d.h. ggf. vom Endkunden einer Leistung bis hin zu den Vorlieferanten. In diesem Kontext werden, soweit diese Zusammenarbeit Unternehmen betrifft, auch oftmals Kooperationen als Erfolgsfaktor des E-Business angeführt.⁷⁶ Die Preisgabe der koordinierenden Informationen erfordert nun jedoch Vertrauen: Andere Mitglieder des Wertschöpfungsnetzes erlangen Wissen über die eigenen Aktivitäten, das ihnen bislang nicht zugänglich war.⁷⁷ Es kann nicht verwundern, daß sowohl Unternehmen als auch Einzelpersonen diese Transparenz als Bedrohung ansehen. Unternehmen können ihre spezifischen Markt- oder Wettbewerbsvorteile in Gefahr sehen: So kann in einer entsprechend offenen Produktentwicklung die Übernahme von kritischem Wissen befürchtet werden; Lieferanten können sich gegen den von den Abnehmern gewünschten Gang auf elektronische Märkte sperren, da sie die erhöhte Preistransparenz scheuen. Einzelpersonen letztlich fühlen sich hinsichtlich ihrer

---

[74] Vgl. z.B. Scheer/Breitling (2000), S. 398; ähnlich Weiber (2002a), S. VIII; Weiber (2002b), S. 8, S. 13f.

[75] Vgl. zu diesen z.B. Palme (2001), S. 439ff.; Dorloff/Leukel/Schmitz (2002), S. 369ff.

[76] Vgl. z.B. Hermanns/Sauter (1999), S. 854; Scheer/Breitling (2000), S. 397; Weitzel/König (2001), S. 32.

[77] Vgl. z.B. unter diesen Aspekten - auch folgend - z.B. Kuhlen (2000), S. 220ff.; Müller/Rickens (2001), S. 206f.; o.V. (2001a), S. 30; Rickens (2001), S. 18ff.

Stellung und Machtbasis bedroht. Aus diesem Grund sind verdeckte oder offene Widerstände nicht nur zu erwarten, sondern auch zu beobachten. Der Mangel an Vertrauen kann sich davon abgesehen auch auf die Zuverlässigkeit und Sicherheit der Transaktionssysteme, mithin die Technik selbst, beziehen. So besteht z.B. am Ende (bzw. je nach Sichtweise am Anfang) der Wertschöpfungskette derzeit noch eine fundamentale Unsicherheit der potentiellen Kunden im E-Commerce.[78] Auch hier existieren Ängste gegenüber der Preisgabe von Informationen - unmittelbar nachvollziehbar dürfte das z.b. bei der Zahlungsabwicklung im B2C sein: Die Preisgabe der eigenen Kreditkartennummer als eine der üblichen Möglichkeiten der Zahlungsabwicklung erfordert sowohl Vertrauen in die Technik (mithin das WWW) als auch - in Bezug auf den potentiellen Mißbrauch - in das interagierende Unternehmen. Riemer/Klein (2000) führen in diesem Sinne weitere potentielle Risiken des Kunden auf, deren Bewältigung vor allem Vertrauen erfordert.

Die oben dargelegten Potentiale des E-Business hinsichtlich der Gestaltung des Wertschöpfungsnetzes wie auch die exemplarisch skizzierten Widrigkeiten bei deren Realisierung stellen sicherlich spezifische Herausforderungen für ein Controlling von E-Business-Aktivitäten dar. Hier gilt es, zukünftig entsprechende Vorgehensweisen zur Handhabung und Bewältigung der dargestellten Probleme zu entwickeln.

3.2.4 Controlling-Instrumente und Systeme

Es ist allgemein zu bemerken, daß sich Untersuchungen zu diversen Fragen des Controlling oftmals auf den Instrumenteneinsatz fokussieren;[79] zuweilen hat man sogar den Eindruck, daß das Controlling in der Wahrnehmung auf seine Instrumente reduziert wird. Darauf wurde bislang bewußt verzichtet, da hier die Auffassung vertreten wird, daß der Einsatz von Instrumenten (wie Systemen) erst nach Schaffung eines soliden Fundamentes, welches die vorgelagerten Gestaltungsschritte der Controlling-Konzeption aus Abb. 3 bilden, als derivative Fragestellung zu klären ist. Im Weiteren steht nun eine Klassifizierung der Instrumente (und Systeme) im Hinblick auf die Spezifitätsprüfung bei einem Einsatz im Rahmen von E-Business-Aktivitäten im Vordergrund; einzelne Instrumente werden nur exemplarisch skizziert. Unter diesem Gesichtspunkt lassen sich die

---

[78] Vgl. dazu und folgend Riemer/Klein (2001), S. 710ff.
[79] Vgl. zur Validierung dieser Feststellung die Jahresinhaltsverzeichnisse von spezifischen Controlling-Zeitschriften (wie „Controlling" oder „controller magazin") sowie diverse Controlling-Lexika.

einsetzbaren Controlling-Instrumente (und Systeme) nun in drei Klassen bzw. Kategorien einteilen:[80]

- In der ersten Kategorie können jene Instrumente und Systeme des Controlling identifiziert werden, welche sich unverändert bzw. mit nur geringen kontextbedingten Anpassungen nutzen lassen.
- In der zweiten Kategorie erscheinen Instrumente und Systeme, die zwar bereits existent sind, für einen Einsatz zum Controlling von E-Business-Aktivitäten jedoch erhebliche und substantielle strukturelle Anpassungen bzw. Umgestaltungen erfordern.
- In der dritten Kategorie schließlich sind solche Instrumente und Systeme zu nennen, die unmittelbar für ein Controlling von E-Business-Aktivitäten geschaffen wurden und damit gänzlich neu sind.

Eine Spezifität des Controlling von E-Business-Aktivitäten wäre im Hinblick auf den Instrumenten- und Systemeinsatz insbesondere dann gegeben, wenn unter den herangezogenen Instrumenten und Systemen eine größere Zahl der zweiten und dritten Kategorie zuzuordnen wäre.

Bevor jedoch auf die einzelnen Kategorien eingegangen wird, ist zunächst noch kurz der hier verwendete Begriff „Systeme" von den „Instrumenten" abzugrenzen. Unter Systemen wie auch Instrumenten des Controlling werden hier Werkzeuge i.S. von logischen, zumeist algorithmisch definierbaren Methoden und Techniken der Informationsverarbeitung zum Zwecke der Analyse und des normativ orientierten Schlußfolgerns verstanden, die dazu dienen, die o.g. Funktionen des Controlling zu erfüllen und Steuerungsinformationen bereitzustellen. Als „Systeme" werden dabei solche Methoden und Techniken der Informationsverarbeitung aufgefaßt, welche nicht nur zu einem konkreten Zeitpunkt eingesetzt werden, um ein spezifisches Problem zu lösen. Vielmehr werden Systeme *dauerhaft* unterhalten, um für eine Vielzahl von Entscheidungsproblemen relevante Informationen bereitzustellen bzw. Gestaltungs- und Steuerungsinformationen abzugeben. In diesem Sinne wird beispielsweise die „Kostenrechnung" per se hier als System aufgefaßt, während eine „Abweichungsanalyse" (auch wenn sie regelmäßig durchgeführt wird) ein Instrument darstellt.

In der *ersten Kategorie* lassen sich nunmehr die meisten klassisch bekannten Controlling-Instrumente wie auch -Systeme - von der ABC-Analyse bis zum Zero Based Budgeting - einordnen.[81] Diese bedürfen zwar bestimmter kontext-

---

[80] Vgl. bereits Abschnitt 3.1; allgemein zum Instrumenteneinsatz des Controlling im E-Business Ederer et al. (2002), S. 289ff.; Wall (2002), S. 386f.
[81] Vgl. mit einer Auflistung von „Controlling-Tools" für die New Economy (also nicht nur das E-Business!) und einer Abschätzung ihrer Bedeutung Witt (2001), S. 124f., Abb. 15.

spezifischer Anpassungen für ein Controlling von E-Business-Aktivitäten - diese können jedoch eher noch als Konfiguration der Instrumente und Systeme aufgefaßt werden und stellen keine strukturellen Änderungen dar. Natürlich reicht eine solch dröge Feststellung heute nicht mehr für die Plazierung eines Literaturbeitrages in einer Zeitschrift aus - daher wird zumeist mittels terminologischer Kunstgriffe (z.b. „E-Scorecard" für die Balanced Scorecard als etwas plumpe Variante) und einer neuen Verpackung für die scheinbare Novität gesorgt.[82] - Unter den Systemen kann man in dieser Kategorie z.b. die gesamte Kostenrechnung aufführen, deren Ausgestaltung im Kontext des E-Business zwar sinnvollerweise Aspekte des Fixkostenmanagements und der Prozeßkostenrechnung betonen sollte, jedoch keiner grundlegenden Änderungen bedarf. Als exemplarische Anwendungen von Instrumenten lassen sich aus der Literatur z.b. die Balanced Scorecard,[83] die Portfolio-Technik,[84] das Target Costing[85] oder SWOT-Analysen[86] anführen. Es gilt im Allgemeinen, daß Instrumente und Systeme, die bereits früher in bestimmten Themenkontexten eingesetzt wurden, auch bei analogen E-Business-Aktivitäten wieder herangezogen werden. So wird man beispielsweise beim laufenden Betrieb eines E-Procurement wieder auf die meisten bekannten Instrumente des Beschaffungscontrolling zurückgreifen.[87]

Der *zweiten Kategorie* sind solche Instrumente und Systeme zuzuordnen, die für eine Anwendung auf E-Business-Aktivitäten deutlich modifiziert wurden.[88] Als ein Beispiel kann hier das „House of E-Business" genannt werden, welches von

---

[82] Aus nachvollziehbaren Gründen wird hier auf die - in reichlichem Umfang mögliche - Angabe von Belegen verzichtet.

[83] Vgl. zum Einsatz der Balanced Scorecard im E-Business z.B. Fröhling (2000), S. 227ff.; Müller/Thienen (2001), S. 207ff.; Witt (2001), S. 119ff.; Fröhling/Oehler (2002), S. 181ff.; Schäffer/Weber/Freise (2002), S. 359ff.; Ederer et al. (2002), S. 289f.

[84] Vgl. mit Anwendungen auf E-Business-Aktivitäten z.B. Jost (2000), S. 451f.; Müller/Thienen (2001), S. 87ff.; Fröhling/Oehler (2002), S. 180ff.

[85] Vgl. z.B. Rieg (2000), S. 406; Ederer et al. (2002), S. 289; Anpassungsnotwendigkeiten sieht Wall (2002), S. 386.

[86] Vgl. z.B. Müller/Thienen (2001), S. 91ff.

[87] Vgl. zum Beschaffungscontrolling bzw. den einsetzbaren Instrumenten und Systemen z.B. Reichmann (2001), S. 343ff.; speziell im Umfeld des E-Procurement unter Anführung von Instrumenten z.B. Kusterer (2000), S. 217ff.; Koppelmann/Brodersen/Volkmann (2001), S. 81ff.; Müller/Thienen (2001), S. 36ff. - Vgl. zum Controlling im E-Procurement auch den Beitrag von Holtrup/Prangenberg in diesem Band.

[88] Vgl. von der sinngemäßen Kategorisierung ähnlich als „hybride Tools aus der Old Economy" Witt (2001), S. 119ff.; diese Instrumente sind jedoch hier eher der ersten Kategorie zugeordnet.

Müller/Thienen (2001) eingesetzt wird.[89] Dieses lehnt sich zwar vom Grundkonzept her eng an das bekannte „House of Quality"[90] aus dem Qualitätsmanagement an, wird jedoch entsprechend den Notwendigkeiten der Steuerung von E-Business-Aktivitäten auch strukturell angepaßt. Des Weiteren könnten exemplarisch eine Anzahl im Hinblick auf den Einsatzzweck modifizierter Kennzahlen unter diese Kategorie subsumiert werden.[91]

In der *dritten Kategorie* sind speziell solche Controlling-Instrumente und Systeme einzuordnen, die eigens für E-Business-Aktivitäten geschaffen wurden. Die Entwicklung der wesentlichen hier zu nennenden Instrumente und Systeme ist dabei durch die immensen - und in ihrer konkreten Art und Form gänzlich neuen - Datenvolumina intendiert worden, welche im Zuge vieler E-Business-Aktivitäten (insbesondere dem E-Commerce) anfallen.[92] Einerseits resultieren diese aus der Aufzeichnung jeglicher Art von Besuchsvorgängen und Nutzeraktionen in elektronischen Informationsangeboten der Unternehmen (z.B. über Logfiles, Cookies, Anmelde- und Authentifizierungskennungen usw. im WWW). Andererseits hinterlassen die im Idealfall vollständig über elektronische Medien ablaufende Abwicklung unternehmensinterner und -externer Geschäftsprozesse sowie die entsprechenden Transaktionen mit Kunden (z.B. im E-Commerce über das WWW angestoßene Prozesse) umfangreiche Datenspuren. All diese Daten stehen dem Controlling prinzipiell zur Auswertung zur Verfügung -[93] wobei sich allerdings zum ersten die Frage stellt, aus welchen dieser Daten sich auf der Basis von Analysen tatsächlich sinnvolle, steuerungsrelevante Informationen generieren lassen (*Selektionsproblem*). Zum zweiten ist zu klären, mittels welcher Instrumente entsprechende Analysen (z.B. als Erkennung von spezifischen Mustern) durchgeführt werden können (*Verarbeitungsproblem*).

Eine augenscheinliche Möglichkeit, die anfallenden Daten zu verdichten, stellt zunächst die Bildung von *Kennzahlen* dar. Gerade im Kontext der Aufzeichnung von Besuchsaktivitäten im WWW läßt sich hier eine Vielzahl gänzlich neuer Kennzahlen definieren, die in enger Beziehung zu den eingesetzten Technologien und den möglichen Interaktionen von Besuchern mit derselben stehen. Ein umfangreicher Katalog derselben wird z.B. von Cutler/Sterne (2000) unter dem

---

[89] Vgl. zum Einsatz des „House of E-Business" auch den Beitrag von Nevries/Segbers in diesem Band.

[90] Vgl. z.B. Hauser/Clausing (1988), S. 63ff.

[91] Vgl. mit tw. modifizierten, an den Einsatzzweck im E-Business angepaßten Kennzahlen z.B. Rieg (2000), S. 407; Witt (2001), S. 116ff.; Schäffer/Weber/Freise (2002), S. 355ff.

[92] Vgl. z.B. Scheer/Breitling (2000), S. 397f.; Wall (2002), S. 382ff.

[93] Von der näheren Untersuchung rechtlicher Aspekte bzw. Beschränkungen dieser Datenauswertung wird hier abgesehen.

Titel „E-Metrics" vorgestellt.[94] Auf eine Aufzählung wird hier verzichtet; als Beispiel sei exemplarisch mit dem Personalisierungs-Index[95] eine Kennzahl angesprochen. Dieser ist definiert als die Relation der Anzahl der Profilelemente, die im Rahmen eines Webangebotes zur Kundeninteraktion benutzt werden, im Verhältnis zur Anzahl der insgesamt gesammelten Kundenprofilelemente. Es wird also gefragt, inwieweit die über Kunden gesammelten Informationen zur Individualisierung der Kommunikation mit diesen über ein dynamisches Web-Angebot genutzt werden. Grundsätzlich ist bei einer Entscheidung zur dauerhaften Nutzung entsprechender Kennzahlen zu fragen, inwieweit Steuerungsrelevanz gegeben ist - für ein E-Commerce-Unternehmen wäre also zu fragen, ob der Personalisierungsindex z.B. in einem (un-) mittelbaren Wirkungszusammenhang zu den verfolgten Zielgrößen steht, des Weiteren ist die Bildung von (zumindest sachlogisch organisierten) Kennzahlensystemen wünschenswert.[96]

Werden Controlling-Systeme und -Instrumente im Kontext des E-Business auf ihre Novität untersucht, so müssen im Zusammenhang mit den generierten Datenvolumina auch die für diese vorgeschlagenen, über die Kennzahlenbildung hinausgehenden Verfahren der Aufbereitung und Auswertung genannt werden. Die Bildung einer vollständig einheitlichen Terminologie steht hier noch aus; oft werden dieselben allerdings unter dem Begriff „Web Log Mining" gefaßt.[97] Insbesondere die eingesetzten Verfahren zur Mustererkennung in den Daten (wie z.B. Assoziations- und Pfadanalysen, Segmentierungs- und Klassifikationsverfahren) könnten als „neu" bezeichnet werden. Als Beispiel sei hier die Warenkorbanalyse genannt:[98] Auf der Basis von Abverkaufsdaten kann nicht nur die Frage beantwortet werden, welche Produkte und Dienstleistungen bei einem Kauf oder einer Folge von Käufen erworben wurden. Darüber hinaus können statistisch abgesicherte Informationen über Kaufgewohnheiten, Präferenzen, die Wirkung von Marketingmaßnahmen usw. abgeleitet werden - mit dem Ziel, künftiges Kaufverhalten zu erklären und zu prognostizieren.

Allerdings ist zu konstatieren, daß sowohl die eingesetzten Verfahren zur Datenaufbereitung als auch die Analysetechniken schon länger bekannt sind.[99] Aus

---

[94] Vgl. Cutler/Sterne (2000), vgl. darüber hinaus exemplarisch zu den zu Kennzahlen verdichtbaren Grunddaten Bensberg (2001), S. 39ff.; Mayer/Bensberg/Hukemann (2001), S. 159ff.; als „Web-Metrics" bei Schäffer/Weber/Freise (2002), S. 360f.

[95] Vgl. Cutler/Sterne (2000), S. 52.

[96] Als solches System sehen Schäffer/Weber/Freise (2002), S. 359f. bspw. die Balanced Scorecard an.

[97] Vgl. dazu und folgend z.B. Beekmann (2001), S. 52f.; Bensberg (2001); Mayer/Bensberg/Hukemann (2001), S. 157ff.

[98] Vgl. mit einem Beispiel Hummeltenberg/Marquardt (2001), S. 852ff.

[99] Vgl. z.B. dazu und folgend Scheer/Breitling (2000), S. 401f.

den früheren Managementinformationssystemen (MIS, EIS, FIS, EUS usw.) entwickelten sich in den 90er Jahren Konzepte wie das Data Warehouse, OLAP, Data Mining usw., die auch im Controlling genutzt werden. Die Nutzung dieser Systeme und Instrumente für die Verarbeitung und Analyse der mit dem E-Business einhergehenden Datenvolumina bot sich - unter gewissen notwendigen kontextspezifischen Anpassungen - an. Von den anbietenden Softwarefirmen wie auch Beratern wurden sie nicht nur hinsichtlich ihrer Leistungsfähigkeit - „Business Intelligence"! - sondern auch bzgl. ihrer Spezifität hinsichtlich des Einsatzes im E-Business („E-Intelligence") deutlich übersteigert dargestellt.[100] Mithin ist also hier die Einordnung in die dritte Kategorie fraglich; man könnte auch für eine Zuordnung zur ersten (bzw. evtl. zweiten) Kategorie plädieren. Ihre in letzter Zeit herausgestellten Besonderheiten - wie z.B. im E-Commerce die Möglichkeiten für Echtzeitanalysen bzgl. der Transaktionen und die regelbasierte Umgestaltung von Web-Angeboten auf Basis dieser Analysen -[101] stellen eher allgemeine Entwicklungen bzw. die Nutzung kontextspezifischer technischer Optionen dar.

Mithin wird hier zusammenfassend festgestellt, daß eine Identifikation tatsächlich *neuer* Controlling-Instrumente und -Systeme im Umfeld von E-Business-Aktivitäten kaum gelingt. Die meisten hier eingesetzten Instrumente und Systeme sind bekannt und werden nur an das Umfeld angepaßt; die meisten Controlling-Aufgaben können mit unveränderten oder nur geringfügig modifizierten Systemen und Instrumenten effektiv und effizient abgewickelt werden. Speziell die aus dem Kontext des E-Business heraus anfallenden Daten eröffnen nach Art und Umfang neue Möglichkeiten. Begrifflichkeiten wie „E-Intelligence", die im Zusammenhang mit „umgetauften" alten Instrumenten verwendet werden, täuschen allerdings oft eine nicht gegebene Novität vor.

4 Fazit

Als Ergebnis der oben angestellten bzw. als Schlußfolgerungen dargestellten Überlegungen läßt sich feststellen, daß ein Controlling von E-Business-Aktivitäten einige Besonderheiten hinsichtlich der Aspekte Erfolgsfaktoren, Wertschöpfungskette und Prozesse sowie bezüglich der einsetzbaren Instrumente und Systeme aufweist. Die Antwort auf die Frage, ob der Grad der Spezifität so hoch ausfällt, daß die Eigenständigkeit eines „E-Controlling" zu rechtfertigen ist, bedarf zwangsläufig einer nur noch begrenzt objektiv nachvollziehbaren Wertung des Spezifitätsgrades.

---

[100] Vgl. z.B. Fröhling (2000), S. 223ff.
[101] Vgl. z.B. Scheer/Breitling (2000), S. 401f.

Diese Wertung wird hier vor dem Hintergrund diverser Erfahrungen mit der Einführung von Controlling-Konzeptionen in verschiedenen anderen, eher „ungewöhnlichen" Kontexten wie z.b. der Katholischen Kirche, Staatsanwaltschaften, der Arbeitsverwaltung usw. vorgenommen.[102] Im Vergleich mit den Besonderheiten, welche bei der Ausgestaltung von Controlling-Konzeptionen in diesen Kontexten erforderlich sind, erscheinen die dargelegten Spezifitäten eines Controlling von E-Business-Aktivitäten gegenüber dem „klassischen" Controlling kaum bemerkenswert, die aufzeigbare Heterogenität zu gering, um eine Eigenständigkeit zu rechtfertigen.[103]

Dies impliziert allerdings nicht, daß ein Controlling von E-Business-Aktivitäten nicht einer sorgfältigen kontextorientierten Ausgestaltung bedürfe - oder gar von geringer zukünftiger Bedeutung sei. Mit dem Ende der E-Business-Hype hat zwar einerseits die (vom Controlling zu begleitende) „Rückkehr zur Rationalität" (im E-Business vielleicht auch gerade erst deren Entdeckung) begonnen, andererseits haben die durch die neuen, die Informationsviskosität drastisch herabsetzenden Technologien und ihre gesellschaftliche Einbettung induzierten Umwälzungen gerade erst begonnen und sind teilweise in ihren Ausmaßen noch garnicht absehbar.[104] Erahnen läßt sich ihr Umfang allenfalls mit Rückgriff auf historische Analogien - so wurden die ökonomischen und wirtschaftlichen Wirkungen der „Eisenbahnrevolution" im 19. Jahrhundert erst Jahre - teilweise sogar erst Jahrzehnte! - nach der damaligen „Hype" vollends deutlich. Bei der Wahrnehmung der mit diesen zukünftigen Diskontinuitäten verbundenen Chancen wie auch der Meidung der zwangsläufig aus ihnen erwachsenden Risiken kommt dem Controlling als „Navigator" im Sinne Zünds eine zentrale Rolle zu.[105]

---

[102] Vgl. dazu z.B. Mertes (2000); Junga (2000); Hoffjan (1998).
[103] Vgl. ähnlich in der Aussage für die New Economy Czekala (2002), S. 354.
[104] Vgl. dazu und folgend z.B. Kreiss (2001), S. 22; Weiber (2002a), S. VIII; Weiber (2002b), S. 11; zu ersten entsprechenden Entwicklungen Reinhard (2003), S. 16ff.
[105] Vgl. z.B. Küpper/Weber/Zünd (1990), S. 286f.

Literaturverzeichnis

Ahn/Dyckhoff (1997):
Ahn, H.; Dyckhoff, H.: Organisatorische Effektivität und Effizienz, in: WiSt, 26. Jg. (1997), Heft 1, S. 2-6.

Becker (1999):
Becker, W.: Begriff und Funktionen des Controlling, Bamberger Betriebswirtschaftliche Beiträge, Nr. 106, überarbeiteter Nachdruck, Bamberg 1999.

Beekmann (2001):
Beekmann, F.: Was bedeutet ... Web-Log Mining, in: OR News, o.Jg. (2001), Ausgabe II, Nr. 11, März, S. 52-53.

Bensberg (2001):
Bensberg, F.: Web Log Mining als Instrument der Marketingforschung: Ein systemgestaltender Ansatz für internetbasierte Märkte, Wiesbaden 2001.

Berens/Bertelsmann (2002):
Berens, W.; Bertelsmann, R.: Stichwort "Controlling", in: Küpper, H.-U.; Wagenhofer, A. (Hrsg.): Handwörterbuch Unternehmensrechnung und Controlling, 4. Auflage, Enzyklopädie der Betriebswirtschaftslehre Band III, Stuttgart 2002, Sp. 280-288.

Böing (2001):
Böing, C.: Erfolgsfaktoren im Business-to-Consumer-E-Commerce, Wiesbaden 2001.

Chrubasik/Zimmermann (1987):
Chrubasik, B.; Zimmermann, H.-J.: Evaluierung der Modelle zur Bestimmung strategischer Schlüsselfaktoren, in: Die Betriebswirtschaft, 47. Jg. (1987), Nr. 4, S. 426-450.

Cutler/Sterne (2000):
Cutler, M.; Sterne, J.: E-Metrics - Business Metrics For The New Economy, White Paper, NetGenesis Corporation, Cambridge/Massachussetts 2000 [Internet: http://www.netgenesis.com/downloads/pdf/emetrics/e-metrics_business metrics for_the_new_economy.pdf, verifiziert 11.04.2001].

Czekala (2002):
Czekala, T.: New Controlling in der New Economy? - Erfahrungsbericht auf Basis der Controllingaufbauarbeit bei der Scout24 AG, in: Controlling, 14. Jg. (2002), Heft 6, S. 347-354.

Dorloff/Leukel/Schmitz (2002):
Dorloff, F.-D.; Leukel, J.;Schmitz, V.: Betriebliches Katalogdaten-Management, in: WISU, 31. Jg. 2002, Heft 3, S. 369-377.

Dudenhöffer (2000):
Dudenhöffer, F.: E-Commerce-Stufen in der Automobilwirtschaft, in: Controlling, 12. Jg. (2000), Heft 8/9, S. 433-438.

Dudenhöffer (2001):
Dudenhöffer, F.: Internet-Einkaufsplattformen, in: WISU, 30. Jg. (2001), Heft 2, S. 200-206.

Ederer et al. (2002):
Ederer, F.; Mitterer, B.; Ringlein, T.; Schneppe, C.: E-Business Anwendungen und die Notwendigkeit des Umdenkens im Controlling, in: controller magazin, 27. Jg. (2002), Heft 3, S. 283-291.

Eisenhut/Neukirchen (2001):
Eisenhut, M.; Neukirchen, R.: Putting E-Business to work, in: Controlling, 13. Jg. (2001), Heft 2, S. 85-94.

Erben (2001):
Erben, R.F.: e-Controlling - Anforderungen an das Controlling im e-Business -, in: Kostenrechnungspraxis, 45. Jg. (2001), Heft 4, S. 235-241.

Fritz (1997):
Fritz, W.: Produktqualität, Marktanteil und Unternehmenserfolg - Ergebnisse der PIMS-Forschung und ihre empirische Relevanz für die westdeutsche Industrie -, in: Betriebswirtschaftliche Forschung und Praxis, 49. Jg. (1997), Nr. 4, S. 455-469.

Fröhling (2000):
Fröhling, O.: Controlling in der New Economy - Konzeption und Umsetzung von E-Intelligence, in: Kostenrechnungspraxis, 44. Jg. (2000), Heft 4, S. 223-231.

Fröhling/Oehler (2002):
Fröhling, O.; Oehler, K.: E-Business braucht E-Controlling, in: Controlling, 14. Jg. (2002), Heft 3, S. 179-188.

Grob/Volck (1995):
Grob, H.L.; Volck, S.: Abbildung von Geschäftsprozessen mit ereignisgesteuerten Prozeßketten, in: WiSt, 24. Jg. (1995), Heft 11 (November), S. 604-608.

Gröbel (2001):
Gröbel, U.: E-Insurance - strategische Herausforderung für Versicherungsunternehmen im deutschen Markt, in: Betriebswirtschaftliche Forschung und Praxis, 53. Jg. (2001), Heft 2, S. 133-151.

Hauser/Clausing (1988):
Hauser, J.R.; Clausing, D. (1988): The House of Quality, in: Harvard Business Review, Vol. 88 (1988), No. 3, S. 63-73.

Heigl (1978):
Heigl, A. (1978): Controlling - Interne Revision, Stuttgart, New York 1978.

Heinzmann (2002):
Heinzmann, P.: Internet - Die Kommunikationsplattform des 21. Jahrhunderts, in: Weiber, R. (Hrsg.): Handbuch Electronic Business: Informationstechnologien - Electronic Commerce - Geschäftsprozesse, 2. Auflage, Wiesbaden 2002, S. 41-77.

Hermanns/Sauter (1999):
Hermanns, A.; Sauter, M.: Die neuen Herausforderungen der Internet-Ökonomie - Chancen und Risiken des Electronic Commerce, in: WISU, 28. Jg. (1999), Heft 6, S. 850-856.

Hoffjan (1998):
Hoffjan, A.: Entwicklung einer verhaltensorientierten Controlling-Konzeption für die Arbeitsverwaltung, 2. Auflage, Wiesbaden 1998.

Hoffmann (1986):
Hoffmann, F.: Kritische Erfolgsfaktoren - Erfahrungen in großen und mittelständischen Unternehmungen, in: Zeitschrift für betriebswirtschaftliche Forschung, 38. Jg. (1986), Nr. 10, S. 831-843.

Horváth (1978):
Horváth, P.: Controlling - Entwicklung und Stand einer Konzeption zur Lösung der Adaptions- und Koordinationsprobleme der Führung, in: ZfB, 48. Jg. (1978), Heft 3, S. 194-208.

Horváth (2001):
Horváth, P.: Controlling, 8. Auflage, München 2001.

Hummeltenberg/Marquardt (2001):
Hummeltenberg, W.; Marquardt, J.H.: Data Mining zur Warenkorbanalyse mit SQL, in: WISU, 30. Jg. (2001), Heft 6, S. 852-862.

Irrek (2002):
Irrek, W.: Controlling als Rationalitätssicherung der Unternehmensführung? - Denkanstöße zur jüngsten Entwicklung der Controllingdiskussion, in: Kostenrechnungspraxis, 46. Jg. (2002), Heft 1, S. 46-51.

Janzen (1998):
Janzen, H.: Das Controlling-Konzept: Annäherung an ein Phantom, fhS-prints 1/98, Schriftenreihe der Fachhochschule Schmalkalden, Schmalkalden 1998.

Jost (2000):
Jost, C. (2000): Strategische Optionen für den E-Business-Einstieg, in: Controlling, 12. Jg. (2000), Heft 8/9 (August/September), S. 445-452.

Junga (2000):
Junga, C.: Entwicklung einer Controlling-Konzeption für Staatsanwaltschaften, Aachen 2000.

Koppelmann/Brodersen/Volkmann (2001):
Koppelmann, U.; Brodersen, K.; Volkmann, M.: Electronic Procurement im Beschaffungsmarketing, in: WiSt, 30. Jg. (2001), Heft 2, S. 79-86.

Koushik/Straeten (2002):
Koushik, S.; Straeten, D.: Eine strategische Roadmap zur Implementierung von E-Business-Lösungen, in: Weiber, R. (Hrsg.): Handbuch Electronic Business: Informationstechnologien - Electronic Commerce - Geschäftsprozesse, 2. Auflage, Wiesbaden 2002, S. 117-140.

Kreiss (2001):
Kreiss, C.: New Economy - damals und heute: Lehren aus dem Eisenbahn-Boom im 19. Jahrhundert, in: Süddeutsche Zeitung am 21./22.07.2001, Nr. 166, S. 22.

Krüger (1989):
Krüger, W.: Hier irrten Peters/Waterman, in: HARVARDManager, 11. Jg. (1989), Heft 1, S. 13-18.

Kubicek/Thom (1976):
Kubicek, H.; Thom, N.: Stichwort "Umsystem, betriebliches", in: Grochla, E.; Wittmann, W. (Hrsg.): Handwörterbuch der Betriebswirtschaft, 4. Auflage, Stuttgart 1976, Sp. 3977-4017.

Kuhlen (2000):
Kuhlen, R.: Vertrauenssicherung auf elektronischen Märkten, in: WISU, 29. Jg. (2000), Heft 2, S. 220-226.

Küpper/Weber/Zünd (1990):
Küpper, H.-U.; Weber, J.; Zünd, A.: Zum Verständnis und Selbstverständnis des Controlling - Thesen zur Konsensbildung, in: Zeitschrift für Betriebswirtschaft, 60. Jg. (1990), Heft 3, S. 281-293.

Kusterer (2000):
Kusterer, F.: E-Controlling, in: Controlling, 12. Jg. (2000), Heft 4/5, S. 217-221.

Lange (1982):
Lange, B.: Bestimmung strategischer Erfolgsfaktoren und Grenzen ihrer empirischen Fundierung, in: Die Unternehmung, 36. Jg. (1982), Nr. 1, S. 27-41.

Mayer/Bensberg/Hukemann (2001):
Mayer, R.; Bensberg, F.; Hukemann, A.: Web Log Mining als Controllinginstrument für Online-Shops, in: Controlling, 13. Jg. (2001), Heft 3, S. 157-166.

Mertes (2000):
Mertes, M.: Controlling in der Kirche - Aufgaben, Instrumente und Organisation dargestellt am Beispiel des Bistums Münster, 2. Auflage, Gütersloh 2000.

Müller/Thienen (2001):
Müller, A.; Thienen, L. von: e-Profit: Controlling-Instrumente für erfolgreiches e-Business, Freiburg u.a. 2001.

Müller/Rickens (2001):
Müller, E.; Rickens, C.: Weckruf im Web, in: manager magazin, 31. Jg. (2001), März, S. 166-223.

Nagel (1993):
Nagel, K.: Die 6 Erfolgsfaktoren des Unternehmens: Strategie, Organisation, Mitarbeiter, Führungssystem, Informationssystem, Kundennähe, 5. Auflage, Landsberg/Lech 1993.

Nilsson (2000):
Nilsson, R.: E-Controlling - Innovation oder klassisches Tool in neuen Geschäftsmodellen?, in: controller magazin, 25. Jg. (2000), Heft 6, Beilage „Controller Verein e.V. im Controller Magazin", S. 579.

o.V. (2000a):
o.V.: Heißer Stuhl Finanzvorstand: Pioniergeist wichtiger als Buchhaltung - Rechenfehler werden an der Börse hart bestraft / Probleme tauchen schon vor der Emission auf, in: Süddeutsche Zeitung am 13.12.2000, Nr. 287, S. 30.

o.V. (2000b):
o.V.: Programm "e-controlling - Konzepte, Umsetzung, Praxisbeispiele", Arbeitskreis Controlling, Fachkonferenz am 18. Mai 2000 unter Leitung von Prof. Dr. Péter Horváth [Internet: http://www.uni-stuttgart.de/fkbw/akcontrolling.htm, verifiziert 25.07.2001].

o.V. (2001a):
o.V.: Vor dem Erfolg im E-Business steht harte Arbeit, in: Frankfurter Allgemeine Zeitung am 07.06.2001, Nr. 130, S. 30.

o.V. (2001b):
o.V.: Dot.gone-Ausverkauf: Wenn sich Milliarden in Luft auflösen, in: WISU, 30. Jg. (2001), Heft 6, S. 774.

o.V. (2001c):
o.V.: Versand ist Nummer 2 bei Verkauf im Netz: Otto-Gruppe setzt auf On-

line-Handel, in: Rheinische Post Online, Meldung vom 06.09.2001 [Internet: http://www.rp-online.de/news/wirtschaft/2001-0906/otto.html, verifiziert 07.09.01].

Palme (2001):
Palme, K.: Strategisches und operatives Controlling im Rahmen des E-Commerce, in: Freidank, C.C.; Mayer, E. (Hrsg.): Controlling-Konzepte - Neue Strategien und Werkzeuge für die Unternehmenspraxis, 5. Auflage, Wiesbaden 2001, S. 431-459.

Pechtl (2001):
Pechtl, H.: Marketing und E-Commerce, in: Betriebswirtschaftliche Forschung und Praxis, 53. Jg. (2001), Heft 2, S. 109-123.

Peemöller (2002):
Peemöller, V.H.: Controlling - Grundlagen und Einsatzgebiete, 4. Auflage, Herne/Berlin 2002.

Peters (2000):
Peters, R.: Technologien des E-Commerce, in: WISU, 29. Jg. (2000), Heft 7, S. 961-970.

Pietsch/Scherm (2001):
Pietsch, G.; Scherm, E.: Neue Controlling-Konzeptionen, in: WISU, 30. Jg. (2001), Heft 2, S. 206-213.

Piller/Zanner (2001):
Piller, F.; Zanner, S.: Mass Customization und Personalisierung im Electronic Business, in: WISU, 30. Jg. (2001), Heft 1, S. 88-96.

Porter (1999):
Porter, M.E.: Wettbewerbsvorteile: Spitzenleistungen erreichen und behaupten, 5. Auflage, Frankfurt a.M., New York 1999.

Pruss/Meinert (2001):
Pruss, R.; Meinert, A.: Internet 150 Report - Eine Analyse der Unternehmensperformance im europäischen Internet-Sektor, PwC Deutsche Revision Aktiengesellschaft Wirtschaftsprüfungsgesellschaft (Hrsg.), Frankfurt a.M., Februar 2001 [Internet: http://www.pwc.de/30000_publikationen/getattach.asp?id=247, verifiziert 15.03.2001].

Rautenstrauch/Abel (2001):
Rautenstrauch, C.; Abel, A.: Technische Grundlagen des E-Business, Foliensatz zur Vorlesung „Controlling im E-Business" des Lehrstuhls für Betriebswirtschaftslehre, insb. Controlling an der WWU Münster im Sommersemester 2001, Münster 2001.

Reichmann (2001):
Reichmann, T.: Controlling mit Kennzahlen und Managementberichten, 6. Auflage, München 2001.

Reinhard (2003):
Reinhard, M.: E-Business: Ökonomische Strategien und Wirkungen der industriellen Anwendung der Internettechnologie, in: ifo Schnelldienst, 56. Jg. (2003), Nr. 6, S. 16-27.

Rickens (2001):
Rickens, C.: Alte Welt, neues Spiel, in: netmanager - Wirtschaft im Internet, 1. Jg. (2001), Nr. 3, S. 14-27.

Rieg (2000):
Rieg, R.: Controlling und E-Business, in: Controlling, 12. Jg. (2000), Heft 8/9, S. 403-407.

Riemer/Klein (2001):
Riemer, K.; Klein, S.: E-Commerce erfordert Vertrauen, in: WISU, 30. Jg. (2001), Heft 5, S. 710-717.

Rieper/Witte/Berens (1996):
Rieper, B.; Witte, T.; Berens, W.: Vorwort, in: Rieper, B.; Witte, T.; Berens, W. (Hrsg.): Betriebswirtschaftliches Controlling: Planung - Entscheidung - Organisation, Festschrift für Univ.-Prof. Dr. Dietrich Adam zum 60. Geburtstag, Wiesbaden 1996, S. V-VI.

Rittgerott (2000):
Rittgerott, M.: Safe im Fels, in: Der Spiegel, o. Jg. (2000), Heft 34, S. 183.

Rosemann (2000):
Rosemann, M.: Vorbereitung der Prozeßmodellierung, in: Becker, J.; Kugeler, M.; Rosemann, M. (Hrsg.) (2000): Prozessmanagement - Ein Leitfaden zur prozeßorientierten Organisationsgestaltung, Berlin u.a. 2000, S. 45-90.

Schäffer/Weber/Freise (2002):
Schäffer, U.; Weber, J.; Freise, H.-U.: Kennzahlensysteme in eBusiness-Start-Ups im Spiegel einer empirischen Analyse, in: Controlling, 14. Jg. (2002), Heft 6, S. 355-364.

Scheer/Breitling (2000):
Scheer, A.-W.; Breitling M.: Geschäftsprozesscontrolling im Zeitalter des E-Business, in: Controlling, 12. Jg. (2000), Heft 8/9, S. 397-402.

Schellberg (2001):
Schellberg, B.: Die Cash-burn rate, in: Finanzbetrieb, 3. Jg. (2001), Nr. 3, S. 184-191.

Schubert (2000):
Schubert, P.: Einführung in die E-Business-Begriffswelt, in: Schubert, W.; Wölfle, R. (Hrsg.): E-Business erfolgreich planen und realisieren: Case Studies von zukunftsorientierten Unternehmen, München, Wien 2000, S. 1-12.

Seidenschwarz/Knust (2000):
Seidenschwarz, W.; Knust, P.: Target Costing im E-Business, in: Controlling, 12. Jg. (2000), Heft 8/9, S. 425-431.

Steinle/Kirschbaum/Kirschbaum (1996):
Steinle, C.; Kirschbaum, J.; Kirschbaum, V.: Erfolgreich überlegen: Erfolgsfaktoren und ihre Gestaltung in der Praxis, Frankfurt a.M. 1996.

Stelter/Strack/Roos (2000):
Stelter, D.; Strack, R.; Roos, A.: Bewertung und wertorientierte Steuerung von E-Business-Unternehmen, in: Controlling, 12. Jg. (2000), Heft 8/9, S. 409-415.

Trilse (2001):
Trilse, I.: Weiterentwicklung von Controlling-Bereichen - ein Erfahrungsbericht aus der Bankenpraxis, in: Kostenrechnungspraxis, 45. Jg. (2001), Heft 2, S. 105-109.

Wall (2000):
Wall, F.: Koordinationsfunktion des Controlling und Organisation - Überlegungen zur Eigenständigkeit eines koordinationsorientierten Controlling, in: Kostenrechnungspraxis, 44. Jg. (2000), Heft 5, S. 295-304.

Wall (2002):
Wall, F.: Controlling im E-Business, in: Controlling, 14. Jg. (2002), Heft 7, S. 381-388.

Wang/Seidmann (1995):
Wang, E.T.G.; Seidmann, A.: Electronic Data Interchange: Competitive Externalities and Strategic Implementation Policies, in: Management Science, Vol. 41 (1995), No. 3 (March), S. 401-418.

Weber (1994):
Weber, J.: Controller sind Navigatoren, Co-Piloten, Hofnarren - oder gar Pfarrer, in: controller magazin, 19. Jg. (1994), Heft 5, S. 267-270.

Weber (2002):
Weber, J.: Einführung in das Controlling, 9. Auflage, Stuttgart 2002.

Weber (2003):
Weber, J.: Controlling in unterschiedlichen Führungskontexten - ein Überblick, in: Controlling & Management, 47. Jg. (2003), Nr. 3, S. 183-192.

Weber/Schäffer (2000):
Weber, J.; Schäffer, U.: Controlling als Koordinationsfunktion?, in: Kostenrechnungspraxis, 44. Jg. (2000), Heft 2, S. 109-118.

Wedgwood (1993):
Wedgwood, R.: The Driver-Navigator Story, in: controller magazin, 18 Jg. (1993), Heft 5, S. 276-278.

Weiber (2002a):
Weiber, R.: Vorwort des Herausgebers zur 1. Auflage, in: Weiber, R. (Hrsg.): Handbuch Electronic Business: Informationstechnologien - Electronic Commerce - Geschäftsprozesse, 2. Auflage, Wiesbaden 2002, S. VII-X.

Weiber (2002b):
Weiber, R.: Herausforderung Electronic Business: Mit dem Informations-Dreisprung zu Wettbewerbsvorteilen auf den Märkten der Zukunft, in: Weiber, R. (Hrsg.): Handbuch Electronic Business: Informationstechnologien - Electronic Commerce - Geschäftsprozesse, 2. Auflage, Wiesbaden 2002, S. 1-37.

Weiber/McLachlan (2000):
Weiber, R.; McLachlan, C.: Wettbewerbsvorteile im Electronic Business, in: Weiber, R. (Hrsg.): Handbuch Electronic Business: Informationstechnologien - Electronic Commerce - Geschäftsprozesse, Wiesbaden 2000, S. 117-148.

Weitzel/König (2001):
Weitzel, T.; König, W.: Zwischenbetriebliche Kooperationen und elektronische Märkte: Internationale Netzwerke von Kunden und Partnern beachten / Kompendium der neuen BWL, in: Frankfurter Allgemeine Zeitung am Montag, den 26.03.2001, S. 32.

Welge (1988):
Welge, M.K.: Unternehmungsführung, Bd. 3: Controlling, Stuttgart 1988.

Wirtz (2001):
Wirtz, B.W.: Electronic Business, 2. Auflage, Wiesbaden 2001.

Witt (2001):
Witt, F.-J.: Controlling in New-Economy-Unternehmen, in: Controller Magazin 26. Jg. (2001), Heft 2, S. 112-125.

Pascal Nevries und Klaus Segbers[*]

Ganzheitliche Controlling-Konzeption im E-Business

1 Einleitung 201
2 Ableitung einer ganzheitlichen kundenorientierten
   Controlling-Konzeption 201
3 Strategische Ebene 204
   3.1 Relevanz der strategischen Perspektive 204
   3.2 Strategische Instrumente 205
4 Taktische Ebene 215
   4.1 House of E-Business 216
   4.2 Target Costing 228
5 Operative Ebene 236
6 Zusammenfassung 238
Literaturverzeichnis 240

---

[*] Dipl.-Kfm. Pascal Nevries, Dipl.-Kfm. Klaus Segbers, wissenschaftliche Mitarbeiter am Lehrstuhl für Betriebswirtschaftslehre, insb. Controlling, der Westfälischen Wilhelms-Universität Münster.

1 Einleitung

Die Einstellung gegenüber Investitionen in die Internet-Technologie hat sich in den letzten Jahren vor allem in der öffentlichen Meinung stark gewandelt. Gegen Ende der 90er Jahre galt für Unternehmen die Nutzung der Technologie als absolutes Muß. In der Öffentlichkeit wurde E-Business vor allem mit dem Handel und der kostenlosen Informationsbereitstellung über das Internet gleichgesetzt. Mittlerweile findet jedoch eine differenziertere Betrachtung der Materie statt. Die sich in vielen Fällen als ökonomisch haltlos erwiesenen Geschäftsmodelle des Electronic Commerce (E-Commerce) haben den Fokus der Unternehmen zunehmend auf den konkreten betriebswirtschaftlichen Nutzen der neuen Technologie gelenkt. Dieser ist in der vereinfachten Austauschbeziehung zwischen zwei Wirtschaftssubjekten zu sehen und somit deutlich weiter gefaßt als der Terminus des E-Commerce.[1]

Das Controlling als zentrale Instanz im Unternehmen zur Beschaffung, Aufbereitung, Analyse und Kommunikation von Daten zur Vorbereitung zielsetzungsgerechter Entscheidungen[2] muß diesem Umstand durch den Aufbau eines leistungsfähigen Controlling-Systems Rechnung tragen, das eine ganzheitliche Steuerung der Wirtschaftlichkeit von Aktivitäten im Bereich des Electronic Business (E-Business) - hier verstanden als übergeordneter Begriff für die betriebliche Nutzung von Internet-Technologien - ermöglicht.

Dazu wird im folgenden zunächst in Abschnitt 2 der Begriff der ganzheitlichen Controlling-Konzeption konkretisiert. Im dritten Abschnitt erfolgt dann eine Erläuterung der Notwendigkeit der strategischen Steuerung des E-Business sowie die Ableitung relevanter Instrumente. In Abschnitt 4 werden darauf aufbauend für die mittelfristig orientierte taktische Ebene Methoden zur Identifizierung und Entwicklung konkreter Technologien vorgestellt. Der anschließende fünfte Abschnitt rundet die Controlling-Konzeption durch eher operativ orientierte Instrumente ab. Die Betrachtung endet mit einem Fazit sowie einem kurzen Ausblick.

2 Ableitung einer ganzheitlichen kundenorientierten Controlling-Konzeption

Betrachtet man den Aspekt der Notwendigkeit einer eigenständigen Controlling-Konzeption für den Bereich des E-Business, so stellt sich die Frage, inwiefern es

---

[1] Vgl. Corsten (2003), S. 26ff.
[2] Vgl. zur Controlling-Definition Berens/Bertelsmann (2001), S. 280, Mosiek (2002), S. 59.

sich dabei um ein abgrenzbares Aufgabenfeld für das Controlling handelt, welches eine hinreichende Spezifität gegenüber dem „herkömmlichen" Controlling aufweist.[3]

Als E-Business soll im folgenden die Gestaltung von Leistungsaustauschprozessen über elektronische Netze verstanden werden.[4] Leistungsaustauschprozesse sind gemäß der Transaktionskostentheorie als Transaktionen i.w.S. aufzufassen, d.h. sie reichen von der Anbahnung, Vereinbarung, Durchführung bis ggfs. zur Kontrolle und Anpassung.[5] Die einzelnen Teilprozesse können dabei teilweise oder auch vollständig durch Internet-Technologien unterstützt werden. Beispielsweise ist die Bereitstellung von Informationen auf einer Web-Seite als Unterstützung eines Anbahnungsprozesses und die Möglichkeit zum Kaufabschluß über das Internet als Teil der Vereinbarung oder Durchführung anzusehen. Durch E-Business unterstützte Leistungsaustauschprozesse sind jedoch nicht zwangsläufig interorganisational angelegt, sondern können auch Transaktionen innerhalb eines Unternehmens betreffen, z.B. in Form der Informationsbereitstellung in Intranets.[6] Wesentlich ist der Austausch von Gütern oder Dienstleistungen in einer beliebigen Form, wobei die Lieferung des Gutes in physischer (z.B. Buchlieferungen) oder digitaler (Download von Dokumenten, Musikstücken etc.) Form erfolgen kann. Ein zentrales Charakteristikum des E-Business ist zudem die praktische Irrelevanz der Lokalität, da ein physischer Kontakt zwischen den Transaktionspartnern nicht mehr notwendig ist.[7]

Die zugrundeliegende Internet-Technologie ermöglicht zwar z.T. revolutionäre Sprünge in der Prozeßgestaltung, ist aber hauptsächlich erst einmal als Mittel zum Zweck anzusehen. Der Einsatz von E-Business ist kein Selbstzweck, sondern hat sich - wie die Verwendung jeder anderen Technologie - an den betrieblichen Erfordernissen auszurichten. Diese Erfordernisse bestehen allgemein in der Entwicklung und dem Verkauf von Produkten oder Dienstleistungen an den Kunden.[8] Als Kunde ist dabei zunächst einmal der externe Kunde anzusehen, die Eingrenzung kann aber bei der Betrachtung von intraorganisationalen Austauschprozessen auch auf den internen Kunden erweitert werden. Der Einsatz von Internet-Technologie ist damit direkt oder indirekt immer an den Bedürfnissen und insbesondere auch den Zahlungsbereitschaften des Kunden auszurichten. Insbe-

---

[3] Vgl. zu einer entsprechenden Prüfung ausführlich Berens/Schmitting (2002), S. 138.
[4] Vgl. Pagé/Ehring (2001), S. 30ff.; Wirtz (2000), S. 27ff.
[5] Vgl. zu den Phasen einer Transaktion Hartmann-Wendels/Pfingsten/Weber (1998), S. 713.
[6] Vgl. z.B. zur interorganisationalen Anwendung Wildemann (2001), S. 2ff. und zur intraorganisationalen Anwendung Pagé/Ehring (2001), S. 111ff.
[7] Vgl. Corsten (2003), S. 2.
[8] Vgl. Meffert (2000), S. 3.

sondere das Primat der Ausrichtung an der Zahlungsbereitschaft des Kunden zeigt deutlich, warum viele Geschäftsmodelle des E-Commerce zum Scheitern verurteilt waren, da die Kosten der Leistungserstellung die generierbaren Umsätze deutlich überstiegen.

Ein Controlling-Konzept für den Bereich des E-Business ist somit nicht als eine vollständige Neuschöpfung aufzufassen, sondern beschäftigt sich primär mit der sinnvollen Auswahl und Gestaltung von Instrumenten zur wirtschaftlichen Steuerung derartiger Aktivitäten.[9] Hierbei kann es sich um die unveränderte Anwendung oder Adaption bestehender Instrumentarien sowie ggfs. auch die Entwicklung neuartiger Werkzeuge handeln, die vor allem im Bereich der Informationsgenerierung und -auswertung anzusiedeln sind (z.B. Web Log Mining)[10]. Aufgrund der häufig recht hohen Investitionssummen und der z.T. zu konstatierenden Anpassungsnotwendigkeit betrieblicher Prozesse ist jedoch eine zu kurzfristig ausgerichtete Steuerung zu vermeiden. Die hier vorgestellte Konzeption ist deshalb als ein umfassendes System angelegt, das insbesondere auch die Notwendigkeit einer strategischen und taktischen Steuerung von E-Business-Aktivitäten betont. Abgerundet wird das Konzept durch den Einsatz von Instrumenten im operativen Bereich, da selbstverständlich die laufende Erfassung der Effektivität und Effizienz auch im E-Business eine Notwendigkeit darstellt.

Die Ganzheitlichkeit im Sinne der Berücksichtigung von strategisch, taktisch und operativ ausgerichteten Instrumenten wird ergänzt durch die konsequente Ausrichtung aller Methoden an den Kundenbedürfnissen. Durch den durchgängigen Bezug zur Kundenorientierung soll ein zumindest in der Vergangenheit festzustellender, zu starker Fokus auf die technischen Möglichkeiten vermieden werden.

Die vorgestellten Instrumente sind nicht als eine abschließende Aufzählung anzusehen, sondern sollen durch den oben beschriebenen Fokus ein Beispiel für ein integriertes, ganzheitliches Konzept bilden. Die einzelnen Instrumente greifen dabei sowohl innerhalb einer Ebene als auch übergreifend über die Steuerungsebenen ineinander.

Der überwiegende Teil der Methoden ist auf die Identifikation, Gestaltung und Überwachung von betrieblichen Geschäftsprozessen ausgerichtet, da E-Business hier überwiegend als eine Technologie zur kundengerichteten Prozeßoptimie-

---

[9] Zu einem ähnlichen Ergebnis auf Basis einer intensiven Untersuchung kommen Berens/ Schmitting, vgl. auch folgend Berens/Schmitting (2002), S. 159.
[10] Vgl. Bensberg (2001), S. 131ff.

rung verstanden wird.[11] Diese Prozeßoptimierung kann selbstverständlich auch weitreichende organisatorische Anpassungen erfordern, auf die jedoch im weiteren Verlauf nicht näher eingegangen wird.

Die Erläuterungen werden expliziert anhand eines fiktiven Beispiels, das sich an der Finanzdienstleistungsbranche orientiert. Durch das durchgängige Beispiel soll insbesondere die konsequente Kundenorientierung und die notwendige Verzahnung der einzelnen Instrumente verdeutlicht werden. Die dargestellte Ausrichtung der Controlling-Konzeption soll abschließend noch einmal die Abb. 1 symbolisieren.

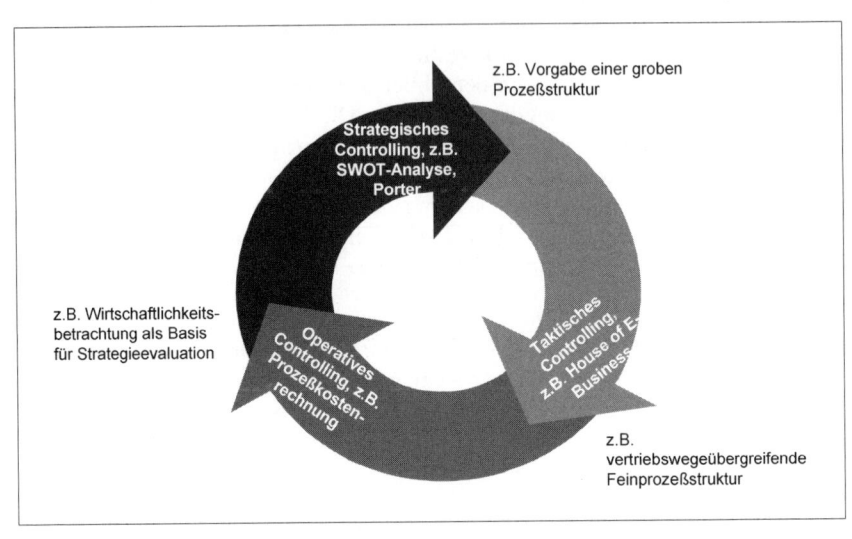

Abbildung 1: Ganzheitliche kundenorientierte Controlling-Konzeption

3 Strategische Ebene

3.1 Relevanz der strategischen Perspektive

Stabile Märkte sind durch geringe bzw. langsame Änderungen charakterisiert. Insbesondere die letzten Jahre haben jedoch gezeigt, daß kaum noch stabile Märk-

---

[11] Vgl. ähnlich Schinzer/Thome (2000), S. 1, die jedoch noch den hier enger gefaßten Begriff des E-Commerce verwenden.

te existieren. Das früher für High-Tech-Branchen charakteristische hohe Wachstumstempo hat sich nicht nur beschleunigt, sondern hat in zunehmendem Maße auf andere Branchen übergegriffen. Spätestens seit der Verbreitung vernetzter Computersysteme und der breiten Akzeptanz des Internet im Zuge der fortschreitenden Globalisierung ist kaum noch eine „traditionelle" Branche gefeit vor sich schnell ändernden Rahmenbedingungen.[12] Für die heutige, von der New Economy mitgeprägten Wirtschaftswelt gelten somit andere „Spielregeln" als in der Vergangenheit.[13]

Beachtet man die Veränderungen in der Wirtschaftswelt und die daraus resultierenden neuen Regeln, so wird offenbar, daß proaktive Steuerung und langfristige Konzepte eine notwendige Grundlage für erfolgsorientiertes Agieren darstellen und ausschließliches Verwenden operativer Controllinginstrumente zur Unterstützung der Entscheidungsträger bei der Vorbereitung von kurzfristigen Entscheidungen nicht weit genug greift. Gerade wirtschaftliche Schwächephasen verstärken nochmals die Notwendigkeit, ein dauerhaft tragfähiges Geschäft aufzubauen.

3.2 Strategische Instrumente

Im folgenden wird eine Zusammenstellung von strategisch orientierten Instrumenten[14] präsentiert, die aus dem Dilemma nur kurzfristig fundierter Entscheidungen bei gleichzeitig notwendiger längerfristiger Steuerung herausführt und dem Entscheidungsträger eine wertvolle Unterstützung bietet. Genau wie bei der weiter oben erläuterten Notwendigkeit des ganzheitlichen Ansatzes im Bezug auf die vorwiegend zeitliche Dimension werden auch an dieser Stelle mehrere harmonisch koexistierende Instrumente verwendet. Dies wird insbesondere dadurch erreicht, daß die Stärken verschiedener Instrumente durch eine optimale Ver-

---

[12] Zu den Auswirkungen in der Logistik und im Krankenhauswesen vgl. von Eiff (2000), S.167ff.

[13] Vgl. z.B. Kotler/Jain/Maesincee (2001), S.17ff., nach denen eine Spielregel die veränderte Bedeutung der Information ist, die im Zusammenspiel mit insgesamt „Nine major shifts" zu besserem Unternehmenserfolg beiträgt: „The New Economy, in contrast [to the Old Economy, Erg. durch d. Verf.], is based on [...] the management of information." (Kotler/ Jain/Maesincee (2001), S.17).

[14] Zu strategischen Instrumenten existiert ein breites Angebot an wissenschaftlicher Literatur. Zur vertiefenden Lektüre sei insb. auf Baum/Coenenberg/Günther (1999) verwiesen. Einen breiten Überblick bietet auch der Herausgeberband von Freidank/Mayer (2001). Bei Mann (1989) wird ein stärkerer Praxisbezug geboten, in Preißler (2000), S. 225ff. sind alternative Instrumente aufgeführt.

zahnung verstärkt nutzbar gemacht werden, wie Abb. 2 verdeutlicht. Einige Aspekte werden im folgenden kurz beschrieben.

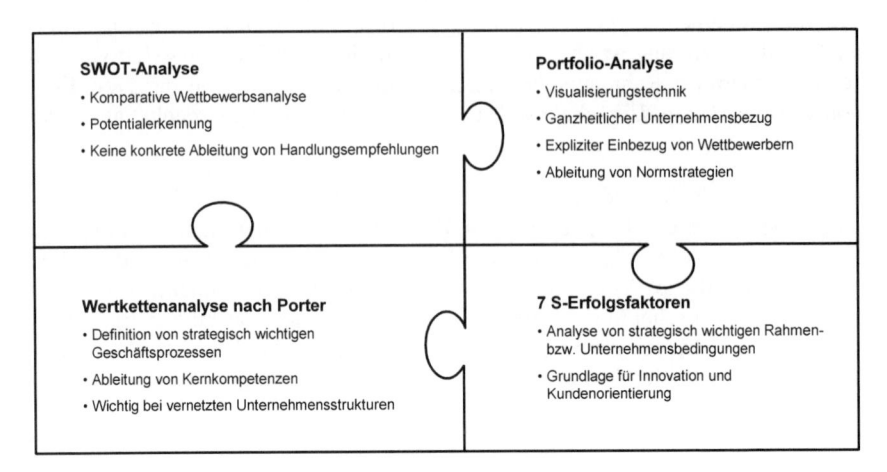

SWOT-Analyse
- Komparative Wettbewerbsanalyse
- Potentialerkennung
- Keine konkrete Ableitung von Handlungsempfehlungen

Portfolio-Analyse
- Visualisierungstechnik
- Ganzheitlicher Unternehmensbezug
- Expliziter Einbezug von Wettbewerbern
- Ableitung von Normstrategien

Wertkettenanalyse nach Porter
- Definition von strategisch wichtigen Geschäftsprozessen
- Ableitung von Kernkompetenzen
- Wichtig bei vernetzten Unternehmensstrukturen

7 S-Erfolgsfaktoren
- Analyse von strategisch wichtigen Rahmen- bzw. Unternehmensbedingungen
- Grundlage für Innovation und Kundenorientierung

Abbildung 2: Strategische Instrumente

Die Analyse von Stärken (strengths) und Schwächen (weaknesses), Chancen (opportunities) und Risiken (threats), kurz: SWOT-Analyse[15], verknüpft die gegenwartsbezogene Ressourcenanalyse des eigenen Unternehmens mit der zukunftsbezogenen Chancen-Risiken-Analyse. Ziel ist es, eigene Stärken und Schwächen zu erkennen, zu analysieren und vor dem Hintergrund der sich bietenden Chancen und drohenden Risiken im Markt die eigenen Schwächen zu überwinden, Stärken auszubauen und in eine erfolgreiche Wettbewerbsposition umzusetzen.[16] Gerade in Märkten, in denen E-Business eine immer zentralere Rolle spielt, zeigt sich die Notwendigkeit einer feingliedrigen, fundierten Analyse.

Der Vorteil dieses strategischen Instrumentes liegt darin, die vorliegende Situation zu analysieren, es strebt jedoch nicht an, konkrete Lösungsvorschläge zu generieren, wie es etwa das strategische Konzept der Boston Consulting Group (BCG)[17] anhand von Normstrategien vorexerziert.

BCG verwendet einen endogenen, vom Unternehmen selbst zu beeinflussenden, und einen exogenen Faktor, der sich der direkten Beeinflussung durch das Unter-

---

[15] Vgl. u.a. Baum/Coenenberg/Günther (1999), S.75f.
[16] Vgl. Meffert (2000), S.67.
[17] Vgl. u.a. Ziegenbein (2002), S. 304ff., Vollmuth (1994), S. 254ff.

nehmen entzieht. Konkret handelt es sich dabei um den relativen Marktanteil[18] und das Marktwachstum.[19] Sodann werden für beide Dimensionen, von denen der relative Marktanteil üblicherweise auf der Abszisse und das Marktwachstum auf der Ordinate abgetragen wird, Trennwerte bestimmt.[20] Hieraus resultieren insgesamt vier Felder, die sogenannten Quadranten, in welche die jeweiligen strategischen Geschäftseinheiten[21] (SGE) des Unternehmens nach ihren Charakteristika klassifiziert werden.

BCG hat für jeden der vier Quadranten eine eindeutige Strategievorgabe entwickelt, um mit allen vorhandenen SGE kumuliert einen ausgeglichenen Cash-Flow realisieren zu können. Im folgenden sollen die Strategievorgaben[22] kurz skizziert werden.[23]

- Poor Dogs (niedriger Marktanteil, niedriges Marktwachstum): Desinvestitionsstrategie, da andernfalls hohe Auszahlungen notwendig wären, um entweder durch organisches Wachstum oder durch eine Akquisitionsmaßnahme den notwendigen höheren Marktanteil zu erreichen, damit zumindest als Cash Cow Zahlungsüberschüsse erreichbar sind.

- Question Marks (niedriger Marktanteil, hohes Marktwachstum): Hier gestaltet es sich sinnvoll, hohe Investitionen zu tätigen, da in der weiteren Entwicklung im Rahmen des Lebenszykluskonzeptes von der vorliegenden frühen Phase zur Sättigungsphase hohe Rückflüsse resultieren. Gelingt es hingegen nicht, durch kurz- bis mittelfristig hohe Mittelzuwendungen den Marktanteil zu steigern, so ist die SGE schnell aufzugeben, um zu vermeiden, ein „Investitionsgrab" zu schaffen.

---

[18] Meist wird der relative Marktanteil zum stärksten Konkurrenten als Basis herangezogen, denkbar wäre aber auch, den relativen Marktanteil zu den zwei (ggf. auch mehr) umsatzstärksten Konkurrenten zu verwenden.

[19] Wenn man diesen Grundgedanken aufgreift, so ließen sich noch weitere zweidimensionale Graphiken mit anderen als relevant erachteten Determinanten, etwa unter Rückgriff auf die F&E-Intensität und Marktrentabilität als endogene respektive exogene Faktoren, aufstellen.

[20] Für die exakte quantitative Festlegung existieren keine Vorgabewerte, sie werden vielmehr unter Aspekten der Plausibilität für die jeweils betrachtete Branche festgelegt. Beispielsweise würde es in der Biotechnologie wenig Sinn machen, den Trennwert für hohes gegenüber niedrigem Wachstum bei zwei Prozent anzusetzen, sondern eher beim Zehn- oder Zwanzigfachen. In der Stahlbranche wiederum macht es durchaus Sinn, den Trennwert bei zwei Prozent festzulegen.

[21] Vgl. Welge/Al-Laham (1999), S. 325.

[22] Für eine Unterteilung der Strategievorgaben nach jungen Märkten bzw. stagnierenden und schrumpfenden Märkten siehe Meffert (1998), S. 252.

[23] Vgl. z.B. Vollmuth (1994), S. 264.

- Stars (hoher Marktanteil, hohes Marktwachstum): Hohe Gewinne, hohe Zahlungsmittelüberschüsse und eine hervorragende Marktposition sind der Optimalzustand, den es zu erreichen gilt. Hier lohnen sich Reinvestitionen zur Abstützung der erreichten Stellung, da selbst bei einer Abschwächung der Marktdynamik weiterhin hohe Zahlungsmittelüberschüsse zu erwarten sind.
- Cash Cows (hoher Marktanteil, niedriges Marktwachstum): Geringe Investitionserfordernisse führen zu weiterhin positiven Ergebnissen und sehr hohen Zahlungsmittelüberschüssen. Weitere Investitionen sind nicht zu tätigen, da das Marktwachstum in negative Raten umschlägt und zukünftig keine finanziellen Erfolge erreicht werden können. Besser ist es, die vorhandenen Zahlungsmittelüberschüsse in prosperierende, wachsende Bereiche zu investieren.

Das Verdienst der BCG-Matrix liegt im wesentlichen in der Erarbeitung von konkreten Handlungsanweisungen für abgrenzbare Geschäftsbereiche im Unternehmen. Gerade junge E-Business-Märkte weisen hohe Wachstumsraten auf, die zu überschwenglichem Optimismus verleiten.[24] Die BCG-Matrix zeigt jedoch durch die integrierten Konzepte des Lebenszyklus und der Erfahrungskurve auf, daß Marktwachstum alleine noch keine Cash-Überschüsse garantiert und insgesamt ein ausgewogenes Portfolio angestrebt werden soll. Somit wird das strategische Überleben sichergestellt.

Kritiker verweisen jedoch darauf, daß die spezifische Lage des Unternehmens nur unzureichend berücksichtigt werde, eine willkürliche Abgrenzung stattfinde und dauerhafter Unternehmenserfolg nur durch Abgrenzung von Konkurrenzunternehmen durch Aufbau eines komparativen Konkurrenzvorteils unter Nutzung der eigenen Stärken erreicht werde.[25] Folglich wird in dem hier vorgestellten ganzheitlichen Konzept die postulierte Normstrategie als ein erster Orientierungspunkt angesehen, der jedoch der weiteren Fundierung bedarf. Für eine solche Fundierung stellt sich als wichtig heraus, die Wurzeln des angestrebten Wachstums zu erkennen und zu pflegen. Hier leistet die Erfolgsfaktorenanalyse einen zentralen Beitrag.

---

[24] Der Neuer Markt-Index Nemax spiegelte diesen Optimismus bis zu seinem Höchstwert Anfang 2000 wider. Den Marktwachstumsraten lagen jedoch keine Gewinne in gleichem Ausmaß zu Grunde; es wurden z.T. lediglich die Umsatzwachstumsraten bewertet und in die Zukunft fortgeschrieben. Die Konsequenz waren zahlreiche Firmenpleiten und letztlich die Ablösung des Index.

[25] Vgl. hierzu Meffert (2000), S. 265.

Ziel des Konzeptes der Erfolgsfaktorenanalyse[26] ist es, die für den wirtschaftlichen Erfolg verantwortlichen Faktoren zu identifizieren und zu fördern. Treiber des Erfolges sind nicht Ergebnisse, die anhand bestimmter Kennzahlen abgelesen werden, sondern die zugrundeliegenden Ursachen. Viele strategische Instrumente, z.B. auch die BCG-Matrix, befassen sich jedoch primär mit Resultaten bestimmter Bereiche, ohne die Ursachen zu beleuchten. Sinnvolle strategische Steuerung muß also dort beginnen, wo Ansatzpunkte für eine langfristige, effektive Steuerung bestehen. Nach dem Ursache-Wirkungs-Prinzip sind dies die Erfolgsförderer, die zur Verbesserung der Ergebnisqualität ganzheitlich optimal zu gestalten sind, da sie mit dauerhafter Wirkung das Ergebnis - sowohl quantitativ als auch qualitativ - im Sinne der Unternehmensziele gestalten helfen.

Peters und Waterman[27] klassifizieren in ihrem empirisch fundierten „7-S-Konzept" Erfolgsfaktoren in die drei Kategorien „Humankapitalorientierte Erfolgsfaktoren", „Infrastrukturbestimmende Erfolgsfaktoren" und „Prozeß- und kulturorientierte Erfolgsfaktoren".[28] Werden nun die sieben wichtigsten Erfolgsfaktoren der drei Kategorien optimal gesteuert, so erreicht das Unternehmen nach Peters/Waterman die gewünschten Resultate.

Will man für das Unternehmen einen nachhaltigen Unternehmenserfolg erreichen, so stellen sich theoretischen Ergebnisse der Situationsanalysen (SWOT), Normstrategien (BCG) und Erfolgsfaktoren (Peters/Waterman) als notwendige, jedoch nicht hinreichende Bedingung dar. Letztlich müssen aus den Erkenntnissen Handlungen abgeleitet werden. Folgerichtig sind also die konkreten Aktivitäten im Unternehmen strukturiert zu gestalten. Wie das realisierbar ist, hat Porter in einem umfassenden prozeßorientierten Konzept dargelegt, das hier im Zentrum der Betrachtung stehen soll und näher beleuchtet wird. Im folgenden werden zur Illustration durchgängige Beispiele in die Ausführungen eingebettet.

Das Modell von Porter[29] zeigt in Abhängigkeit von der branchenspezifischen Situation auf, welche Strategiealternative dem Unternehmen grundsätzlich zu einer erfolgversprechenden Wettbewerbsposition verhilft, und vor allen Dingen, wie die unternehmensinterne Prozeßkette optimiert werden kann, um die gewählte Strategie erfolgreich umzusetzen.

---

[26] Für einen extensiven Überblick zu Erfolgsfaktoren bietet Böing (2001), S. 24-33, eine umfangreiche Auflistung empirischer Untersuchungen.

[27] Vgl. Peters/Waterman (1993).

[28] Im einzelnen sind dies folgende sieben Faktoren: Strategieorientierung, Struktur, Systeme, Spezialkenntnisse, Stammpersonal, Stil (Werte), Selbstverständnis. Vgl. dazu Peters/Waterman (1993).

[29] Vgl. z.B. Bea/Haas (2001), S. 107, Porter (1999a).

Demnach muß, ausgehend von den Spezifika der Branche[30] (Schritt 1), eine von drei Strategiealternativen[31] (Schritt 2) passend zum Unternehmen gewählt werden. Im dritten Schritt sind schließlich anhand der für das Modell von Porter zentralen Wertkette[32] die zur Erbringung des Produktes/der Dienstleistung adäquaten (d.h. effizienten und effektiven) Geschäftsprozesse[33] zu identifizieren.

Ist zur Umsetzung der optimalen Strategie die zugehörige unternehmensinterne Prozeßanalyse, -gestaltung und -durchführung erfolgreich absolviert worden, so kann nach Porter den fünf Wettbewerbskräften optimal entgegengewirkt und somit der Unternehmenserfolg im Wettbewerbsumfeld sichergestellt werden. Abb. 3 verdeutlicht den Ablauf, der weiter unten en détail erläutert wird.

1 Feststellung und Analyse **Branchensituation** und somit des Wettbewerbsumfeldes	2 vor dem Hintergrund der Markt- und Unternehmenssituation Wahl der optimalen **Strategiealternative**	3 Umsetzung der Strategie wird unterstützt durch die **Wertkettenanalyse**
Branche im Gegensatz zu anderen Konzepten relevanter Faktor (SWOT, BCG)	▶ Kostenführer	
Marktsegment charakterisiert durch 5 Wettbewerbskräfte	▶ Differenzierer	
▶ Grad der Rivalität	▶ Nischenstrategie	
▶ Verhandlungsstärke der Zulieferer		
▶ Verhandlungsstärke der Abnehmer		
▶ Bedrohung durch neue Konkurrenten		
▶ Bedrohung durch Substitutionsprodukte		

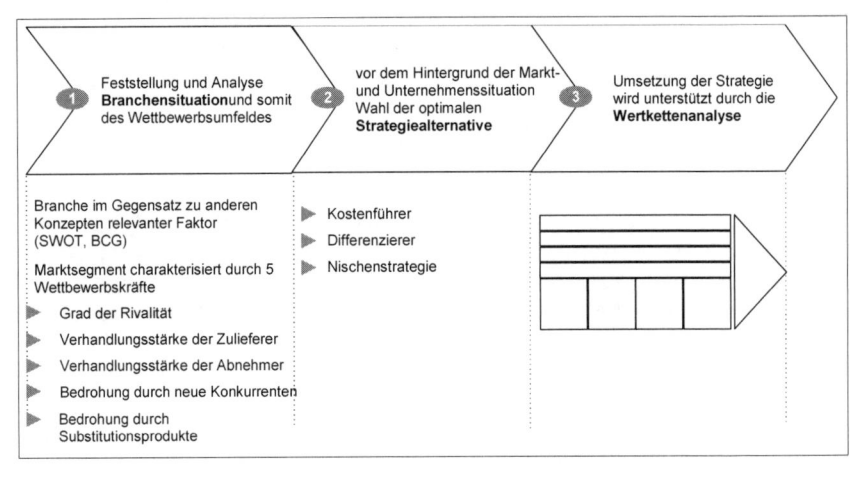

Abbildung 3: Drei zentrale Schritte des Porter-Konzeptes

Porter weist der Branche als Ausgangspunkt seiner strategischen Analyse hohe Relevanz zu. Die Abgrenzung der Branche, soweit in Einzelfällen nicht offensichtlich, kann nach verschiedenen Kriterien und auf unterschiedlich hohen Aggregationsniveaus erfolgen. Im Beispiel soll Branche hier ganz allgemein als „Finanzdienstleistungen für Privatkunden" aufgefaßt werden.

---

[30] Vgl. Porter (1999a), S. 33ff.
[31] Vgl. Porter (1999a), S. 70ff.
[32] Vgl. Porter (1999b), S. 63ff.
[33] Für eine Definition des Begriffes Geschäftsprozeß und weitere Erläuterungen vgl. von Eiff (1995), S. 6.

Schritt 1: Analyse der Branchen- und Wettbewerbssituation

Die Attraktivität bzw. die Wettbewerbsintensität der Branche wird laut Porter von fünf Wettbewerbskräften determiniert:[34]

- Grad der Rivalität (Oligopol, Polypol)
- Verhandlungsstärke der Zulieferer
- Verhandlungsstärke der Abnehmer
- Bedrohung durch neue Konkurrenten
- Bedrohung durch Substitutsangebote

Als Beispiel diene der Prozeß des Wertpapierkaufs durch Privatkunden, um die Vorgehensweise des Porter-Modells noch eindeutiger herauskristallisieren zu können. Der Markt für Privatkunden ist durch einen hohen Grad an Rivalität infolge der polypolistischen Marktform geprägt. Mehrere große, einige mittlere und viele kleine (Privat-)Institute kämpfen um Marktanteile. Die Macht der Zulieferer spielt nur eine marginale Rolle; Abnehmer sind Individuen und damit keine starken Einkaufsverbünde (wie etwa bei der Produktion von Handy-Chips). Neue Konkurrenten drängen insbesondere aus dem europäischen und amerikanischen Ausland in den Markt ein (z.b. die Citicorp), spielen insgesamt aber eine eher untergeordnete Rolle. Als wichtiger erscheint in diesem Zusammenhang die zunehmende Effizienz des Marktes, die es mit sich bringt, daß Branchengrenzen verschwimmen und immer mehr Substitutionsprodukte angeboten werden, z.B. durch Direktbanken oder bankenfremde Firmen wie Volkswagen (Volkswagen Card). Insgesamt ist die Wettbewerbsintensität als relativ hoch einzuschätzen, insbesondere durch die hohe Anzahl an Konkurrenten und immer schneller eindringende Produktinnovationen.

Schritt 2: Auswahl der richtigen Strategiealternative

Nach Porter eignen sich zwei bzw. drei Alternativstrategien besonders gut, den Wettbewerbskräften optimal entgegenzuwirken und langfristigen Unternehmenserfolg sicherzustellen:[35]

- Kostenführer:
  Bei einem Kostenführer werden sämtliche Prozesse nach der Maxime der Kostenvermeidung gestaltet und jede Aktivität, die nicht unmittelbar den Nutzen des Basisproduktes steigert, wird vermieden (no frills).

---

[34] Vgl. dazu und folgend Porter (1999a), S. 34.
[35] Vgl. dazu und folgend Porter (1999a), S. 71.

- Differenzierer:
  Der Differenzierer bietet hingegen Produkte an, die sich durch Zusatzfunktionen klar von Mitbewerbern abgrenzen, ohne primär auf die Kostenkonsequenz zu achten. Er versucht somit, Alleinstellungsmerkmale zu erlangen.
- Nischenstrategie:
  Die Nischenstrategie erweist sich dann als sinnvoll, wenn das betrachtete Unternehmen Größennachteile aufweist und deshalb wegen des Economy of scale-Argumentes im Gesamtmarkt kein Massenprodukt anzubieten vermag, sehr wohl jedoch über eine Kompetenz bzgl. einer Marktnische verfügt; diese kann kosten- oder funktionsgetrieben sein.

Welche Strategieform sich als die sinnvollste erweist, hängt maßgeblich von dem betrachteten Unternehmen ab. In unserem Beispiel wird davon ausgegangen, daß eine Differenzierungsstrategie verfolgt wird. Es wird also nicht die Kostenführerschaft, sondern eine qualitative Abgrenzung vom Wettbewerb angestrebt.

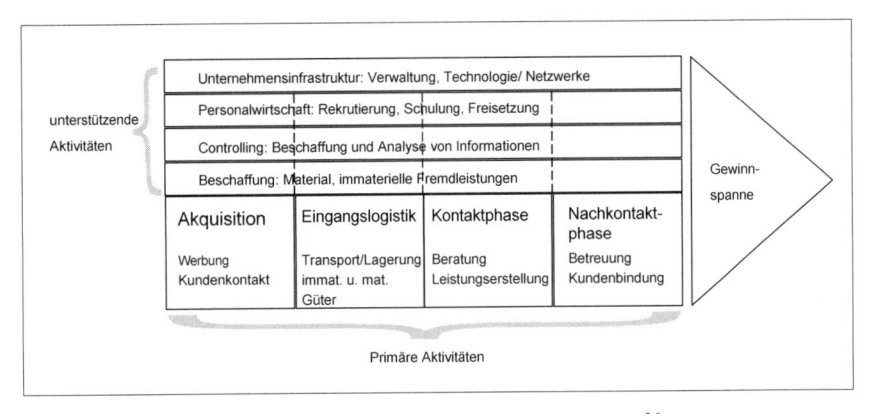

unterstützende Aktivitäten	Unternehmensinfrastruktur: Verwaltung, Technologie/ Netzwerke				Gewinn-spanne
	Personalwirtschaft: Rekrutierung, Schulung, Freisetzung				
	Controlling: Beschaffung und Analyse von Informationen				
	Beschaffung: Material, immaterielle Fremdleistungen				
	Akquisition	Eingangslogistik	Kontaktphase	Nachkontaktphase	
	Werbung Kundenkontakt	Transport/Lagerung immat. u. mat. Güter	Beratung Leistungserstellung	Betreuung Kundenbindung	
	Primäre Aktivitäten				

Abbildung 4: Die Wertkette nach Porter[36]

Schritt 3: Umsetzung der Strategie durch die Wertkette

Der Kern von Porters Modell ist die im folgenden beschriebene Wertkette[37], welche die konkrete Umsetzung der selektierten Strategie nach Kosten- bzw. Differenzierungsgesichtspunkten unterstützt und somit letztlich hilft, den fünf Wettbewerbskräften besser als die Konkurrenten entgegenzuwirken. Ihre besondere

---

[36] Angepaßt für Dienstleistungen. Die ursprüngliche Wertkette für die industrielle Produktion besteht aus fünf Primäraktivitäten.

[37] Porter (1999b), S. 66.

Eignung für E-Business-Aktivitäten vor dem Hintergrund der aufgezeigten Besonderheiten wird gerade durch die stringente Prozeßorientierung offensichtlich. Graphisch läßt sich die Wertkette wie in Abb. 4 wiedergegeben visualisieren.

Die Wertkette besteht aus strategisch relevanten, klar voneinander abzugrenzenden Aktivitäten – oder Prozessen –, die nach zwei Kategorien differenziert betrachtet werden: primäre und sekundäre Aktivitäten.[38]

Zu den primären werden all jene Aktivitäten gezählt, die unmittelbar zur Leistungserstellung beitragen. Alle Primäraktivitäten zusammen repräsentieren gleichsam die Prozeßkette, die letztlich zur Erstellung des Produktes führt.

Sekundäre Aktivitäten hingegen üben nur eine unterstützende Funktion aus. Sie sind zentral angesiedelt und zumeist jeder Primäraktivität separat, jedoch unter Rückgriff auf die gleichen Ressourcen, zugeordnet, bspw. die Personalabteilung oder das Controlling.

unterstützende Aktivitäten				
	Akquisition	Eingangslogistik	Kontaktphase	Nachkontaktphase
	Kontaktaufnahme: Wertpapierkaufwunsch durch Bank(berater) wecken	Antrag bearbeiten Auftrag ausführen		Pflege/ Verwahrung

Primäre Aktivitäten

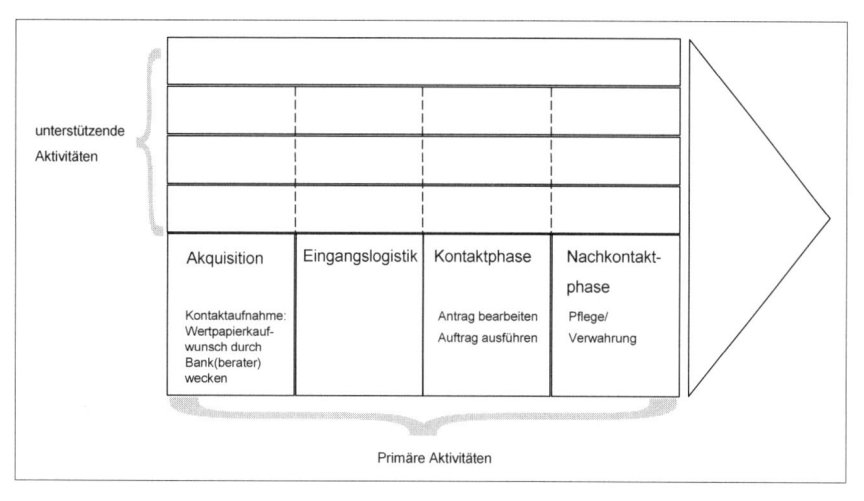

Abbildung 5: Wertkette nach Porter für den Prozeß Wertpapierkauf

Bei der nachfolgenden Analyse des Produktes „Wertpapierkauf" sollen die sekundären Aktivitäten zugunsten der Betrachtung der primären vernachlässigt werden.

---

[38] Vgl. dazu und folgend: Porter (1999b), S. 69.

Der Prozeßablauf im Beispiel betrachteter Aktivitäten von der ersten Kontaktaufnahme des Kunden mit der Bank bis zur Aufbewahrung der Wertpapiere stellt die höchste Abstraktionsebene dar, die das Produkt „Wertpapierkauf" umfaßt.

Die Teilprozesse und der Prozeßablauf werden in Abb. 5 visualisiert.

Über den traditionellen Vertriebsweg gestaltet sich der Prozeßablauf anders als über neue elektronische Vertriebswege wie das Internet.

Beim traditionellen Kauf kommt es zum tatsächlichen physischen Kontakt zwischen Kunden und Berater. Während des Gespräches ist es Aufgabe des Betreuers herauszufinden, wie die Risikoneigung des potentiellen Käufers ausfällt und welches Investment der Kunde konkret tätigen möchte. Sodann wird ein schriftlicher Auftrag fixiert, bearbeitet und im Rahmen des dritten Schrittes an das Zentralsystem weitergeleitet und ausgeführt. Abschließend steht der Berater dem Kunden hilfestellend zur Seite und informiert ihn im Rahmen der Pflege selbsttätig, wenn bspw. Kapitalerhöhungen anstehen.

Wird die Transaktion hingegen über das Internet ausgeführt, so sind gänzlich andere Aktivitäten vonnöten, die den Kunden in die Lage versetzen, selbsttätig die Kauforder zu platzieren.

Zunächst muß ihm die Möglichkeit zur hinreichenden Information gegeben werden, da keine Beratungsleistung von Dritten erbracht wird. Ist der Kunde zu einer Kaufentscheidung gelangt, so füllt er selbsttätig das online verfügbare Formular aus. Die nächste von der Bank zu erbringende Dienstleistung ist die Vorabprüfung. Ist das Ergebnis der Vorabprüfung positiv ausgefallen und gibt der Kunde den Auftrag endgültig frei, so wird der Auftrag in das Handelssystem eingestellt und gegebenenfalls ausgeführt. Abschließend kommt das Papier in den Verwahrungsprozeß, der analog zu der traditionellen Verwahrung verläuft.

Jede der dargestellten Teilaktivitäten stellt einen wichtigen Baustein in der Wertkette nach Porter dar. Ist jede optimal ausgerichtet, so bietet das Unternehmen eine im Vergleich zu Wettbewerbsunternehmen überlegene (Dienst-)Leistung, die einen vom Kunden wahrgenommenen Mehrwert darstellt. Teilaktivitäten, die nicht unmittelbar dazu beitragen, das Produkt werthaltiger zu gestalten, sind abzuschaffen bzw. an externe Anbieter auszulagern. Im Rahmen des Porter-Modells stellt sich nun die Aufgabe, die tatsächlich benötigten (Teil-) Aktivitäten zu eruieren. Ob es sich um wichtige oder um überflüssige Aktivitäten handelt, ist letztlich oft nur durch einen Vergleich (Benchmarking) mit den Aktivitäten direkter Wettbewerber festzustellen. Beim Wertpapierkauf via Internet kommt die neue Dynamik und Flexibilität der E-Business-Aktivitäten voll zum Tragen. Teile der Prozeßkette, die nicht den genannten Anforderungen entsprechen, werden einfach aus dem Gesamtprozeß „Wertpapierkauf per Internet" ausgegliedert. Beispielhaft sei hier die Informationsbeschaffung durch den Kunden erwähnt. Sieht sich die Bank nicht in der Lage, ein tatsächlich dem Wettbewerb überlegenes Informationsangebot bereitzustellen, sollte sie diesen Prozeß substituieren. Eine Möglichkeit bestünde darin, durch extern bezogene Detaildaten dem Kunden erheblich mehr Informationen zur Verfügung zu stellen. Alternativ könnte auch ein Komplettangebot von einem Konkurrenten oder von unabhängigen Anbietern[39] übernommen werden.

Das Ergebnis wird in Form eines (durch jeden einzelnen Prozeßschritt) mit Mehrwerten versehenen Produktes sichtbar. Durch dieses Produkt ist das Unternehmen in die Lage versetzt, die in Schritt 2 gewählte Strategie optimal umzusetzen, da nur noch solche (Teil-) Aktivitäten, die den Anforderungen der Strategie genügen, weiterverfolgt werden. Letztlich paßt sich das Unternehmen den in Schritt 1 analysierten Rahmenbedingungen besser an als die Konkurrenz, indem es eine auf seine Situation passende Strategie auswählt.

Es ist durch die Ausführungen gezeigt worden, daß vor dem Hintergrund der immer schnelleren Umweltveränderungen strategische Instrumente eine zunehmend wichtige Rolle gerade auch für E-Business-Aktivitäten spielen. Gleichwohl müssen sie sinnvoll kombiniert werden, damit das Unternehmen von den Vorteilen der Instrumente profitiert. Aus diesem Grunde wurde ein ganzheitliches Konzept mehrerer kombinierbarer strategischer Instrumente entwickelt und erläutert. In einem anschließenden notwendigen Schritt sind die erzielten Erkenntnisse zu konkretisieren gewesen; das Porter-Konzept bietet - wie oben gezeigt – dafür viele Ansatzpunkte.

4 Taktische Ebene

E-Business-Technologien stellen, wie bereits in Abschnitt 2 beschrieben, keinen Selbstzweck dar, sondern sind lediglich Mittel, um eine effektive und effiziente Unterstützung von Prozessen zu ermöglichen. In der obigen Analyse wurde bereits gezeigt, wie mit Hilfe der Wertkettenanalyse Kernprozesse identifiziert und auf die Unternehmensstrategie ausgerichtet werden können. Die identifizierten Prozesse müssen nun durch geeignete Technologien unterstützt werden, damit diese aus Kundensicht effektiv und aus Unternehmenssicht effizient realisiert sind. Wichtig ist dabei, nicht eine technikgläubige Orientierung am technologischen Best Practice zu verfolgen, sondern vielmehr auf Basis der Kundenanforderungen, deren Gewichtungen und auch der Zahlungsbereitschaft der Kunden

---

[39] Bezogen auf das Beispiel wäre das Angebot von OnVista.de eine denkbare konkrete Möglichkeit.

die am besten geeigneten Anwendungen zu identifizieren. Diese Identifikation wird im vorliegenden Konzept in der taktischen Ebene vorgenommen. Auch hier müssen in einem Controlling-Konzept adäquate Methoden verwendet werden, die das Ziel haben, die Kundenanforderungen mit den existierenden oder zu entwickelnden E-Business-Tools abzugleichen und in Einklang zu bringen. Ziel ist eine bestmögliche Prozeßunterstützung aus Sicht des Kunden vor dem Hintergrund der Wirtschaftlichkeit.

Mit dem aus dem Quality Function Deployment (QFD) bekannten House of Quality[40] bzw. dem zur Adaption auf das E-Business modifizierten House of E-Business[41] sowie dem Target Costing[42] existieren zwei Instrumente, die sich mit genau diesem Themenaspekt beschäftigen. Zunächst wird im folgenden mit dem House of E-Business eine Methode vorgestellt, die auf Basis der Kundenanforderungen mit Blick auf die Unternehmensprozesse die optimalen E-Business-Tools priorisiert. Die priorisierten Tools werden anschließend bei der konkreten Ausgestaltung mittels des Target Costing unterstützt.

4.1 House of E-Business

Das nun betrachtete House of E-Business baut auf dem als präventive Qualitätssicherungsmaßnahme bei der Erstellung von Produkten und Dienstleistungen konzipierten House of Quality auf. Neuartig ist jedoch die Fokussierung auf Prozesse sowie die hierauf abgestimmte, systematische Technologiebewertung. Bei der Anwendung des House of E-Business handelt es sich um einen strukturierten und vorgegebenen Ablauf, der in zwei grobe Blöcke unterteilt werden kann (1. und 2. Haus). In jedem Block wird in mehreren Schritten eine Analysematrix abgearbeitet. Im ersten Haus werden dazu systematisch die erhobenen Kundenanforderungen für einen spezifischen Kernprozeß mit den einzelnen Teilprozeßschritten abgeglichen, um die besonders relevanten Teilprozesse zu identifizieren und für die nachfolgende Analyse im zweiten Haus zu priorisieren. Diese Priorisierung wird als Eingangsdatum im zweiten Haus verwendet, um auf Basis der gewichteten Teilprozesse eine Entwicklungsrangfolge von denkbaren E-Business-Technologien zu bestimmen.

---

[40] Vgl. Eversheim/Eickholt/Müller (1995), S. 65ff.
[41] Vgl. hier und im folgenden zur Vorgehensweise beim House of E-Business Müller/von Thienen (2001), S. 117ff. Vgl. zur Kritik an der dem Instrument zugrundeliegenden Nutzwertanalyse Adam (1996), S. 412ff.
[42] Vgl. Coenenberg (1999), S. 453ff.

Wesentlich vor der Anwendung des Instrumentes ist im Sinne der Kundenorientierung die Festlegung der Zielkundengruppe. Die Priorisierung von E-Business-Tools kann sinnvollerweise nur vor dem Hintergrund eines identifizierten Zielkundensegmentes erfolgen, da unterschiedliche Kundensegmente auch z.t. sehr heterogene Bedürfnisse bezogen auf die zu unterstützenden Teilprozesse und die damit verbundenen Technologien besitzen.

```
┌─────────────────────────────────────────────────────────────────────────────┐
│  ┌──────────────────────────┐  Matchingprozeß:  ┌────────────────────────┐  │
│  │ Kundenanforderungen:     │ ╲               ╱ │ Prozesse:              │  │
│  │                          │  ╲             ╱  │                        │  │
│  │ 1. Erfassen und          │   ┌───────────┐   │ 4. Ableiten der        │  │
│  │    Strukturieren der     │   │           │   │    Prozesse und        │  │
│  │    Kundenanforderungen   │   │ 7. ...    │   │    Aufnahme der        │  │
│  │                          │   │           │   │    Prozeßkette         │  │
│  │ 2. Gewichten der         │   │ 8. ...    │   │                        │  │
│  │    Kundenanforderungen   │   │           │   │ 5. ...                 │  │
│  │                          │   │ 9. ...    │   │                        │  │
│  │ 3. Relativer             │   └───────────┘   │ 6. ...                 │  │
│  │    Wettbewerbsvergleich  │  ╱             ╲  │                        │  │
│  │    bzgl. der ...         │ ╱               ╲ │                        │  │
│  └──────────────────────────┘                   └────────────────────────┘  │
└─────────────────────────────────────────────────────────────────────────────┘
```

Kundenanforderungen:
1. Erfassen und Strukturieren der Kundenanforderungen
2. Gewichten der Kundenanforderungen
3. Relativer Wettbewerbsvergleich bzgl. der Kundenanforderungen

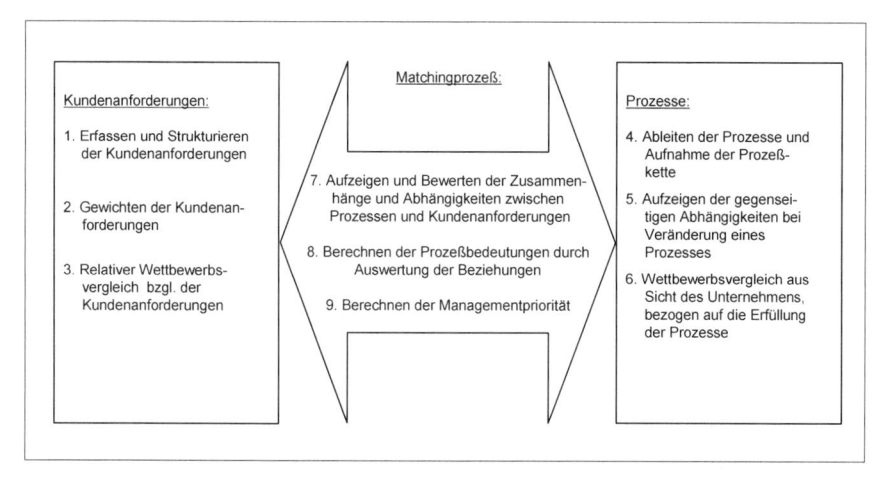

Matchingprozeß:
7. Aufzeigen und Bewerten der Zusammenhänge und Abhängigkeiten zwischen Prozessen und Kundenanforderungen
8. Berechnen der Prozeßbedeutungen durch Auswertung der Beziehungen
9. Berechnen der Managementpriorität

Prozesse:
4. Ableiten der Prozesse und Aufnahme der Prozeßkette
5. Aufzeigen der gegenseitigen Abhängigkeiten bei Veränderung eines Prozesses
6. Wettbewerbsvergleich aus Sicht des Unternehmens, bezogen auf die Erfüllung der Prozesse

Abbildung 6: Priorisierung der Teilprozesse im House of E-Business

So können eher fortschrittliche, aufgeschlossene Kunden für bestimmte Teilprozesse andere Vertriebswege bevorzugen und andere Funktionalitäten benötigen als eine relativ konservative Klientel. Deshalb wird für das folgende Beispiel, das zur praktischen Illustration der Vorgehensweise bei der Anwendung des House of E-Business dient, von einem fiktiven Kundensegment der sogenannten „aufgeschlossenen Kunden (mit Wunsch nach Beratung)" ausgegangen. Als Beispielprozeß dient der Kernprozeß der Vermögensanlage/-bildung. Dieser Prozeß wird im folgenden bei der Bearbeitung des ersten Hauses näher spezifiziert. Bei der anschließenden Darstellung des zweiten Hauses werden die geeigneten Technologien für die Prozeßunterstützung ermittelt (Schritte 10 bis 14).

Bei der Anwendung des ersten Hauses geht es nun darum, mittels der Kundenanforderungen die wesentlichen Teilprozesse des Kernprozesses zu identifizieren, die für die Erfüllung der Kundenbedürfnisse den größten Beitrag liefern. Dies geschieht durch die strukturierte Abarbeitung der in Abb. 6 skizzierten neun Teilschritte.

Diese neun Schritte werden grob unterteilt in drei Bereiche: Die Erfassung der Kundenanforderungen, Ableitung der Prozeßstruktur sowie den Matching-Prozeß, in dem Kundenanforderungen und Prozesse abgeglichen werden.

Im folgenden sollen nun die skizzierten Arbeitsschritte genauer erläutert werden. Die als Beispielzahlen verwendeten Ergebnisse dienen lediglich exemplarisch als Illustration. Zum besseren Verständnis des Beispiels wird hier vorab in Abb. 7 das ausgefüllte 1. House of E-Business aufgeführt.

Kundenanforderungen \ Prozesse	Information	Beratung	Transaktion	Pflege	Auflösung	Relativer Wettbewerbsvergleich ++ 1 2 3 4 5 --					Optimierungsgewicht
Flexibilität	9	5	9	5	5		X				10%
Vertrauen	5	9	5	5	1	X					35%
Individualität	5	9	1	1	1	X					25%
Langfristigkeit	1	5	1	1	1				X		10%
Eigeninitiative	1	5	1	9	1				X		20%
Prozeßbedeutung	11,15	20,55	8,15	13,35	4,15						
Prozeßbeherrschung ++ 1 2 3 4 -- 5	X	X	X	X	X						
Managementpriorität Pte	33,45	82,20	16,30	40,05	8,30						
rel.	18,55%	45,59%	9,05%	22,21%	4,60%						

Skala:
1: geringe Bedeutung
5: mittlere Bedeutung
9: hohe Bedeutung

Beispielsegment:
Aufgeschlossene Kunden mit Wunsch nach Beratung

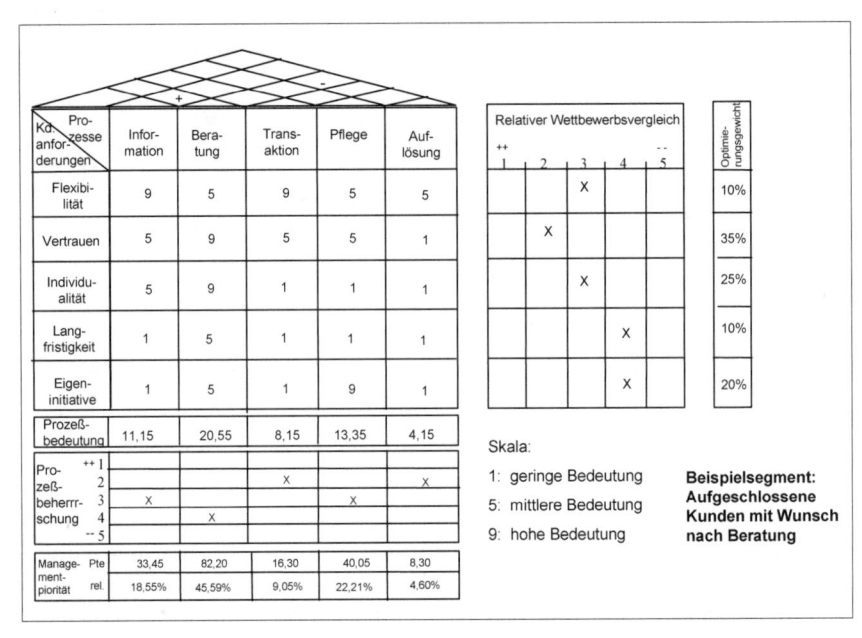

Abbildung 7: House of E-Business für den Prozeß „Vermögensanlage/-bildung"

1. Erfassen und Strukturieren der Kundenanforderungen

Zunächst werden aus den ermittelten Kundenwünschen die relevanten Kundenanforderungen abgeleitet. Die Aufnahme der Kundenanforderungen ist notwendig, um im folgenden ausgehend vom Kunden die Prozeßketten analysieren zu können. Für die Ermittlung der Anforderungen sind prinzipiell zwei Methoden geeignet:

- die induktive oder
- die deduktive Methode

Bei der induktiven Methode wird eine direkte Kundenbefragung zur Ermittlung der Anforderungen vorgenommen, bei der deduktiven Methode hingegen geht man von selbst angenommenen Kundenbedürfnissen aus.

Der Vorteil der induktiven Methode ist die Nähe zum Kunden und damit die Möglichkeit, die Kundenwünsche detailliert erfassen zu können. Nachteilig hingegen ist der höhere Aufwand, den eine Kundenbefragung mit sich zieht.

Auf der anderen Seite ermöglicht die deduktive Methode einen geringeren Erfassungsaufwand, beinhaltet jedoch die Gefahr, lediglich Meinungen über Kunden anstatt deren konkrete Bedürfnisse zu erfassen und somit entscheidende Anforderungen zu übersehen.

Im vorliegenden Beispiel wurden fiktive Kundenanforderungen festgelegt. Die Vorgehensweise entspricht somit der deduktiven Methode. Dabei wurden fünf Anforderungen charakterisiert, die möglicherweise von der definierten Zielgruppe als wesentlich erachtet würden:

- Flexibilität der Kontaktaufnahme und der Prozeßabwicklung (Flexibilität)
- Vertrauen in die Kompetenz und Seriosität der Informationen und der Beratung (Vertrauen)
- Individualität und Abstimmung der Anlagevorschläge auf die spezifische Situation des Kunden (Individualität)
- Langfristigkeit des Beratungshorizontes; Berücksichtigung des Lifetime-Ansatzes in der Beratung (Langfristigkeit)
- Eigeninitiative des Beraters; unaufgeforderte Unterbreitung und Hinweis auf Anlagemöglichkeiten auf Basis der individuellen Vermögenssituation (Eigeninitiative).

2. Gewichten der Kundenanforderungen

Im Anschluß an die Aufnahme der Kundenanforderungen sind diese der Bedeutung nach zu ordnen.

Die Gewichtung der Anforderung kann hierzu mittels paarweisen Vergleich bzw. durch Durchführung einer Conjoint-Analyse abgeleitet werden.[43] Der paarweise Vergleich ist ein einfach anzuwendendes Verfahren, bei dem immer zwei Anforderungen ob ihrer Wichtigkeit miteinander verglichen werden. Diejenige Anforderung, die im paarweisen Vergleich als wichtiger eingestuft wird, erhält einen Punkt. Anschließend werden die Punktwerte einer Anforderung aufsummiert und

---

[43] Vgl. z.B. zum paarweisen Vergleich Adam (1996), S. 416ff., zur Conjoint-Analyse Backhaus et al. (2000), S. 564ff.

durch die Gesamtzahl der Vergleiche dividiert, um die relative Wichtigkeit zu ermitteln.

Einen anderen Ansatz wählt die Conjoint-Analyse, bei der den Kunden Bündel mit Kombinationen von Anforderungserfüllungen vorgelegt werden (z.B. Vermögensanlage mit wenig Flexibilität, dafür hoher Individualität und Langfristigkeit etc.). Diese Bündel werden von den befragten Personen in eine Rangfolge der Vorziehenswürdigkeit gebracht. Aus diesen Rangfolgen werden mittels mathematischer Verfahren die Gewichtungen errechnet. Der Vorteil der Methode ist in der grundsätzlich höheren Realitätstreue zu sehen, der Nachteil im höheren Aufwand sowie in einer möglichen Überforderung der befragten Personen bei umfangreicheren Nutzenbündeln.

Eine sorgfältige Gewichtung der Kundenanforderungen ist entscheidend für die spätere Vergabe von Prioritäten im House of E-Business, denn der absolute Bedeutungswert einer Anforderung hat durch die Vernetzung im Haus einen entsprechenden Einfluß auf die abschließende Prozeßbewertung (siehe die nachfolgenden Schritte 7 und 8).

Für das Beispiel wurden die einzelnen Anforderungen folgendermaßen gewichtet:

1. Flexibilität   10 %
2. Vertrauen   35 %
3. Individualität   25 %
4. Langfristigkeit   10 %
5. Eigeninitiative   20 %

3. Relativer Wettbewerbsvergleich bzgl. der Kundenanforderungen

Neben der absoluten Bedeutung einer Kundenanforderung spielt der Erfüllungsgrad dieser Anforderungen im Vergleich zu den Wettbewerbern eine wichtige Rolle. Für die Verbesserung der Wahrnehmung der Leistung eines Finanzdienstleisters aus Sicht der Kunden ist zu identifizieren, wie stark der Erfüllungsgrad einer Anforderung von der Leistung der Konkurrenten abweicht. Die Beurteilung der Anforderungen aus Kundensicht ist immer nur relativ gegenüber dem Erfüllungsgrad durch den Konkurrenten vergleichbar und bildet in Kombination die relevante Information für eine nachfolgende Teilprozeßpriorisierung.

In diesem dritten Schritt wird also im House of E-Business der Vergleich zum Wettbewerb vorgenommen. Hierzu werden die subjektiven Informationen und Meinungen bezüglich des Erfüllungsgrades der Kundenanforderungen im eigenen Unternehmen gegenüber den Wettbewerbern auf einer Skala von 1 (viel besser) und 5 (viel schlechter) bewertet.

Auch im herangezogenen Beispiel wurde ein beispielhafter relativer Wettbewerbsvergleich für das fiktive Unternehmen gegenüber seinen Wettbewerbern durchgeführt (vgl. Abb. 7). Bei den Anforderungen der Flexibilität und der Individualität wurde das Unternehmen als neutral gegenüber den Wettbewerbern eingestuft, das Kriterium Vertrauen als eine der Kernkompetenzen leicht positiv, die Langfristigkeit und die Eigeninitiative leicht negativ bewertet.

Als Zwischenfazit läßt sich an dieser Stelle konstatieren, daß in den Schritten 1-3 die Kundenanforderungen für eine weitere Verarbeitung vorbereitet und aufgenommen wurden. Diese Schritte legen den Grundstein für den Erfolg eines House of E-Business-Projekts und daher sind die Vorarbeiten zur Beschaffung detaillierter Kundendaten von großer Wichtigkeit und dürfen keinesfalls unterschätzt werden.

In den nun folgenden Schritten 4-6 erfolgt die Erweiterung um die Prozeßelemente und weitere zugehörige Informationen, um nachfolgend die Vernetzung von Kundenanforderungen und Prozessen vornehmen zu können.

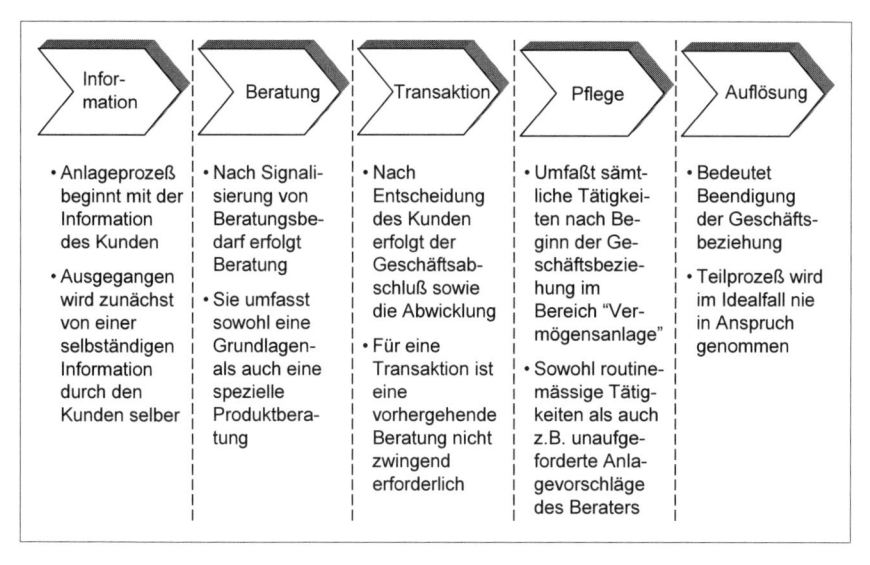

Information	Beratung	Transaktion	Pflege	Auflösung
• Anlageprozeß beginnt mit der Information des Kunden • Ausgegangen wird zunächst von einer selbständigen Information durch den Kunden selber	• Nach Signalisierung von Beratungsbedarf erfolgt Beratung • Sie umfasst sowohl eine Grundlagen- als auch eine spezielle Produktberatung	• Nach Entscheidung des Kunden erfolgt der Geschäftsabschluß sowie die Abwicklung • Für eine Transaktion ist eine vorhergehende Beratung nicht zwingend erforderlich	• Umfaßt sämtliche Tätigkeiten nach Beginn der Geschäftsbeziehung im Bereich "Vermögensanlage" • Sowohl routinemässige Tätigkeiten als auch z.B. unaufgeforderte Anlagevorschläge des Beraters	• Bedeutet Beendigung der Geschäftsbeziehung • Teilprozeß wird im Idealfall nie in Anspruch genommen

Abbildung 8: Geschäftsprozeß „Vermögensanlage/-bildung"

4. Ableiten der Prozesse und Aufnahme der Prozeßkette

Hier sind die Teilprozesse des zu betrachtenden Bereichs im Rahmen einer qualitativen Analyse abzuleiten bzw. zu identifizieren und anschließend in das House of E-Business aufzunehmen, um eine spätere Verknüpfung mit den Kundenanforderungen vornehmen zu können.[44]

Grundsätzlich können zur Strukturierung der Prozesse die drei Ebenen der strategischen, taktischen und operativen Prozesse unterschieden werden. Bei dem hier vorliegenden Fokus findet eine stärkere Konzentration auf die operativen Prozesse statt. Zur Analyse der Prozesse bieten sich die traditionellen Untersuchungsmechanismen aus dem Bereich des Prozeßmanagements und Reengineering an.

Zur Ableitung der Prozeßstruktur werden die vorhandenen Aktivitäten im betrachteten Unternehmensbereich nach ihrem inneren Zusammenhang geordnet. Für das Beispiel wurde deshalb der Prozeß „Vermögensanlage/-bildung" in die in Abb. 8 dargestellten Teilprozesse untergegliedert.

5. Aufzeigen der gegenseitigen Abhängigkeiten bei Veränderung eines Prozesses

Anschließend erfolgt optional eine Vernetzung der Prozeßkettenelemente im Dach des Hauses. Dabei werden gegenseitige Abhängigkeiten und Beeinflussungen von Teilprozessen visuell verdeutlicht. Es läßt sich erkennen, welche Prozesse in der Planung besonders aufeinander abgestimmt werden müssen. Diese Prozeßabhängigkeiten werden jedoch bei der Berechnung der Managementprioritäten nicht verwendet.

Denkbar wäre hier z.B. eine positive Korrelation zwischen dem (Selbst-) Informationsprozeß und der Beratung zu sehen, da umfangreiche Möglichkeiten der Kundeninformation tendenziell einen geringeren Beratungsaufwand nach sich ziehen könnten.

6. Wettbewerbsvergleich aus Sicht des Unternehmens, bezogen auf die Erfüllung der Prozesse

In einem abschließenden Schritt bzgl. der Teilprozesse erfolgt eine subjektive, qualitative Einschätzung der einzelnen Elemente aus Sicht des Unternehmens. Dazu wird wieder eine Skala von 1 bis 5 verwendet. Eine Einstufung auf dieser Skala erfolgt dabei im Vergleich zu den Wettbewerbern.

In den meisten Fällen ist ein Unternehmen sehr gut in der Lage, eigenständig die Qualität der Aufgabenerfüllung in den einzelnen Prozeßelementen im Vergleich zum Wettbewerb subjektiv einzuschätzen. Eine gute relative Einschätzung im Vergleich zum Wettbewerber wird dabei nach dem Schulnotensystem mit einem niedrigen Punktwert versehen (1 = besonders gute, relative Prozeßbeherrschung;

---

[44] Vgl. zur Prozeßanalyse Schwegmann/Laske (2000), S. 121ff.

5 = besonders schlechte, relative Prozeßbeherrschung). Eine schwache Prozeßerfüllung führt dadurch tendenziell zu einer höheren Managementpriorität mit dem Ziel, diese Schwachstellen zu beheben (vgl. Schritt 8).

Im konkreten Beispiel wurden eine relativ gute Prozeßbeherrschung bei den Teilprozessen „Transaktion" und „Auflösung" konstatiert, Verbesserungspotential wurde insbesondere beim Teilprozeß „Beratung" gesehen (vgl. Abb. 7).

7. Aufzeigen und Bewerten der Zusammenhänge und Abhängigkeiten zwischen Prozessen und Kundenanforderungen

Der wesentliche Matchingprozeß im House of E-Business wird im siebten Schritt vollzogen und stellt somit den Kern der Vorgehensweise dar. Hier wird nun die Korrelation der Kundenanforderungen mit den Teilprozeßelementen festgestellt. Dazu werden auf einer dreistufigen Skala (1: schwache Beeinflussung; 5: mittlere Beeinflussung; 9: starke Beeinflussung) die entsprechenden Beziehungsgrade in die jeweiligen Felder eingetragen. Ein hoher Beziehungsgrad bedeutet dabei, daß der betrachtete Teilprozeß einen hohen Einfluß auf die vom Kunden wahrgenommene Erfüllung der betrachteten Kundenanforderung ausübt. Aufgrund ihrer besonderen Bedeutung für die Priorisierung von Teilprozessen muß der Korrelation eine besondere Aufmerksamkeit gewidmet werden. Ggfs. kann für eine differenziertere Betrachtung auch eine dezidertere Skala verwendet werden.

In der Anwendungspraxis empfiehlt es sich, diese Beurteilung durch eine ausgewählte Gruppe von Experten vorzunehmen, die sowohl den technischen als auch den kundenspezifischen Hintergrund betrachten können.

Exemplarisch seien hier einige Auszüge aus der Bewertung wiedergegeben (vgl. Abb. 7). So wurde z.B. unterstellt, daß zur Erfüllung der Kundenanforderung „Flexibilität" insbesondere die Teilprozesse „Information" und „Transaktion" einen sehr hohen Beitrag leisten. Bei diesen Teilprozessen geht die Initiative zumindest z.T. ausschließlich vom Kunden aus, so daß für ihn hier die Flexibilität eine besonders hohe Priorität hat. Nicht verwunderlich ist sicherlich das Ergebnis, daß im betrachteten Kundensegment der Prozeß „Beratung" durchgehend mittlere bis hohe Bewertungen erhält, mit besonderem Schwerpunkt bei den Anforderungen „Vertrauen" und „Individualität".

8. Berechnen der Prozeßbedeutungen durch Auswertung der Beziehungen

Im achten Schritt wird die rechnerische Verknüpfung der Bewertungselemente durchgeführt, um zu einer quantitativen Aussage bzgl. der Teilprozeßprioritäten zu gelangen.

Dazu werden zunächst die Beeinflussungsgrade aus Schritt 7 mit den Optimierungsgewichten aus Schritt 2 und den relativen Wettbewerbsvergleichen aus Schritt 3 multipliziert und anschließend für einen Teilprozeß über alle Kundenanforderungen hinweg summiert.

Durch die Verknüpfung der Beeinflussungsgrade mit den Optimierungsgewichten wird gewährleistet, daß die Prozesse besonders hohe Punktzahlen erreichen, die einen für die aus Kundensicht besonders wichtigen Anforderungen hohen Erfüllungsbeitrag leisten. Durch die multiplikative Verknüpfung mit der Punktzahl aus dem Wettbewerbsvergleich wird erreicht, daß insbesondere die Schwachstellen in bezug auf die Kundenanforderungen tendenziell besondere Aufmerksamkeit finden. Die Summation über alle Anforderungen hinweg resultiert schließlich in einem Punktwert, der Aufschluß über die Wichtigkeit des Prozesses in bezug auf den gesamten wahrgenommenen Nutzen liefert. Ein hoher Punktwert bedeutet somit, daß dieser Teilprozeß einen hohen Beitrag zur Erfüllung der Kundenbedürfnisse bietet. Bei der Entwicklung von E-Business-Systemen sollte somit ein Fokus auf jene Systeme gelegt werden, die diese Teilprozeß bestmöglich unterstützen.

Die Vorgehensweise soll nun exemplarisch am Teilprozeß „Information" erläutert werden. Dazu wird zunächst für die erste Anforderung „Flexibilität" der Erfüllungsbeitrag in Höhe von 9 mit der Gewichtung 10% und der relativen Wettbewerbseinschätzung von 3 multipliziert. Daraus ergibt sich ein Teilpunktwert in Höhe von 2,7. Für die anderen Anforderungen ergeben sich analog Punktwerte in Höhe von 3,5; 3,75; 0,4 und 0,8. Dies ergibt dann aufsummiert die Prozeßbedeutung in Höhe von 11,15.

9. Berechnen der Managementpriorität

In einem letzten Schritt wird die Prozeßbedeutung mit der relativen Prozeßbeherrschung multipliziert und in eine relative Managementpriorität transformiert.

Dazu wird zunächst die in Schritt 7 errechnete Prozeßbedeutung mit der relativen Prozeßbeherrschung aus Schritt 6 multipliziert. Mit diesem Rechenschritt wird gewährleistet, daß die Teilprozesse eine tendenziell höhere Beachtung erhalten, die im Vergleich zum Wettbewerb eher schlecht beherrscht werden. Es findet somit eine Konzentration auf die Elemente statt, die das größte Optimierungspotential bieten.

Im Beispiel bedeutet das für den Teilprozeß „Information", daß die Prozeßbedeutung in Höhe von 11,15 mit der relativen Prozeßbeherrschung von 3 multipliziert wird, was zum Gesamtpunktwert von 33,45 führt.

E-Busin. Tools / Prozesse	Personalisierter Finanzstatus/ Information	Musterdepot / Selbstanalyse	Mobile Banking	Elektronische Nachrichten	Brokerage über Pager	Optimierungsgleichgewicht
Information	9	9	9	5	1	18,55%
Beratung	1	1	5	5	1	45,59%
Transaktion	1	5	5	1	9	9,05%
Pflege	5	5	5	9	5	22,21%
Auflösung	1	1	5	1	5	4,60%
Managementpriorität Pte	2,482	3,7344	5,742	5,3244	2,7864	
rel.	12,37%	18,61%	28,61%	26,52%	13,89%	

Abbildung 9: 2. House of E-Business für den Prozeß „Vermögensanlage/-bildung"

Um jetzt die Punktzahlen der Teilprozesse besser miteinander vergleichen zu können, wird nun eine Normierung auf 100% durchgeführt. Diese führt zu der sogenannten Managementpriorität. Dazu werden die obigen Punktzahlen aller Teilprozesse summiert und gleich 100% gesetzt. Die relative Managementpriorität ergibt sich dann als Quotient aus der Punktzahl des Teilprozesses und der Gesamtpunktzahl.

Die Gesamtpunktzahl im Beispiel beträgt 180,3. Die relative Managementpriorität des Prozesses „Information" beträgt dementsprechend 33,45 / 180,3 = 18,55%. Im Vergleich mit dem Höchstwert von 45,59 % des Prozesses „Beratung" ergibt sich, daß dieser eine etwa 2,5-fach höhere Priorität besitzt als der Informationsprozeß.

Es ist also ersichtlich, daß der Prozeß „Beratung" die mit Abstand größte Bedeutung besitzt. Dabei werden auch nicht nur ordinale Skalierungen ermittelt, sondern (pseudo-) metrische Abstände errechnet. Diese basieren allerdings z.T. auf dem Rechenalgorithmus und werden hier deshalb „nur" als (pseudo-) metrisch bezeichnet.

Die gewonnenen Erkenntnisse können nun dazu verwendet werden, in einem zweiten Anwendungsschritt geeignete E-Business-Tools zur Prozeßunterstützung zu ermitteln. Dazu wird wiederum eine verkürzte Form des House of E-Business angewendet, das sogenannte 2. House of E-Business in Abb. 9.

10. Aufnahme der Prozesse

Zunächst werden in der vertikalen Ausrichtung wieder die einzelnen Teilprozeßschritte aufgenommen. Diese entsprechen dem Schritt 4 aus dem ersten Haus und können somit direkt übernommen werden.

11. Gewichtung der Teilprozesse

Die Gewichte der einzelnen Teilprozesse sind das Ergebnis des ersten Hauses. Sie entsprechen den relativen Managementprioritäten, die im Schritt 9 ermittelt wurden und können somit ebenfalls aus dem ersten Haus übernommen werden.

12. Aufnahme der E-Business-Tools

Im nächsten Schritt müssen nun die grundsätzlich verwendbaren E-Business-Anwendungen bestimmt werden. Dazu werden aus der Fülle von Technologien diejenigen ausgesucht, die in der Lage sind, den zu betrachtenden Prozeß zu unterstützen. Dafür muß ein Überblick über die derzeit am Markt vorhandenen oder die in naher Zukunft einsetzbaren Tools existieren, was naturgemäß einem ständigen Wandel unterliegt.

Im Beispielfall wurden fünf exemplarische Technologien mit den Bezeichnungen „Personalisierter Finanzstatus", „Musterdepot/Selbstanalyse", „Mobile Banking", „Elektronische Nachrichten" und „Brokerage über Pager" ausgewählt. Der personalisierte Finanzstatus beinhaltet eine komplette Auflistung aller relevanten Vermögenspositionen (unabhängig vom Institut, bei dem die Positionen gehalten werden). Beim Musterdepot werden z.B. verschiedene Performance-Berechnungen durchgeführt. Das Produkt Mobile Banking ist hier auf die Abwicklung von Wertpapiergeschäften über das Handy beschränkt. Elektronische Nachrichten werden bei Aktivierung entsprechender Funktionen oder Schwellenwerte automatisch an den Anleger versandt. Beim Brokerage über Pager können sämtliche Transaktionen mittels eines Pagers abgewickelt werden.

13. Bewertung der E-Business-Tools hinsichtlich ihrer Prozeßunterstützung

Ähnlich dem im Schritt 7 vorgenommenen Matching-Prozeß zwischen Kundenanforderungen und Teilprozessen wird im hier betrachteten Teilschritt die Wirkungsweise der Anwendungen auf die Prozesse untersucht. Analog zu obigem Vorgehen werden die unterschiedlichen Beziehungsstärken mittels verschiedener Punktewerte ausgedrückt, die den Grad der Prozeßunterstützung darstellen.

Im Beispiel wird wiederum eine dreistufige Skala verwendet. Ein Punktewert von 1 drückt dabei eine schwache Unterstützung des Teilprozesses durch das Tool aus, ein Wert von 5 eine mittlere und ein Wert von 9 eine starke Prozeßunterstützung.

So drückt der Wert von 9 beim Tool „Personalisierter Finanzstatus / Information" beim Teilprozeß „Information" aus, daß durch die Technologie eine besonders wirkungsvolle Unterstützung des Teilprozesses gelingt. Die übrigen vergebenen Punktwerte sind analog zu interpretieren.

14. Priorität der E-Business-Anwendungen ermitteln

Im nun folgenden Schritt erfolgt wieder die rechnerische Verknüpfung der Daten. Dazu werden die Erfüllungsgrade der E-Business-Tools mit den Gewichtungen der Teilprozesse multipliziert und über sämtliche Teilprozesse aufsummiert. Dadurch wird gewährleistet, daß eine starke Unterstützung der aus Kundensicht wichtigen Teilprozesse zu einer tendenziell hohen Priorität führt.

Dies wird für das Tool „Persönlicher Finanzstatus / Information" exemplarisch dargestellt. Der Teilprozeß „Information" hat ein Gewicht von 18,55% und wird von obigem Tool sehr gut unterstützt (Punktwert für Unterstützung: 9). Dafür erhält die Applikation einen Teilpunktwert in Höhe von 1,6695. Den Teilprozeß Beratung unterstützt die Anwendung nur schwach (Punktwert für Unterstützung: 1), dies bedeutet in Zusammenhang mit der Gewichtung des Teilprozesses von 45,59% einen Teilpunktwert von 0,4559. Analog wird mit den anderen Teilprozessen vorgegangen. Die einzelnen Teilpunktwerte werden nun für jedes Tool isoliert aggregiert. Dies ergibt z.B. für die Anwendung „Persönlicher Finanzstatus/Information" einen Gesamtpunktwert von 2,482.

Um jetzt zu den Prozentwerten zu kommen, werden die Gesamtpunktwerte aller Tools aufaddiert und anschließend der jeweilige Punktwert durch den Gesamtpunktwert dividiert. Im Beispielfall lautet die Rechnung 2,482 / 20,0712 = 12,37%. Diese Prozentzahlen drücken nun die relative Vorteilhaftigkeit einer Anwendung im Vergleich zu den anderen Tools aus. Das Tool mit der höchsten Entwicklungspriorität wäre demnach das Mobile Banking. Bei der praktischen Ermittlung einer Entwicklungspriorität sind aber ggfs. noch weitere Entscheidungskriterien zu beachten, die in die Vorteilhaftigkeitsentscheidung einfließen. Diese könnten z.B. das intern verfügbare Know-how, der Innovationsgrad oder das Investitionsvolumen sein. Eine reale Entscheidung stellt somit immer eine multidimensionale Beurteilung dar, bei der allerdings die oben vorgenommene Priorisierung auf Basis der Kundenanforderungen einen wichtigen Einfluß nehmen sollte.

4.2 Target Costing

Im Anschluß an die Ergebnisse, die durch das House of E-Business erzielt wurden, bietet sich das Konzept des Target Costing[45] an, um das Produkt (hier aus dem House of E-Business beispielhaft übernommen: Mobile Banking) konkret zu gestalten. Target Costing weist zwei zentrale Vorteile auf: Zum einen werden die Kosten[46], die über den gesamten Produktlebenszyklus anfallen, bereits in der Konstruktionsphase proaktiv beeinflusst und gesteuert. Zum anderen wird das Produkt in seinen Grundzügen möglichst genau an den Kundenwünschen ausgerichtet konstruiert.

Kunden kaufen letztlich genau die Produkte bzw. nehmen die Dienstleistungen in Anspruch, die unter Preis-Leistungs-Gesichtspunkten den individuellen Präferenzen am besten entsprechen.

Neben dem erhöhten Absatz durch die vollständige Berücksichtigung der Kundenwünsche zeigt sich jedoch noch ein weiterer Vorteil: Eine permanente Anpassung an Wünsche, die sich bei der Nutzung durch den Kunden herauskristallisieren, wird durch die frühzeitige Ausrichtung an den Kundenwünschen z.T. überflüssig - das reduziert nicht nur den Zeit- und Komplexitätsaufwand, sondern senkt insgesamt die Kosten.

Beispielhaft sei auf die zukünftige Nutzung des Mobile Banking-Angebotes[47] hingewiesen, das - rein hypothetisch - einen aus Kundensicht viel zu langsamen Bildaufbau bieten möge und bei dem somit nachträglich teuer in zusätzliche Hardware investiert werden müßte.

Target Costing führt zu einer ganzheitlichen Ausrichtung am Kundenwunsch, weil nicht nur einzelne, auf den ersten Blick erkennbare Komponenten, sondern sämtliche Teilaspekte des Produktes vollständig auf den Kundenwunsch ausgerichtet werden. Es eignet sich insbesondere für neu zu gestaltende, komplexe Produkte im E-Business-Bereich, bei denen die Ausrichtung an Kundenwünschen eine hohe Relevanz für den Markterfolg aufweist. Die besondere Eignung des Target Costing für E-Business-Produkte leitet sich jedoch noch aus einem zweiten Aspekt ab. Hohe Anfangsinvestitionen stehen relativ geringen weiteren Auszahlungen gegenüber, so daß es den Unternehmenserfolg potentiell gefährdet,

---

[45] Vgl. z.B. Hummel (1998), Ziegenbein (2002), S. 243ff.

[46] Da der vollständige Produktlebenszyklus betrachtet wird, müsste korrekterweise von Auszahlungen die Rede sein. Streng genommen führt sogar die Bezeichnung des Instrumentes „Target Costing" in die Irre. Aus Gründen der Verständlichkeit soll hier jedoch nicht von den gebräuchlichen Bezeichnungen abgewichen werden.

[47] Dieses Produkt wird weiter unten ausführlicher erläutert, da es als konkretes Beispiel zur Erläuterung des Vorgehens beim Target Costing dient.

wenn nicht wie beim Target Costing bereits in der Entstehungsphase, sondern erst während der Produktnutzung durch den Kunden versucht wird, Kosten zu steuern.

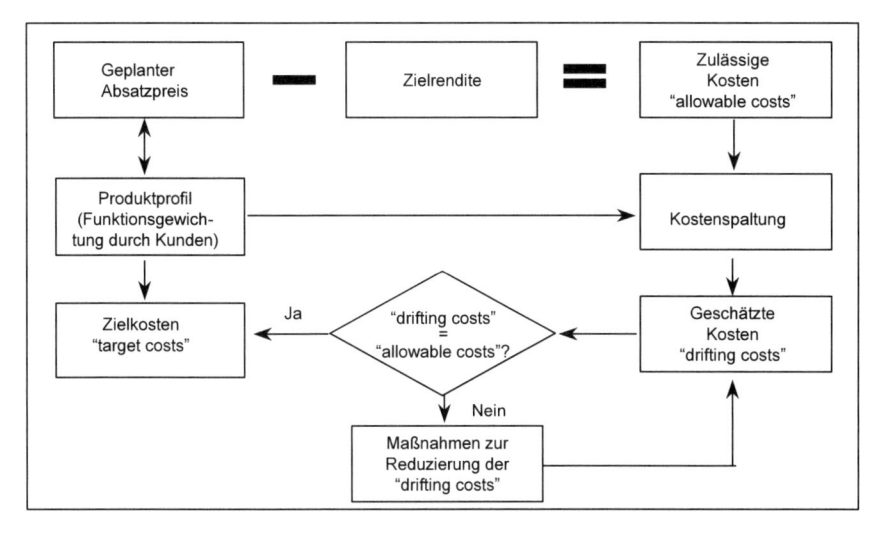

Abbildung 10: Ablauf des Target Costing

Abbildung 10 zeigt den Ablauf des Target Costing: Zunächst werden der geplante Absatzpreis und die Zielrendite ermittelt, aus denen die allowable costs, die sogenannten erlaubten Kosten, abgeleitet werden. Als Ergebnis der Kostenspaltung werden die aus Kundensicht erlaubten Kosten für einzelne Produktkomponenten ermittelt. Weichen diese von den im Unternehmen vorab geschätzten Kosten ab, besteht eine Divergenz zwischen drifting costs und allowable costs. Durch geeignete Kostenanpassungsmaßnahmen muß diese dann beseitigt werden.

Der detaillierte Ablauf gestaltet sich wie folgend aufgeführt:
1. Ermittlung der Preis-Absatz-Funktion (PAF)
2. Ermittlung der allowable costs als Differenz von Umsatz und Rendite
3. Bestimmung der Eigenschaftsmerkmale des Produktes
4. Entwicklung eines Rohentwurfes
5. Kostenschätzung der Produktkomponenten
6. Gegenüberstellung des Kosten-/Nutzenanteils der Komponenten
7. Erstellung eines Zielkostenkontrolldiagramms

Im folgenden soll nun anhand des bereits erwähnten Produktes „Mobile Banking" die Abfolge erläutert und konkretisiert werden. Das Produkt „Mobile Banking" einer Bank bietet dem Kunden die Möglichkeit, mobil, z.B. mit seinem eigenen Handy, Bankdienstleistungen in Anspruch zu nehmen. Der Kunde könnte Kontoinformationen abrufen oder Wertpapierorder platzieren oder direkt Hilfe bei einem persönlichen Kundenberater anfordern. Die Bank muß dafür die notwendige technische (z.b. Server, welche die Abwicklungen hardwareseitig unterstützen) und personelle (speziell geschulte Fachkräfte) Infrastruktur bereitstellen. Das Produkt umfaßt jedoch nicht die Bereitstellung eines Handys oder Handy-Vertrages, sondern ausschließlich die von der Bank zu erbringende Dienstleistung, Bankprodukte über das Handy nutzen zu können.[48]

1. Ermittlung der PAF

Die Ermittlung der PAF wird notwendig, um für ein bestimmtes, vom Unternehmen angestrebtes Produkt eine konkrete Preisvorstellung festlegen zu können. Zu diesem Zweck wird entweder auf bereits existierende Produktmarktpreise und entsprechende Produktcharakteristika oder auf eine Befragung potentieller Kunden zurückgegriffen. Im letzteren Fall wird abgefragt, bis zu welchem Preis Kunden für ein neuartiges Produkt mit vorher festgelegten Spezifikationen bereit wären, dieses zu kaufen. Sodann ist im Unternehmen die Entscheidung für eine bestimmte Produkt-/Preisklasse zu treffen. Als Ergebnis der ersten Phase steht der am Markt erzielbare Preis für das Produkt fest. Unter „Preis" wird der (diskontierte) Gesamtumsatz für die erwartete „Lebenszeit" des Produktes verstanden.

Um das Beispiel möglichst einfach und verständlich zu gestalten, wird von EUR 50 Umsatz pro Jahr (z.B. in Form von Nutzungsgebühren zu realisieren) und einem kumulierten (und diskontierten) Gesamtumsatz von EUR 170 bei insgesamt vier Jahren Laufzeit für das Produkt ausgegangen.

2. Berechnung der allowable costs

Um von dem erzielbaren Preis (bzw. Umsatz) für das Produkt auf die für die Produktentwicklung erlaubten Kosten zu kommen, ist die Renditeforderung vom Umsatz abzuziehen. Je riskanter das Produkt, desto höher fällt die Renditeforderung aus und desto niedriger ist folglich der Betrag der allowable costs, der insgesamt zulässigen Kosten.

Gemäß einer ersten subjektiven Einschätzung des Risikos der Investition wird eine absolute Renditeforderung von EUR 20 gestellt. Die zulässigen Kosten (allowable costs) belaufen sich somit auf EUR 150.

---

[48] Es wird mit dem Beispiel keineswegs beabsichtigt, sämtliche Produktcharakteristika vollständig und richtig zu erfassen oder in jedem Falle richtige Zahlen zu verwenden. Ziel ist vielmehr, mit Hilfe möglichst einfacher Daten den Ablauf des Target Costing nachvollziehbar darzustellen.

3. Bestimmung der Eigenschaftsmerkmale (Nutzenvorstellungen der Kunden)

Mithilfe der Conjoint-Analyse[49] wird in einer Gruppe potentieller Käufer erfragt, welche Funktionen das Produkt der genannten Preiskategorie erfüllen muß. Durch indirekte Fragestellungen wird erreicht, daß die prozentualen Angaben für die Gewichtung der Funktionen relativ exakt den tatsächlichen, im Markt zu erwartenden Nutzenvorstellungen entsprechen.

Aus der Fülle der verschiedenen Nutzenvorstellungen der Kunden ist eine sinnvolle Anzahl relevanter Kriterien zu selektieren und anschließend zu gewichten.

Komplexe Produkte machen eine feine Aufgliederung notwendig, simple Produkte sind bereits mit wenigen Merkmalen umfassend beschrieben.

Zur leichteren Nachvollziehbarkeit werden im folgenden lediglich vier Kriterien als relevant erachtet:

Zugang:	Sicherheit	30%
Technik:	Schnelligkeit	25%
Nutzung/Betrieb:	Bedienungsfreundlichkeit	35%
Inhalt:	Vollständigkeit	10%

Die 25% für das Kriterium Schnelligkeit besagen somit, daß die potentiellen Kunden der Schnelligkeit ein Viertel der gesamten Erwartungen an das Produkt beimessen. Die Kunden weisen beispielsweise der Sicherheit durch die Gewichtung mit 30% folglich einen noch höheren Stellenwert zu.

4. Entwicklung eines Rohentwurfes

Parallel zur Abfrage der Kundenvorstellungen wird von der Entwicklungsabteilung und weiteren einbezogenen Personen auf Basis der vorhandenen Technologien ein erster technischer Rohentwurf des Produktes erstellt.

5. Kostenschätzung der Produktkomponenten (prozentual)

Die Schätzung der Kosten der für die Erstellung des entwickelten Produktes notwendigen Komponenten gestaltet sich für Nachfolgeprodukte relativ einfach, bei vollständig neuen Produkten aufgrund der fehlenden Erfahrungswerte schwieriger.

Einige der Teilkosten, z.B. für die Beschaffung eines Servers, sind relativ exakt und genau zu bestimmen, andere, z.B. für die laufende Betreuung des Produktes, müssen mit Hilfe von Wissensträgern in der Bank bestmöglich geschätzt wer-

---

[49] Vgl. Backhaus et al. (2000), S. 564ff.

den.[50] Eine Restunsicherheit bleibt in jedem Fall, da es sich um zukünftige und somit nicht mit Sicherheit vorhersagbare Entwicklungen handelt.[51]

Ausgewählt wurden folgende als zentral erachtete Produktkomponenten und ihr relativer Anteil an den geschätzten Gesamtkosten:

Server/Hardware	40%
Content-Entwicklung	30%
Aktualisierung	10%
Netzwerke/Schnittstellen	20%

Der Server stellt die technische Grundlage für die rechenintensive Bereitstellung der Mobile-Banking-Funktionalitäten dar und macht somit den Großteil der von dem Produktentwicklungsteam geschätzten Kosten aus. Inhaltlich ist ebenfalls viel Arbeit zu leisten, damit das Angebot den Wünschen der Kunden umfassend genügt. Hinzu kommt die Notwendigkeit, über den Betrachtungszeitraum von vier Jahren permanent für neue, auf dem aktuellen Stand der Zeit befindliche Informationen zu sorgen, damit das zugrundeliegende Angebot nicht an Attraktivität verliert. Wohlgemerkt handelt es sich hier um Bearbeitungsprozesse über mehrere Perioden und unterscheidet sich somit deutlich von den fast ausschließlich in der Produktentwicklungsphase anfallenden Kosten für die übrigen Komponenten. Um für zeitliche Vergleichbarkeit zu sorgen, ist mit Hilfe der Prozeßkostenrechnung also festzustellen, welche Kosten die Entscheidung für die begleitende Aktualisierung pro Aktualisierungsprozeß mit sich bringt. Anschließend sind die Gesamtkosten pro Periode zu ermitteln und auf den Betrachtungszeitpunkt zu diskontieren.

6. Gegenüberstellung Kosten-/Nutzen-Anteil der Komponenten

In diesem zentralen Schritt des Target Costing werden die zuvor gewonnenen Informationen gebündelt und zusammengeführt. Ergebnis der Transformationsmatrix ist die Angabe, wieviel die notwendigen Komponenten laut Kundenerfordernissen kosten dürfen. Verglichen werden die Angaben mit den zuvor geschätzten tatsächlichen erwarteten Kosten.

In Schritt 3 sind die Präferenzen der Kunden ermittelt worden, im fünften Schritt der Kostenanteil der Komponenten des Rohentwurfes. Um konkret die Kompo-

---

[50] Zur Unterstützung bieten sich hier verschiedene Prognosemethoden an, die jedoch nicht weiter thematisiert werden sollen.

[51] Für den konkreten Fall wird von der vereinfachenden Annahme ausgegangen, dass die Gesamtkosten den Ziel-Gesamtkosten (allowable costs) entsprechen. Dies bringt methodische Vorteile im weiteren Vorgehen, weil nur relative, nicht jedoch absolute Kostenanpassungen thematisiert werden müssen.

nenten mit den Kundenwünschen in Übereinstimmung zu bringen, sind die erwarteten Funktionalitäten des Produktes in die Komponentenanteile zu übertragen, was mit Hilfe der Transformationsmatrix geschieht. Die Transformation ist notwendig, weil die Entwickler des Mobile-Banking-Produktes keinen Nutzen aus der Information ziehen, ob die Kunden Schnelligkeit mit 5%, 25% oder 80% gewichten. Sie benötigen vielmehr die Information, welchen absoluten Betrag sie für die Beschaffung eines Servers ausgeben dürfen.

Die Transformationsmatrix besteht aus Spalten, in denen die vom Kunden erwarteten gewichteten Funktionalitäten eingetragen sind, also Sicherheit, Schnelligkeit, Bedienungsfreundlichkeit und Vollständigkeit, und aus Zeilen, in denen die benötigten Produktkomponenten, also Server, Inhalt, Aktualität und Netzwerk, enthalten sind. Sodann wird für jede Funktionalität, also zunächst die Sicherheit, überprüft, inwieweit die Produktkomponenten zur Erreichung der Funktionalität beitragen. Der Server steuert in diesem Fall 20% bei.

	Sicherheit 30%		Schnelligkeit 25%		Bedienungsfreundlichkeit 35%		Vollständigkeit 10%		Summe
Server	20	6	70	17,5	10	3,5	0	0	27
Content	70	21	5	1,25	60	21	70	7	50,25
Aktualität	5	1,5	0	0	25	8,75	30	3	13,25
Netzwerk	5	1,5	25	6,25	5	1,75	0	0	9,5
Gesamt	100	30	100	25	100	35	100	10	100

Abbildung 11: Transformationsmatrix

Die Gestaltung des Inhaltes ist schon wesentlich wichtiger für die Sicherheit, z.B. durch welche Verschlüsselungssoftware die gebotenen Inhalte geschützt werden, und macht mit 70% den Großteil aus. Aktualität und Netzwerk spielen annahmegemäß nur eine untergeordnete Rolle.

Die zweite Teilspalte der Funktionalität „Sicherheit" läßt das Produkt der gerade dargestellten Anteile der Komponenten für die Sicherheit mit der Gewichtung der Funktionalität „Sicherheit" für das Gesamtprodukt erkennen. Da der Anteil von „Sicherheit" 30% beträgt, wird der Server hier mit 6% (30%*20) angesetzt. Weitere Zellenwerte errechnen sich nach der gleichen Schematik. Die Entwicklung des Inhaltes beispielsweise hat mit 60% einen hohen Einfluß auf die mit 35% gewichtete Bedienungsfreundlichkeit und macht somit 21% (0,6*35) der Gesamtkostenanteile aus, die für die Entwicklung des Inhaltes zu verwenden sind. Die Summe der Zeilen ergibt sich aus den Zahlen der jeweils zweiten Spalte der Funktionalität und beträgt im Beispiel für das Netzwerk 9,5 als kumulierter Wert der Summanden 1,5; 6,25; 1,75 und 0. Die 9,5 besagt, daß 9,5% der insgesamt zulässigen Kosten (allowable costs) für das Gesamtprodukt für die Komponente Netzwerk aufgewendet werden dürfen.

Somit ist ein drastischer Informationsgewinn erfolgt: Die an der Entwicklung des Produktes Beteiligten haben nun anstelle der Information, daß die Kunden die Sicherheit mit 30% gewichten, die Angabe, daß die Komponente Netzwerk 9,5% von EUR 150, also EUR 14,25, der Server 27% oder EUR 40,5, die Entwicklung des Inhaltes 50,25% oder EUR 75,375 und die Aktualität insgesamt 13,25% oder EUR 19,875 betragen darf.[52] Somit kann ein Server für EUR 40,5 bezogen werden und für die Entwicklung des Inhaltes eine bestimmte Anzahl an Arbeitsstunden, die insgesamt EUR 75,375 kosten, eingesetzt werden. Damit bietet sich die Gewißheit, daß das resultierende Produkt genau den Kundenwünschen gerecht wird.

7. Erstellung des Zielkostenkontrolldiagramms[53]

Erwartete Kosten und erlaubte Kosten je Komponente werden in diesem finalen Schritt gegenübergestellt und visualisiert. Abb. 12 zeigt auf, ob sich die geplante Ausgestaltung der Komponenten des Produktes mit den aus den Kundenwünschen abgeleiteten erlaubten Kosten decken, oder ob Änderungsbedarf besteht. Werte innerhalb des Zielkorridors, die um die Kosten-/Nutzen-Winkelhalbierende angesiedelt sind, sind grundsätzlich unkritisch und durch marketingtechnisch notwendige Produktdifferenzierungen zu begründen. Außerhalb des Korridors positionierte Werte müssen hingegen durch bessere oder einfachere Lösungen bei den entsprechenden Komponenten angepaßt werden.

Erwartete Kosten und erlaubte Kosten je Komponente werden in diesem finalen Schritt gegenübergestellt und visualisiert. Abb. 12 zeigt auf, ob sich die geplante Ausgestaltung der Komponenten des Produktes mit den aus den Kundenwünschen abgeleiteten erlaubten Kosten decken, oder ob Änderungsbedarf besteht. Werte innerhalb des Zielkorridors, die um die Kosten-/Nutzen-Winkelhalbierende angesiedelt sind, sind grundsätzlich unkritisch und durch marketingtechnisch notwendige Produktdifferenzierungen zu begründen. Außerhalb des Korridors positionierte Werte müssen hingegen durch bessere oder einfachere Lösungen bei den entsprechenden Komponenten angepaßt werden.

Liegt der Wert außerhalb der Zielkostenzone (z.B. der Punkt rechts oben (Content/Inhalt) und die beiden Punkte unterhalb der Zielkostenzone (Netzwerk bzw. Server)), so sind entweder Mehrausgaben zur qualitativen Verbesserung des Pro-

---

[52] Es sei an dieser Stelle darauf hingewiesen, dass die Zahlen der Übersichtlichkeit halber unrealistisch niedrig gehalten wurden. Eine beliebige Multiplikation (Lineartransformation) ist jederzeit möglich, z.B. mit einer Million.

[53] Vgl. z.B. Ziegenbein (2002), S. 247.

duktes oder Kostenreduzierungen notwendig. Es handelt sich jedoch nicht um kategorische Vorgaben, sondern in jedem Fall muß überprüft werden, warum Kosten und Nutzen nicht übereinstimmen. Eventuell sind Abweichungen aus Marketingaspekten zwecks sinnvoller Differenzierung im Markt notwendig. In dem betrachteten Beispielfall sind die u.U. notwendigen Kostenanpassungen ausschließlich durch eine Nichtdeckung mit den Kundenwünschen bedingt.[54]

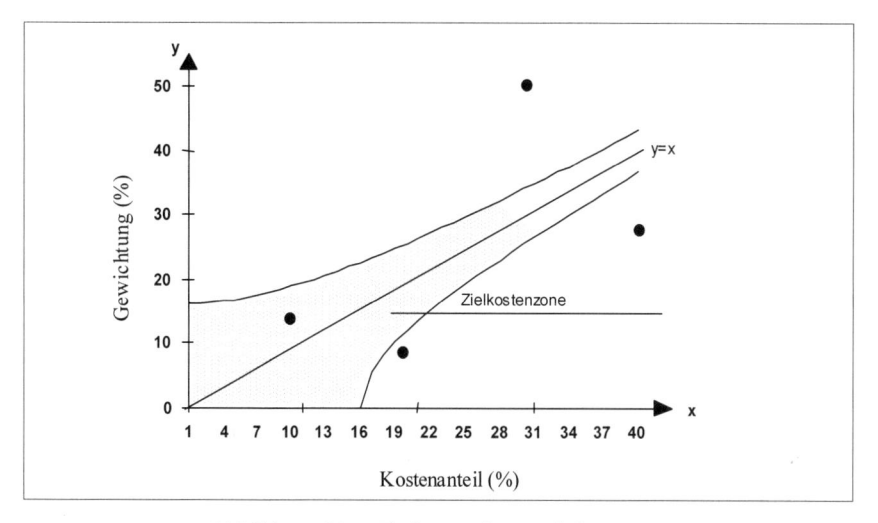

Abbildung 12: Zielkostenkontrolldiagramm

Das Instrument Target Costing bietet einen fundierten und praktisch höchst relevanten Ansatz zur Gestaltung von Produkten im Sinne der Markterfordernisse und Kundenwünsche, gerade für komplexe neue Produkte des E-Business.

Dabei wird bereits früh zu Beginn des Entwicklungszyklus des Produktes angesetzt, um ständiges kostenintensives Nachbessern rechtzeitig zu unterbinden. Entwicklern werden konkret nutzbare und praktisch realisierbare Informationen an die Hand gegeben, die ihnen helfen, die ausgegebene Maxime der Kundenorientierung auch in die Tat umsetzen zu können. Nicht subjektive Abschätzungen der Kundenwünsche mit hohem Risikopotential sind Grundlage der Produktgestaltung, sondern fundierte und objektiv ermittelte konkrete, auf die einzelnen Produktkomponenten heruntergebrochene Maßgaben.

---

[54] Wäre zuvor nicht die Annahme der Gleichheit zwischen Gesamtkosten des Rohentwurfes und zulässigen Kosten des Marktes (allowable costs) getroffen worden, so hätte für jede Komponente zusätzlich eine pauschale Kostenreduzierung (bzw. -erhöhung) bei zu hohen (bzw. niedrigen) Kosten durchgeführt werden müssen.

5 Operative Ebene

Ein operatives Prozeßcontrolling beschäftigt sich vornehmlich mit der Planung und Kontrolle der effektiven und effizienten Prozeßerfüllung sowie ggfs. einer notwendigen Abweichungsanalyse.[55] Die Dimensionen zur Messung von Effektivität und Effizienz sind Zeit, Kosten und Qualität.[56] Im Rahmen des Prozeßcontrolling müssen vornehmlich geeignete Instrumente bzw. Kennzahlen bereitgestellt werden, um eine entsprechende Planung und Kontrolle zu ermöglichen.

Zur Messung der Dimension Kosten existiert bereits seit längerer Zeit das Instrument des Activity Based Costing bzw. der Prozeßkostenrechnung.[57] Die Prozeßkostenrechnung wird dazu verwendet, die in einem Unternehmen anfallenden Gemeinkosten möglichst beanspruchungsgerecht auf Bezugsobjekte, z.b. Kunden, Produkte oder Vertriebswege, zu verteilen. Die hohen notwendigen Investitionen in die Informationstechnologie sorgen gerade im E-Business für einen besonderen Schub hinsichtlich des anfallenden Gemeinkostenblocks, so daß eine sinnvoll ausgestaltete Prozeßkostenrechnung einen wichtigen Informationsbeitrag für die operative Steuerung und Kontrolle geben kann. Für die Darstellung der Vorgehensweise zur Prozeßkostenrechnung sei hier auf die entsprechende Literatur verwiesen.

Wie bereits angesprochen soll aber die Prozeßsteuerung nicht nur durch monetär orientierte Größen erfolgen, sondern ist auch mittels eher effektivitätsorientierten Kennzahlen notwendig. Diese Effektivitätskennzahlen werden im folgenden in Kennzahlen zur intern orientierten Prozeßbeherrschung und der auf den Kunden ausgerichteten Prozeßqualität unterschieden. Die Prozeßbeherrschung soll die Fähigkeit des Unternehmens beschreiben, die Prozesse zu steuern bzw. mittels neuer Technologien geeignet zu unterstützen. Die Prozeßqualität setzt beim Abnehmer der Leistungen, dem Kunden, an, und versucht zu bewerten, inwiefern die Ausführung der Prozesse und die Unterstützung dieser durch entsprechende Technologien mit den subjektiven Wünschen der Kunden übereinstimmt. Die vorgestellten Kennzahlen sind dabei in gewisser Weise interdependent, d.h. eine hervorragende interne Prozeßbeherrschung verbessert tendenziell auch die vom Kunden wahrgenommene Prozeßqualität.

In der Abb. 13 werden beispielhaft diverse Kennzahlen zu beiden Perspektiven aufgeführt. Diese stellen i.d.R. jedoch nur Indikatoren für die Prozeßbeherrschung oder –qualität dar, da eine direkte Messung nicht möglich ist.

---

[55] Vgl. ausführlich zum Prozeßcontrolling Gerboth (2000), S. 535ff.
[56] Eine ähnliche Einteilung nehmen Bogaschewsky/Rollberg vor, vgl. Bogaschewsky/Rollberg (1998), S. 283ff.
[57] Vgl. hierzu Coenenberg (1999), S. 220ff.

Ein Indiz für die Prozeßbeherrschung kann z.B. die Anzahl der Prozeßschnittstellen sein, d.h. die Häufigkeit des Bearbeitungsübergangs zwischen zwei Stellen.[58] Je mehr Schnittstellen existieren, desto tendenziell anfälliger ist der Prozeß für Fehler und desto länger dauert die Prozeßbearbeitungszeit. Ähnlich verhält es sich mit der Anzahl der Medienbrüche in einem Prozeß. Je häufiger ein Medienbruch stattfindet, z.B. durch manuelle Übertragung von Formulardaten in ein EDV-System, desto fehleranfälliger und langsamer ist die Prozeßbearbeitung.

Prozeß-beherrschung	Prozeß-qualität
• Anzahl Prozeßschnittstellen • Anzahl Medienbrüche • Anzahl eingebundener IT-Systeme • Verhältnis manueller Schritte / automatisierte Aktivitäten • Durchdringung der Teilprozesse mit E-Business-Tools (z.B. einfache Summierung) • Verweildauer im World Wide Web • Systemverfügbarkeit • Anzahl Transaktionen elektronische Vertriebswege / Summe Transaktionen	• Verhältnis Kunden-Fehlansprachen / Gesamtzahl Kunden-Ansprachen • Antwortzeit bei Anfragen • Fehlerrate in der Abwicklung • Seitenaufbauzeiten / -verfügbarkeit (Internet) • Bedienerfreundlichkeit Website: z.B. über durchschnittlich notwendige Anzahl der Clicks bis zum gewünschten Inhalt • Umfang / Aktualität des Angebots • Kundenzufriedenheit (z.B. durch Befragung oder Anteil aktiv genutzter Konten)

Abbildung 13: Kennzahlen zur Prozeßeffektivität[59]

Während die oben genannten Kennzahlen eher vorlaufende Indikatoren für die Prozeßbeherrschung darstellen, werden zusätzlich noch nachlaufende Kontrollkennzahlen vorgestellt. Dies ist z.B. die Maßgröße „Systemverfügbarkeit", die im nachhinein mißt, wieviel Prozent der Zeit das EDV-System tatsächlich den Nutzern zur Arbeit zur Verfügung stand.

Ähnlich verhält es sich mit den Maßgrößen zur Prozeßqualität. Auch hier existieren eher vorlaufende Indikatoren, wie z.B. die Antwortzeit bei Anfragen per

---

[58] Als Stelle sei hier eine organisatorische Einheit verstanden, die selbständig Bearbeitungsschritte innerhalb eines Prozesses ausführt.

[59] Eigene Darstellung, vgl. ausführlich zu Kennzahlen im E-Business Müller/von Thienen (2001), S. 233ff.

E-Mail oder die Bedienungsfreundlichkeit der Website, sowie nachlaufende Kriterien wie die Fehlerrate in der Abwicklung oder die Messung der Kundenzufriedenheit.

Durch die Kombination vor- und nachlaufender Indikatoren kann sowohl eine proaktive Systemsteuerung als auch eine anschließende Kontrolle zur Aufdeckung von Schwachstellen erreicht werden. Durch die differenzierte Betrachtung nach der Prozeßbeherrschung und der Prozeßqualität wird zudem eine gleichzeitige Berücksichtigung sowohl unternehmensinterner als auch kundenorientierter Aspekte gewährleistet.

6 Zusammenfassung

Der vorliegende Beitrag zeigt exemplarisch auf, wie E-Business-Aktivitäten grundsätzlich durch adäquate Controlling-Instrumente gesteuert und kontrolliert werden können. Dabei wurde zunächst untersucht, inwiefern es sich hierbei um ein eigenständiges Aufgabenfeld des Controlling handelt. Da es sich letztendlich lediglich um den Einsatz einer (revolutionären) neuen Technologie handelt, kann eine entsprechende Controlling-Konzeption auf bereits bestehenden Controlling-Instrumenten aufbauen. Diese werden ggfs. adaptiert oder partiell um neue Methoden ergänzt. Aufgrund der langfristigen Auswirkungen der E-Business-Technologie auf das Unternehmen sowie der hohen notwendigen Investitionen sollte ein Controlling-Konzept hierfür sehr umfassend konzipiert sein. Dies bedeutet zum einen die Einbeziehung strategischer, taktischer und operativer Instrumente sowie die durchgängige Fokussierung auf die Bedürfnisse der internen und externen Kunden.

Auf der strategischen Ebene wurde dazu ein umfangreicher, in sich schlüssiger Instrumentenkatalog vorgestellt. Besonderer Fokus wurde dabei auf die Wertkettenanalyse nach Porter gelegt, da die dieser innewohnenden Prozeßbetrachtung einen starken Bezug zur Prozeßunterstützung durch die Internet-Technologie aufweist. Durch die Identifizierung der wesentlichen Kernprozesse gelingt hier eine Priorisierung der Prozesse, deren Unterstützung durch die neue Technologie am dringendsten erscheint. Der Gedanke der Prozeßunterstützung wird auch durch die Wahl der weiteren Instrumente auf der taktischen und operativen Ebene unterstützt. Aufbauend auf der Identifikation der Kernprozesse wurde mit dem House of E-Business ein Instrument vorgestellt, das auf Basis der wesentlichen Kundenanforderungen an den Prozeß eine Priorisierung der wesentlichen Technologien ermöglicht und somit eine Entwicklungsreihenfolge für Anwendungen herstellt. Daran anschließend kann das zu entwickelnde Produkt durch das Target Costing in seiner konkreten Ausgestaltung geplant werden. Der praktische Einsatz der Anwendungen wird durch operativ ausgerichtete Instrumente wie die Prozeßkostenrechnung oder Kennzahlen zur Prozeßeffektivität gesteuert.

Insgesamt wurde somit ein durchgängiges Konzept von der strategischen bis zur operativen Ebene vorgestellt, wobei auf allen Stufen die explizite Kundenorientierung der eingesetzten Methoden hervorgehoben werden muß.

Literaturverzeichnis

Adam (1996):
Adam, D.: Planung und Entscheidung, 4. Auflage, Wiesbaden 1996.

Backhaus et al. (2000):
Backhaus, K.; Erichson, B.; Plinke, W.; Weiber, R.: Multivariate Analysemethoden, 9. Auflage, Berlin 2000.

Baum/Coenenberg/Günther (1999):
Baum, H.-G.; Coenenberg, A.G.; Günther, T.: Strategisches Controlling, 2. Auflage, Stuttgart 1999.

Bea/Haas (2001):
Bea, F.X.; Haas, J.: Strategisches Management, Stuttgart 2001.

Bensberg (2001):
Bensberg, F.: Web Log Mining als Instrument der Marketingforschung, Wiesbaden 2001.

Berens/Bertelsmann (2001):
Berens, W.; Bertelsmann, R.: Controlling, in: Küpper, H.U.; Wagenhofer, A. (Hrsg.): Handwörterbuch Unternehmensrechnung und Controlling, 4. Auflage, Stuttgart 2001, S. 280-288.

Berens/Schmitting (2002):
Berens, W.; Schmitting, W.: Controlling im E-Business ... = E-Controlling?, in: Seicht, G. (Hrsg.): Jahrbuch für Controlling und Rechnungswesen 2002, Wien 2002, S. 129-170.

Böing (2001):
Böing, C.: Erfolgsfaktoren im Business-to-Consumer-E-Commerce, Wiesbaden 2001.

Bogaschewsky/Rollberg (1998):
Bogaschewsky, R.; Rollberg, R.: Prozeßorientiertes Management, Berlin u.a. 1998.

Coenenberg (1999):
Coenenberg, A.G.: Kostenrechnung und Kostenanalyse, 4. Auflage, Landsberg am Lech 1999.

Corsten (2003):
Corsten, H.: Einführung in das Electronic Business, München 2003.

Eversheim/Eickholt/Müller (1995):
Eversheim, W.; Eickholt, J.; Müller, M.: QFD - Methode der Qualitätsplanung, in: Preßmar, D. (Hrsg.): TQM I, Schriften zur Unternehmensführung Band 54, Wiesbaden 1995, S. 62-75.

Freidank/Mayer (2001):
Freidank, C.-C.; Mayer, E. (Hrsg.): Controlling-Konzepte: Neue Strategien und Werkzeuge für die Unternehmenspraxis, 5. Auflage, Wiesbaden 2001.

Gerboth (2000):
Gerboth, T.: Prozeßcontrolling: Der nächste Schritt in einem prozeßorientierten Controlling, in: Controlling, 12. Jg. (2000), Nr. 11, S. 535-542.

Hartmann-Wendels/Pfingsten/Weber (1998):
Hartmann-Wendels, T.; Pfingsten, A.; Weber, M.: Bankbetriebslehre, Berlin u.a. 1998.

Hummel (1998):
Hummel, T.: Jüngere Entwicklungen im Kostenmanagement - Target Costing und Prozeßkostenrechnung, in: Steinle, C.; Bruch, D. (Hrsg.): Controlling, Stuttgart 1998.

Kotler/Jain/Maesincee (2001):
Kotler, P.; Jain, D.; Maesincee, S.: Nine Major Shifts in the New Economy, in: Eggert, A.; Fassot, G. (Hrsg.): eCRM - Electronic Customer Relationship Management: Management der Kundenbeziehungen im Internet-Zeitalter, Stuttgart 2001.

Mann (1989):
Mann, R.: Praxis Strategisches Controlling mit Checklists und Arbeitsformularen: Von der strategischen Planung zur ganzheitlichen Unternehmensführung, 5. Auflage, Landsberg 1989.

Meffert (1998):
Meffert, H.: Marketing, 8. Auflage, Wiesbaden 1998.

Meffert (2000):
Meffert, H.: Marketing, 9. Auflage, Wiesbaden 2000.

Mosiek (2002):
Mosiek, T.: Interne Kundenorientierung des Controlling, Frankfurt a.M. 2002.

Müller/von Thienen (2001):
Müller, A., von Thienen, L.: e-Profit: Controlling-Instrumente für erfolgreiches e-Business, Freiburg im Breisgau u.a. 2001.

Páge/Ehring (2001):
Pagé, P.; Ehring, T.: Electronic Business und New Economy, Berlin u.a. 2001.

Peters/Waterman (1993):
Peters, T.J.; Waterman, R.H.: Auf der Suche nach Spitzenleistungen, 15. Auflage, Landsberg am Lech 1993.

Porter (1999a):
Porter, M.E.: Wettbewerbsstrategie, 10. Auflage, Frankfurt 1999.

Porter (1999b):
Porter, M.E.: Wettbewerbsvorteile, 5. Auflage, Frankfurt, 1999.

Preißler (2000):
Preißler, P.R.: Controlling: Lehrbuch und Intensivkurs, 12. Auflage, München 2000.

Schwegmann/Laske (2000):
Schwegmann, A.; Laske, M.: Istmodellierung und Istanalyse, in: Becker, J.; Kugeler, M.; Rosemann, M. (Hrsg.): Prozeßmanagement, Berlin u.a. 2000, S. 121-151.

Schinzer/Thome (2000):
Schinzer, H.; Thome, R.: Anwendungsbereiche und Potentiale, in: Thome, R.; Schinzer, H. (Hrsg.): Electronic Commerce, 2. Auflage, München 2000.

Vollmuth (1994):
Vollmuth, H.J.: Controlling-Instrumente von A-Z, 2. Auflage, Planegg 1994.

Von Eiff (1995):
Von Eiff, W.: Geschäftsprozeßmanagement, in: Deutsches Industrial-Engineering-Jahrbuch 1995, S. 1-22.

Von Eiff (2000):
Von Eiff, W.: Die Internet-Revolution, in: Krankenhaus Umschau, o.Jg. (2000), Nr. 3, S. 167-172.

Welge/Al-Laham (1999):
Welge, M. K. ; Al-Laham, A.: Strategisches Management: Grundlagen - Prozeß - Implementierung, 2. Auflage, Wiesbaden 1999.

Wildemann (2001):
Wildemann, H.: Supply Chain Management mit E-Technologien, in: Zeitschrift für Betriebswirtschaft, 71. Jg. (2001), Ergänzungsheft 3, S. 1-20.

Wirtz (2000):
Wirtz, B.: Electronic Business, Wiesbaden 2000.

Ziegenbein (2002):
Ziegenbein, K.: Controlling, 7. Auflage, Ludwigshafen 2002.

Michael Holtrup und Alexander Prangenberg[*]

E-Procurement - neue Herausforderungen für das Beschaffungscontrolling

1 Einleitung 245
2 Beschaffungscontrolling 246
   2.1 Der Beschaffungsbegriff 246
   2.2 Der Beschaffungsprozess 247
   2.3 Controlling im Beschaffungsprozess 249
   2.4 Defizite des traditionellen Beschaffungscontrolling 252
       2.4.1 Mangelnde Beherrschung der Komplexität des Beschaffungsprozesses 252
       2.4.2 Schnelle Überalterung von Informationen 254
       2.4.3 Maverick Buying 255
       2.4.4 Überlastung der Beschaffungsabteilung mit Routinetätigkeiten 257
       2.4.5 Begrenzte Lieferantenauswahl 258
       2.4.6 Suboptimale Ausnutzung bestehender Lieferantenbeziehungen 259
3 E-Procurement 260
   3.1 Begriffserklärung und Einordnung von E-Procurement in das E-Business 260
   3.2 Erscheinungsformen des E-Procurement 264
       3.2.1 Einführung 264
       3.2.2 Suchmaschinen und Web-Verzeichnisse 265
       3.2.3 Elektronische Marktplätze 267
       3.2.4 Internetbasierte Verkaufsauktionen 269
       3.2.5 Ausschreibungen 271
       3.2.6 Reverse Auctions 272

---

[*] *Dipl.-Kfm. Michael Holtrup*, wissenschaftlicher Mitarbeiter am Lehrstuhl für Betriebswirtschaftslehre, insb. Unternehmensrechnung und Controlling, Fernuniversität Hagen und *Dipl.-Kfm. Alexander Prangenberg*, wissenschaftlicher Mitarbeiter am Institut für Betriebswirtschaftslehre, insb. Krankenhausmanagement, Westfälische Wilhelms-Universität Münster.

	3.2.7 Desktop Purchasing	274
	3.2.8 Beschaffungsportale	276
	3.2.9 Elektronische intelligente Agenten	278
4	Aufgaben des Controlling im E-Procurement	280
	4.1 Controllingaufgaben bei der Systemeinführung	280
	4.1.1 Systemeinführung als Controllingaufgabe	280
	4.1.2 Beseitigung von Defiziten durch E-Procurement	282
	4.2 Nutzung von E-Procurement-Systemen als Informationsquelle	289
	4.2.1 Datenerfassung	289
	4.2.2 Zwecke der Datenanalyse	290
	4.2.3 Auswertung von E-Procurement-Systemen durch Data Mining und KDD	292
5	Fazit	295
Literaturverzeichnis		296

1 Einleitung

Die Erkenntnis, daß sich Geld auch im E-Business nicht von alleine vermehrt, hat sich nach dem Ende der Internet-Euphorie durchgesetzt. Der Bankrott einer Reihe von Dot-Coms und der Zusammenbruch von IT-Aktienindices lenken den Blick verstärkt auf betriebswirtschaftliche Grundlagen, die im Rausch von Erfolgsmeldungen und scheinbar endlos steigenden Aktienkursen oft aus den Augen verloren wurden.[1] Cash-Burn-Rates stehen nicht mehr als ein Erfolgsindiz für schnelles Wachstum, sondern werden inzwischen wieder als Geldverschwendung gewertet, welche die Wirtschaftlichkeit oder sogar die Existenz eines Unternehmens in Frage stellen kann.[2]

Die E-Begeisterung ist an der Beschaffung als Funktionsbereich des Unternehmens nicht vorbeigegangen, auch wenn dieselbe zunächst nicht unbedingt im Mittelpunkt der Betrachtung gestanden hat. „E-Procurement"[3], „virtuelle Märkte"[4] und „Powershopping"[5] sind nur einige Stichworte, die in diesem Zusammenhang immer wieder fallen.

Ausgehend von traditionellen Beschaffungsabläufen und den herkömmlichen Aufgaben des Beschaffungscontrolling werden in diesem Aufsatz mögliche Beiträge des Controlling zur Optimierung der Beschaffungsprozesse durch den Einsatz von E-Procurement diskutiert. Zu diesem Zweck werden zuerst Defizite traditioneller Beschaffung beleuchtet sowie die grundsätzlichen Ausprägungsformen des E-Procurement vorgestellt. Anschließend werden mögliche Aufgabenbereiche des Controlling bei der Einführung eines E-Procurement betrachtet. Der Fokus liegt dabei auf den Möglichkeiten des Controlling zur Behebung der Defizite der traditionellen Beschaffung mit Hilfe unterschiedlicher E-Procurement-Lösungen. Abschließend soll darauf eingegangen werden, wie die in E-Procurement-Systemen anfallenden Daten systematisch ausgewertet und für die Belange des Beschaffungscontrolling genutzt werden können.

Die dabei diskutierten Fragen sollen einen Beitrag dazu leisten, aufzuzeigen, wie im Dreieck aus Beschaffung, elektronischer Kommunikation und Controlling trotz der „Katharsis" nach der überschwänglichen E-Begeisterung eine wirtschaftlich sinnvolle Nutzung elektronischer Medien in der Beschaffung möglich ist.

---

[1] Vgl. Weiber (2002), S. VIII.
[2] Vgl. Beier (2001), S. 261.
[3] Vgl. Einsporn/Palme/Wiegand (2000); Eyholzer (2000); Nenninger (1999).
[4] Vgl. Fromm/Saedtler (2001); Scherer/Werner (2001); Kollmann (2001).
[5] Vgl. Feld (2000), S. 211; Geis (2001), S. 447.

2 Beschaffungscontrolling

2.1 Der Beschaffungsbegriff

Der Beschaffungsbegriff wird in der Literatur nicht einheitlich aufgefasst.[6] In einem weitreichenden Begriffsverständnis ist es die Aufgabe der Beschaffung, einem Unternehmen alle Produktionsfaktoren bereitzustellen, die zur effizienten Erreichung des Sachzieles der Unternehmung notwendig sind.[7] Dieser weitgefasste Beschaffungsbegriff schließt neben materiellen Gütern auch die Produktionsfaktoren Arbeit, Kapital und Informationen ein.[8]

Eine engere, in der Praxis jedoch verbreitete Sichtweise beschränkt den Beschaffungsbegriff hauptsächlich auf materielle Güter.[9] Dies wird insbesondere durch die übliche aufbauorganisatorische Trennung der Zuständigkeitsbereiche für die Beschaffung der Produktionsfaktoren Arbeit und Kapital deutlich. Für die Beschaffung von Arbeitskräften ist die Personalabteilung zuständig, für die Kapitalbeschaffung die Finanzabteilung.[10]

Materielle Güter lassen weiterhin in die drei Kategorien Investitionsgüter, direkte Güter sowie indirekte Güter aufteilen.[11]

Die Anschaffung von Investitionsgütern, z.B. der Erwerb großer Maschinen, fällt nur gelegentlich an. Beschaffungsvorgänge dieser Kategorie zeichnen sich meist durch hohe Finanzierungsvolumina bei geringen Stückzahlen aus.[12]

Direkte Güter sind solche, die unmittelbar in die unternehmerische Wertschöpfung eingehen. Dazu zählen etwa bei einem Produktionsunternehmen die in die Fertigung einfließenden Rohstoffe oder bei einem Händler die eingekauften Handelswaren. In Abgrenzung dazu können indirekte Güter als diejenigen Güter bezeichnet werden, welche nicht direkt in den unternehmerischen Wertschöpfungsprozess eingehen. Für diese Kategorie hat sich auch der Begriff „MRO" (Maintenance, Repair and Operations) etabliert.[13]

---

[6] Vgl. Wirtz (2001), S. 300.
[7] Vgl. Berg (1990), S. 1f.; auch Grochla (1978), S. 69.
[8] Vgl. Arbeitskreis Hax (1972), S. 768.
[9] Vgl. Hammann/Lohrberg (1986), S. 7.
[10] Vgl. Theisen (1974), S. 494.
[11] Vgl. Grochla (1978), S. 14; Sundhoff (1958), S. 20; Arnold (1995), S. 3f.
[12] Vgl. Arnolds/Heege/Tussing (1996), S. 461.
[13] Vgl. Dolmetsch/Fleisch/Österle (1998), S. 11.

MRO-Güter zeichnen sich oft durch unregelmäßige Bestellzeitpunkte sowie schwankende, relativ kleine und schwer prognostizierbare Bedarfsmengen aus.[14] Der Wert pro Stück ist meist gering.[15] Die typischen Beispiele für MRO-Güter sind Büromaterialien oder auch Personal Computer bzw. Computerzubehör.[16]

2.2 Der Beschaffungsprozess

Der in Abbildung 1 dargestellte Prozess veranschaulicht den typischen Ablauf der Beschaffung von MRO-Gütern. Anhand dieses beispielhaften Prozesses werden im weiteren Verlauf die Defizite traditioneller Beschaffung sowie Möglichkeiten zur Behebung derselben illustriert. Der Beschaffungsprozess wird dabei unternehmensübergreifend betrachtet. Die externen Teilprozesse bei den Lieferanten können als Quelle möglicher Defizite ebenso beachtet werden wie die internen, bei dem beschaffenden Unternehmen anfallenden Teilprozesse.

Initiiert wird der Prozess durch das Auftreten eines Bedarfs.[17] Der Träger dieses Bedarfs prüft zunächst, ob ein entsprechendes Gut noch im Unternehmen auf Lager liegt. Sind die Bestände erschöpft, so füllt er eine Bedarfsanforderung aus, die je nach Wert des Gutes und den unternehmensspezifischen Beschaffungsrichtlinien von einem oder mehreren Vorgesetzten geprüft und freigegeben werden muss. Die Bedarfsanforderung wird schließlich der Beschaffungsabteilung zugestellt. Dort wird geprüft, ob die Bestellungen mit anderen gleichartigen Anforderungen zu einer Sammelbestellung zusammengefasst werden kann. Danach wird ein Lieferant auswählt und gegebenenfalls werden noch die Konditionen der Beschaffung aushandelt. Abschließend wird die Bestellung an den Lieferanten versandt.

Geht die Bestellung beim Lieferanten ein, so wird dieser zunächst prüfen, ob und wie er die Nachfrage befriedigen kann. Möglicherweise kann er aus dem eigenen Lager liefern. Ansonsten muss er nachproduzieren bzw. beim Großhändler bestellen.[18] Sodann wird die Ware kommissioniert, d.h. versandfertig bereitgestellt, die Rechnung geschrieben und die Bestellung anschließend zum Kunden geliefert.

---

[14] Vgl. Dolmetsch/Fleisch/Österle (1998), S. 11.
[15] Vgl. Peukert/Ghazvinian (2001), S. 201.
[16] Vgl. Österle (2001), S. 38; Dolmetsch (1999), S. 39ff.; Hartmann (1999), S. 44.
[17] Vgl. hierzu und folgend Wirtz/Eckert (2001), S. 152.
[18] Vgl. Adam (1998), S. 100.

Beschaffungs-prozess	Bedarf identifizieren	Bedarf erfassen	Bedarf prüfen	Lieferant auswählen	Ware bestellen	
Personen/ Instanz	Bedarfsträger	Bedarfsträger	Vorgesetzter	Einkauf	Einkauf	intern
mögliche Tätigkeiten	Lokalen Bestand prüfen	Bedarfs-anforderung ausfüllen	sachliche Erfordernis prüfen	Konditionen prüfen, aushandeln (Preis, Zeit, Qualität etc.)	Bestellformular ausfüllen und an Lieferanten senden	

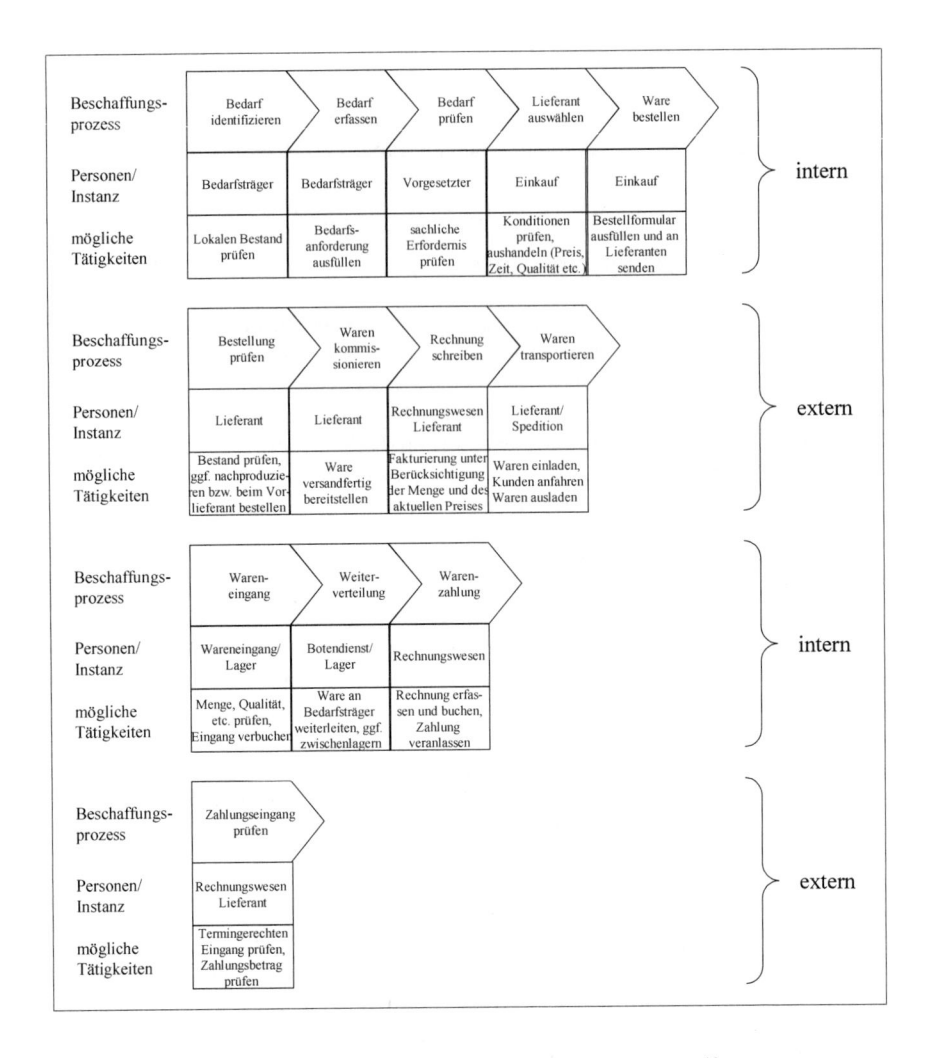

Beschaffungs-prozess	Bestellung prüfen	Waren kommis-sionieren	Rechnung schreiben	Waren transportieren	
Personen/ Instanz	Lieferant	Lieferant	Rechnungswesen Lieferant	Lieferant/ Spedition	extern
mögliche Tätigkeiten	Bestand prüfen, ggf. nachproduzieren bzw. beim Vorlieferant bestellen	Ware versandfertig bereitstellen	Fakturierung unter Berücksichtigung der Menge und des aktuellen Preises	Waren einladen, Kunden anfahren Waren ausladen	

Beschaffungs-prozess	Waren-eingang	Weiter-verteilung	Waren-zahlung	
Personen/ Instanz	Wareneingang/ Lager	Botendienst/ Lager	Rechnungswesen	intern
mögliche Tätigkeiten	Menge, Qualität, etc. prüfen, Eingang verbuchen	Ware an Bedarfsträger weiterleiten, ggf. zwischenlagern	Rechnung erfassen und buchen, Zahlung veranlassen	

Beschaffungs-prozess	Zahlungseingang prüfen	
Personen/ Instanz	Rechnungswesen Lieferant	extern
mögliche Tätigkeiten	Termingerechten Eingang prüfen, Zahlungsbetrag prüfen	

Abbildung 1: Typischer Beschaffungsprozess[19]

Ist die Bestellung eingetroffen, so wird die Lieferung vom Kunden überprüft und der Eingang verbucht.[20] Anschließend gelangt die Ware zum Bedarfsträger. Im

---

[19] Quelle: Eigene Darstellung in Anlehnung an Preißner (2002), S. 84; Wirtz/Eckert (2001), S. 153; Hartmann (1999), S. 53; zgl. Nenninger (1999), S. 17.
[20] Vgl. hierzu und folgend Wirtz/Eckert (2001), S. 152.

Rechnungswesen wird die Rechnung, ggf. unter Berücksichtigung von Rabatten und Skonti, erfasst, verbucht und die Bezahlung veranlasst. Das Rechnungswesen des Lieferanten hat den Zahlungseingang zu überwachen und zu verbuchen.

2.3 Controlling im Beschaffungsprozess

Um sich dem Controlling im Beschaffungsprozess zu nähern, ist es notwendig, kurz den allgemeinen Controllingbegriff zu reflektieren. Dabei tritt das Problem zutage, daß der Begriff des Controlling nicht einheitlich definiert ist.[21] Dem Controlling werden die unterschiedlichsten Aufgaben zugerechnet, wobei nicht immer Einvernehmen über seinen Kern besteht. Einige Autoren sehen einen Schwerpunkt des Controlling in der Führungsunterstützung,[22] andere in der Koordination des Führungssystems[23] und wieder andere schließlich in der Bildung von Systemen zur Managementrechnung.[24]

Berens/Bertelsmann (2002) sehen die Entscheidungsvorbereitung als Kern des Controlling an.[25] Sie benennen als Aufgabe des Controlling die Beschaffung, Aufbereitung und Analyse von Daten zur Vorbereitung zielsetzungsgerechter Entscheidungen unter dem Blickwinkel systembildender und –koppelnder Funktionen der Führungsinformationsversorgung sowie des Planungs- und Kontrollservices.

Dementsprechend kann das Beschaffungscontrolling als die Beschaffung, Aufbereitung und Analyse relevanter Daten zur Vorbereitung zielsetzungsgerechter Beschaffungsentscheidungen verstanden werden. Die Zielsetzung in der Beschaffung besteht, kurz gefasst, darin, die zur Erreichung des Unternehmensziels notwendigen Güter am Markt von Dritten zu beziehen.[26] Diese Transaktion sollte, unter Berücksichtigung der notwendigen Bedingungen wie Qualität, Lieferzeit und lieferbarer Menge zu möglichst geringen Kosten erfolgen.[27] Neben dem zu leistenden Entgelt für die beschafften Güter werden weitere Kosten durch die Transaktion selbst verursacht.

---

[21] Vgl. hierzu und folgend Berens/Bertelsmann (2002), Sp. 280.
[22] Vgl. Horváth (2001a), S. 33.
[23] Vgl. Küpper (2001), S. 13ff.
[24] Vgl. Deyhle (1996), S. 133. Einen Überblick über verschiedene Controllingdefinitionen gibt Horváth (2001b), S. 75ff.
[25] Vgl. hierzu und folgend Berens/Bertelsmann (2002), Sp. 280; vgl. ähnlich Heigl (1989), S. 3.
[26] Vgl. Friedl (1990), S. 63; Wirtz/Eckert (2001), S. 152.
[27] Vgl. Grochla/Schönbohm (1980), S. 34.

Solche Transaktionskosten entstehen bei:[28]

- der Anbahnung des Geschäfts und der Suche nach geeigneten Lieferanten (Anbahnungskosten),
- der Vereinbarung von Preis- und Lieferkonditionen (Vereinbarungskosten),
- der konkreten Geschäftabwicklung (Abwicklungskosten),
- der Überprüfung der Einhaltung von Vereinbarungen (Kontrollkosten) und
- der nachträglichen Berücksichtigung neuer Tatbestände (Anpassungskosten).

Damit ist es die konkrete Aufgabe des Beschaffungscontrolling, dafür Sorge zu tragen, daß der Beschaffungsführung solche Informationen bereitgestellt werden, die es ermöglichen, Entscheidungen zu treffen, die eine effektive Güterbeschaffung zu denkbar geringen Preisen und Transaktionskosten unter Einhaltung der gesetzlichen Nebenbedingungen gestatten.[29] Dazu gehört weniger die Bereitstellung von Einzelinformationen in einem konkreten Beschaffungsvorgang, als vielmehr die Bereitstellung von Systemen, die erlauben, im konkreten Beschaffungsvorgang die relevanten Informationen zu erhalten.

Die Beschaffungsaufgaben lassen sich konkret nach dem Kriterium des Gestaltungshorizonts der operativen bzw. strategischen Planungsebenen des Management und Controlling zuordnen.[30]

Mit der strategischen Planung werden längerfristige Potentiale geschaffen.[31] Damit wird ein Handlungskorridor für operative Entscheidungen festgelegt. In der operativen Planung werden dann die strategischen Entscheidungen konkretisiert bzw. in Handlungen umgesetzt.[32] Auf beiden Planungsebenen wird das Controlling entscheidungsunterstützend tätig. Abbildung 2 stellt strategische und operative Aufgaben des Beschaffungscontrolling gegenüber.

Das strategische und operative Beschaffungscontrolling können dabei nicht unabhängig voneinander betrachtet werden. Das operative Controlling wird stets

---

[28] Vgl. Picot (1991) S. 344.
[29] Vgl. hierzu und folgend Piontek (1994), S. 45ff.; Friedl (1990), S. 100ff.
[30] Vgl. Piontek (1994), S. 50ff.; ähnlich Friedl (1990), S. 50ff.
[31] Vgl. Ulrich/Fluri (1992), S. 20.
[32] Vgl. Adam et al. (1998), S. 100f.
[33] Vgl. Brenner/Lux (2000), S. 52.
[34] Vgl. Morris/Stahl/Herbert (2000), S. 4.
[35] Vgl. Wirtz/Eckert (2001), S. 152.
[36] Vgl. Piontek (1994), S. 51.

durch die langfristigen Festlegungen des strategischen Controlling beeinflusst.[37] Die strategische Aufgabe der Integration eines, die gesamte Wertschöpfungskette umfassenden, Total Quality Managements (TQM)[38] in den Beschaffungsablauf entfaltet beispielsweise eine Wirkung für den operativen Einkauf. Es können z.B. verbindliche Qualitätsstandards vorgegeben werden, die bei späteren Beschaffungsentscheidungen zu beachten sind.

Strategische Aufgaben	Operative Aufgaben
➢ Total Quality Management[33] ➢ Reorganisation des Beschaffungsprozesses[33] ➢ Organisation der Beschaffungsfunktion[33] ➢ Management der Lieferantenbeziehungen [34] ➢ Ständige Verbesserungen des Beschaffungsprozesses[34] ➢ Beschaffungsmarktforschung[35] ➢ Vertragsmanagement[35] ➢ Analyse von Stärken und Schwächen sowie Potentialen und Problemen der Beschaffung[36] ➢ Vorbereitung von Steuerungsmaßnahmen für Zielabweichungen (Bereitstellung eines Instrumentenportfolios zur Reaktion auf Abweichungen)[36]	➢ Abwicklung der Beschaffungsaufgaben[33] ➢ Deckung des konkreten wirtschaftlichen Bedarfs[35] ➢ Korrekte Durchführung der notwendigen inter- und intraorganisationellen Transaktionen[35]

Abbildung 2: Strategische und operative Aufgaben des Beschaffungscontrolling[39]

---

[37] Vgl. Piontek (1994), S. 27.
[38] Vgl. Adam (1998), S. 79.
[39] Quelle: Eigene Darstellung in Anlehnung an Eyholzer (2000), S. 7.

2.4 Defizite des traditionellen Beschaffungscontrolling

2.4.1 Mangelnde Beherrschung der Komplexität des Beschaffungsprozesses

Ein Grundproblem des Beschaffungscontrolling stellt die nicht beherrschte Komplexität der Prozesse dar. Komplexität steht dabei nach Adam (1998) „für die Gesamtheit aller Merkmale eines Zustands oder Objekts im Sinne von Vielschichtigkeit"[40]. Der Grad der Komplexität steigt dabei mit der Anzahl der involvierten Instanzen sowie der zwischen diesen bestehenden Beziehungen.[41] Um Komplexität beherrschen zu können, müssen folglich die Instanzen und ihre Beziehungen untereinander koordiniert werden.[42]

Bei Betrachtung des in Abschnitt 2.2 vorgestellten Beschaffungsprozesses für MRO-Güter fällt auf, daß eine Vielzahl unterschiedlicher Instanzen und Personen beteiligt ist, die in einem vielfältigem Beziehungsgeflecht zueinander stehen.[43] Neben diesem Geflecht müssen auch noch Beziehungen zu anderen Personen bzw. Instanzen außerhalb des Beschaffungsprozesses koordiniert werden. Wird vorausgesetzt, daß die Bestellung von MRO-Gütern für einige der beteiligten Instanzen keine Hauptaufgabe darstellt und somit nicht oberste Priorität genießt, so ist anzunehmen, daß der Beschaffungsvorgang aufgrund der vielfältigen sonstigen Beziehungen an einigen Stellen nicht unverzüglich weiterbearbeitet wird. Die Durchlaufzeit des Bestellprozesses verlängert sich dadurch gegebenenfalls erheblich.[44] Bei beanspruchungsgerechter Kostenverrechnung mit Hilfe einer Prozesskostenrechnung wird zudem deutlich, daß der Bestellvorgang darüber hinaus auch sehr teuer ist.[45] Diese Kosten können der Komplexität zugerechnet und als Defizit mangelnder Komplexitätsbeherrschung gekennzeichnet werden.[46]

Ein weiteres Indiz für die mangelnde Beherrschung der Komplexität ist eine hohe Anzahl von Medienbrüchen.[47] Medienbrüche erschweren die Koordination der Beziehungen zwischen den einzelnen Instanzen. In einem Beschaffungsprozess ist das beispielsweise der Fall, wenn Anforderungsformulare ausgedruckt, per Hand vom Bedarfsträger ausgefüllt, in der Beschaffungsabteilung in das Enterpri-

---

[40] Adam (1998), S. 30.
[41] Vgl. Adam (1998), S. 31.
[42] Vgl. Adam (1998), S. 30.
[43] Vgl. hierzu und folgend Dolmetsch (1999), S. 35f.
[44] Vgl. Arnold (1997), S. 174f.
[45] Vgl. Dolmetsch (1999), S. 4.
[46] Zur Kostenwirkung steigender Komplexität vgl. Adam (1998), S. 47ff.
[47] Vgl. hierzu und folgend Wirtz/Eckert (2001), S. 154.

se Resource Planning-System (ERP) eingepflegt und anschließend zum Lieferanten gefaxt werden.

Die auf vielfältigen Beziehungen und mangelnder Koordination beruhende Nicht-Beherrschung von Komplexität soll an einem Beispiel in Anlehnung an Dolmetsch (1999) verdeutlicht werden:[48]

Ein Mitarbeiter benötigt eine Dokumentenablage. Weder kann ihm einer seiner Kollegen aushelfen, noch findet sich das erforderliche Kunststoffschälchen im Büromateriallager der Abteilung. Der Mitarbeiter füllt einen Beschaffungsantrag für Büromaterial aus. Aufgrund hoher Schwundraten in der Vergangenheit ist in dem Unternehmen für jede Bestellung die Genehmigung des Kostenstellenleiters obligatorisch. Da sich dieser schon in den Feierabend abgemeldet hat, legt ihm der Bedarfsträger den Antrag auf den Schreibtisch, wo er ihn am kommenden Nachmittag bemerkt. Er zeichnet die Bestellung nach entsprechender Prüfung gegen und leitet sie an den Einkauf weiter. Dort landet sie auf einem Stapel mit Büromaterialanforderungen. Sobald dieser Stapel abgearbeitet ist, füllt der Sachbearbeiter eine Sammelbestellung für den Lieferanten aus und gibt diese in die Post. Dies geschieht erst einige Tage, nachdem der Mitarbeiter seinen Bedarf erkannt hat. Evtl. musste der Mitarbeiter in der Beschaffungsabteilung auch noch bei dem Bedarfsträger rückfragen, da aus der Bestellung nicht eindeutig hervorgeht, was genau mit einer „Dokumentenablage" gemeint ist. Handelt es sich bei hierbei um ein Kunststoffschälchen für Papiere, einen Aktenordner oder gar einen Hängeregisterschrank der dazu dient, erledigte Vorgänge zu archivieren? Nach einigen weiteren Tagen trifft die Lieferung nebst Rechnung in der Firma ein. Am folgenden Tag bringt ein Mitarbeiter der Einkaufsabteilung die Dokumentenablage zu dem Besteller.

Die notwendige Koordination erfolgt in diesem Beispielfall durch das mehrfache Ausfüllen von Formularen, die Überprüfung von Sachverhalten und die Kommunikationsvorgänge zwischen den Beteiligten. Sie nimmt die Arbeitszeit dreier Mitarbeiter in Anspruch und verzögert den Bestellvorgang. Die daraus resultierenden Prozesskosten übersteigen den Einkaufspreis des Gutes um ein vielfaches.[49]

---

[48] Vgl. Dolmetsch (1999), S. 1f.
[49] Vgl. Dolmetsch (1999), S. 4.

2.4.2 Schnelle Überalterung von Informationen

Der traditionelle Beschaffungsprozess führt dazu, daß ständiger Wandel in den Umwelt- bzw. Marktbedingungen nicht zeitnah berücksichtigt werden kann. Verantwortlich dafür ist neben der bereits in Abschnitt 2.4.1 beschriebene zeitliche Verzögerung durch die beteiligten Personen insbesondere eine unzureichende Versorgung mit aktuellen Informationen.[50]

Die Bedingungen, zu denen Produkte auf Beschaffungsmärkten erworben werden können, ändern sich für viele Beschaffungsgüter regelmäßig.[51] Diese Änderung kann sich sowohl auf den Preis als auch auf die Beschaffenheit des Gutes hinsichtlich Leistung, Ausstattung oder Qualität beziehen. Eine besonders hohe Dynamik zeichnet beispielsweise den Bereich der Informations- und Kommunikationstechnik aus. Stark schwankende Preise ließen sich in der Vergangenheit unter anderem auf dem Markt für Speicherchips beobachten. Aufgrund des schnellen technischen Fortschritts und kürzer werdenden Produktlebenszyklen kommt es gerade im IKT-Markt zu häufigen inhaltlichen Veränderungen der Angebote.[52] Die Produktpaletten von Prozessor-, Grafikkarten- oder Mobiltelefonanbietern befinden sich in ständigem Wandel. Immer neue und veränderte Varianten werden angeboten, um am Markt zu bestehen. Eine einzelne Variante bleibt häufig nur wenige Monate lang im Sortiment.

Die Beschaffung, welche i.d.R. mit Produktkatalogen arbeitet, kann in vielen Fällen mit der Marktentwicklung nicht Schritt halten.[53] Produktkataloge, die der Bedarfserfassung zugrunde liegen, sind zu dem Zeitpunkt, zu welchem die Bestellung beim Lieferanten eintrifft, unter Umständen schon veraltet. Ein Teil dessen, was bestellt wurde, ist eventuell gar nicht mehr lieferbar. Die Folge ist eine zusätzlich notwendige Koordination, die den Beschaffungsprozess verzögert und verteuert.

Dieser Sachverhalt soll ebenfalls an einem Beispiel verdeutlicht werden. Der aus Abschnitt 2.4.1 bekannte Mitarbeiter benötigt nun ein Mobiltelefon. Die Beschaffungsrichtlinien des Unternehmens sehen für eine derartige höherwertige Bestellung ein anderes Genehmigungsverfahren vor. Außerdem gibt es Vorgaben, welche Handymodelle einem Mitarbeiter einer bestimmten Hierarchieebene zustehen. Der Bedarfsträger erkundigt sich nach diesen Vorgaben und entscheidet sich für ein entsprechendes Produkt aus dem Katalog des Mobilfunkanbieters. Er

---

[50] Vgl. Dolmetsch (1999), S. 3.
[51] Vgl. Grochla (1978), S. 98.
[52] Zur Entwicklung von Marktdynamik vgl. Adam (1998), S. 27ff. sowie Backhaus (1999), S. 9ff.
[53] Vgl. hierzu und folgend Dolmetsch (1999), S. 3.

füllt das Anforderungsformular aus und legt es den vorgeschriebenen Genehmigungsinstanzen vor. Nachdem sämtliche Unterschriften eingeholt wurden, wird schließlich die Bestellung an das Mobilfunkunternehmen versandt. Dieses muss aber feststellen, daß bei dem Handyproduzenten soeben ein Modellwechsel stattgefunden hat. Das angeforderte Modell ist nicht mehr verfügbar. Ein vergleichbarer Nachfolger soll aber bereits zwei Wochen später zum gleichen Preis lieferbar sein. Nach Rückfrage bei der Beschaffungsabteilung des bestellenden Unternehmens wird das Mobiltelefon vorgemerkt. Gut 2 ½ Wochen später trifft das Handy ein. Der Mitarbeiter nimmt es in Betrieb, stellt jedoch fest, daß ein Kabel zur Datenübertragung zwischen dem Telefon und einem Computer fehlt. Dieses sollte aber laut dem veralteten Katalog im Lieferumfang enthalten sein. Es stellt sich heraus, daß eine verdeckte Preiserhöhung stattgefunden hat, indem beim Modellwechsel der Lieferumfang des Gerätes reduziert wurde. Das dringend benötigte Datenkabel muss neuerdings separat bestellt werden, was einen erneuten Bestellvorgang mit langer Durchlaufzeit und hohen Prozesskosten im Unternehmen auslöst.

2.4.3 Maverick Buying

„Maverick Buying" beschreibt den Sachverhalt des Umgehens formaler Beschaffungsvorschriften.[54] Dieser Sachverhalt, dem offiziellen Beschaffungsweg „abtrünnig"[55] zu werden kann dabei auf mehrere Ursachen zurückgeführt werden:[56]

- Der offizielle Beschaffungsvorgang dauert zu lange, eine rechtzeitige Lieferung bis zu dem Zeitpunkt, an dem das Gut gebraucht wird, ist nicht möglich.
- Die Einhaltung offizieller Beschaffungswege erscheint dem Bedarfsträger zu umständlich.
- Die Vorteile des offiziellen Beschaffungsweges sind dem Bedarfsträger unbekannt.

Die Umgehung der Beschaffungsvorschriften bei der ersten der genannten Ursachen erscheint am ehesten nachvollziehbar. Dieses soll an einem einfachen Beispiel verdeutlicht werden:

---

[54] Vgl. Morris/Stahl/Herbert (2000), S. 4.
[55] Maverick = engl.: Abtrünniger.
[56] Vgl. hierzu und folgend Mattes (1999), S. 60f.; Dolmetsch (1999), S. 3; Helfrich et. al. (2000), S. 84.

Vorstellbar ist ein Fall, bei dem der Computer-Monitor eines Sachbearbeiters seinen Dienst unwiderruflich eingestellt hat. Ein Ersatzgerät sei zur Zeit im Haus nicht verfügbar. Bei Einhaltung der formellen Beschaffungsprozedur müsste der Sachbearbeiter nun ein Anforderungsformular ausfüllen und sich von seinem Abteilungsleiter den Bedarf für einen Monitor bestätigen lassen. Die Beschaffungsabteilung würde nach Erhalt der Anforderung den preiswertesten Lieferanten wählen, der daraufhin umgehend den Monitor verschickt.

Eventuell ist die Bestellung von Bildschirmen regulär aber nur als Sammelbestellungen ab zehn Geräten vorgesehen, was die Beschaffung weiter verzögern würde.

Es wird deutlich, daß dieses Beispiel sich in der Realität so nie abspielen sollte. Die Arbeitszeit des Sachbearbeiters dürfte viel zu kostbar sein. Selbst wenn er nur eine Woche auf seinen Monitor warten müsste, ist es sinnvoller, einfach den nächsten Elektronikmarkt aufzusuchen, um sich, ggf. unter Umgehung der Beschaffungsabteilung, einen Monitor zu kaufen. Da Monitore an nahezu jedem Arbeitsplatz benötigt werden, ist ein Ausfall innerhalb einer Betriebsstätte innerhalb eines überschaubaren Zeitabschnitts wahrscheinlich. In diesem Fall ist es fraglos sinnvoll, Ersatzgeräte vorzuhalten. Um im allgemeinen zu entscheiden, ob Ersatzgeräte vorgehalten werden sollten, ist eine Abwägung zwischen den Opportunitätskosten durch einen möglichen Geräteausfall und den im vorgehaltenen Gerät gebundenen Kapital sowie den notwendigen Lagerkosten zu treffen.

Die zweite Ursache von Maverick Buying, die offizielle Beschaffungsprozedur aus Bequemlichkeit zu umgehen,[57] ist zumindest menschlich verständlich. Nach der Mittagspause Schreibstifte, Folien oder den Ersatz für einen defekten Locher aus dem Schreibwarengeschäft mitzubringen, ist zuweilen einfacher, als sich mit der Beschaffungsabteilung auseinanderzusetzen. Ebenso ist die Abneigung gegenüber den Verhaltensweisen der Beschaffungsinstanzen ein Grund für Maverick Buying. Fragen wie „Wozu brauchen Sie denn mehrfarbige Filzstifte?" oder „Ein Radiergummi müsste Ihnen doch reichen, oder?" können bequem umgangen werden, indem man sich das benötigte Gut selber beschafft und die Rechnung, wenn möglich, auf eine „sonstige" Kostenstelle verbucht.

Der dritte Grund für Maverick Buying ist darauf zurückzuführen, daß der Bedarfsträger über die offiziellen Beschaffungsrichtlinien keine Informationen hat.[58] Kennt er beispielsweise die Preisvorteile der offiziellen Beschaffungswege nicht, macht es für ihn keinen Unterschied, ob er die benötigten Güter selber direkt beim

---

[57] Vgl. Mattes (1999), S. 60.
[58] Vgl. Dolmetsch (1999), S. 3; Helfrich et. al. (2000), S. 84.

Lieferanten bestellt und dann die Rechnung einreicht oder ob er den offiziellen Bestellweg einhält.

Der Beschaffungsabteilung entgehen so durch Maverick Buying nicht nur in Rahmenverträgen ausgehandelte Sonderkonditionen, sondern auch Informationen über den tatsächlichen Bedarf in der Unternehmung.[59] Sie kann als Folge davon die Bedarfsentwicklung schlechter planen und damit die interne Nachfrage, z.b. mit entsprechend bestückten lokalen Zwischenlagern, nicht optimal befriedigen.

2.4.4 Überlastung der Beschaffungsabteilung mit Routinetätigkeiten

Ein erheblicher Teil der Beschaffungsprozesse wiederholt sich in immer gleicher Art:[60] Anforderungen sind zu überprüfen, zugehörige Daten sind in das ERP-System einzupflegen und Lieferanten müssen kontaktiert werden. Neben den Preisverhandlungen sowie den Verhandlungen über die Güte und Beschaffenheit von Produkten muss die Übernahme von Transport- und ggf. Versicherungskosten geklärt werden. Das Aushandeln von Skonti, Boni und Rabatten gehörten ebenso zum Tagesgeschäft einer Beschaffungsabteilung wie die Kontrolle der vereinbarungsgemäßen Vertragserfüllung durch den Lieferanten und die eventuell notwendigen Beanstandungen. Die genannten Tätigkeiten kennzeichnen im wesentlichen die Routine, die in vielen Einkaufsabteilungen herrscht.

Diese Routine nimmt häufig so viel Kapazität in Anspruch, daß die in Abschnitt 2.3 beschriebenen strategischen und innovativen Beschaffungsaufgaben nicht mehr hinreichend berücksichtigt werden.[61] Das hat zur Folge, daß auf lange Sicht auch die Kosten im operativen Bereich ansteigen.

Ein vernachlässigtes Qualitätsmanagement führt beispielsweise langfristig zu höheren Kosten durch eine gesteigerte Anzahl an Beanstandungen, Nachverhandlungen und Retouren.[62] Eine dürftige Beschaffungsmarktforschung kann dazu führen, daß aufgrund nicht vorhandener Kenntnisse über qualitativ bessere Produkte oder geringere Preise mehr Kosten als nötig entstehen.[63] Ein schlechtes

---

[59] Vgl. hierzu und folgend Morris/Stahl/Herbert (2000), S. 4.
[60] Vgl. hierzu und folgend Hartmann (2002), S. 213; Hamm (1997), S. 106.
[61] Vgl. Morris/Stahl/Herbert (2000), S. 4; Wirtz/Eckert (2001), S. 152.
[62] Vgl. Piontek (1994), S. 202ff.
[63] Vgl. Reinelt (1999), S. 456.

Vertragsmanagement trägt dazu bei, daß mögliche Boni und Rabatte nicht bestmöglich ausgenutzt werden.[64]

An den genannten Beispielen wird ersichtlich, daß eine Vernachlässigung von strategischen Aufgaben langfristig zu Unwirtschaftlichkeiten führt. Sich bei veränderten Gegebenheiten und in wandelnden Umweltzuständen keine neuen Erfolgspotentiale zu schaffen bzw. diese zu sichern, bedeutet letztlich sogar, seine Konkurrenzfähigkeit zu verlieren.[65]

Strategische Controllingaktivitäten tragen wesentlich zur wirtschaftlichen Stärke der Unternehmung bei und dürfen nicht aufgrund der Überlastung mit Routinetätigkeiten vernachlässigt werden.[66] Die personellen Ressourcen der Beschaffungsabteilung sind so einzusetzen, daß sowohl die operativen als auch die strategischen Aufgabenbereiche hinreichend bewältigt werden können.[67]

2.4.5 Begrenzte Lieferantenauswahl

Einkäufer haben in der Praxis häufig mit intransparenten Beschaffungsmärkten zu kämpfen.[68] Es ist ihnen nicht möglich, einen Gesamtüberblick über alle potentiellen Lieferanten für ein benötigtes Gut zu gewinnen. Zunächst sind i.d.R. nur einige wenige Anbieter bekannt. Dies sind solche, die der Einkäufer bereits von früheren Geschäften, durch Empfehlungen, aufgrund räumlicher Nähe oder aus Medienberichten kennt. Darüber hinaus bestehen klassische Recherchemöglichkeiten, so z.B. Messebesuche, verschiedene Branchenbücher oder „Wer-liefertwas"-Kataloge.[69] Aus diesen Quellen wird dann eine Liste von potentiellen Lieferanten zusammengestellt, aus welcher derjenige ausgewählt wird, welcher den Bedarf des Unternehmens zu den besten Konditionen befriedigen kann.

Bei diesem herkömmlichen Verfahren zur Lieferantensuche ist es nicht ausgeschlossen und sogar sehr wahrscheinlich, daß es Lieferanten gibt, die wesentlich bessere Konditionen bieten, aber nicht von dem nachfragenden Unternehmen wahrgenommen werden.[70] Beispielsweise wäre denkbar, daß ein Unternehmen einen Rohstoff benötigt, der nur in einem sehr mühsamen und teurem Prozess

---

[64] Vgl. Morris/Stahl Herbert (2000), S. 4.
[65] Vgl. Ulrich/Fluri (1992), S. 20.
[66] Vgl. Morris/Stahl/Herbert (2000), S. 4.
[67] Vgl. Möhrstädt/Bogner/Paxian (2001), S. 73.
[68] Vgl. hierzu und folgend Wohlenberg/Krause (2000), o. S.
[69] Vgl. Hammann/Lohrberg (1986), S. 29.
[70] Vgl. Hammann/Erichson (2000), S. 26.

gewonnen werden kann. Das Unternehmen sucht auf dem oben beschriebenen Weg einen Lieferanten. Dabei ist nicht bekannt, daß in einer entlegenen Provinz in Afrika gerade ein Vorkommen des benötigten Rohstoffes unmittelbar an der Erdoberfläche gefunden wurde, welches so günstig erschlossen werden kann, daß sich der Transport nach Europa lohnt. Da europäische Medien noch nicht auf diese neue Rohstoffquelle aufmerksam geworden sind, bleibt diese vorteilhafte Beschaffungsmöglichkeit bei der Entscheidung unberücksichtigt.

Der Grund für die Einschränkung beim Umfang der Lieferantenrecherche liegt in den hohen Suchkosten. Theoretisch ist es sinnvoll, solange nach einem weiteren, günstigeren Angebot zu suchen, bis die zusätzlichen Kosten der Suche den Kostensenkungseffekt überschreiten. Da die Suchkosten a priori in der Regel unbekannt sind, übersteigen sie oftmals auch den Nutzengewinn durch günstigere Konditionen.

2.4.6 Suboptimale Ausnutzung bestehender Lieferantenbeziehungen

Neben den Defiziten bei der Suche nach neuen Beschaffungsquellen bestehen Mängel bei der optimalen Nutzung von bereits bestehender Lieferantenverbindungen.[71] Existierende Liefervereinbarungen wie Rahmenverträge werden häufig nicht ausgenutzt. Beispielsweise werden vereinbarte Abnahmemengen nicht erreicht, weil die Bestellungen auf mehrere Lieferanten gesplittet werden. Grund ist, daß einzelne Bedarfsträger nicht genau über die Existenz und den Inhalt von Rahmenverträgen Kenntnis haben und die entsprechenden Güter auf anderem Wege beschaffen. So bleiben vereinbarte Einkaufsvolumina ungenutzt und Rabatte sowie Boni verfallen.

Ein solch unzulängliches Lieferantenmanagement äußert sich häufig nicht nur in der unnötigen Beschaffung gleicher Güter aus unterschiedlichen Quellen.[72] Auch bei ausschließlichem Bezug von einem Stammlieferanten kann es zu Suboptimalitäten kommen, wenn über unterschiedliche Kanäle bei ihm bestellt wird. Ein Händler kann dem Unternehmen unterschiedliche Bestellwege anbieten, über die Güter bei ihm geordert werden können. Telefonische Bestellung ist ebenso möglich wie die schriftliche Bestellung per Fax oder Brief. Zusätzlich besitzt der Lieferant möglicherweise Dependancen oder er schickt in regelmäßigen Abständen Vertreter. In diesen Fällen kann eine Bestellungen persönlich abgegeben werden.

---

[71] Vgl. hierzu und folgend Wohlenberg/Krause (2000), o. S.; Schinzer (2002), S. 19.
[72] Vgl. hierzu und folgend Morris/Stahl/Herbert (2000), S. 3.

Dem Controlling entstehen durch die Vielfalt der Kanäle möglicherweise Schwierigkeiten bei der Auswertung der Beschaffungsaktivitäten.[73] Werden die jeweiligen Bestellungen nicht zentral dokumentiert, d.h. die relevanten Bestellinformationen nicht an einer Stelle zusammengetragen, kann ein Beschaffungscontroller nur unter erheblichem Aufwand eine Aussage darüber treffen, welche Beschaffungsvolumina über welchen Bestellweg mit welchem Lieferanten getätigt wurden. Eine zentrale Dokumentation wäre ihrerseits mit zusätzlichen Kosten aufgrund der notwendigen Bürokratie verbunden. Dieses wird deutlich, wenn man sich vergegenwärtigt, daß jede persönliche oder telefonische Bestellung zusätzlich standardisiert in „Meldeformularen" erfasst werden müsste. Ob die zusätzlichen Kosten durch den Nutzen der Auswertungen überkompensiert werden, bleibt fraglich. Die Folge der beschriebenen Unkenntnis über die wahren Beschaffungsvolumina, welche mit einem Lieferanten abgewickelt werden, ist, daß die Position der Unternehmung bei Verhandlungen über zukünftige Lieferbeziehungen mit dem Händler unter Umständen geschwächt wird.

Darüber hinaus fallen unnötige Transaktionskosten an:[74] Bestellungen, die bisher über unterschiedliche Kanäle abgewickelt wurden, könnten zusammengefasst werden. Bei Aggregation dieser Einkäufe fielen zumindest die bestellfixen Kosten nur einmalig an.

3   E-Procurement

3.1   Begriffserklärung und Einordnung von E-Procurement in das E-Business

E-Procurement ist eine Synthese aus dem Akronym „E-" für „Electronic" und dem englischen Begriff „Procurement". Aus der Übersetzung dieses Kunstwortes ergibt sich der deutsche Begriff der „elektronischen Beschaffung". Seit das Internet Mitte der neunziger Jahre des letzten Jahrhunderts allgemein wahrgenommen und genutzt wird, gilt das Präfix „E-" bzw. „Electronic" als Synonym für „mit Hilfe elektronischer Medien".[75] Es findet sich seit dieser Zeit als Bestandteil von unzähligen Neologismen wie E-Mail, E-Collaboration und E-Markets.

---

[73] Vgl. hierzu und folgend Morris/Stahl/Herbert (2000), S. 3.
[74] Vgl. hierzu und folgend Morris/Stahl/Herbert (2000), S. 3.
[75] Vgl. hierzu und folgend Corsten/Gössinger (2002), S. 205; auch Picot/Reichwald/Wiegand (2001), S. 337.

Elektronische Beschaffung wird in der Literatur unter die übergeordnete Perspektive des E-Business subsumiert.[76]

Unter E-Business soll hier nach Schubert (2000) sowie Berens/Schmitting (2002) „die fortwährende und überwiegende Abwicklung, Unterstützung und Kontrolle der Prozesse und Beziehungen zwischen Geschäftspartnern, Mitarbeitern und Kunden durch elektronische Medien verstanden werden"[77]. Da diese Definition für sich allein das Phänomen E-Business nicht hinreichend genau und umfassend beschreibt, muss sie um begriffskonstituierende Merkmale ergänzt werden.[78] Unter diesen Merkmalen verstehen Berens/Schmitting (2002) die Präzisierung des Begriffs „elektronische Medien" sowie das Vorhandensein einer unternehmerischen Tätigkeit. Der Begriff „elektronische Medien" kann dabei durch die Festlegung auf Technologien zur Vernetzung von Computern wie zum Beispiel HTML oder TCP/IP präzisiert werden. *Grundsätzlich* sollten elektronische Medien im Sinne der obigen E-Business-Definition ihre Reife nicht vor den 90er Jahren des 20. Jahrhunderts erreicht haben (sogenannte „Neue Medien") und auf allgemein akzeptierten technischen Standards wie den oben erwähnten internetbasierten Technologien beruhen. Damit würde der proprietäre Electronic Data Interchange (EDI) z.B. ausgeschlossen. Mit EDI werden schon seit den siebziger Jahren des letzten Jahrhunderts zwischenbetriebliche Beschaffungslösungen realisiert.[79] Berens/Schmitting (2002) zählen in Ihrer Definition EDI dennoch ausdrücklich zu den Medien des E-Business hinzu.[80] Dieses ist auch nachvollziehbar, da lediglich die technische Grundlage das für Telex-Geräte entwickelte EDI von internetbasierten Lösungen unterscheidet.[81]

In der Literatur ist jedoch umstritten, ob ein EDI-basierter Geschäftsverkehr auch als E-Business bezeichnet werden kann. Wirtz/Eckert (2001) verneinen dieses mit dem Hinweis auf die Proprietät und mangelnde Kompatibilität derartiger Systeme, welche ihre große Verbreitung zumindest in Europa verhindert haben.[82]

Beide Ansichten erscheinen vertretbar. Einerseits lassen sich auch mit EDI Geschäfte auf elektronischem Wege abwickeln,[83] andererseits verhindert die Pro-

---

[76] Vgl. Berens/Schmitting (2002), S. 132ff.; auch Pils/Höller/Zlabinger (1999), S. 67f.; Hoppe (2002), S. 12f.
[77] Berens/Schmitting (2002), S. 133 in Anlehnung an Schubert (2000), S. 3.
[78] Vgl. hierzu und folgend Berens/Schmitting (2002), S. 134.
[79] Vgl. Thome, R. (2001), S. 289; Merz, M. (2002), S. 684.
[80] Vgl. Berens/Schmitting (2002), S. 134.
[81] Vgl. Merz (2002), S. 687.
[82] Vgl. Wirtz/Eckert (2001), S. 152.
[83] Vgl. Merz (2002), S. 684.

prietät des Systems, daß alle Vorteile, die internetbasierende E-Business-Lösungen bieten, genutzt werden können.[84] So ist es ein Vorteil von internetbasierten E-Procurement-Systemen, daß die Marktpartner mit relativ geringem Aufwand gewechselt werden können.[85] Mit klassischem EDI sind hingegen höhere Kosten beim Wechsel der Marktpartner verbunden.

Als weiteres begriffskonstituierendes Merkmal für den Begriff „E-Business" nennen Berens/Schmitting (2002) eine unternehmerische Betätigung.[86] Eine Betätigung gilt als unternehmerisch, wenn sie auf Dauer angelegt ist und ihr eine Gewinnerzielungsabsicht zugrunde liegt.[87] Darüber hinaus geht mit dem Anspruch auf Gewinnverwendung auch eine Risikoübernahme einher.[88]

Ausgehend von den oben vorgestellten Begriffen „Beschaffung" und „E-Business" bezeichnet E-Procurement damit in Anlehnung an Berens/Schmitting (2002) die Beschaffung im bzw. mit Hilfe von E-Business, d.h. die fortwährende und überwiegende Abwicklung, Unterstützung und Kontrolle der Beschaffungsprozesse und der Beziehungen zwischen den beteiligten Instanzen innerhalb und außerhalb der Unternehmung durch elektronische Medien.[89]

E-Procurement soll als Teilbereich des E-Business im folgenden in die - in der Literatur häufig aufzufindende - Klassifikation der Marktteilnehmer eingeordnet werden.[90] In dieser Einteilung werden Konsumenten (Consumer, C), Unternehmen (Business, B) und Öffentliche Institutionen (Administration, A) unterschieden. Die möglichen Transaktionskombinationen sind in Abbildung 3 dargestellt.

Der bei dieser Klassifikation gewählte Bezugsrahmen geht jedoch über den Begriff des E-Business im oben vorgestellten Sinne hinaus.[91] Aufgrund des konstituierenden Merkmals der unternehmerischen Tätigkeit können nur solche Transaktionen in den Bereich des E-Business fallen, bei denen mindestens ein Teilnehmer ein Unternehmen ist. Zwar werden bisweilen auch öffentliche Institutio-

---

[84] Vgl. Peters (2000), S. 962; auch Merz (2002), S. 688f.; Wirtz/Eckert (2001), S. 152.
[85] Vgl. hierzu und folgend Dolmetsch (1999), S. 47f.
[86] Vgl. Berens/Schmitting (2002), S. 133f.
[87] In Anlehnung an den Begriff des Gewerbes bei Friauf (1993), Sp. 1451f.
[88] Vgl. Berens/Schmitting (2002), S. 133f.
[89] Vgl. analog zu Berens/Schmitting (2002), S. 133 sowie Schubert (2000), S. 3.
[90] Vgl. hierzu und folgend Hermanns/Sauter (2001), S. 25; ähnlich Jost (2000), S. 446; Wirtz (2001) S. 35.
[91] Vgl. dazu und folgend Berens/Schmitting (2002), S. 134ff.

nen unternehmerisch tätig, jedoch sollte dieser Sonderfall als „staatliches Unternehmen" gekennzeichnet und somit als Business eingeordnet werden.[92]

		Nachfrager der Leistung		
		Administration (A)	Business (B)	Consumer (C)
Anbieter der Leistung	Consumer (C)	Administration to Consumer (A2C)	Business to Consumer (B2C), z.B. Online-Shops	Consumer to Consumer (C2C)
	Business (B)	Administration to Business (A2B)	Business to Business (B2B), z.B. E-Procurement	Consumer to Business (C2B)
	Administration (A)	Administration to Administration (A2A)	Business to Administration (B2A)	Consumer to Administration (C2A)

Abbildung 3: Marktteilnehmermatrix[93]

Die wichtigsten und weitverbreitetesten Transaktionstypen im E-Business sind B2C und B2B.[94] Business-to-Consumer-Geschäfte werden häufig auch als E-Commerce oder elektronischer Handel mit Endkunden bezeichnet.[95] Hierunter fallen solch prototypische E-Business-Geschäftsmodelle wie Online-Shops.[96]

---

[92] Zu öffentlichen Unternehmen vgl. Wesseling (1997), S. 17ff.; weitergehend Schnettler (1956).
[93] Quelle: In Anlehnung an Hermanns/Sauter (2001), S. 25.
[94] Vgl. Pils/Höller/Zlabinger (1999), S. 66f.; Hermanns/Sauter (2001), S. 25ff.
[95] Vgl. Hoffmann/Zilch (2000), S. 21f.
[96] Vgl. Hermanns/Sauter (2001), S. 28f.

Die bei Hermanns/Sauter (2001) vorgenommene Unterscheidung zwischen B2C und C2B wird hier nicht nachvollzogen.[97] Hermanns/Sauter (2001) ordnen dem C2B Reverse Auctions zu, bei denen der Konsument ein in Art, Menge und Merkmalen beschriebenes Produkt anfragt und die beteiligten Unternehmen dann Angebote unterbreiten können. Auch wenn die Initiative hier vom Konsumenten ausgeht, so ist er trotzdem Nachfrager und nicht Anbieter. Damit fällt auch dieser Fall in die Kategorie Business-to-Consumer.

Der Transaktionstyp Business-to-Business (B2B) gilt auch heute noch als langfristig erfolgsversprechend, da im zwischenbetrieblichen Bereich bzw. bei unternehmensübergreifenden Prozessen erhebliche Optimierungspotenziale vermutet werden.[98] Die häufigste Form von zwischenbetrieblichen Beziehungen sind Bestell- und Lieferbeziehungen.[99] Der Einsatz von Informations- und Kommunikationstechnik (IKT) in diesem Bereich betrifft beim Lieferanten den Absatzbereich und beim bestellenden Unternehmen die Beschaffung.[100] Hier ist also das Electronic Procurement einzuordnen.

3.2 Erscheinungsformen des E-Procurement

3.2.1 Einführung

Im Folgenden soll erläutert werden, in welcher Form die Beschaffung im bzw. mit Hilfe von E-Business gestaltet werden kann. Das heißt, es wird im Sinne der obigen E-Procurement-Definition geklärt, wie Beschaffungsprozesse sowie die Beziehungen zwischen den beteiligten Instanzen in oben genannter Form durch elektronische Medien abgewickelt, unterstützt und auch kontrolliert werden können.[101] Insbesondere der Ablauf des Beschaffungsprozesses bei unterschiedlichen Lieferanten-Abnehmer-Konstellationen, d.h. die Frage, in welchen konkreten Erscheinungsformen die Anbahnung und Abwicklung von Handelsbeziehungen zwischen Lieferant und Abnehmer durchgeführt wird, steht dabei im Vordergrund. Außerdem soll die unterstützende und kontrollierende Funktion elektronischer Medien beleuchtet werden.

---

[97] Vgl. hierzu und folgend Hermanns/Sauter (2001), S. 29.
[98] Vgl. Empirica (2001), S. 42.
[99] Vgl. Jost (2000), S. 446.
[100] Vgl. Wamser (2000), S. 6.
[101] Zur E-Procurement-Definition vgl. Abschnitt 3.1.

3.2.2 Suchmaschinen und Web-Verzeichnisse

Heute ist nahezu jedes größere Unternehmen und damit viele potentielle Lieferanten mit einem eigenen Auftritt im World Wide Web vertreten.[102] Doch wie findet der Einkäufer die Webseite, wenn die Internetadresse unbekannt ist oder wenn nicht nach einem speziellen Anbieter gesucht wird, sondern zunächst ein Überblick über den Markt gewonnen werden soll?[103] Kostenlose, öffentlich zugängliche Dienste und Werkzeuge zur Informationssuche im Internet können die Beschaffung bei der Ermittlung relevanter Daten unterstützen. Als erste Anlaufstelle bieten sich die klassischen Recherchewerkzeuge des Internet, Suchmaschinen und Verzeichnisse, an. Suchmaschinen sind Systeme, welche mit Hilfe von automatischen Programmen, sogenannten „Robots", weite Teile des WWW absuchen und deren Inhalt schlagwortartig in einer Datenbank erfassen. Der Nutzer hat dann die Möglichkeit, einen oder mehrere Begriffe einzugeben, nach denen dann in der Datenbank gesucht wird. Die Ergebnisse werden nach Relevanz sortiert und mit kurzen Ausschnitten aus dem Inhalt der Webseite ausgegeben. Zu den derzeit bekanntesten und meistgenutzten Suchmaschinen gehören Google[104], Lycos[105], Altavista[106], Yahoo[107] und Fireball[108].[109]

Problematisch ist die Aktualität und Vollständigkeit der Suchdatenbanken. Die Robots der Suchmaschinen suchen Seiten im WWW nur in gewissen Zeitabständen nach Schlagworten ab.[110] Wurde eine Seite in der Zwischenzeit aktualisiert, so ist diese aktualisierte Information in der Datenbank der Suchmaschine noch nicht erfasst. Weiterhin trägt auch die reine Größe des Internet dazu bei, daß sein Gesamtinhalt nie in einer Suchdatenbank erfasst ist.[111] Aufgrund der Multilingualität des Internet ist es oft schwierig, relevante Informationen zu finden, da diese in nur in anderen Sprachen vorliegen.[112] Ebenfalls ist die Richtigkeit und Validität der gefundenen Daten nicht immer gewährleistet.[113]

---

[102] Vgl. Kordey/Selhofer/Gareis (2002), S. 223.
[103] Vgl. hierzu und folgend Brenner/Lux (2000), S. 87ff.; Wirtz (2001), S. 244f.
[104] Siehe http://www.google.com.
[105] Siehe http://www.lycos.com.
[106] Siehe http://www.altavista.com.
[107] Siehe http://www.yahoo.com.
[108] Siehe http://www.fireball.com.
[109] Vgl. Jupiter MMXI (2001), o. S.
[110] Vgl. Heinzmann (2002), S. 68f.
[111] Vgl. Brenner/Lux (2000), S. 87ff.
[112] Vgl. Kollmann (2001), S. 44.; auch Amit/Zott (2001), S. 495.
[113] Vgl. Gampenrieder/Riedmüller (2001), S. 177.

Den gefundenen Suchergebnissen werden neben kurzen Ausschnitten aus dem Text der jeweiligen Seite die dazugehörigen Hyperlinks beigefügt. Der Nutzer muss gefundene Seiten selbst besuchen und beurteilen, welche Relevanz sie jeweils für seine Suche haben.[114] Dies ist unter Umständen mühselig, wenn die Anfrage sehr viele Ergebnisse erbracht hat.

Eine Lösung dieses Problems bieten Web-Verzeichnisse, auch Web-Kataloge genannt.[115] Hier findet der Nutzer eine thematisch strukturierte Hierarchie vor, auf deren unterschiedlichen Ebenen Internetseiten einsortiert sind. Im Gegensatz zu Suchmaschinen werden die Internetseiten nicht nur automatisch durchsucht, sondern redaktionell bearbeitet. Das bedeutet, daß Mitarbeiter des Dienstes eine Auswahl treffen, welche Webseiten zu bestimmten Themengebieten aufgeführt werden sollen. Der Vorteil für den Benutzer ist, daß er sich schnell einen Überblick über die verfügbaren Internetangebote hinsichtlich seiner Suche verschaffen kann. Sucht beispielsweise ein Beschaffer einen Lieferanten für Stempel, so kann er zu einem Webverzeichnis wie dem von Yahoo[116] gehen und dort auf die Kategorie „Firmen" klicken und dann weiter zu „Bürobedarf" gehen. Dort findet sich eine Unterkategorie „Stempel". Hier wird der Beschaffer auch dann fündig, wenn ihm zuvor kein Anbieter von Stempeln bekannt war. Insbesondere bei spezifischen Beschaffungsgütern ist das Suchen und Navigieren in hierarchischen, mehrere Ebenen umfassenden Verzeichnisstrukturen jedoch oft umständlich. Gegebenenfalls ist das Gut auch von solcher Art, daß es nur schlecht in eine bestimmte, intuitiv von dem Suchenden nachvollziehbare Kategorisierung einsortiert werden kann. Sind Angebot und Nachfrage nach bestimmten Produkten sehr gering, gibt es gegebenenfalls kein entsprechendes Verzeichnis.

Ein weiterer Nachteil von Web-Verzeichnissen ist, daß durch die Vorauswahl des Redakteurs die Ergebnisliste eingeschränkt wird und somit möglicherweise nicht jeder Anbieter Berücksichtigung findet.[117] Häufig ist eine Unterscheidung in Verzeichnis und Suchmaschine nicht möglich, da diese Werkzeuge, wie etwa bei Yahoo, kombiniert werden.

Neben den beschriebenen und nicht auf die Beschaffung beschränkten Recherchewerkzeugen gibt es auch beschaffungsspezifische Suchmaschinen. Dazu zählen u.a. die Internetausgabe von „Wer-liefert-was"[118] oder das „Thomas-Regi-

---

[114] Vgl. hierzu und folgend Kollmann (2001), S. 44.
[115] Vgl. hierzu und folgend Brenner/Lux (2000), S. 93ff.
[116] Siehe http://www.yahoo.com
[117] Vgl. hierzu und folgend Wirtz/Becker (2002), S. 921.
[118] Siehe http://www.wlw.de.

ster"[119].[120] Dort besteht die Möglichkeit, gezielt nach Lieferanten für ein bestimmtes Gut zu suchen.[121] Beschaffungsspezifische Suchmaschinen kombinieren die Vorteile von Verzeichnissen und allgemeinen Suchmaschinen. Zum einen werden Daten vorsortiert, d.h. die Suche nach „Stempeln" wird nicht mehr durch Schülerarbeiten zum Thema „Die Blüte und ihre Bestandteile" bereichert, zum anderen besteht eine umfassende Recherchefunktion nach spezifischen Gütern.

3.2.3 Elektronische Marktplätze

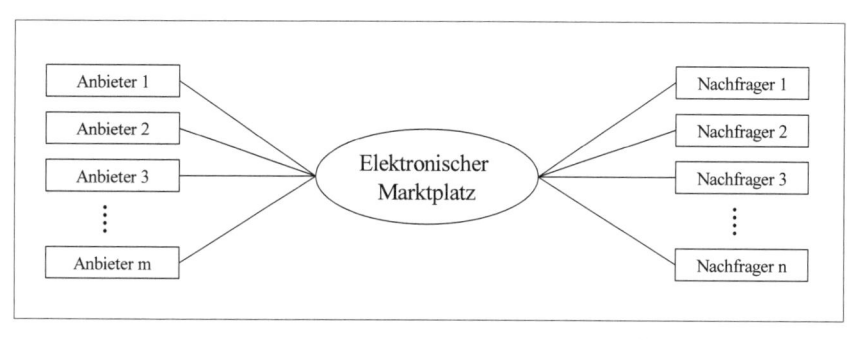

In der Volkswirtschaftslehre definiert man einen Markt traditionellerweise als ein Zusammentreffen von Angebot und Nachfrage.[122] Die Besonderheit elektronischer Märkte besteht darin, daß Angebot und Nachfrage nicht an einen räumlich konkreten Ort gebunden sind, sondern sich diese nur virtuell im Internet begegnen.[123]

```
┌─────────────────────────────────────────────────────────────┐
│  Anbieter 1                                    Nachfrager 1 │
│  Anbieter 2                                    Nachfrager 2 │
│  Anbieter 3       Elektronischer               Nachfrager 3 │
│                   Marktplatz                                │
│     ⋮                                              ⋮        │
│  Anbieter m                                    Nachfrager n │
└─────────────────────────────────────────────────────────────┘
```

Abbildung 4: Elektronischer Marktplatz[124]

Konkret soll hier als elektronischen Marktplatz die Plattform bezeichnet werden, die das Zusammentreffen von mehreren Anbietern und Nachfragern im Internet ermöglicht (siehe Abbildung 4).

---

[119] Siehe http://www.thomasregister.com.
[120] Vgl. Aust et. al. (2001), S. 16.
[121] Vgl. hierzu und folgend z.B. http://web.wlwonline.de/hilfe/html/de/faq_index.html.
[122] Vgl. Schumann/Meyer/Ströbele (1999), S. 22.
[123] Vgl. Brenner/Lux (2000), S. 208.
[124] Quelle: Eigene Darstellung in Anlehnung an Einsporn/Palme/Wiegand (2000), S. 16.

Elektronische Marktplätze besitzen einige Vorteile gegenüber traditionellen Marktplätzen. Diese Vorteile liegen in der vergleichsweise besseren Informationsübermittlung durch elektronische Netze begründet: [125]

- Der Zugang ist für die Teilnehmer nicht mehr an den eigenen und den Marktstandort, sondern nur noch an die Möglichkeit des Zugangs zum Internet gebunden.
- Die Kosten beschränken sich auf die Gebühren für den Zugang zum Internet und ggf. auf die bezahlte Arbeitszeit der involvierten Mitarbeiter.
- Eine größere Anzahl an Anbietern und Nachfragern trifft zusammen.
- Virtuelle Marktplätze sind geeignet, global betrieben zu werden.
- Virtuelle Marktplätze unterliegen keiner Zeitbeschränkung, sondern es kann rund um die Uhr auf ihnen Handel betrieben werden.
- Es entsteht höhere Transparenz durch die Möglichkeit, verschiedene Anbieter bzw. Nachfrager miteinander zu vergleichen.
- Es besteht die Möglichkeit, Transaktionen automatisiert abzuwickeln.

Diese Vorteile begründen geringere Transaktionskosten, besonders in der Anbahnungs- und Vereinbarungsphase.

Elektronische Marktplätze bringen aber auch einige Nachteile für die Beteiligten mit sich. Die hohe Transparenz und die große Anzahl weiterer Wettbewerber ist für einen Anbieter immer dann problematisch, wenn es auf dem Markt Konkurrenten gibt, die das angebotene Gut in ähnlicher oder gar gleicher Beschaffenheit und Qualität liefern können.[126] Das einzige Merkmal, mit dem sich Wettbewerber in diesem Fall von den übrigen abheben können, ist der Preis. Eine Absenkung des Preises wird von der Konkurrenz jedoch kaum unbeantwortet bleiben. Die Folge ist ein Preiskampf, der die Gewinne der einzelnen Anbieter ggf. bis in die Verlustzone sinken lässt. Für den einzelnen Anbieter, der aufgrund seiner schlechten Kostenposition im Preiskampf nicht mithalten kann, besteht dann sogar die Gefahr, aus dem Markt verdrängt zu werden.

Das Verpflichtungsgeschäft beim Kauf von Gütern kann im Internet abgewickelt werden. Dieses ist mit dem Verfügungsgeschäft, d.h. der physischen Übergabe des Gutes an den Käufer, nur bei digitalisierbaren Gütern wie Software und Informationen möglich.[127] Bei nicht-digitalisierbaren Gütern muss sich der Käufer auf die Wahrhaftigkeit der zugesicherten Produkteigenschaften verlassen, ohne

---

[125] Vgl. hierzu und folgend Brenner/Lux (2000), S. 207.
[126] Vgl. hierzu und folgend Porter (2001), S. 66f.
[127] Vgl. Dolmetsch (1999), S. 142.

das Produkt direkt bei Vertragsabschluß in Augenschein nehmen zu können.[128] Sinnvoll ist es in diesem Zusammenhang, die Anbieter zertifizieren zu lassen, d.h. die Zuverlässigkeit eines Anbieters vor Eintritt in den Markt, z.B. durch den Initiator der Marktplattform, zu überprüfen.[129] Gegebenenfalls werden die Marktplätze auch nicht für alle potentiellen Teilnehmer zugänglich gemacht.[130] Dieses dient beispielsweise bei von Nachfragern organisierten Marktplätzen dazu, die direkte Konkurrenz nicht von den Vorteilen dieses Marktes profitieren zu lassen.

3.2.4 Internetbasierte Verkaufsauktionen

Unter einer Auktion wird eine Handelsbeziehung verstanden, in der mehrere Nachfrager um das Angebot eines Anbieters direkt konkurrieren (siehe Abbildung 5).[131] Den Zuschlag für das Angebot, also das Recht, das Gut abzunehmen und die Pflicht, den Kaufpreis zu bezahlen, erhält derjenige Nachfrager, welcher das höchste Gebot abgibt.

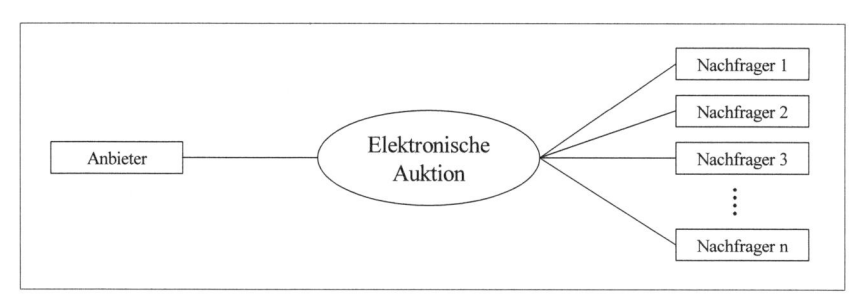

Abbildung 5: Elektronische Auktion[132]

Seit geraumer Zeit existieren bereits Internet-Auktionshäuser wie „eBay"[133], welche Privatleuten wie Unternehmen erlauben, alle möglichen (und unmöglichen) Dinge zu ver- bzw. zu ersteigern. Auch im B2B-Bereich bieten sich elektronische

---

[128] Vgl. Porter (2001), S. 76.
[129] Vgl. Brenner/Lux (2000), S. 213.
[130] Vgl. hierzu und folgend Picot/Reichwald/Wigand (2001), S. 340ff.; auch Bogaschewsky (2002), S. 37.
[131] Vgl. hierzu und folgend Heydenreich (2001), S. 550.
[132] Quelle: Eigene Darstellung in Anlehnung an Einsporn/Palme/Wiegand (2000), S. 18.
[133] Siehe http://www.ebay.com.

Verkaufsauktionen an. Dafür bietet eBay einen Bereich für zwischenbetriebliche Auktionen unter der Bezeichnung eBay Pro an.[134]

Internetauktionen funktionieren grundsätzlich nach demselben Prinzip wie konventionelle Versteigerungen.[135] Im Gegensatz zu letzteren sind sie jedoch - wie elektronische Marktplätze - nicht an einen physischen Ort gebunden, sondern in den virtuellen Raum des Internet verlegt.[136] Dadurch werden die Transaktionskosten, die mit einer Teilnahme verbunden sind, wesentlich verringert. Dies führt dazu, daß die Auktion für eine deutlich größere Zahl von potentiellen Marktteilnehmern attraktiv wird.

Eine besondere Rolle spielen Auktionen auf Märkten mit hoher Marktmacht der Anbieter. Dies ist beispielsweise bei besonders knappen Gütern der Fall, bei denen die Nachfrage das Angebot deutlich übersteigt. In einem solchen Fall ist es Ziel des Initiators der Auktion, den Verkaufspreis möglichst weit in die Höhe zu treiben. Den Nachfragern bleibt in diesem Fall keine andere Möglichkeit, als sich zu überbieten, da andere Quellen für das Gut rar sind.

Ein weiterer Grund, aus dem Anbieter ihre Waren versteigern, ist, daß sie dringend ihre Lager räumen müssen. Überschüssige Güter können so schnell „verramscht" werden. Dies ist für den Verkäufer immer noch vorteilhafter als die Entsorgung der Waren. Außerdem ist eine solche Veräußerung schneller durchführbar als ein Sonderverkauf auf traditionellem Wege. Nachfrager nehmen an solchen Auktionen in der Hoffnung auf niedrige Preise teil.

Bei der Teilnahme an einer Versteigerung sollten zwei Effekte berücksichtigt werden, die den erzielten Preis beeinflussen. Einerseits sorgt der direkte Vergleich mit anderen Mitbietern zu einem spielerischen Wettbewerb. Die Teilnehmer an der Auktion entwickeln einen „sportlichen" Ehrgeiz, die Konkurrenten zu überbieten. Dadurch können Preise zustande kommen, die deutlich über denen liegen, welche die Nachfrager unter anderen Bedingungen zu zahlen bereit gewesen wären. Diese „Spielermentalität" sollte in professionell agierenden Unternehmen zwar nicht vorkommen, aber auch dort agieren immer Menschen, die sich nicht jederzeit rational verhalten.

Ein anderer Effekt mit gegenläufiger Wirkung tritt besonders bei Auktionen mit wenigen Bietern auf. Wenn die Zahlungsbereitschaft des Meistbietenden deutlich über der des nächst weniger Bietenden liegt, so wird nicht die volle Zah-

---

[134] Siehe http://pages.ebay.de/pro-index.html.
[135] Vgl. dazu und zu den folgenden Absätzen Heydenreich (2001), S. 551ff.; Peters (2000), S. 698.
[136] Vgl. Abschnitt 3.2.3.

lungsbereitschaft des Meistbietenden ausgeschöpft.[137] Dieser wird theoretisch nur eine Geldeinheit mehr zahlen, als der Zweite zu zahlen bereit ist.

Aus Beschaffungssicht sind Internetauktionen durchaus problematisch. Der Verkäufer wählt diese Form des Handels in der Regel, da aufgrund der geringen Zugangsbarrieren viele Nachfrager in direkter Konkurrenz zueinander stehen.[138] Im Business-Bereich haben professionelle Einkäufer jedoch in der Regel Kenntnis darüber, zu welchem Preis das angebotene Produkt auf alternativen Märkten zu finden ist. Sie werden daher genau bis zu diesem Preis mitbieten. Das bedeutet, daß ein besonders günstiger Kaufabschluss nur äußerst selten möglich ist, da es durch den vereinfachten Zugang im Internet häufig mindestens einen zweiten Nachfrager gibt, der die alternative Beschaffungsmöglichkeit kennt und bis zu dieser mitbietet. Kommen dazu noch Nachfrager, die keine bessere Alternative kennen als der Bieter, dürfte der Preis von diesen noch weiter in die Höhe getrieben werden. Wer bei vielen Nachfragern als letzter in einer Auktion mit gewöhnlichen Produkten noch bietet, muss sich daher fragen, ob er nicht eventuell günstigere Beschaffungsmöglichkeiten übersehen hat.

3.2.5 Ausschreibungen

Gerade bei größeren Beschaffungsaufträgen nutzen Unternehmen häufig Ausschreibungen.[139] Es stehen dabei einem Anbieter mehrere potentielle Lieferanten gegenüber (siehe Abbildung 6). Durch die mit dem Internet verbundenen verringerten Suchkosten ist die Zahl potentieller Lieferanten, die auf eine solche elektronische Ausschreibung stoßen, in der Regel höher als bei traditioneller Publikation in Zeitschriften oder mittels Aushängen.[140] Für die Beschaffung bedeutet dieses eine größere Auswahlmöglichkeit.[141]

Eine Ausschreibung kann zwar ein breiteres Lieferantenspektrum erreichen, wenn sie auf der eigenen Internetpräsenz publiziert wird, aber als problematisch kann sich dieses Vorgehen erweisen, wenn die Publikation von Personen wahrgenommen wird, denen das ausschreibende Unternehmen darin enthaltene Informationen nicht zukommen lassen möchte.[142] So ist es beispielsweise denkbar, daß Konkurrenten aus den ausgeschriebenen Beschaffungsvolumina Rückschlüsse auf

---

[137] Vgl. McAfee/McMillan (1987), S. 704.
[138] Vgl. hierzu und folgend Heydenreich (2001), S. 552.
[139] Vgl. Merz (2002), S. 779.
[140] Vgl. Brenner/Lux (2000), S. 121.
[141] Vgl. Brenner/Zarnekow (2001), S. 498.
[142] Vgl. hierzu und folgend Brenner/Lux (2000), S. 124.

kommende Projekte oder vorhandene Kapazitäten des Unternehmens ziehen könnten.

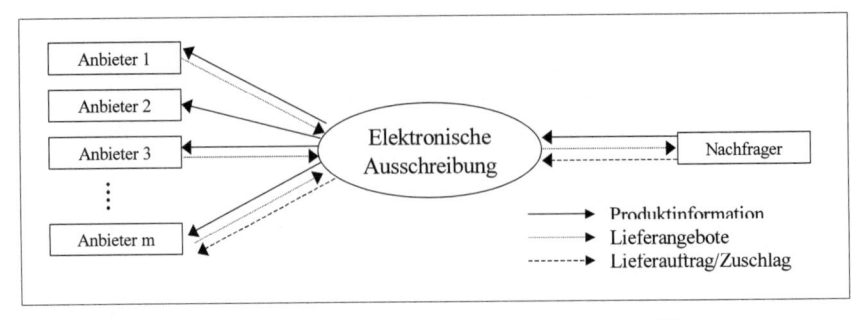

```
Anbieter 1
Anbieter 2
Anbieter 3          Elektronische          Nachfrager
  ⋮                 Ausschreibung
Anbieter m
                    ⟶  Produktinformation
                    ⟶  Lieferangebote
                    ⟶  Lieferauftrag/Zuschlag
```

Abbildung 6: Elektronische Ausschreibung[143]

Das Ausschreibungsverfahren ist besonders für große Unternehmen und komplexe, nicht standardisierte Produkte, z.B. bestimmte Bauprojekte, geeignet.[144] Aufgrund dieser Produktkomplexität können auch die unterschiedlichen Angebote nicht lediglich nach dem Preis bewertet werden. Die Berücksichtigung vieler weiterer Faktoren macht daher einen automatisierten Prozessablauf bei Ausschreibungen nahezu unmöglich.

Hat die Nachfragerseite eine genügend große Marktmacht, so kann sie Internetausschreibungen institutionalisieren und die Anbieter zwingen, die Initiative zu übernehmen und Aufträge zu suchen statt auf Auftragseingänge zu warten.[145]

3.2.6 Reverse Auctions

Eignen sich die zu beschaffenden Güter und kann man die Anbieter zur Teilnahme bewegen, so lässt sich der Gedanke des Lieferantenwettbewerbs, der bei Ausschreibungen verfolgt wird, noch konsequenter umsetzen.[146] Bei Reverse Auctions (siehe Abbildung 7), auch Einkaufsauktionen genannt, werden die Rollen, wie sie von einer normalen Verkaufsauktion bekannt sind, vertauscht. Der Nachfrager legt seine Anforderungen an das Produkt oder die Dienstleistung, die er

---

[143] Quelle: Eigene Darstellung in Anlehnung an Einsporn/Palme/Wiegand (2000), S. 16.
[144] Vgl. hierzu und folgend Merz (2002), S. 779.
[145] Vgl. Brenner/Lux (2000), S. 121.
[146] Vgl. hierzu und folgend Bogaschewsky (2002), S. 33ff.; Heydenreich (2001), S. 552ff.; Kersten/Schröder (2002), S. 157ff.

einkaufen möchte, im vorhinein fest. Die Lieferanten müssen sich dann mit den günstigsten Konditionen unterbieten.[147] Meist wird nur eindimensional nach dem Merkmal des Preises versteigert. Es ist aber ebenso denkbar, daß nach anderen Kriterien, beispielsweise der Lieferzeit, versteigert wird. Beispielsweise erhält dann derjenige den Zuschlag, der bei einem vorgegebenem Preis am schnellsten liefern bzw. die Dienstleistung erbringen kann.[148]

Die Ausgestaltung der Auktionsregeln und die generelle Eignung von Reverse Auctions für die Beschaffung ist in hohem Maße von der Beschaffenheit des gehandelten Gutes abhängig. Am besten geeignet sind sehr homogene, gut beschreibbare Güter, bei denen der Lieferant ausschließlich nach dem Preis ausgewählt werden kann.[149]

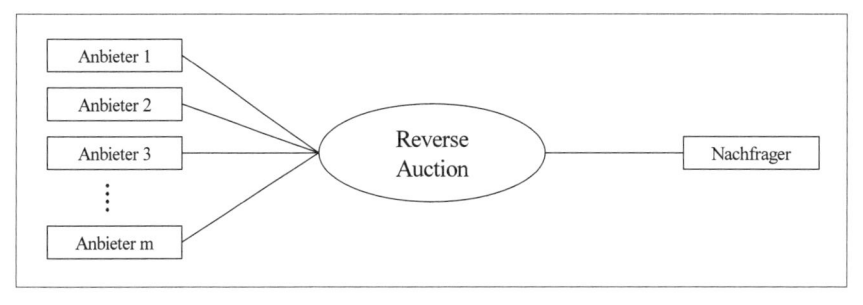

Abbildung 7: Reverse Auction[150]

Schwieriger ist die Ausgestaltung einer Reverse Auction bei komplexeren Einkaufsentscheidungen. Können beispielsweise Kosten eingespart werden, je schneller ein Gut geliefert wird, so ist dieses bei der Preisfindung zu berücksichtigen. Die Einkaufsauktion sollte dann nach mehreren Kriterien,[151] hier nach dem Preis und der Lieferzeit gleichzeitig, gestaltet werden. Diese Vorgehensweise ist entsprechend komplizierter, da die Kriterien sinnvoll gewichtet werden müssen, wobei die Festlegung der Gewichte oft nur subjektiv erfolgt. Eventuell müssen noch Ausschlusskriterien beachtet werden. Ist es zwingend erforderlich, daß bis zu einem bestimmten Termin geliefert wird, dann nutzt ein noch so günstiges Preisangebot nicht, wenn der Liefertermin nicht eingehalten werden kann.

---

[147] Vgl. Braunstetter/Hasenstab (2001), S. 504.
[148] Vgl. Heydenreich (2001), S. 552.
[149] Vgl. Buchholz (2001), S. 82; Bogaschewsky (2002), S. 34.
[150] Quelle: Eigene Darstellung in Anlehnung an Einsporn/Palme/Wiegand (2000), S. 16.
[151] Vgl. hierzu und folgend Bogaschewsky (2002), S. 35.

Eher ungeeignet sind Reverse Auctions für Situationen, in denen nicht ein genau spezifiziertes Produkt oder eine genau spezifizierte Dienstleistung, sondern eine Problemlösung gesucht wird, und die Alternativen nicht anhand weniger Kriterien vergleichbar sind.[152] Ein Beispiel für einen solchen Fall stellt ein Architekturwettbewerb für den Bau eines repräsentativen Gebäudes dar. Für einen solchen Fall ist die Ausschreibung das geeignete Instrument.

Ein Beispiel für einen Grenzfall ist die „Beschaffung" einer Verkehrsverbindung zwischen zwei Orten. Hier müssen Anbieter unterschiedlicher Verkehrssysteme miteinander konkurrieren. Die Alternativen könnten eine herkömmliche Eisenbahn, eine Magnetschwebebahn und eine Fluglinie sein. Gelingt es, die zur Auswahl relevanten Kriterien in eine Zielfunktion mit möglichst wenigen Variablen (z.B. Kosten, Reisedauer, Umweltbelastung) zu überführen, so ist es denkbar, eine Reverse Auction zu initiieren, bei der sich die Konkurrenten mit höheren Zielfunktionswerten überbieten müssen. Erfordert die Auswahl des Verkehrsmittels jedoch eine umfangreiche, unter Umständen politisch geprägte Debatte, so erscheint es passender, das Projekt auszuschreiben, und die Angebote der teilnehmenden Konkurrenten als Diskussionsgrundlage zu benutzen.[153]

Genau wie bei Verkaufsauktionen gibt es keine grundsätzlichen Unterschiede im Ablauf von konventionellen und elektronischen Reverse Auctions. Die Vorteile letzterer liegen, wie bei den normalen elektronischen Auktionen, in den niedrigen Transaktionskosten und der räumlichen Ungebundenheit.[154]

3.2.7 Desktop Purchasing

Die Grundidee des Desktop Purchasing liegt in der Reorganisation der Beschaffungsprozesse durch die Einführung einer dezentralen Beschaffung über das Inter- oder Intranet unter Verwendung elektronischer Produktkataloge.[155] Der Beschaffungsvorgang wird dezentralisiert, d.h., die Beschaffung wird nicht mehr innerhalb der zuständigen Abteilung, sondern durch den Bedarfsträger selbst durchgeführt.[156] Dieser greift dabei über den Computer an seinem Arbeitsplatz

---

[152] Vgl. Buchholz (2001), S. 82.
[153] Vgl. Abschnitt 3.2.5.
[154] Vgl. Abschnitt 3.2.4; Heydenreich (2001), S. 552.
[155] Vgl. Brenner/Lux (2000), S. 151.
[156] Vgl. Fehr (1999), S. 276.

(engl. desktop) auf die Produktkataloge der Lieferanten zu, um die von ihm benötigten Artikel direkt einzukaufen (engl. purchasing).[157]

Die Produktkataloge können im Intranet des Abnehmers oder auf dem Internetserver des Lieferanten bereitgestellt werden.[158] Der Bedarfsträger kann per Webbrowser auf die bereitgestellten Angebote zugreifen.

Zwischen dem Lieferanten und dem Abnehmer muss eine technische Schnittstelle geschaffen werden, die es dem Bedarfsträger erlaubt, die in den Katalogen bereitgestellten Angebote an seinem Arbeitsplatz einzusehen.[159] Um die Kosten dafür gering zu halten, bietet es sich an, diese Schnittstelle zu standardisieren. Das Datenformat Extensible Markup Language (XML) hat sich hier als Standard etabliert.

Innerhalb der Unternehmung müssen einmalig bei Einführung des neuen Systems die bestehenden Anwendungssysteme mit der für das Desktop-Purchasing neu zu implementierenden, auf Internettechnologie basierenden Software koordiniert werden. Insbesondere müssen Schnittstellen geschaffen werden, die sicherstellen, daß mit dem Desktop-Purchasing-System (DPS) durchgeführte Beschaffungsvorgänge automatisch in den internen und externen Rechnungslegungssystemen der Unternehmung verbucht werden.[160] Ist der elektronische Lieferantenkatalog nicht mit den Informationssystemen des Nachfragers verbunden, so spricht man von Shop-Systemen.[161] Diese Lösungen sind zwar günstiger zu implementieren als Desktop Purchasing Systeme, bieten jedoch nicht dieselben Rationalisierungspotentiale im Beschaffungsprozess.

Der Lieferant kann bei automatisierter Prozessabwicklung Kosten, z.B. für Mitarbeiter, die Anfragen oder Bestellungen bearbeiten, einsparen.[162] Diese eingesparten Kosten können in Form von Preisnachlässen an die Besteller weitergegeben werden.[163] Auf Abnehmerseite ist es durch ständige Aktualisierung der Produktkataloge nicht mehr nötig, sich bei jeder Bestellung neu über Preise und Lieferbedingungen der Lieferanten zu informieren.[164]

---

[157] Vgl. Brenner/Lux (2000), S. 152.
[158] Vgl. Brenner/Wilking (1998), S. 55.
[159] Vgl. hierzu und folgend Dolmetsch (1999), S. 98.
[160] Vgl. Fehr (1999), S. 283.
[161] Vgl. hierzu und folgend Brenner/Zarnekow (2001), S. 494f.
[162] Vgl. Wirtz/Eckert (2001), S. 151.
[163] Vgl. Fehr (1999), S. 276.
[164] Vgl. Dolmetsch (1999), S. 8.

Für die Mitarbeiter und Abteilungen, die berechtigt sind, das Desktop Purchasing System zu nutzen, müssen Budgets aufgestellt werden, welche die ausreichende Beschaffung von notwendigen Materialien gewährleisten, aber Verschwendung begrenzen.

3.2.8 Beschaffungsportale

Der Begriff „Portal" wird in der Literatur in unterschiedlichen Bedeutungen verwendet.[165] Henning (2001) versteht unter einem Portal eine Web-Site, die eine Vielzahl von Informationen und Dienstleistungen rund um ein Thema bietet, welche nicht ausschließlich vom Betreiber des Portals stammen.[166] Der Benutzer wird durch eine Personalisierbarkeit des Portals und eine thematische Strukturierung bei der Informationssuche unterstützt. Diese Definition trifft jedoch nicht auf die ursprüngliche Erscheinungsform von Portalen zu, deren Zweck es ist, Internet-Startseite für möglichst viele Nutzer zu sein.[167] Diese Angebote sind häufig keinem speziellen Thema gewidmet.

Andere Autoren verwenden den Begriff des Portals synonym zum Begriff des elektronischen Marktplatzes.[168] Dieses Begriffsverständnis berücksichtigt jedoch weder die Wortbedeutung,[169] noch die Existenz von Informationsportalen, die nicht dem Zweck dienen, Plattform für Handelsgeschäfte zu sein.

Ein Portal soll hier als eine Webseite verstanden werden, von der aus Zugang zu unterschiedlichen Informationen und Dienstleistungen möglich ist.[170] Dabei erheben Portale den Anspruch, zumindest für eine bestimmte Nutzergruppe eine geeignete Startseite ins Internet zu sein.[171] Dieser Anspruch ergibt sich daraus, daß der Zugang zu den meistgenutzten Internetangeboten dieser Kunden von dem Portal aus auf schnellem Wege möglich ist.

Einkaufsportale sind nunmehr auf das Thema Beschaffung spezialisiert.[172] Ihre thematische Ausrichtung ist davon abhängig, wer Betreiber des Portals ist. Be-

---

[165] Vgl. Merz (2002), S. 288.
[166] Vgl. Henning (2001), S. 374.
[167] Vgl. hierzu und folgend Schinzer/Steinacker (2000), S. 103. Beispiele für solche „klassischen" Portale sind http://www.t-online.de oder http://www.web.de.
[168] Vgl. Geis (2001), S. 454.
[169] lat. porta: Tür, Tor, Zugang.
[170] Vgl. Allweyer/Schwarz (2000), S. 134.
[171] Vgl. Schinzer/Steinacker (2000), S. 103.
[172] Vgl. hierzu und folgend Aust et al. (2001), S. 20; Merz (2002), S. 289.

treiber können Ein- und Verkäufer sein. Es kann ein einzelnes Unternehmen ein Portal betreiben oder ein Zusammenschluss mehrerer Anbieter oder Nachfrager. Ein Portal eines einzelnen Anbieters wird die eigene Produktpalette zum Thema haben. Die Grenze zwischen einem einfachen Webauftritt (evtl. mit Online-Katalog) und einem solchen Portal ist fließend. Es ist jedenfalls nicht zu erwarten, daß Kunden des Unternehmens dieses Portal als Startseite wählen.

Das Portal einer Verkäufergemeinschaft wird meist von Anbietern ähnlicher oder sich ergänzender Güter gebildet. Thema eines solchen Portals sind folgerichtig diese Güter bzw. die gemeinsame Branche.

Auch mehrere Nachfrager können kooperieren und ein Portal gründen. Diese Art von Portal wird als Einkäuferportal bezeichnet. Meist schließen sich mehrere Unternehmen einer Branche zusammen. So haben Daimler Chrysler, General Motors, Ford, Nissan und Renault das Portal „Covisint"[173] gegründet, dem mittlerweile auch PSA Peugeot Citroën beigetreten ist. Aber auch die Zusammenarbeit von Unternehmen unterschiedlicher Branchen ist denkbar. Verbindendes Element und Portalthema sind dann die gemeinsam nachgefragten Güter.

Neben den Informations- und Dienstleistungsfunktionen steht bei den Portalen von Ein- und Verkäufergemeinschaften die Bündelung von Marktmacht im Vordergrund des Interesses der Gründer. Insbesondere Einkäufergemeinschaften erhoffen sich nicht nur ein geschlossenes Auftreten als Portalbetreiber, sondern auch Skaleneffekte, indem Einkaufsaktivitäten unternehmensübergreifend mit Hilfe des Portals gebündelt werden. Derartige Gemeinschaften werden daher aus wettbewerbsrechtlichen Gründen auch kritisch betrachtet.[174]

Wird ein Portal von nur einem nachfragenden Unternehmen gegründet, so kann es als integrierte Oberfläche für alle elektronischen Beschaffungsaktivitäten dienen.[175]

Folgende Elemente könnte ein solches Portal vereinigen:[176]

- Eine verzeichnisartige Struktur, etwa nach dem Kriterium der beschafften Materialien oder den Unternehmensbereichen;
- mehrere Suchmaschinen: Verknüpfungen zu beschaffungsspezifischen und allgemeinen Suchmaschinen, evtl. eine Metasuchmaschine, die automatisch die Ergebnisse der o.g. Suchmaschinen zusammenfasst und eine Suchfunktion über den Inhalt des Portals;

---

[173] Siehe http://www.covisint.com.
[174] Vgl. Henning (2001), S. 376f.
[175] Vgl. Wohlenberg/Krause (2000), o. S.
[176] Zu den Punkten siehe Abschnitt 3.2.2 bis 3.2.7.

- Zugang zu Auktionen;
- Ausrichtung von Reverse Auctions und Ausschreibungen;
- Marktplatzfunktionalitäten;
- Zugang zu Katalogsystemen von Lieferanten bzw. Desktop-Purchasing-Systemen;
- von Brancheninformationsdiensten zugekaufte oder selbst zusammen gestellte Informationen, die für die Unternehmensbeschaffung relevant sind.

3.2.9 Elektronische intelligente Agenten

Der größte Vorteil des Internet, der umfassende Zugang zu Informationen, birgt auch einen gewichtigen Nachteil in sich.[177] Es gibt in der Regel so viele relevante Informationen, daß ein menschliches Individuum nicht in der Lage ist, diese alle zu verarbeiten. Wer beispielsweise nach günstiger Computerhardware im Netz Ausschau hält, kann unmöglich alle elektronischen Marktplätze, Auktionshäuser oder Webseiten aufsuchen, auf denen die gewünschten Artikel angeboten werden oder gar mit jedem Anbieter in Kontakt treten, um über Preise und Konditionen zu verhandeln.

Abhilfe können in diesem Falle Softwareprogramme, sogenannte intelligente Agenten schaffen, die dem menschlichen Nutzer bei der Bewältigung dieser Aufgabe helfen.[178] Dazu sollten sie nicht nur relevante Angebote im Internet selbständig suchen und sie nach den Bedürfnissen des Auftraggebers evaluieren, sondern im Idealfall auch autonom die Preisverhandlungen führen und letztendlich sogar den Kaufvertrag für das benötigte Gut eigenständig abschließen. Kennzeichnende Eigenschaften für derartige elektronische intelligente Agenten sind dabei nach Brenner/Zarnekow/Wittig (1998):[179]

- Zielorientierung
- Lernfähigkeit
- Autonomie
- Mobilität
- Kommunikation
- Kooperation

---

[177] Vgl. hierzu und folgend Brenner/Lux (2000), S. 87.
[178] Vgl. hierzu und folgend Gampenrieder/Riedmüller (2001), S. 178; auch Merz (2002), S. 527.
[179] Vgl. Brenner/Zarnekow/Wittig (1998), S. 22ff.

Bei einer solchen Idealvorstellung des intelligenten Agenten stellt sich die Frage, inwieweit konkrete Umsetzungen technisch in der Lage sind, gefundene Daten aufzubereiten und zu analysieren oder sogar Verhandlungen zu führen. So können Agenten bereits heute Angebote auf Verfügbarkeit überprüfen und den günstigsten Preis bestimmen.[180] Zusätzliche Informationen, wie z.B. über die Qualität und Zuverlässigkeit der Anbieter, die, wenn überhaupt, nur unstrukturiert im Internet vorhanden sind, können Agenten nur schwer erfassen und beurteilen. Die dazu notwendigen kognitiven Fähigkeiten besitzen Softwareprogramme bislang nicht.[181] Ob diese Fähigkeiten überhaupt auf Computer zu übertragen sind, ist fraglich. Für einen sinnvoll arbeitenden Agenten müssten alle relevanten Informationen in standardisierter Form vorliegen.

Für potentielle Lieferanten stellen die Agenten eine nicht unerhebliche Bedrohung dar. Wenn alle relevanten Informationen über sie in standardisierter Form bereitgestellt würden, wären die Agenten damit in der Lage, die Anbieter uneingeschränkt mit ihren Konkurrenten zu vergleichen.[182] Dies würde dazu führen, daß die Anbieter zu Preissenkungen gezwungen wären, um am Markt zu bestehen. Der resultierende Preiskampf wäre, im Hinblick auf die Gewinne der Anbieter, nicht unbedingt in deren Sinne. Auf Grund dieser Überlegungen boykottieren Anbieter Agenten weitgehend, indem sie ihnen den Zutritt zu ihren Informationen verweigern bzw. diese nicht in standardisierter Form ins Internet stellen.[183]

Für die elektronische Beschaffung bleibt festzuhalten, daß intelligente Agenten zum jetzigen Zeitpunkt kaum sinnvoll nutzbar sind. Bei einer weiter fortschreitenden Entwicklung im Bereich künstlicher Intelligenz könnten sie jedoch zu einem wichtigem Helfer im Beschaffungsbereich der Zukunft werden.[184]

---

[180] Vgl. Caglayan/Harrison (1998), S. 77; auch Schönfeldt (2001), S. 130.

[181] Schönfeldt (2001) nennt einige kognitive Fähigkeiten, die von Agenten gefordert werden bzw. diesen zugeschrieben werden, wie die „BDI-Eigenschaften" Belief (Glaube, Vertrauen), Desire (Wunsch, Verlangen) und Intention (Absicht, Vorsatz) (Schönfeldt (2001), S. 127f.). Er nennt jedoch keine Anhaltspunkte, inwiefern diese oder andere menschliche Eigenschaften bei existierenden künstlichen Agenten vorliegen, geschweige denn, wie diese mess- oder nachweisbar wären.

[182] Vgl. hierzu und folgend Peters (2000), S. 967f.

[183] Vgl. Caglayan/Harrison (1998), S. 75 und 77.

[184] Vgl. Brenner/Lux (2000) S. 252.

4 Aufgaben des Controlling im E-Procurement

4.1 Controllingaufgaben bei der Systemeinführung

4.1.1 Systemeinführung als Controllingaufgabe

Nachdem in den vorherigen Ausführungen verschiedene E-Procurement-Phänotypen vorgestellt wurden, wird im folgenden die Frage untersucht, welche Systeme in welcher Situation sinnvoll eingesetzt werden könnten und welche Defizite der traditionellen Beschaffung dadurch behoben werden. Zu diesem Zweck ist zunächst zu klären, ob und inwiefern die Beantwortung dieser Frage eine Aufgabe für das Beschaffungscontrolling darstellt.

Hierfür ist es sinnvoll, auf das oben benannte Controllingverständnis in Anlehnung an Berens/Bertelsmann (2002) zurückzugreifen.[185] Beschaffungscontrolling ist die Beschaffung, Aufbereitung und Analyse relevanter Daten zur Vorbereitung zielsetzungsgerechter Beschaffungsentscheidungen.

Die Entscheidungen, die im Zusammenhang mit der Implementierung von E-Business-Lösungen in der Beschaffung anfallen, müssen vom Beschaffungscontrolling vorbereitet werden.

Die wichtigsten Entscheidungen, die vorbereitet werden müssen, sind:

- Welche Systeme werden eingeführt?
- Welche Güter werden mit Hilfe welcher Systeme beschafft?
- Nach welchen Kriterien werden die Lieferanten bzw. im Fall von zwischenbetrieblichen Lösungen die Systempartner ausgewählt?

Zur Vorbereitung dieser Entscheidungen, muss das Controlling untersuchen, welche Probleme der traditionellen Beschaffung mit den neuen Technologien gelöst werden können.

---

[185] Vgl. hierzu und folgend analog zu Berens/Bertelsmann (2002), Sp. 280.
[186] Quelle: Eigene Darstellung.

	Suchmaschinen und Verzeichnisse	Elektronische Marktplätze	Internetbasierte Verkaufsauktionen	Ausschreibungen	Reverse Auctions	Desktop Purchasing	Beschaffungsportale	Agenten
Komplexität des Beschaffungsprozesses	Vorstrukturierte Verzeichnisse erleichtern Lieferantensuche	Lieferanten für benötigte Güter an einem Ort vereint		Suchaufwand und Suchkosten werden auf Lieferanten verlagert	Suchaufwand und Suchkosten werden auf Lieferanten verlagert	Vereinfachter Beschaffungsprozess	Einheitlicher Zugang zu Informationen und Güterangeboten	Agenten übernehmen Teil der Prozessschritte
Schnelle Überalterung von Informationen	Datenbanken und Verzeichnisse nicht immer aktuell (-)	Angebote auf Marktplätzen werden laufend aktualisiert	Laufende Auktionen stets aktuell	Aktualisierung von Ausschreibungsbedingungen jederzeit möglich	Angebote sind verbindlich	Sofortige Aktualisierung der Kataloge durch Lieferanten möglich	Zugang zu Informationen sofort Aktualisierbar	Agenten suchen selbstständig nach aktuellen Informationen
Mavericking		Lieferanten mit ausreichenden Lieferzeiten auf elektronischen Märkten leichter zu finden			Lieferzeit als Auktionskriterium	Verkürzte Bestellzeiten verringern Notwendigkeit von Mavericking		Lieferzeit als Verhandlungsparameter
Überlastung der Beschaffungsabteilung mit Routinetätigkeiten	Zeitraubende Recherchearbeit durch Vielzahl von Ergebnissen (-)	Weniger Zeitaufwand zur Lieferantensuche	Zeitaufwand zur Überwachung der Gebote (-)	kein Zeitaufwand zur Lieferantensuche	Kein Zeitaufwand zur Lieferantensuche	Übertragung von Routineaufgaben auf Bedarfsträger, automatische (Budget-)Kontrolle	Erleichterter Informationszugang	Agenten übernehmen Routineaufgaben
Begrenzte Lieferantenauswahl	Suchmöglichkeiten nach neuen Lieferanten	Beschränkung auf teilnehmende Lieferanten aber große Marktplätze ziehen zusätzliche Lieferanten an.	Lieferantenzahl auf Anbieter beschränkt, die Güter versteigern	Neue Lieferanten werden auf Nachfrage aufmerksam. (+) Auf teilnehmende Lieferanten beschränkt (-)	Neue Lieferanten werden auf Nachfrage aufmerksam. (+) Auf teilnehmende Lieferanten beschränkt (-)	Bei MRO große Lieferantenauswahl wegen relativ geringer Preisunterschiede kaum relevant. Daher Kooperation mit einem/wenigen Lieferanten.	Verkäuferportal: Gute Suchmöglichkeiten. Einkäuferportal: Lieferanten werden auf Portal aufmerksam	Agenten suchen Lieferanten
Suboptimale Ausnutzung bestehender Lieferantenbeziehungen	Größere Lieferantenauswahl erhöht Druck auf bisherige Lieferanten.	Möglichkeit der Nachfragebündelung sorgt für niedrige Preise		Wettbewerb beflügelt bisherige Lieferanten	Wettbewerb beflügelt bisherige Lieferanten	Wenige Lieferanten, nur ein Bestellkanal	Mehr Transparenz durch Bündelung von Beschaffungsaktivitäten	

Abbildung 8: Defizite-Phänotypen-Matrix[186]

4.1.2 Beseitigung von Defiziten durch E-Procurement

Zunächst wird mit Abbildung 8 ein kurzer Überblick gegeben, welche Erscheinungsformen des E-Business auf welche Weise zur Lösung der Defizite des Beschaffungscontrolling beitragen könnten. Anschließend soll auf einige der in der Matrix dargestellten Felder näher eingegangen werden, um die konkreten Einwirkungsmöglichkeiten von E-Procurement auf die Defizite des klassischen Beschaffungscontrolling zu diskutieren. Der Schwerpunkt liegt dabei auf den in der Praxis am meisten beachteten Ausprägungsformen von E-Procurement, speziell dem Desktop Purchasing sowie den elektronischen Marktplätzen.

4.1.2.1 Komplexitätsreduktion durch Desktop Purchasing

Ein entscheidendes Defizit der traditionellen Beschaffung ist, wie in Abschnitt 2.4.1 dargelegt, die Komplexität des Beschaffungsprozesses bei MRO-Gütern. Desktop-Purchasing-Systeme können einen wichtigen Beitrag dazu leisten, daß Prozesse schlanker werden,[187] d.h., daß die Beschaffungsprozesse mit einer geringeren Anzahl an beteiligten Instanzen, weniger Medienbrüchen und mit einem weniger ausgeprägten Beziehungsgeflecht durchführbar sind. Damit verbunden ist eine entsprechende Komplexitätsreduktion.[188]

Die Idee hinter einem solchen System ist die Dezentralisierung der Beschaffung.[189] Der Bedarfsträger bestellt, im Rahmen seines Beschaffungsbudgets, direkt beim Lieferanten.[190] So werden bei konsequenter Umsetzung sämtliche Genehmigungsinstanzen sowie die Beschaffungsabteilung übersprungen.[191] Bei den Lieferanten können Prozessschritte wie die Auftragsannahme entfallen, da die Bestellungen über das Desktop Purchasing System automatisch in einem für die EDV des Lieferanten verständlichen Format abgegeben werden.[192]

Auf Nachfragerseite ist das DPS idealerweise an das ERP-System gekoppelt, so daß Bestellungen direkt auf entsprechende Sachkonten verbucht werden können.[193] Auf Lieferantenseite sollte ebenfalls eine Schnittstelle zum ERP-System

---

[187] Vgl. Wohlenberg/Krause (2000), o. S.
[188] Vgl. Abschnitt 2.4.1.
[189] Vgl. Brenner/Lux (2000), S. 151.
[190] Vgl. Wirtz/Eckert (2001), S. 155; Dolmetsch (1999), S. 141.
[191] Vgl. Brenner/Lux (2000), S. 152.
[192] Vgl. Dolmetsch (1999), S. 141.
[193] Vgl. Dolmetsch (1999), S. 142 sowie S. 189f.

bestehen, über die der Bestellauftrag erfasst wird.[194] Darüber hinaus ist denkbar, das System an die Lagerhaltungs- sowie die Produktionsplanungs- und -steuerungssysteme (PPS) des Lieferanten anzubinden. So kann automatisch geprüft werden, ob der Auftrag aus dem Lager erfüllt werden kann. Ist dies nicht der Fall wird automatisch ein Fertigungsauftrag für die Produktion generiert bzw. es werden entsprechende Güter beim Vorlieferanten bestellt.

Eine Integration der Buchhaltungssoftware ermöglicht im Idealfall zusätzlich eine automatisierte Rechnungserstellung und Zahlungseingangsprüfung auf Lieferantenseite sowie eine automatisierte Rechnungsprüfung und Zahlungsfreigabe auf Abnehmerseite. Im idealen Fall ist das Desktop-Purchasing-System in die bestehenden Anwendungsarchitekturen der beteiligten Unternehmen integriert.[195] Die beschriebene Form der Integration verhindert die im traditionellen Beschaffungsprozess üblichen Medienbrüche und trägt somit zu einer zusätzlichen Komplexitätsreduktion bei.

Der im Vergleich zum traditionellen Prozess (vgl. Abbildung 1) veränderte Beschaffungsablauf ist in Abbildung 9 dargestellt.

Soll die Kontrolle über die Beschaffungsanforderungen auch weiterhin durch natürliche Personen, beispielsweise die Gruppen- oder Abteilungsleiter, durchgeführt werden, ist es möglich, eine Genehmigungsinstanz in den Prozess einzufügen. Im Falle einer Bestellung wird automatisch eine E-Mail an den Vorgesetzten geschickt, die dieser bestätigen muss.[196] Erst nach Bestätigung wird der Beschaffungsprozess fortgesetzt und der Auftrag verlässt die Unternehmung.

Ob eine solche, der Idee der Dezentralisierung und Automatisierung widersprechende, zusätzliche manuelle Kontrolle sinnvoll ist, kann nur im Einzelfall beantwortet werden. In jedem Fall verlängert eine manuelle Genehmigung die Durchlaufzeit des Prozesses und schmälert damit die Ergebnisse in Hinblick auf Zeit- und Transparenzgewinn. Diese Verzögerung des Bestellprozesses kann, je nach Arbeitsbelastung der genehmigenden Person, nicht unerheblich sein. Aus diesem Grund sollten manuelle Genehmigungsverfahren beim Desktop Purchasing möglichst gänzlich vermieden werden. Aber auch mit zusätzlicher manueller Kontrolle ist eine Bestellung über ein DPS wahrscheinlich noch immer deutlich schneller als bei einem herkömmlichen, papierbasierte Prozess.

---

[194] Zur Integration von DPS bei Lieferant und Abnehmer vgl. Dolmetsch (1999), S. 182ff. sowie Puschmann/Alt/Österle (2001), S. 28.
[195] Vgl. Dolmetsch (1999), S. 184.
[196] Vgl. hierzu und folgend Dolmetsch (1999), S. 140f.

Beschaffungs-prozess	Bedarf identifizieren	Bedarf erfassen	Bedarf prüfen		
Personen/ Instanz	Bedarfsträger	Bedarfsträger	DPS		intern
mögliche Tätigkeiten	Lokalen Bestand prüfen	Bestellung im DPS vornehmen	Budget prüfen		

Beschaffungs-prozess	Bestellung prüfen	Waren kommis-sionieren	Rechnung erstellen	Waren transportieren	
Personen/ Instanz	DPS i.V.m. PPS- und Lager-Systemen	Lieferant	Intergrierte Buchhaltungs-software	Lieferant/ Spedition	extern
mögliche Tätigkeiten	Bestand prüfen, ggf. nachproduzieren bzw. beim Vorlieferant bestellen	Ware versandfertig Bereitstellen; ggf. automatisierte Kommissionierung	Automatisierte Übermittlung der Rechnungsdaten	Waren einladen, Kunden anfahren Waren ausladen	

Beschaffungs-prozess	Waren-eingang	Weiter-verteilung	Waren-zahlung	
Personen/ Instanz	Wareneingang/ Lager	Botendienst/ Lager	Intergrierte Buchhaltungs-software	intern
mögliche Tätigkeiten	Menge, Qualität, Beschädigungen etc. prüfen, Eingang verbuchen	Ware an Bedarfs-träger weiterleiten, ggf. zwischenlagern	Automatische Zahlungsfreigabe	

Beschaffungs-prozess	Zahlungseingang prüfen			
Personen/ Instanz	Intergrierte Buchhaltungs-Software Lieferant			extern
mögliche Tätigkeiten	Automatische Prüfung des Zahlungseinganges	unveränderte Teilprozesse	Neu gestaltete Teilprozesse	

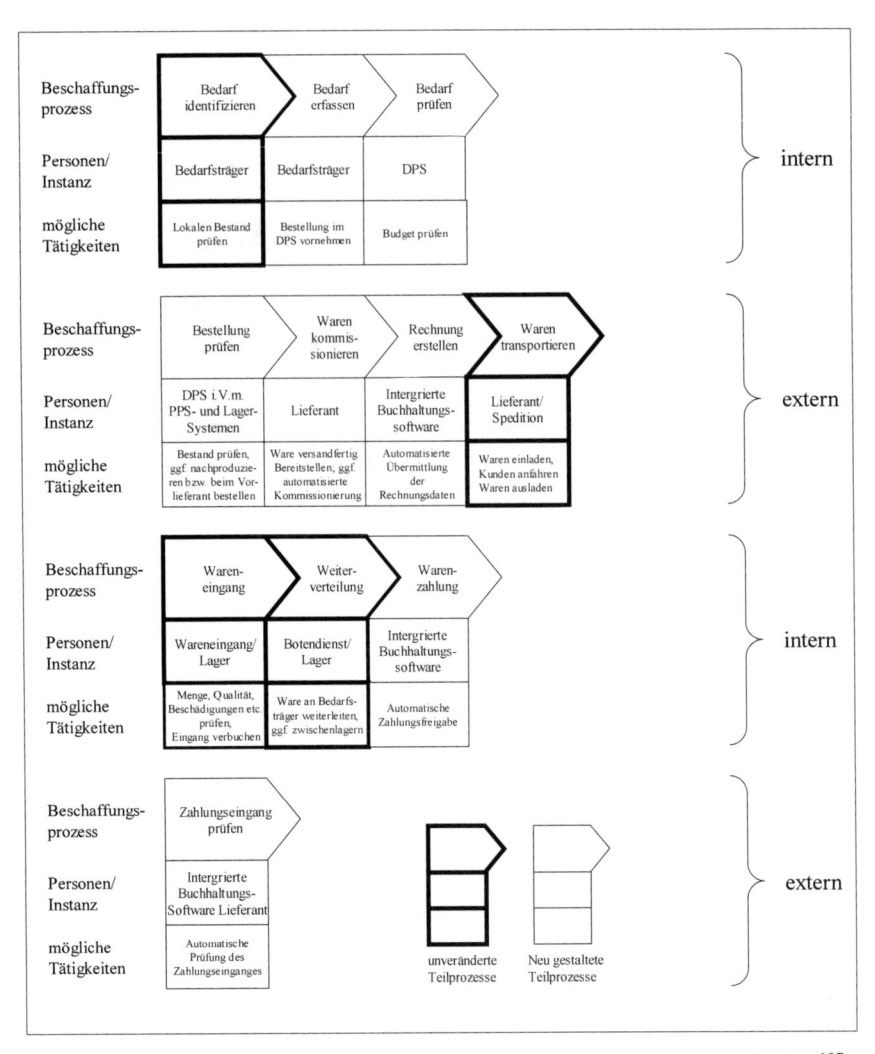

Abbildung 9: Idealtypischer Beschaffungsprozess mit Desktop Purchasing[197]

Um missbräuchlicher Nutzung vorzubeugen, kann ein Beschaffungscontrolling neben Budgets auf Mitarbeiter- und Abteilungsebene auch noch Plausibilitäts-kontrollen im System implementieren, die etwa den Vorgesetzten informieren,

---

[197] Quelle: Eigene Darstellung in Anlehnung an Preißner (2002), S. 84; Wirtz/Eckert (2001), S. 153; Hartmann(1999), S. 53; zgl. Nenninger (1999), S. 17.

wenn ungewöhnliche Mengen eines bestimmten Gutes binnen eines bestimmten Zeitraums von einem Mitarbeiter bestellt werden.[198]

4.1.2.2 Reduzierung von Maverick Buying durch Desktop Purchasing

Komplizierte Beschaffungsprozesse und die damit verbundenen langen Durchlaufzeiten sind nicht die alleinige Ursache des Phänomens Maverick Buying.[199] Gelingt es auch, den Prozess mittels DPS noch so sehr zu verkürzen - wenn ein Büroartikel noch am selben Tag gebraucht wird, kommt er auch bei Bestellung per Desktop Purchasing nicht mehr rechtzeitig an.

Dennoch kann die Zahl der Maverick-Einkäufe durch verkürzte Prozesszeiten reduziert werden.[200] Betrug die Dauer des Bestellvorgangs vor der Einführung des DPS beispielsweise 14 Tage und durch den Einsatz des automatischen Bestellsystems wird diese auf zwei Tage verkürzt, so werden voraussichtlich Bedarfe, die innerhalb der nächsten drei bis 14 Tage benötigt werden, nicht mehr aufgrund der Zeitknappheit im Laden um die Ecke, sondern über das DPS beim Vertragshändler beschafft.

Ist die Zahl der verbliebenen Fälle von kurzfristigen Bedarfen trotz Einsatz eines DPS noch sehr hoch und mit hohen Kosten verbunden, so kann darüber nachgedacht werden, diesem Problem mit zusätzlichen Vereinbarungen mit dem Vertragslieferanten zu begegnen. Beispielsweise kann eine Expressbestellmöglichkeit vereinbart werden. Per Expressbestellung angeforderte Güter könnte der Lieferant dann aus einer nahegelegenen Filiale oder einem Lager per Kurier direkt zum Besteller liefern. Dafür wird der Lieferant allerdings einen Aufpreis fordern. Ob dieser die Kosten aufwiegt, die ein Maverickeinkauf oder ein verspätetes Eintreffen der Ware verursachen würde, muss im Einzelfall abgewogen werden.

Ein weiterer Grund für Maverick Buying besteht darin, daß der offizielle Beschaffungsweg dem Bedarfsträger zu umständlich erscheint.[201] Dieser Grund hat Mitarbeiter dazu bewogen, bei kleineren Einkäufen das nächstgelegene Geschäft zubesuchen, statt den offiziellen Beschaffungsweges einzuschlagen. Durch ein intuitiv bedienbares Katalogsystem innerhalb des DPS können diese Fälle von Maverick Buying ebenfalls vermindert werden.

---

[198] Vgl. Eyholzer (2000), S. 22.
[199] Vgl. Abschnitt 2.4.3.
[200] Vgl. Wirtz (2001), S. 321.
[201] Vgl. Abschnitt 2.4.3.

Maverick Buying aus Unkenntnis des Bedarfsträgers, beispielsweise über die günstigen Preise des offiziellen Beschaffungsweges,[202] kann durch die Weiterleitung der entsprechenden Informationen auf den Bildschirm des Bestellenden abgemildert werden.[203] Sieht dieser, daß das Gut über den offiziellen Weg wesentlich günstiger ist, so wird er, guten Willen vorausgesetzt, den in der Regel günstigeren Weg über die offizielle Beschaffung wählen.

4.1.2.3 Desktop Purchasing zur Optimierung der Lieferantenbeziehungen

Die Gründe für eine suboptimale Ausnutzung bestehender Lieferantenbeziehungen liegen zum einen darin, das die Bestellung gleicher Güter auf unterschiedliche Lieferanten aufgeteilt oder bei einem Lieferanten über unterschiedliche Kanäle bestellt wird.[204] Auch diesem Problem kann mit Hilfe von Desktop Purchasing entgegengewirkt werden.

Ein DPS wird, in Verbindung mit einem ERP-System, in der Regel die Bestellung gleicher Güter nur bei dem Lieferanten tätigen, der, unter Berücksichtigung von gewährten Rabatten und Boni sowie Qualitätsstandards, den günstigsten Stückpreis anbieten kann.

Desktop Purchasing ist als exklusiver Verkaufskanal ausgelegt. Andere Bestellwege wie Telefon, Post oder direkter Einkauf dürfen nur noch in Ausnahmefällen, wie etwa bei Systemausfällen, beschritten werden.[205] Dadurch wird es wesentlich einfacher, die Bestellvorgänge zu überblicken.[206] Das ermöglicht dem Beschaffungscontrolling eine zielsetzungsgerechte Auswertung getätigter Bestellungen und erleichtert beispielsweise zukünftige Beschaffungsentscheidungen.

4.1.2.4 Auswirkung elektronischer Marktplätze auf Maverick Buying

Der Vorteil elektronischer Marktplätze besteht unter anderem darin, daß neben den Preis- und Produktinformationen auch Informationen über Lieferzeiten in

---

[202] Vgl. Abschnitt 2.4.3.
[203] Vgl. Dolmetsch (1999), S. 153.
[204] Vgl. Abschnitt 2.4.6.
[205] Vgl. Iten/Titzrath/Scholtissek (2000), S. 899.
[206] Vgl. Morris/Stahl/Herbert (2000), S. 3.

einer Datenbank vorliegen und verglichen werden können.[207] Besteht kurzfristiger Bedarf an einem Gut, so kann sofort festgestellt werden, ob Lieferanten in der Lage sind, das Gut bis zum benötigten Zeitpunkt bereitzustellen. Bei dem Lieferanten, der neben der einzuhaltenden Lieferzeit noch die günstigsten Preiskonditionen bei definierter Produktbeschaffenheit anbietet, erfolgt dann die Bestellung. Die Beschaffungsabteilung ist damit aus Sicht des Bedarfsträgers in der Lage, das benötigte Gut schnellstmöglich zu beschaffen.

Elektronische Marktplätze können damit zum Teil das Problem lösen, daß der Bedarfsträger eigenständig Güter beschafft. Das Problem, daß außerhalb von Rahmenverträgen eingekauft wird und somit günstigere Preiskonditionen entgehen, ist nicht gelöst. Die Beschaffungsabteilung verlagert das Maverick Buying praktisch nur vom Bedarfsträger auf sich selbst.

Daraus ergibt sich jedoch der Vorteil, daß die Beschaffungsabteilung zumindest vom Vorhandensein kurzfristiger Bedarfe Kenntnis erhält. Diese Informationen können dann beispielsweise zur Lagerplanung genutzt werden oder in die nächsten Verhandlungen mit Vertragspartnern einfließen, um kürzere Lieferzeiten im Rahmenvertrag auszuhandeln.

4.1.2.5 Elektronische Marktplätze zur erweiterten Lieferantenauswahl

Elektronische Marktplätze bieten durch die geringeren Transaktionskosten nicht nur erhebliche Vorteile gegenüber traditionellen Märkten.[208] Für potentielle Nachfrager ist es darüber hinaus kostentechnisch kaum relevant, auf welchem elektronischen Markt er sich aufhält.[209] Die Kosten, die bei dem Wechsel von einem auf einen anderen Markt anfallen, die sogenannten „switching costs", sind auf elektronischen Märkten geringer als auf traditionellen Märkten.

Potentielle Nachfrager werden denjenigen elektronischen Marktplatz bevorzugen, auf dem bereits viele für sie relevante Lieferanten ihr Angebot platziert haben, da dort die Wahrscheinlichkeit, einen günstigeren Lieferanten zu finden, am größten ist.[210] Dort wird eine größere Auswahl an Gütern angeboten und ein umfassenderer Lieferantenvergleich ist möglich.

---

[207] Vgl. Abschnitt 3.2.3.
[208] Vgl. Abschnitt 3.2.2.
[209] Vgl. hierzu und folgend Porter (2001), S. 68.
[210] Vgl. hierzu und folgend Amit/Zott (2001), S. 507.

Die Konkurrenz zwischen den einzelnen Anbietern trägt ebenfalls dazu bei, daß den Kunden möglichst gute Konditionen geboten werden müssen, um zu einem Geschäftsabschluss zu kommen. Wenn sich aus dieser Überlegung heraus eine erhebliche Menge von Nachfragern auf einem bestimmten elektronischen Marktplatz kumuliert, ist es für Anbieter, die ihre Güter noch nicht auf diesem Marktplatz anbieten gegebenenfalls trotz der größeren Konkurrenz innerhalb der potentiellen Lieferanten notwendig, ihren Kunden zu folgen, und ebenfalls auf den besagten Marktplatz anzubieten. Dieses gilt umso mehr, je stärker die Position der Abnehmer in dem betrachteten Segment ist.

Damit steigt die Attraktivität des Marktplatzes aus Nachfragersicht noch weiter. Es entsteht ein positiver Regelkreis (siehe Abbildung 10). Dieser sorgt dafür, daß wenige große elektronische Marktplätze im Internet entstehen anstatt vieler kleiner. Auf diesen stehen viele Anbieter vielen Nachfragern gegenüber. Amit/ Zott (2001) sprechen von indirekten Netzwerkexternalitäten, wenn ein Käufer indirekt durch das Vorhandensein anderer Käufer profitiert, indem durch den oben beschriebenen Regelkreis mehr potentielle Lieferanten angelockt werden.[211]

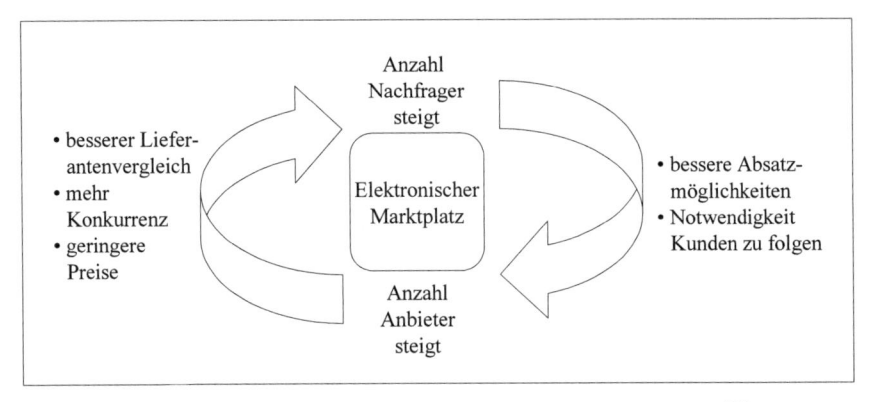

• besserer Lieferantenvergleich • mehr Konkurrenz • geringere Preise	Anzahl Nachfrager steigt Elektronischer Marktplatz Anzahl Anbieter steigt	• bessere Absatzmöglichkeiten • Notwendigkeit Kunden zu folgen

Abbildung 10: Positiver Nachfrager-Anbieter-Regelkreis[212]

Dabei darf nicht vergessen werden, daß solch ein Regelkreis auch in die umgekehrte Wirkungsrichtung umschlagen kann.[213] Wird ein elektronischer Markt aus einem bestimmten Grund für Kunden unattraktiv, werden diese ihn aufgrund der geringen Wechselkosten schnell verlassen. Betrifft das eine größere Anzahl an

---

[211] Vgl. Amit/Zott (2001), S. 507.
[212] Quelle: Eigene Darstellung.
[213] Vgl. hierzu und folgend Amit/Zott (2001), S. 507.

Kunden, wird der Markt für einige Anbieter dadurch ebenfalls unattraktiv, und auch diese verlassen ihn. Der Regelkreis setzt sich in Gang, allerdings mit negativem Vorzeichen.

4.2 Nutzung von E-Procurement-Systemen als Informationsquelle

4.2.1 Datenerfassung

Ausgehend von der Definition des Controlling als Beschaffung, Aufbereitung und Analyse von Daten zur Vorbereitung zielsetzungsgerechter Entscheidungen ist es Aufgabe des Controlling, einmal implementierte E-Procurement-Lösungen im laufenden Betrieb zu überwachen und aus den im laufenden Betrieb gewonnenen Daten Hinweise für zukünftig anfallende Entscheidungen zu gewinnen.[214]

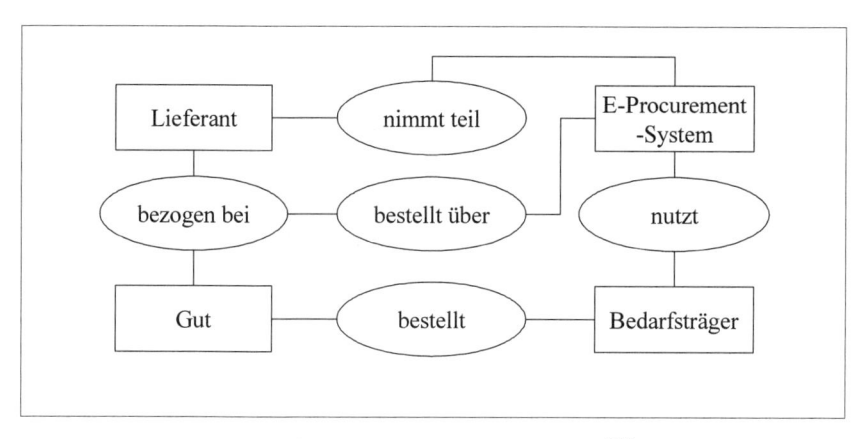

Abbildung 11: Informationsobjekte[215]

Informationen können über die beteiligten Einheiten „Lieferant", „Gut", „Bedarfsträger" und „E-Procurement-System" sowie über die Beziehungen bzw. Kombinationen zwischen diesen Objekten gesammelt werden (siehe Abbildung 11). Einige Beispiele sollen die Beziehungen zwischen den beteiligten Einheiten verdeutlichen: Sobald der Mitarbeiter X das Desktop-Purchasing benutzt („Bedarfs-

---

[214] Vgl. zur Controlling-Definition Berens/Bertelsmann (2002), Sp. 280.
[215] Quelle: Eigene Darstellung.

träger nutzt E-Procurement-System"), wird ein Datensatz angelegt, in dem auch festgehalten werden kann, daß er einen Bleistift („Bedarfsträger bestellt Gut") beim Lieferanten Y („Gut bezogen bei Lieferant bestellt über E-Procurement-System") bezogen hat.

Im folgenden werden exemplarisch wichtige Daten dargestellt, die für das Beschaffungscontrolling von Bedeutung sind und aus einem E-Procurement-System gewonnen werden können:[216]

- Bezogen auf die Güter sind solche Daten von Interesse, die Auskunft über Verbräuche, durchschnittliche Lagerbestände und eventuelle Fehlmengen geben.[217]
- Bedarfsträger können Mitarbeiter oder organisatorische Einheiten wie Abteilungen oder Geschäftsbereiche sein. Im Sinne der Kostenrechnung ist zu fordern, daß sich Bestellungen stets einem Budget bzw. einer Kostenstelle zuordnen lassen. Relevante Informationen, die hier gesammelt werden können, beziehen sich auf die Bestellungen, die der jeweilige Bedarfsträger in der Vergangenheit getätigt hat. Insbesondere ist interessant, wie häufig und in welchen Mengen welche Güter angefordert wurden.
- Bezogen auf den Lieferanten ist es wichtig, zu erfahren, welche Güter in welchen Mengen von ihm bezogen wurden und über welche Kanäle diese Güter bestellt wurden.[218]
- Auch die E-Procurement-Systeme selbst sind ein Objekt der Auswertungen. Relevante Informationen beziehen sich hauptsächlich auf die Menge der beschafften Güter und die Lieferanten, bei denen diese bezogen wurden.[219]

4.2.2 Zwecke der Datenanalyse

Die zu den Informationsobjekten beschafften Daten müssen zur Vorbereitung zielsetzungsgerechter Entscheidungen zu Informationen aufbereitet und analysiert werden.[220] Im folgenden wird erläutert, welche Entscheidungen mit den gewonnenen Informationen unterstützt werden können. Einen Überblick darüber gibt Abbildung 12. Aus Übersichtsgründen wurden nicht alle denkbaren Beziehungen zwischen den Informationsobjekten dargestellt.

---

[216] Vgl. Dolmetsch (1999), S. 238.
[217] Vgl. hierzu und folgend Dolmetsch (1999), S. 188.
[218] Vgl. Friedl (1990), S. 267.
[219] Vgl. Dolmetsch (1999), S. 238.
[220] Vgl. Berens/Bertelsmann (2002), Sp. 280.

Die lieferantenbezogenen Daten, wie z.B. gelieferte Mengen, sind Grundlage für die Gestaltung des zukünftigen Lieferantenportfolios. Wenn beispielsweise festgestellt wird, daß ein Gut bei mehreren Lieferanten bezogen wird, so ist darüber nachzudenken, sich in Zukunft auf einen Lieferanten zu beschränken und so Skaleneffekte in Form von Mengenrabatten zu erzielen.[221] Dabei muss allerdings beachtet werden, daß ein Abhängigkeitsverhältnis bzgl. des Lieferanten eingegangen wird.[222]

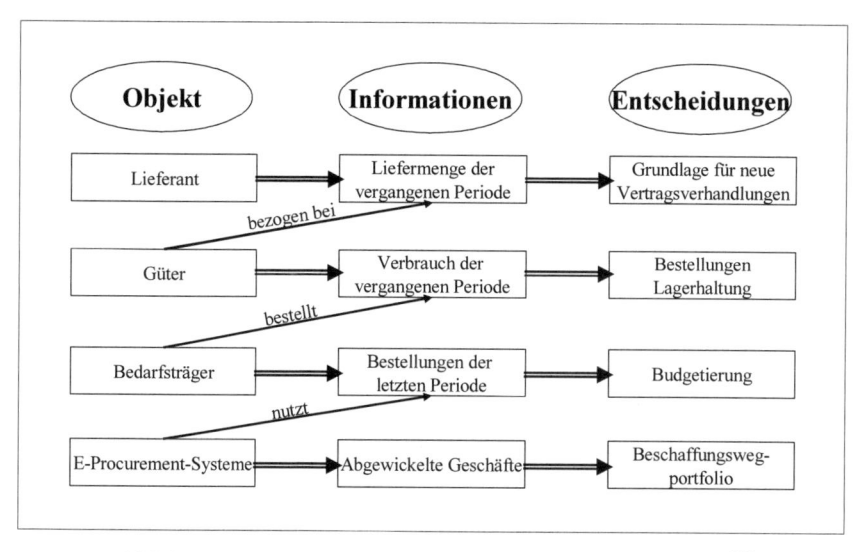

Objekt	Informationen	Entscheidungen
Lieferant	Liefermenge der vergangenen Periode	Grundlage für neue Vertragsverhandlungen
Güter	Verbrauch der vergangenen Periode	Bestellungen Lagerhaltung
Bedarfsträger	Bestellungen der letzten Periode	Budgetierung
E-Procurement-Systeme	Abgewickelte Geschäfte	Beschaffungswegportfolio

(bezogen bei, bestellt, nutzt)

Abbildung 12: Objekte, Informationen und Entscheidungen[223]

Wird aus den gewonnenen Informationen z.B. ersichtlich, daß bei einem Lieferanten sehr hohe Beschaffungsvolumina bestellt wurden, so stärkt dies die Verhandlungsposition bei kommenden Vertragsverhandlungen.[224] Dadurch wird der in Abschnitt 2.4.6 beschriebenen Problematik der suboptimalen Ausnutzung von Lieferantenbeziehungen entgegengewirkt.[225]

---

[221] Vgl. Hartmann (2002), S. 252.
[222] Vgl. Melzer-Ridinger (2002), S. 107.
[223] Quelle: Eigene Darstellung.
[224] Vgl. Wohlenberg/Krause (2000), o. S.
[225] Vgl. hierzu und folgend Friedl (1990), S. 254ff.

Die Informationen, welche über die unterschiedlichen Güter anfallen, sind Grundlage für die Bedarfsprognosen der kommenden Perioden. Auf Basis dieser Prognosen wird über Bestellmengen und Lagerhaltungspolitiken entschieden.

Bestellerbezogene Informationen können zur Festlegung der Budgets benutzt werden. Hohe Bestellmengen und ausgeschöpfte Budgets in der Vergangenheit können z.B. bedeuten, daß ein höherer Bedarf als prognostiziert angefallen ist. Sie können jedoch auch ein Hinweis auf Verschwendung oder Schwund (Diebstahl) sein.[226] Die Gegenüberstellung mit Verbräuchen vergleichbarer Abteilungen kann einen Hinweis über die Ursachen liefern. Auf dieser Grundlage kann dann über eine Budgeterhöhung oder eine detailliertere Überprüfung der Bestellvorgänge entschieden werden.

Eine Analyse der auf unterschiedlichen E-Procurement-Systemen abgewickelten Geschäfte ergibt Ansatzpunkte zur Gestaltung der zukünftigen Nutzung dieser Systeme. Wird beispielsweise festgestellt, daß die erzielten Preise auf einem elektronischen Marktplatz im Durchschnitt über denen lagen, die bei Reverse Auctions erzielt wurden, so ist eine Entscheidung zu treffen, ob die zuvor über den Marktplatz abgewickelten Transaktionen nicht in Zukunft auch mit Hilfe von Einkaufsauktionen abzuwickeln sind.

4.2.3 Auswertung von E-Procurement-Systemen durch Data Mining und KDD

Wie im vorherigen Abschnitt dargestellt, werden im laufenden Betrieb eines E-Procurement-Systems eine Vielzahl von Daten generiert, deren Auswertung zur Vorbereitung zielsetzungsgerechter Entscheidungen im Beschaffungsbereich dienen kann.[227] Aufgrund des Umfanges der anfallenden Daten ist eine manuelle Auswertung durch Controlling-Mitarbeiter kaum mehr möglich. Um E-Procurement-Systeme dennoch als ergiebige Informationsquelle nutzen zu können, erscheint der Einsatz automatisierter Analysetools unumgänglich. Insbesondere Data Mining (DM) und Knowledge Discovery in Databases (KDD) können hier als Werkzeuge genannt werden, um Informationen für zukünftige Entscheidungen zu gewinnen.[228] Der Hauptzweck von DM und KDD ist es, in umfangreichen Datenbeständen bestimmte, bisher unentdeckte Zusammenhänge, sogenannte Muster, aufzudecken.

---

[226] Vgl. Coenenberg (1999), S. 434f.
[227] Vgl. Dolmetsch (1999), S. 238; Wirtz/Eckert (2001), S. 157.; Berens/Bertelsmann (2002), Sp. 280.
[228] Vgl. hierzu und folgend Bensberg (2001), S. 61ff.

Data Mining kann nach Bensberg (2001) als *integrierter* Prozess verstanden werden, der existierende Zusammenhänge durch den Einsatz bestimmter, i.d.R. statistischer, Analysemethoden erkennt. Dieser *integrierte* Prozess umfasst auf der einen Seite eine sogenannte „informationstechnologische Integration", d.h. DM umfasst alle Schritte von der Datenbeschaffung über die Anwendung der Analysemethoden bis zur Präsentation gefundener Zusammenhänge. Auf der anderen Seite steht die sogenannte „methodologische Integration". Mögliche Zusammenhänge werden durch statistische Hypothesen beschrieben und kontinuierlich überprüft. Anhand der Daten des E-Procurement-Systems kann beispielsweise die Hypothese „Wird bei Lieferant A das Gut X bestellt, dann wird öfter reklamiert, als bei einer Bestellung bei Lieferant Y" aufgestellt werden. Eine solche Hypothese kann anhand neuer Daten aus dem E-Procurement-System dann erhärtet, ggf. aber auch widerlegt werden.[229] Im Rahmen der Entscheidungsvorbereitung kann die so gewonnene Information dazu genutzt werden, den Anbieter A ggf. als Lieferant ausscheiden zu lassen.

Beim Knowledge Discovery in Databases (KDD) steht nach Bensberg (2001) die Musterinterpretation im Fokus. Es wird insbesondere die Erkenntnis durch den Anwender hervorgehoben. Nicht der Zusammenhang „bei A mehr Reklamationen als bei B" spielt die entscheidende Rolle, sondern die mögliche Interpretation „A liefert schlechtere Qualität als B". Diese Erkenntnis des Anwenders steht im Mittelpunkt der KDD-Sichtweise, was insbesondere durch eine anwenderfreundliche Gestaltung der Mensch-Maschine-Schnittstelle zu gewährleisten ist. Bei der Aufbereitung sind die Anforderungen des Anwenders wie z.B. Neuigkeit oder Verständlichkeit zu beachten, damit eine richtige Interpretation der Muster gesichert ist.[230]

Knowledge Discovery in Databases kann nach dieser Sichtweise als Erweiterung des Data Mining begriffen werden. Im folgenden reicht es daher aus, lediglich auf das KDD näher einzugehen. Der KDD-Prozess nach Bensberg (2001) besteht aus sechs Schritten, welche in Abbildung 13 verdeutlicht werden.

Die zugrundeliegenden Daten sind im Rahmen des Beschaffungscontrolling im E-Procurement erfaßte Transaktionsdaten aus den E-Procurement-Systemen. Diese fallen bei der Bestellung an und können in Form von Protokolldateien aufgezeichnet werden. In der ersten Phase werden die zu betrachtenden Protokolle ausgewählt und die zu betrachtenden Daten extrahiert. Denkbar ist beispielsweise eine Auswahl aller Daten, in denen Transaktionen mit den Lieferanten A und B festgehalten sind sowie die Extraktion aller Daten, die das Produkt X betreffen. Die extrahierten Zieldaten sind im Hinblick auf eine spätere automatisierte

---

[229] Vgl. Bensberg (2001), S. 63.
[230] Vgl. Bensberg (2001), S. 65ff.

statistische Mustererkennung noch nicht hinreichend aufbereitet. Ungültige Einträge, z.B. Fehleingaben oder Bestellabbrüche, müssen entfernt werden. Die restlichen, sogenannten „Zieldaten" werden so transformiert, daß sie in einem Format vorliegen, welches von den Analysetools verarbeitet werden kann. Beispielsweise müssen hier Mengen- oder Geldeinheiten vereinheitlicht werden. Ergebnis der zweiten Phase sind vorbereitete und transformierte Daten. Bei der Mustererkennung (Phase III) findet eine Anwendung der Methoden des Data Mining auf diese Daten statt. Ziel ist die automatische Generierung von verständlichen Hypothesen (z.B. „bei A mehr Reklamationen als bei B").

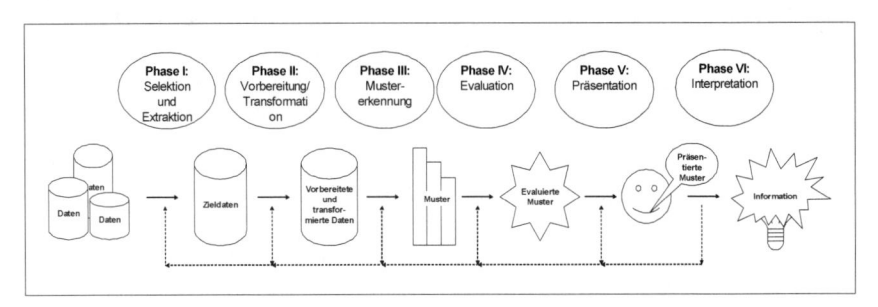

Abbildung 13: Der KDD-Prozess[231]

Die so gewonnenen Hypothesen werden im vierten Schritt geprüft und ausgewertet. Zunächst muss kontrolliert werden, ob eine Hypothese Neuigkeitscharakter hat, d.h. ob sie mit anderen früher gewonnenen Hypothesen übereinstimmt. Dazu bietet es sich an, eine Hypothesendatenbank zu pflegen, um prüfen zu können, ob es sich tatsächlich um eine Novität handelt oder um die Bestätigung bekannter Zusammenhänge. Die evaluierten Hypothesen werden in der Präsentationsphase graphisch aufbereitet. Dazu steht eine breite Palette von Visualisierungswerkzeugen von gerichteten Graphen bis hin zu verschiedensten Diagrammtypen zur Verfügung. Die Wahl der Präsentationsmethode sollte so erfolgen, daß der Inhalt der Hypothese möglichst unverfälscht und möglichst leicht verständlich dargestellt wird, so daß im letzten Schritt die richtige Interpretation vorgenommen und damit die notwendige Information für eine zielsetzungsgerechte Entscheidung aus dem E-Procurement-System gefiltert werden kann.[232]

Data Mining bzw. Knowledge Discovery in Databases kann dem Beschaffungscontrolling also in zweierlei Hinblick von Nutzen sein. Einerseits ist eine detail-

---

[231] Quelle: Eigene Darstellung in enger Anlehnung an Bensberg (2001), S. 72 und Fayyad/Piatetsky-Shapiro/Smyth (1996), S. 10.
[232] Vgl. Bensberg (2001), S. 70ff.

lierte Evaluation der E-Procurement-Systeme möglich. Andererseits können Informationen über sämtliche Beschaffungsvorgänge und –prozesse gesammelt, aufbereitet und analysiert werden.

5 Fazit

Es bleibt festzuhalten, daß sich unabhängig vom Hype und der folgenden Depression im E-Business mit der Gestaltung des Beschaffungsbereiches durch elektronische Medien ein erfolgversprechendes Betätigungsfeld für die Unternehmen aufgetan hat. Sowohl für kleine, mittlere als auch große Unternehmen bietet die elektronische Beschaffung eine Möglichkeit, Prozesse zu verbessern und Kosten einzusparen. E-Procurement birgt damit für diejenigen eine Gefahr, die sich den neuen Möglichkeiten verschließen. Wer seine Kosten und die Effizienz seiner Beschaffungsprozesse nicht unter Kontrolle hat, begibt sich in die Gefahr, langfristig seine Wettbewerbsfähigkeit zu verlieren.

Hingegen stellt allerdings die Nutzung von E-Procurement nicht per se einen Wettbewerbsvorteil dar. Es ist verfehlt, zu glauben, daß es ausreicht, einige Güter im Internet zu beschaffen und so von den vollen Einsparungspotentialen profitieren zu können. Vielmehr muss das Vorgehen von einem zielsetzungsgerechten Controlling begleitet werden.

Zum einen stellt das Controlling sicher, daß Kostensenkungspotentiale im traditionellen Beschaffungsprozess erkannt und durch den Einsatz von E-Procurement in seinen unterschiedlichsten Ausprägungen genutzt werden, zum anderen verwendet ein effizientes Controlling die Daten der E-Procurement-Systeme, um zukünftige Beschaffungsentscheidungen zielgerichtet vorzubereiten. Nur so kann sichergestellt werden, daß E-Procurement einen wirklichen Wettbewerbsvorteil für das Unternehmen mit sich bringt. Der Erfolg oder Misserfolg eines Engagements in der elektronischen Beschaffung bemisst sich nicht nur daran, ob Kosten gesenkt oder Prozesse optimiert wurden, sondern daran, ob dieses im Vergleich zu den Wettbewerbern im ausreichenden Maß geschehen ist. Zum Erreichen dieses Ziels trägt eine adäquate Informationsversorgung und Führungsunterstützung durch ein funktionierendes Beschaffungs-Controlling maßgeblich bei. Hier liegt letztlich die Herausforderung, die E-Procurement an ein Beschaffungscontrolling stellt.

Literaturverzeichnis

Adam (1998):
Adam, D.: Produktions-Management, 9. Auflage, Wiesbaden, 1998.

Adam et al. (1998):
Adam, D.; Backhaus, K.; Bauer, M.; Dinge, A.; Johannwille, U.; Voeth, M.; Welker, M.: Koordination betrieblicher Entscheidungen: die Fallstudie Peter Pollmann, 2. Auflage, Berlin u.a. 1998.

Allweyer/Schwarz (2000):
Allweyer, T.; Schwarz, J.: Portal Engineering – Schlüsselprozess für die Transformation der alten in die neue Ökomomie, in: Scheer, A.-W. (Hrsg.): E-business – Wer geht? Wer bleibt? Wer kommt?, 21. Saarbrücker Arbeitstagung 2000 für Industrie, Dienstleistung und Verwaltung, 10. und 11. Oktober 2000, Universität des Saarlandes, Saarbrücken, Heidelberg 2000, S. 133-164.

Amit/Zott (2001):
Amit, R.; Zott, C.: Value Creation in E-Business, in: Strategic Management Journal, 22. Jg. (2001), Heft 22, S. 493-520.

Arbeitskreis Hax (1972):
Arbeitskreis Hax der Schmalenbach-Gesellschaft: Unternehmerische Entscheidungen im Einkaufsbereich und ihre Bedeutung für die Unternehmens-Struktur, in: ZfbF 24. Jg. (1972), S. 765-783.

Arnold (1997):
Arnold, U.: Beschaffungsmanagement, 2. Auflage, Stuttgart 1997.

Arnolds/Heege/Tussing (1996):
Arnolds, H.; Heege, F.; Tussing, W.: Materialwirtschaft und Einkauf – praxisorientiertes Lehrbuch, 9. Auflage, Wiesbaden 1996.

Aust et al. (2001):
Aust, E.; Diener, W.W.; Engelhardt, P.; Lüth, O.A.: eSourcing – Die Revolution im strategischen Einkauf, Mannheim 2001.

Backhaus (1999):
Backhaus, K.: Industriegütermarketing, 6. Auflage, München 1999.

Berens/Bertelsmann (2002):
Berens, W.; Bertelsmann, R.: Controlling, in: Küpper, H.-U.; Wagenhofer, A. (Hrsg.): Handwörterbuch Unternehmensrechnung und Controlling, 4. Auflage, Enzyklopädie der Betriebswirtschaftslehre, Bd. III, Stuttgart 2002, Sp. 280-288.

Beyer (2001):
Beyer, M.: Virtual Communities – eierlegende Wollmilchsäue für das One-to-One Marketing, in: Hermanns, A.; Sauter, M. (Hrsg.): Management-Handbuch Electronic Commerce – Grundlagen, Strategien, Praxisbeispiele, 2. Auflage, München 2001, S. 246-263.

Bensberg (2001):
Bensberg, F.: Web Log Mining als Instrument der Marketingforschung: Ein systemgestaltender Ansatz für internetbasierte Märkte, Wiesbaden 2001.

Berens/Schmitting (2002):
Berens, W.; Schmitting, W.: Controlling im E-Business ... = E-Controlling?, in: Seicht, G. (Hrsg.): Jahrbuch für Controlling und Rechnungswesen 2002, Wien 2002, S. 129-170.

Berg (1990):
Berg, C.C.: Beschaffung und Logistik, in: Bea, F.X.; Dichtl, E.; Schweitzer, M. (Hrsg.): Allgemeine Betriebswirtschaftslehre, 4. Auflage, Stuttgart 1990, S. 5-164.

Bogaschewsky (2002):
Bogaschewsky, R.: Electronic Procurement – Katalog-basierte Beschaffung, Marktplätze, B2B-Netzwerke, in: Gabriel, R.; Hoppe, U. (Hrsg.): Electronic Business - Theoretische Aspekte und Anwendungen in der betrieblichen Praxis – Festschrift für Jörg Biethahn, Heidelberg 2002, S. 23-43.

Braunstetter/Hasenstab (2001):
Braunstetter, J.; Hasenstab, H.: Anwendungsmöglichkeiten des E-Procurement – Erfahrungen und Beispiele aus der Praxis, in: Hermanns, A.; Sauter, M. (Hrsg.): Management-Handbuch Electronic Commerce – Grundlagen, Strategien, Praxisbeispiele, 2. Auflage, München 2001, S. 503-513.

Brenner/Lux (2000):
Brenner, W.; Lux, A.: Virtual Purchasing – Die Revolution im Einkauf, Leinfelden-Echterdingen 2000.

Brenner/Wilking (1998):
Brenner, W.; Wilking, G.: Dezentrale Beschaffung über das Internet, in: Beschaffung Aktuell, 45. Jg. (1998), Heft 5, S. 54-57.

Brenner/Zarnekow (2001):
Brenner, W.; Zarnekow, R.: E-Procurement – Potenziale, Einsatzfelder und Entwicklungstrends, in: Hermanns, A.; Sauter, M. (Hrsg.): Management-Handbuch Electronic Commerce – Grundlagen, Strategien, Praxisbeispiele, 2. Auflage, München 2001, S.487-502.

Brenner/Zarnekow/Wittig (1998):
Brenner, W.; Zarnekow, R.; Wittig, H.: Intelligent software agents: foundations and applications, Berlin u.a. 1998.

Buchholz (2001):
Buchholz, W.: Netsourcing Implemantation Program – Alles neu bei der Einführung internetbasierter Beschaffungslösungen?, in: Buchholz, W.; Werner, H. (Hrsg.): Supply Chain Solutions – Best Practises in e-Business, Stuttgart 2001, S. 69-86.

Caglayan/Harrison (1998):
Caglayan, A.K.; Harrison, C.G.: Intelligente Software-Agenten – Grundlagen, Technik und praktische Anwendung im Unternehmen (Agent sourcebook, engl.), übers. von Lektorat München-Rosenheim, München/Wien 1998.

Coenenberg (1999):
Coenenberg, A.G.: Kostenrechnung und Kostenanalyse, 4. Auflage, Landsberg/Lech 1999.

Corsten/Gössinger (2002):
Corsten, H.; Gössinger, R.: E-Business in Produktionsnetzwerken, in: Keuper, F. (Hrsg.): Electronic Business und Mobile Business – Ansätze, Konzepte und Geschäftsmodelle, Wiesbaden 2002, S. 204-248.

Deyhle (1996):
Deyhle, A.: Controller-Handbuch – Enzyklopädisches Lexikon für die Controller-Praxis, 4. Auflage, Gauting/Wörthsee-Etterschlag 1996.

Dolmetsch (1999):
Dolmetsch, R.: Desktop Purchasing – IP-Netzwerkapplikationen in der Beschaffung, Dissertation Universität St. Gallen, Hochschule für Wirtschafts-, Rechts- und Sozialwissenschaften, St. Gallen 1999.

Dolmetsch/Fleisch/Österle (1998):
Dolmetsch, R.; Fleisch, E.; Österle, H.: Beschaffung von indirekt [sic!]/ MRO-Leistungen mit Desktop-Purchasing-Systemen, CC iBN Arbeitsbericht (Version 0.5), St. Gallen: Hochschule St. Gallen für Wirtschafts-, Rechts- und Sozialwissenschaften, Institut für Wirtschaftsinformatik, St. Gallen 1998 [vervielf.].

Einsporn/Palme/Wiegand (2000):
Einsporn, T.; Palme, K.; Wiegand, R.: eProcurement für Unternehmen: der neue Weg zum effizienten Einkauf, Köln 2000.

Empirica (2001):
Empirica (Hrsg.): Stand und Entwicklungsperspektiven des elektronischen Geschäftsverkehrs in Deutschland, Europa und den USA unter besonderer Berücksichtigung der Nutzung in KMU in 1999 und 2001 – Abschlussbericht für das Bundesministerium für Wirtschaft und Technologie, November 2001, URL: http://www.bmwi.de/Homepage/download/infogesellschaft/Empirica-Abschlussbericht.pdf (29.08.2002).

Eyholzer (2000):
Eyholzer, K.: E-Procurement in Schweizer Unternehmen – eine Analyse anhand von Fallbeispielen, Arbeitsbericht Nr. 124, Bern: Universität Bern, Institut für Wirtschaftsinformatik, Bern 2000.

Fayyad/Piatetsky-Shapiro/Smyth (1996):
Fayyad, U.M.; Piatetsky-Shapiro, G.; Smyth, P.: From Data Mining To Knowledge Discovery: An Overview, in: Fayyad, U.M.; Piatetsky-Shapiro, G.; Smith, P.; Uthurusamy, R. (Hrsg.): Advances in knowledge discovery and data mining, Cambridge/London 1996, S. 1-36.

Fehr (1999):
Fehr, B.: Pioniere im Netz, in: managermagazin, 29. Jg. (1999), Heft 10, S. 274-283.

Feld (2000):
Feld, T.: Virtuelle Marktplätze: Die dritte Dimension des Online-Handels, in: Scheer, A.-W. (Hrsg.): E-business – Wer geht? Wer bleibt? Wer kommt?, 21. Saarbrücker Arbeitstagung 2000 für Industrie, Dienstleistung und Verwaltung, 10. und 11. Oktober 2000, Universität des Saarlandes, Saarbrücken, Heidelberg 2000, S. 193-201.

Friauf (1993):
Friauf, K.H.: Gewerbeordnung und Unternehmung, in: Wittmann, W.; Klein, W.; Köhler, R., Küpper, H.-U., v. Wysocki, K. (Hrsg.): Handwörterbuch der Betriebswirtschaft, Teilbd. 1. A-H, Enzyklopädie der Betriebswirtschaftslehre, Bd. 1, 5. Auflage, Stuttgart, 1993, Sp. 1450-1459.

Friedl (1990):
Friedl, B.: Grundlagen des Beschaffungscontrolling, Schmidt, R.-B.; Schweitzer, M. (Hrsg.): Betriebswirtschaftliche Forschungsergebnisse, Bd. 95, Berlin 1990 (zgl. Diss. Univ. Tübingen 1988).

Fromm/Saedtler (2001):
Fromm, H.J; Saedtler, D.: Entwicklungstrends virtueller Marktplätze in der Automobilindustrie, in: Buchholz, W.; Werner, H. (Hrsg.): Supply Chain Solutions – Best Practises in e-Business, Stuttgart 2001, S. 141-154.

Gampenrieder/Riedmüller (2001):
: Gampenrieder, A.; Riedmüller, F.: Marktforschung via Internet, in: Hermanns, A.; Sauter, M. (Hrsg.), Management-Handbuch Electronic Commerce – Grundlagen, Strategien, Praxisbeispiele, 2. Auflage, München 2001, S. 175-192.

Geis (2001):
: Geis, I. (2001): Rechtliche Rahmenbedingungen des E-Commerce, in: Hermanns, A.; Sauter, M. (Hrsg.), Management-Handbuch Electronic Commerce – Grundlagen, Strategien, Praxisbeispiele, 2. Auflage, München 2001, S. 433-461.

Grochla (1978):
: Grochla, E.: Grundlagen der Materialwirtschaft – Das materialwirtschaftliche Optimum im Betrieb, 3. Auflage, Wiesbaden 1978.

Grochla/Schönbohm (1980):
: Grochla, E.; Schönbohm, P.: Beschaffung in der Unternehmung – Einführung in eine umfassende Beschaffungslehre, Stuttgart 1980.

Hamm (1997):
: Hamm, V.: Informationstechnikbasierte Referenzprozesse, Prozessorientierte Gestaltung des industriellen Einkaufs, Wiesbaden 1997 (zgl. Diss. Techn. Univ. Freiburg, 1997).

Hammann/Erichson (2000):
: Hammann, P.; Erichson, B.: Marktforschung, Bea, F.X.; Dichtl, E.; Schweitzer, M. (Hrsg.): Grundwissen der Ökonomik Betriebswirtschaftslehre, 4. Auflage, Stuttgart 2000.

Hammann/Lohrberg (1986):
: Hammann, P.; Lohrberg, W.: Beschaffungsmarketing – Eine Einführung, Stuttgart 1986.

Hartmann (1999):
: Hartmann, D.R.: Wettbewerbsvorteile durch Electronic Procurement, in: Bogaschewsky, R. (Hrsg.): Elektronischer Einkauf: Erfolgspotentiale, Praxisanwendungen, Sicherheits- und Rechtsfragen, Gernsbach 1999, S. 41-55.

Hartmann (2002):
: Hartmann, H.: Materialwirtschaft – Organisation, Planung, Durchführung, Kontrolle, 8. Auflage, Gernsbach 2002.

Heigl (1989):
: Heigl, A.: Controlling – interne Revision, Stuttgart, New York 1989.

Heinzmann (2002):
Heinzmann, P.: Internet – Die Kommunikationsplattform des 21. Jahrhunderts, in: Weiber, R. (Hrsg.): Handbuch Electronic Business, Informationstechnologien – Electronic Commerce – Geschäftsprozesse, 2. Auflage, Wiesbaden 2002, S. 41-77.

Helfrich et al. (2000):
Helfrich, S.; Henschke, R.B.; Vuilliomenet, R.; Menge, S.; Schindler, M.: Realisierung eines WWW-basierten Systems für die elektronische Beschaffung, in: HWD, 37. Jg. (2000), Heft 214, S. 79-87.

Henning (2001):
Henning, P.: Gestaltung von Internet-Portalen, in: Hermanns, A.; Sauter, M. (Hrsg.): Management-Handbuch Electronic Commerce – Grundlagen, Strategien, Praxisbeispiele, 2. Auflage, München 2001, S. 373-387.

Hermanns/Sauter (2001):
Hermanns, A.; Sauter, M.: E-Commerce – Grundlagen, Einsatzbereiche und aktuelle Tendenzen, in: Hermanns, A.; Sauter, M. (Hrsg.): Management-Handbuch Electronic Commerce – Grundlagen, Strategien, Praxisbeispiele, 2. Auflage, München 2001, S. 15-32.

Heydenreich (2001):
Heydenreich, G.: Online Auktionen – Verhandlungen in der Neuen Wirtschaft, in: Hermanns, A.; Sauter, M. (Hrsg.): Management-Handbuch Electronic Commerce – Grundlagen, Strategien, Praxisbeispiele, 2. Auflage, München 2001, S. 549-554.

Hoffmann/Zilch (2000):
Hoffmann, A.; Zilch, A.: Unternehmensstrategie nach dem E-Business-Hype – Geschäftsziele, Wertschöpfung, Return on Investment, Bonn 2000.

Hoppe (2002):
Hoppe, U.: Electronic Business und Electronic Commerce – Ein Beitrag zur Begriffsbildung, in: Gabriel, R.; Hoppe, U. (Hrsg.): Electronic Business – Theoretische Aspekte und Anwendungen in der betrieblichen Praxis – Festschrift für Jörg Biethahn, Heidelberg 2002, S. 1-22.

Horváth (2001a):
Horváth, P.: Der Controller: Navigator der Führung – Stand und Entwicklungstrends – von der Kostensenkung zur Strategischen Steuerung / Kompendium der neuen BWL, in: F.A.Z. Nr. 122 v. 28.05.2001, S. 33.

Horváth (2001b):
Horváth, P.: Controlling, 8. Auflage, München 2001.

Iten/Titzrath/Scholtissek (2000):
Iten, A.; Titzrath, B.; Scholtissek, S.: Mit eProcurement zur Kostenreduktion im Einkauf, in: Energiewirtschaftliche Tagesfragen, 50. Jg. (2000), Heft 12, S. 898-901.

Jost (2000):
Jost, C.: Strategische Optionen für den E-Business-Einstieg, in: Controlling, 12. Jg. (2000), Heft 8/9 (August/September), S. 445-452.

Jupiter MMXI (2001):
Jupiter MMXI: Die Top-10-Global-Domains in Deutschland, 2001, URL: http://www.jupiterresearch.com/xp/jmm/press/2000/pr_010400.html, letzter Abruf 28.02.2003.

Kersten/Schröder (2002):
Kersten, W.; Schröder, K.A.: Wissensmanagement im E-Commerce, in: Keuper, F. (Hrsg.): Electronic Business und Mobile Business – Ansätze, Konzepte und Geschäftsmodelle, Wiesbaden 2002, S. 143-174.

Kollmann (2001):
Kollmann, T.: Virtuelle Marktplätze im E-Commerce, in: Hermanns, A.; Sauter, M. (Hrsg.), Management-Handbuch Electronic Commerce – Grundlagen, Strategien, Praxisbeispiele, 2. Auflage, München 2001, S. 43-53.

Kordey/Selhofer/Gareis (2002):
Kordey, N.; Selhofer, H.; Gareis, K.: Stand von E-Commerce und E-Business in den Betrieben Deutschlands, in: Information Wissenschaft und Praxis, 53. Jg. (2002), Heft 4, S. 221-230.

Küpper (2001):
Küpper, H.-U.: Controlling: Konzeption, Aufgaben und Instrumente, 3. Auflage, Stuttgart, 2001.

Mattes (1999):
Mattes, F.: Electronic Business-to-Business – E-Commerce mit Internet und EDI, Stuttgart, 1999.

McAfee/McMillan (1987):
McAfee, R.P.; McMillan, J.: Auctions and Bidding, in: Journal of Economic Literature, Vol. XXV, (Juni 1987), S. 699-738.

Melzer-Ridinger (2002):
Melzer-Ridinger, R.: E-Business-Funktionen in der Betriebswirtschaft, in: Pepels, W. (Hrsg.): E-Business-Anwendungen in der Betriebswirtschaft, Herne/Berlin 2002, S. 96-197.

Merz (2002):
Merz, M.: E-Commerce und E-Business – Marktmodelle, Anwendungen und Technologien, 2. Auflage, Heidelberg 2002.

Möhrstädt/Bogner/Paxian (2001):
Möhrstädt, D.G.; Bogner, P.; Paxian, S.: Electronic Procurement, planen – einführen – nutzen, Von der Konzeption zu optimalen Beschaffungsprozessen, Stuttgart 2001.

Morris/Stahl/Herbert (2000):
Morris, A.; Stahl, A.; Herbert, J.: E-Procurement – Streamlining Processes to Maximize Effectiveness, Luminant (Hrsg.), URL: http://www.ebusinessforum.gr/links/reports/luminant/eProcurement.pdf, zuletzt abgerufen am 28.02.2003.

Nenninger (1999):
Nenninger, M.: Electronic Procurement – Neue Beschaffungsstrategien durch Desktop Purchasing Systeme, Hrsg. von KPMG, o.O. 1999 [vervielf.].

Österle (2001):
Österle, H.: Enterprise in the Information Age, in: Österle, H.; Fleisch, E.; Alt, R. (Hrsg.), Business Networking – Shaping Collaboration between Enterprises, 2nd Edition, Berlin u.a. 2001, S. 17-53.

Peters (2000):
Peters, R.: Technologien des E-Commerce, in: WISU, 28. Jg. (2000), Heft 7, S. 961-970.

Peukert/Ghazvinian (2001):
Peukert, J.; Ghazvinian, A.: E-Procurement als neue Beschaffungsstrategie, in: Eggers, B.; Hoppen, G. (Hrsg.): Strategisches E-Commerce-Management – Erfolgsfaktoren für die Real Economy, Wiesbaden 2001, S. 187-218.

Picot (1991):
Picot, A. (1991): Ein neuer Ansatz zur Gestaltung der Leistungstiefe, in: ZfbF, 43. Jg. (1991), Heft 4, S. 336-357.

Picot/Reichwald/Wigand (2001):
Picot, A.; Reichwald, R.; Wigand, R.T.: Die grenzenlose Unternehmung – Information, Organisation und Management – Lehrbuch zur Unternehmensführung im Informationszeitalter, 4. Auflage, Wiesbaden 2001.

Pils/Höller/Zlabinger (1999):
Pils, M.; Höller, J.; Zlabinger, R.: Electronic Business, in: Höller, J.; Pils, M.; Zlabinger, R. (Hrsg.): Internet und Intranet – Auf dem Weg zum Electronic Business, 2. Auflage, Berlin u.a. 1999, S. 67-75.

Piontek (1994):
Piontek, J.: Beschaffungscontrolling, München 1994.

Porter (2001):
Porter, M.E.: Strategy and the Internet, in: Harvard Business Review, 79. Jg. (2001), Heft 3, S. 63-78.

Preißner (2002):
Preißner, A.: Electronic Procurement in der Praxis – Die neue Beschaffung: Systeme, Prozesse, Organisation, München 2002.

Puschmann/Alt/Österle (2001):
Puschmann, T.; Alt, R.; Österle, H.: Best Practices im E-Procurement, in: Information Management & Consulting, 16. Jg. (2001), Heft 4, S. 20-30.

Reinelt (1999):
Reinelt, G.R.: Multimediale Beschaffungsmarktforschung, in: Hahn, D.; Kaufmann, L. (Hrsg.), Handbuch Industrielles Beschaffungsmanagement, Internationale Konzepte – Innovative Instrumente – Aktuelle Praxisbeispiele, Wiesbaden 1999, S. 453-474.

Scherer/Werner (2001):
Scherer, R.; Werner, H.: Virtuelle Marktplätze in der Automobilzulieferindustrie; in: Buchholz, W.; Werner, H. (Hrsg.): Supply Chain Solutions – Best Practises in e-Business, Stuttgart 2001, S. 155-169.

Schinzer (2002):
Schinzer, H.: E-Business – Bedeutung im Management, in: Pepels, W. (Hrsg.): E-Business-Anwendungen in der Betriebswirtschaft, Herne/Berlin 2002, S. 11-35.

Schinzer/Steinacker (2000):
Schinzer, H.; Steinacker B.: Virtuelle Gemeinschaften, in: Thome, R.; Schinzer, H. (Hrsg.): Electronic Commerce – Anwendungsbereiche und Potentiale der digitalen Geschäftsabwicklung, 2. Auflage, München 2000, S. 81-105.

Schnettler (1956):
Schnettler, A.: Öffentliche Betriebe, Hasenack, W. (Hrsg.): Betriebswirtschaftliche Bibliothek, Reihe A/V, Essen 1956.

Schönfeldt (2001):
Schönfeldt, B.: Einsatz intelligenter Agenten zur Entscheidungsunterstützung in prozessorientierten Unternehmen, Inauguraldiss. Univ. Mannheim, Mannheim 2001.

Schubert (2000):
Schubert, P.: Einführung in die E-Business-Begriffswelt, in: Schubert, P.; Wölfle, R. (Hrsg.): E-Business erfolgreich planen und realisieren – Case Studies von zukunftsorientierten Unternehmen, München/Wien, 2000.

Schumann/Meyer/Ströbele (1999):
Schumann, J.; Meyer, U.; Ströbele, W.: Grundzüge der mikroökonomischen Theorie, 7. Auflage, Berlin u.a. 1999.

Sundhoff (1958):
Sundhoff, E.: Grundlagen und Technik der Beschaffung von Roh-, Hilfs- und Betriebsstoffen, Hasenack, W. (Hrsg.): Betriebswirtschaftliche Bibliothek, Reihe A/VII, Essen 1958.

Theisen (1974):
Theisen, P.: Beschaffung und Beschaffungslehre, in: Grochla, E.; Wittmann, W. (Hrsg.): Handwörterbuch der Betriebswirtschaft, 4. Auflage, Stuttgart 1974, Sp. 494-503.

Thome (2001):
Thome, R.: Technologien für E-Commerce, in: Hermanns, A.; Sauter, M. (Hrsg.): Management-Handbuch Electronic Commerce – Grundlagen, Strategien, Praxisbeispiele, 2. Auflage, München 2001, S. 283-292.

Ulrich/Fluri (1992):
Ulrich, P.; Fluri, E.: Management: Eine konzentrierte Einführung, 6. Auflage, Bern/Stuttgart 1992.

Wamser (2000):
Wamser, C.: Electronic Commerce – theoretische Grundlagen und praktische Relevanz, in: Wamser, C. (Hrsg.): Electronic Commerce – Grundlagen und Perspektiven, München 2000, S. 3-27.

Weiber (2002):
Weiber, R. (Hrsg.): Handbuch Electronic Business, Informationstechnologien – Electronic Commerce - Geschäftsprozesse, 2. Auflage, Wiesbaden 2002.

Wesseling (1997):
Wesseling, S.: Öffentliche Unternehmen im Allfinanzverbund – Zur Kooperation von Sparkassen, Bausparkassen und Versicherungen, Eichhorn, P.; Friedrich, P. (Hrsg.): Schriften zur öffentlichen Verwaltung und öffentlichen Wirtschaft, Bd. 123, Baden-Baden 1997.

Wirtz (2001):
Wirtz, B.W.: Electronic Business, 2. Auflage, Wiesbaden 2001.

Wirtz/Becker (2002):
Wirtz, B.W.; Becker, D.R.: Geschäftsmodelle im Electronic Business, in: Weiber, R. (Hrsg.): Handbuch Electronic Business, Informationstechnologien – Electronic Commerce – Geschäftsprozesse, 2. Auflage, Wiesbaden 2002, S. 909-934.

Wirtz/Eckert (2001):
 Wirtz, B.W.; Eckert, U.: Electronic Procurement – Einflüsse und Implikationen auf die Organisation der Beschaffung, in: ZFO, 70. Jg. (2001), Heft 3, S. 151-158.

Wohlenberg/Krause (2000):
 Wohlenberg, H.; Krause, A.: Beschaffung @ Internet, 16.03.2000, URL: http://www.manager-magazin.de/ebusiness/artikel/0,2828,34700,00.html, zuletzt abgerufen am 28.02.2003.

Beiträge zum Controlling

Herausgegeben von Wolfgang Berens

Band 1 Wolfgang Berens / Joachim Strauch: Due Diligence bei Unternehmensakquisitionen – eine empirische Untersuchung. Unter Mitarbeit von Thorsten Behrens und Julia Lescher. 2002.

Band 2 Andreas Siemes: Marktorientierte Kreditrisikobewertung. Eine empirische Untersuchung mittels Künstlicher Neuronaler Netze. 2002.

Band 3 Karl Christoph Heinen: Die Berücksichtigung von Kosten in der Konkurrenzanalyse. 2002.

Band 4 Thomas Mosiek: Interne Kundenorientierung des Controlling. 2002.

Band 5 Vera Südmeyer: Wettbewerbsvorteile durch strategisches Betriebsformenmanagement. Ein dynamischer Bezugsrahmen für Einzelhandelsunternehmen. 2003.

Band 6 Wolfgang Berens / Walter Schmitting (Hrsg.): Controlling im E-Business. Rückkehr zur Rationalität. 2004.

www.peterlang.de

Dirk Nölken

Controlling mit Intranet- und Business Intelligence Lösungen

Frankfurt am Main, Berlin, Bern, Bruxelles, New York, Oxford, Wien, 2002.
XVII, 336 S., zahlr. Abb. und Tab.
Controlling Schriften. Herausgegeben von Thomas Reichmann. Bd. 24
ISBN 3-631-39186-2 · br. € 56.50*

Kennzahlen und Kennzahlensysteme werden als Instrumente zur Umsetzung von Controlling-Konzeptionen in jüngster Zeit durch Konzepte wie Benchmarking und Balanced-Scorecard ergänzt. Betriebswirtschaftliche Umsetzungsinstrumente von Controlling-Konzeptionen sind jedoch unabdingbar mit den Potentialen der DV-Technologie gekoppelt. Hier beherrschen die Begriffe Führungsinformationssysteme, Business Intelligence, Data Warehouse, OLAP sowie Internet- und Intranet-Technologien die gegenwärtige Diskussion. Vor diesem Hintergrund werden die Umsetzungsmöglichkeiten und -restriktionen der Verbindung betriebswirtschaftlicher und DV-technischer Werkzeuge zur Umsetzung von Controllingsystemen untersucht und an Beispielen dargestellt. Dabei wird mit dem Vorgehensmodell eines „Business Intelligence im weiteren Sinne" eine Lösung zur Umsetzung eines zukunftsorientierten Controlling entwickelt.

Aus dem Inhalt: Controlling und Informationsmanagement · Betriebswirtschaftliche Instrumente zur Umsetzung und Ausgestaltung von Controllingsystemen · DV-technische Instrumente zur Umsetzung von Controllingsystemen · Internet- und Intranettechnologien zur Umsetzung von Controllingsystemen · Der Einsatz DV-gestützter Führungsinformationssysteme zur Umsetzung von Controllingsystemen · Controllingsystemumsetzungen mit Business Intelligence Werkzeugen

Frankfurt am Main · Berlin · Bern · Bruxelles · New York · Oxford · Wien
Auslieferung: Verlag Peter Lang AG
Moosstr. 1, CH-2542 Pieterlen
Telefax 00 41 (0) 32 / 376 17 27

*inklusive der in Deutschland gültigen Mehrwertsteuer
Preisänderungen vorbehalten
Homepage http://www.peterlang.de